현대
프랑스
철학사

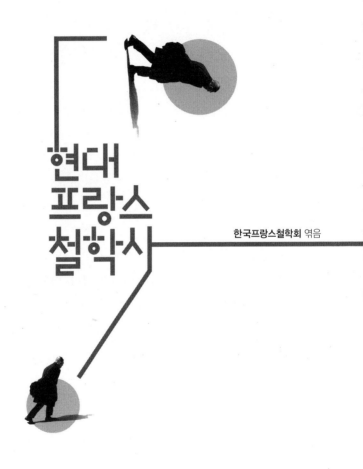

현대 프랑스 철학사

한국프랑스철학회 엮음

창비

현대 프랑스 철학을 알고 싶어 하는 사람, 그리고 현대 프랑스 철학을 강의하는 장소가 점점 늘어나고 있다. 대학의 전공과목이나 교양과목으로 자리 잡은 것은 물론, 대학 바깥 인문학 강좌에서도 현대 프랑스 철학이 주류를 이루고 있다 할 정도다. 이는 그만큼 현대 프랑스 철학이 오늘의 문화적 현실과 크게 밀착되어 있다는 것을 말해준다. 그러나 이렇게 점증하는 수요에 부응할 만한 적절한 입문서가 없었던 것도 사실이다. 실제로 국내 연구자들은 교육현장에서 사용할 교재가 없어 여러 가지 어려움을 느껴왔다. 이 책은 이런 수요와 필요에 따라 한국프랑스철학회를 중심으로 4년 전에 기획되었고, 많은 사람들의 희생과 수고를 거쳐 출간을 맞이하게 되었다.

현대 서양철학은 3개의 권역을 거느리고 있다. 바로 영미권, 독일어권, 프랑스어권이다. 이 세 권역은 각기 독자적인 전통을 이루면서도 언젠가부터 서로 영향을 끼치는 경쟁관계에 돌입했다. 영미권 철학의 주류는 17세기 영국 경험론과 18세기 계몽주의 정신을 근간으로 하면서 자연과학을 지식의 모델로 설정하는 특색을 보여준다. 독일어권 철학은 독일 관념론을 비롯한 19세기 사상의 풍요한 유산을 계승하는 가운데 끊임없는 변형의 노력을 이어가고 있다. 거칠게 개괄하자면, 영미권 전통은 분석의 기술을, 독일어권 전통은 종합의 기술을 자랑한다. 반면 프랑스어권 철학이 하나의 흐름으로서 압도적인 위용을 드러낸 것은 20세기에 들어서이고, 마치 활화산처럼 아직도 독창적인 관념들을 계속 분출하고 있다.

이런 관점에서 보면 프랑스 철학은 현재진행형임이 분명하다. 국내는 물론이거니와 해외에서도 신뢰할 만한 현대 프랑스 철학사 책을 찾기 어려운 이유가 여기에 있다. 현대 프랑스 철학을 대표하는 인물들 또한 여전히 풍문 수준의 피상적 설명의 대상으로 그치는 경우가 태반이다. 그만큼 프랑스 철학은 학문적 탐구를 기다리는 미답의 영역이 넓다고 하겠다. 현대 프랑스 철학은 19세기 이래 유럽 문명에서 싹튼 온갖 과격한 사상을 종합하는 거대한 용광로에 해당한다. 여기서 미래를 향해 끓어오르는 생동의 잠재력이 어디까지 미칠지는 아직 짐작하기조차 어렵다. 세간의 어설픈 오해나 저항을 불식하고 어떤 성숙한 문장의 역사로 정리하기까지 오랜 시간을 기다려야 할 것이다. 이런 사정에 비추어볼 때 국내의 젊은 학자들이 모여 이 정도 수준의 길잡이를 세상에 내놓게 된 것은 자부심을 가질 만하다. 이 책이 결코 완벽한 입문서는 될 수 없을지언정 어느 언어권에서도 이만큼 견실한 내용의 현대 프랑스 철학사 책을 찾아보기 어렵기 때문이다.

현대 프랑스 철학의 흐름은 역사적으로 중요한 두 시기를 변곡점으로 한다. 하나는 2차대전 전후의 시기이고, 다른 하나는 1968년 학생혁명

전후의 시기다. 양차 세계대전 사이는 베르그손의 형이상학이 이례적인 성공을 거둔 시기였다. 2차대전 이후에는 현상학과 실존주의가 각광을 받았으며, 싸르트르와 메를로뽕띠 같은 철학자에 의해 주도되었다. 68학생혁명 이전의 시기는 구조주의 시대라 불린다. 구조주의 시대에는 언어학·인류학·정신분석·이데올로기 이론 등이 인문학 전반에 변화를 몰고 오는 동시에 기존의 철학을 위기에 빠뜨렸다. 이들 이론이 인간·언어·사회·역사·예술·실천 등에 대해 철학보다 훨씬 더 정교한 이론적 담론을 제시했기 때문이다. 68학생혁명 이후에 등장한 철학자들은 구조주의 담론에 의해 풍전등화(風前燈火)의 위기에 빠진 철학을 다시 구제한 영웅들이다. 이들은 기존의 철학 담론을 대체할 수준으로까지 발전한 기호학 담론이나 인류학 담론 혹은 정신분석학 담론의 위세 앞에서 철학의 존엄을 다시 증명하며 서양철학사의 새로운 물줄기를 열어놓았다. 그리고 이런 새로운 물줄기가 어떻게 댐을 이루고 주변의 인문학적 토양을 적시게 될지는 미래 철학사의 중요한 관전 포인트가 될 것이다.

이 책은 크게 5개 부로 나뉘어 있다. 연대기적 순서를 근간으로 하되 주제나 학과 단위의 분류법을 존중하고 있다. 제1부는 베르그손, 바슐라르, 깡길렘, 시몽동을 묶어서 프랑스의 독특한 실증주의적 형이상학, 그리고 과학철학(인식론)의 전통을 한눈에 알아볼 수 있도록 정리한다. 제2부는 싸르트르, 메를로뽕띠, 레비나스, 리꾀르를 묶어서 전후 프랑스 현상학과 실존주의 운동 전반을 포괄적으로 이해할 수 있도록 개괄한다. 제3부는 쏘쉬르, 레비스트로스, 라깡, 알뛰세르를 한자리에 모아 구조주의 시대가 남긴 주요 유산을 충실하게 소개한다. 제4부는 푸꼬, 들뢰즈, 리오따르, 데리다 등 구조주의 이후 등장한 철학자들을 차례로 다룬다. 제5부는 바디우, 랑시에르같이 지금도 활발히 활동하고 있는 철학자들에 관한 내용이다.

이런 식으로 묶긴 했지만 이상에서 열거한 이름들은 각기 서로 다른 전통의 출발점이 될 만큼 독특한 세계를 이루고 있다. 이 책에서 다루지 않은 수많은 저자들까지 고려한다면, 현대 프랑스 철학은 다양한 별무리가 회오리를 이루는 거대한 하늘이라 할 수 있다. 미래의 철학사에서 더욱 빛을 발할 이 별무리들 사이에 좌표를 만들고 이정표를 세우는 작업은 앞으로도 계속될 것이다. 한국이 현대 프랑스 철학을 도입한 역사가 대단히 짧고 다른 분야에 비해 아직도 불안정한 연구 환경임을 생각하면 이만큼 폭넓은 스펙트럼을 반영한 지도를 만들었다는 것이 더욱 가슴 벅찬 일이다.

이 책이 나오기까지 귀중한 원고를 제출하고 합동토론에 참여해주신 필자 여러분과, 기획단계부터 원고수정에 이르기까지 궂은 일을 맡아주신 황수영 교수님, 출간까지 진행을 맡아 마무리 투수 역할을 해주신 박기순 교수님께 한국프랑스철학회 회원들을 대신하여 감사를 드린다. 이 저작이 가져온 확신과 희망 속에서 한국프랑스철학회의 중요한 초석이 될 만한 사업이 계속 이어지기를 바란다.

2015년 6월
김상환

차 례

인식론과
과학
철학

제1부

들어가며

프랑스 철학에서 과학에 대한 반성은 인식론과 더불어 철학적 사유를 살찌우는 원동력이 되어왔다. 먼저 주목할 것은 프랑스의 철학 전통에서 인식론과 과학철학을 엄밀히 분리하지 않는다는 점이다. 심지어 과학사조차도 인식론의 필수영역으로 포함된다. 인식론이 진리론과 구분되지 않는다면 진리를 담당하는 가장 정제된 지식의 총체가 과학으로 나타나는 만큼 과학과 과학사에 대한 반성이 인식론에 반드시 포함되어야 한다고 보는 것이다. 사실 인식론은 진리의 성격과 유래를 다루는 학문이며 그것이 탄생한 근대 초기부터 철학적 사유의 규칙이나 정신의 작동방식에 대한 관심이 주종을 이루었다. 우리는 보통 서양 근대 철학에서 인식론의 대가로 로크(John Locke)와 칸트(Immamuel Kant)를 지목하는데 이 철학자들에게서 진리와 진리를 인식하는 정신의 관계를 밝히려는 인식론적 탐구의 전형적인 태도를 볼 수 있다. 이들에게 진리란 자연과학을 모범으로 하는 체계적 지식을 말한다. 하지만 인식론의 탄생이 근대 이후 철학과 과학의 분리를 배경으로 하는 만큼 거기서 과학의 내용 자체에 대한 반성은 구체적으로 나타나지 않는다. 한편 현대로 다가올수록 인식론에서 논리학이 차지하는 비중이 커지는데 특히 20세기 초반부터 영미 전통에서 인식론은 구체적인 과학 자료보다 논리학과 언어분석을 토대로 사유의 규칙과 방법을 정밀하게 연구하려고 한다.

위와 같은 전문화과정을 추동하는 분리적 경향과 반대로 프랑스에서 인식론은 논리학을 포함하여 과학철학 일반 그리고 과학의 특수한 분야에 대한 반성과 특수한 과학적 현상에 대한 분석 및 과학사적 성과, 심지어는 과학을 평가하는 인간학적이고 형이상학적인 태도에 이르기까지 광대한 영역을 아우르는 종합적 성격을 가진다. 그러므로 이를 대표하는 철학자들도 작업 양상에 따라 성격을 달리 규정할 수 있다. 인식론 혹은 과학에 대한 반성이라는 경향은 데까르뜨(René Descartes)에서 시작한다고 볼 수 있으나 19세기의 꽁뜨(Auguste Comte)에 와서는 철학 자체를 과학들의 종합 및 과학에 대한 반성적 사유로 규정하는 실증주의적 태도가 나타난다. 이어서 생명과학과 물리과학에 대한 철학적 탐구를 각각 시도한 라베송(Félix Ravaisson)과 꾸르노(Antoine Cournot)의 작업이 있다. 한편 20세기에는 좀더 세부적인 영역들과 관련해 다양하게 전개된다. 논리학과 수학의 기초에 관해서는 니꼬(Jean Nicod), 까바이에스(Jean Cavaillès)가 있고, 물리과학에 관해서는 뿌앵까레(Henri Poincaré), 뒤엠(Pierre Duhem), 메이에르송(Emile Meyerson), 바슐라르, 꼬제브(Alexandre Kojève), 데뚜슈(Jean-Louis Destouches), 시몽동이 있으며 생명과학과 의학에 관해서는 깡길렘, 다고네(François Dagognet) 그리고 과학사의 문제들에 대해서는 꼬이레(Alexandre Koyré)와 깡길렘을 들 수 있다.

또 하나 주목할 것은 프랑스 과학철학의 종합적 성격에서 직접 유래하는 경향이다. 이는 과학에 대한 반성을 과학의 문제들에 한정하지 않고 그밖의 다른 분야 특히 인문학과 예술을 비롯한 문화 일반과 정치적 주제들에까지 확장하여 이들과 대화를 시도한다. 이런 태도는 단순히 과학철학자로만 한정할 수 없는 이들에게서 두드러진다. 베르그손과 바슐라르, 깡길렘, 시몽동, 쎄르(Michel Serres)가 대표적이다. 이들은 대부분 과학에 대한 정밀한 분석을 거치면서도 그것을 생명·인간·사회·문화라는 거시적 범주들 안에서 어떻게 자리매김할 것인지 고민한다. 그런 만큼 이들은 현대 프랑스 철학에서 영향력이 크고 한국에도 어느 정도 알려져 있다.

　베르그손의 경우 현대 프랑스 철학의 시조로서 종합적인 접근을 하는 것이 마땅하고 보통 좁은 의미의 과학철학자로 다루지 않지만, 사실 누구보다도 과학에 대한 반성을 강조하고 이를 다른 분야로 확장하여 삶과 문화 속에서 그것의 의미를 구명하고자 노력한 철학자다. 베르그손은 고전역학과 진화론, 에너지물리학 등에 대한 비판과 수용에서 근대의 대표적 사유형태인 기계론적 세계관의 형성과정을 드러내고 과학적 시간과 대비되는 창조적 지속과 생성으로서의 시간개념을 창안한다. 이 작업은 의식의 흐름에 대한 관찰에서 시작해 기억에 대한 과학적 탐구 그리고 생명진화에 대한 생성철학적 해석으로 나아간다.

　바슐라르는 과학과 문학의 두 영역에서 중요한 관점을 제시하며 양자의 관계를 구명하는 것을 철학적 사유의 중요한 문제로 제기한다. 그는 꽁뜨의 계보를 잇는 합리주의자이지만 정신분석학 이론을 빌려 새로운 과학적 인식은 기존의 인식론적 장애물을 극복하는 가운데 생겨난다고 함으로써 인식론적 단절의 이론을 주장한다. 또한 과학적 합리성은 이성과 경험의 변증법적 운동 속에서 완성된다고 하여 실증주의를 보완한다. 한편 바슐라르는 다양한 시인과 작가를 연구하여 문학적 상상력에 대한 철학적 탐구도 진행한다. 문학적 상상력과 과학적 합리성은 갈등관계에 놓일 수도 있지만 전자가 후자의 이론적 모델을 구성하는 데 영감을 주어 상보관계를 띨 수 있다.

깡길렘의 과학철학은 두가지 면모를 보인다. 우선 베르그손을 잇는 현대의 생기론자로 불리는 깡길렘은, 의학에서 출발해 그것이 가진 과학적이면서도 가치론적인 관점을 토대로 규범성이라는 개념을 탄생시킨다. 규범과 규범성이라는 그의 핵심 개념은 생명의 영역과 인간사회에서 정상과 병리에 대해 숙고하게 한다. 다른 한편 깡길렘은 바슐라르의 연구를 이어받아 단절적인 과학사 연구에 몰두한다. 주로 생명이 과학사의 맥락에서 물리화학적 환원을 통해 기계론적으로 취급된 배경을 다루면서, 그러한 태도가 함축하는 이데올로기적 문제점을 비판한다.

시몽동의 철학은 과학철학인 동시에 생성의 형이상학이며, 기술철학으로까지 연장된다. 물리학·생물학·심리학에 이르는 과학의 구체적 문제들에 대한 분석에서 시몽동의 일관된 관심사는 개체가 형성되는 과정 즉 개체화 과정을 구명하는 것이다. 시몽동은 베르그손적인 연속적 생성 속에서 스스로 자기동일성을 만들어내는 불연속적 계기들을 바슐라르의 영감으로 탐구한다. 그는 물질·생명·정신 그리고 집단에 이르기까지 모든 차원에서 이러한 개체화를 발견하고 이를 생성의 단위, 생성의 구체적 현상으로 제시한다. 한편 기술철학에서 시몽동은 기술적 도구들의 탄생과 진화를 개체화 과정과 유사한 방식으로 설명하고 이를 생성철학의 관점에서 인간의 보편적 문화에 통합하고자 한다.

앙리
베르그손

Henri Bergson 1859~1941

1장 /

진정한 시간의 회복과
실증적 형이상학의 기획

앙리 베르그손은 철학자의 삶과 작업 사이에는 아무런 관련성도 없다고 말하곤 했다. 이것은 격동기를 살며 그 시대를 온몸으로 재현한 혁명적 사상가들에게는 부당한 주장일 테지만 베르그손 자신에게는 완벽하게 들어맞는 말이다. 1859년 10월 18일 빠리에서 태어나 1941년 그 도시에서 사망한 베르그손은, 그의 사상의 정점을 이루는 『창조적 진화』(L'évolution créatrice, 1907)의 출판으로 명성을 얻은 후에도 특별한 굴곡이 없이 학문적 과업에만 매진한 것으로 알려져 있다. 중고등학교 시절을 거치면서 다양한 분야에서 이미 천재성을 인정받은 그는 특히 수학과 자연과학에 탁월한 소양을 갖추었으나 진지한 숙고 끝에 좀더 폭넓은 진리의 영역에 접근하기 위해 철학으로 방향 전환을 한다. 19세에 프랑스 지성의 산실인 고등사범학교(Ecole normale supérieure)에 입학한 후에는 당시 대학을 지배하던 신칸트주의의 관념철학에 저항감을 느끼고 스펜서(Herbert Spencer, 1820~1903)의 진화론적 자연철학에 몰두한다.

그러나 곧 이러한 실증주의적 자연철학에서는 삶의 기초가 되는 진정한 시간이 배제되고 있다는 것을 깨닫고 지속과 창조를 중심에 놓는 새로운 철학적 입장을 탐색하게 된다. 이 새로운 철학은 30세에 쏘르본(Sorbonne) 대학에서 『의식에 직접 주어진 것들에 관한 시론』(Essai sur les données immédiates de la conscience, 1889)으로 박사학위를 취득하면서 선을 보인다. 37세에 『물질과 기억』(Matière et mémoire, 1896)을 발표하고 모교인 고등사범학교의 전임강사가 된다. 41세에 프랑스 지성인의 최고의 명예 전당인 꼴레주 드 프랑스(College de France)의 교수가 되고, 같은 해에 그의 유일한 미학적 저작 『웃음: 희극의 의미에 관한 시론』(Le rire: Essai sur la signification du comique, 1900)을 출판한다. 48세에는 그에게 국제적 명성을 가져다준 『창조적 진화』를 출판한다. 그의 생애에서 학문활동보다 더 중요한 것으로 등장한 유일한 사건은 55세 이후의 외교적 활동이다. 1차대전을 겪으면서 베르그손은 전쟁 방지를 위한 노력으로 미국과 스페인을 오가며 외교특사로 활동하기도 하고 국제연맹의 지적협력위원회(유네스코의 전신) 의장으로 선출되기도 한다. 이러한 활동을 바탕으로 말년에는 전쟁과 평화, 그리고 사회와 인간의 본성에 대한 고찰을 담은 윤리학적 역작 『도덕과 종교의 두 원천』(Les deux sources de la morale et de la religion, 1932)을 출간한다.

19세기 후반에서 20세기 중반까지 활동한 앙리 베르그손은 시간과 생명에 대한 심층적 사색을 통해 현대 프랑스 철학의 문을 연 사상가이다. 이후의 프랑스 철학은 그에 대해 긍정적이건 부정적이건 그 영향에서 자유로울 수 없다. 그의 철학은 과학적 합리주의를 비판하고 인간의 자유, 창조적 생명성, 지속의 직관을 강조한 것으로 평가받는데, 이러한 평가는 특히 20세기 전반의 예술과 문학에 끼친 그의 영향에서 잘 나타난다. 문학에서는 프루스뜨(Marcel Proust)와 뻬기(Charles Péguy), 발레리(Paul Valéry), 음악에서는 드뷔시(Claude Debussy), 라벨(Maurice Ravel) 등의 인상파, 그리고 회화에서는 입체파와 초현실주의, 미래파에 이르는 아방가르드 예술에까지 베르그손의 정신은 당대의 문인과 예술가들을 사로잡았다. 한편 쌩디깔리즘의 창시자인 쏘렐(Georges Sorel)은 베르그손의 철학에 기대어 끊임없는 창조적 역동성을 통한 노동자혁명의 갱신을 역설하기도 했으니 이 시기에 베르그손의 사상은 프랑스의 시대정신이었다고 해도 과장이 아니리라. 역사가들은 데까르뜨의 프랑스와 베르그손의 프랑스를 나누며 20세기 전반은 단연 베르그손의 프랑스가 지배적인 시기였다고 평가한다. 빠스깔이 제시한 기하학적 정신과 섬세의 정신이라는 유명한 구분에 따르면 베르그손의 철학은 후자의 범주에 분류되는 것을 알 수 있다.

그러나 베르그손의 철학은 하나의 얼굴만 가진 것이 아니다. 그에 대한 세간의 평가는 베르그손 자신이 구상한 철학의 얼굴과는 매우 상이한 것이어서 그 자신도 그 간극을 감당하기 어려워했다고 전해진다. 노벨문학상을 수상한 베르그손의 문체가 그 유려함과 가독성으로 대학 밖의 지적 대중에게 호소력을 가졌으며 그 덕택에 거의 반세기에 이르는 동안 철학자로서는 유례를 찾기 어려운 인기를 누렸다는 것은 사실이다. 하지만 그가 제시하는 새로운 사유는 언제나 그 시대 첨단과학의 소여들에 대한 비판적 분석을 토대로 한다는 것은 별로 주목을 받지 못했다. 실제로 위에 소개한 저서들 중에서 『웃음, 희극의 의미에 관한 시론』을 제외한 베르그손의 네권의 주저는 모두 당대 과학주의와의 대결을 목표로 기획되었다. 처음 두권은 심리학과 생리학, 세번째가 생물학과 물리학, 마지막 저서는 태동하는 인류학과 사회학의 자료에 대한 분석을 바탕으로 비판적 안목을 보여주고 있다. 프랑스만이 아니라 서양철학의 역사에서 볼 때도 과학의 전문야에 이처럼 폭넓고 심층적인 접근을 시도한 철학자는 드물다. 그의 작품에 대한 접근 용이성과 그 사유의 심층적 의미 사이에 존재하는 이러한 격차가 바로 베르그손 철학에 대한 무수한 오해와 편견을 낳은 원인이라고 볼 수 있겠다.

문화계에서 그가 누린 인기 때문에 과학계만이 아니라 철학계에서도 그의 작업을 냉담한 시선으로 바라봤고, 한편으로 문학과 예술계 및 일반인의 과학에 대한 무관심 때문에 그의 철학의 올바른 의미가 드러나지 못했다. 이러한 상황이 그간 베르그손 철학에 대한 전문적 연구의 축적에도 불구하고 그의 철학의 편향된 이미지를 만드는 데 일조한 듯하다. 하지만 20세기 후반부터 베르그손에 대한 연구는 더욱 활성화되어 철학자로서 그의 진짜 얼굴을 드러내기 위한 시도가 효과적으로 이루어지고 있다. 여기서는 그의 철학의 핵심을 구성하는 '진정한 시간의 회복'이라는 주제와 실증과학에 대한 그의 태도를 잘 보여주는 '실증형 이상학의 기획'이라는 주제를 통해 그의 철학을 소개하려고 한다.

1. 내적 지속(durée)의 발견: 의식과 기억의 세계

과학적 시간과 실재적 시간

한 철학자의 사상은 그가 만들어낸 개념과 분리해서 생각할 수 없다. 물론 개념이 새로운 사상을 잉태한다는 점에서 그러하다. 베르그손에게 지속이라는 개념은 그의 철학정신 자체를 규정하는 가장 중요한 개념이다. 지속은 일상적으로는 어떤 사태가 일정기간 계속됨을 나타내는 시간적 개념이다. 베르그손은 이 지속의 특징을 의식의 흐름이라는 내적 현상을 관찰하면서 그 의미를 심화한다. 의식에서 존재하는 것은 곧 지속하는 것이다. 왜냐하면 우리는 분리된 순간들의 인위적인 합으로서 존재하는 것이 아니라 의식의 매순간의 상태들이 연속되어 있음을 느끼기 때문이다. 나아가 그는 지속을 하이데거(Martin Heidegger)처럼 단지 '현존재(인간)'의 특징으로 규정하는 것이 아니라 존재 일반의 가장 근본적인 개념으로 설정하고 있다. 즉 시간성이 곧 존재를 규정하는 것이다. 이것은 전통철학의 태도를 역전시키는 것인 동시에 당시까지 진리의 모범으로 군림한 고전물리학에 대한 반발이기도 하다. 가령 전통적으로 존재를 근거짓는 개념들은 '형상'이나 '실체'나 '관념'과 같은 것들인데, 이 개념들은 시간을 제거한 영원불변의 세계에 적을 두고 있다. 그것들은 시간의 흐름과 상관없이 그 자체로서 충만한 존재를 누리는 본질의 세계에 속하며 시간에 따라 변하는 속성들은 부수적인 것으로 격하된다. 이런 관점이 근대 자연과학의 기본 태도에까지 이어진다. 근대과학은 불변의 기본 입자들을 설정하고 그것들의 운동으로 세계의 변화를 설명하고 있다. 여기서 변화는 어디까지나 영원불변의 기본입자에 종속되어 있다.

아리스토텔레스의 질적 자연학에서 케플러(Johannes Kepler), 갈릴레이(Galileo Galilei), 뉴턴(Isaac Newton)의 양적 자연학으로 전환하면서 오늘날 우리에게 익숙한 과학적 시간개념이 탄생한다. 근대물리학은 시간을 독립변수로 삼은 y=f(t)와 같은 등식 속에서 위치와 속도, 가속도 등의 변화량들의 관계를 수학적으로 취급하면서 물체의 운동에 대한 정밀한 설명과 예측을 제공할 수 있게 되었다. 무한소분석(미분)의 발견은 이러한 양들의 순간적 변화들을 측정하고 그것들을 적분함으로써 운동체의 시공적 궤도를 파악할 수 있게 해주었다. 이제 일반법칙과 초기조건이 주어지면 물체들의 운동은 완벽하게 예측 가능한 것으로 간주된다. '모든 것을 알 수 있는 지성'을 가리키는 라쁠라스(Pierre-Simon Laplace)의 악마의 가설은 그렇게 탄생한다. 이 세계관에서는 비록 사건들이 시간적으로, 즉 순차적으로 일어난다고 해도 결국 모든 것은 이미 법칙과 초기 조건에 의해 결정되어 있는 셈이다. 베르그손은 이를 가리켜 '모든 것이 주어졌다'(Tout est donné)라고 표현한다. 시간은 여기서 아무런 실제적 역할도 하고 있지 않다.

고전역학은 시간의 함수로 법칙을 서술할 때 시간을 마치 균일한 공간 속에 펼쳐져 있는 것처럼 다룬다(베르그손은 이를 순수공간이라 부른다). 법칙은 정의상 무시간적이고 현상들의 시간적 인과관계는 법칙에 종속되기 때문이다. 근대과학적 작업의 기초를 이루는 데까르뜨의 해석기하학 좌표계를 생각해보자. 여기서 시간은 순수공간의 한 사소한 계기에 지나지 않는다. 베르그손의 표현에 의하면 그것은 공간화된 시간이다. 여기서 결정론이라는 특징 외에 과학적 시간의 또다른 특징 두가지를 알 수 있다. 가역성과 순간성이 그것들이다. 우선 데까르뜨 좌표계에서 시간 t는 좌우 양측으로 얼마든지 이동이 가능하다. 과거로 가는 물체의 운동이 아무런 모순 없이 이해될 수 있다. 시간은 가역적이다. 다른 한편 이렇게 이동하는 물체의 궤적은 순간들의 합으로 이루어져 있다. t가 이동할 때는 마치 시간의 흐름을 나타내는 듯한 인상을 주지만 아무 때고 어디서든 원하는 지점에 멈출 수 있다는 것은 t가 차라리 원자들과 같이 서로 아무런 관련이 없는 순간들이라는 것을 보여준다. 이렇게 과학적 시간의 본질을 이루는 결정론, 가역성, 순간성이 모두 시간의 본래적 의미를 벗어나는 것임을 알 수 있다. 베르그손이 의식의 흐름의 또다른 이론가인 윌리엄 제임스(William James, 1842~1910)에게 보낸 편지에서 한 유명한 말은 바로 이러한 사태를 증언한다.

매우 놀랍게도 나는 과학적 시간은 지속하지 않는다는 것을, 그리고 만일 실재 전체가 한순간에 단번에 펼쳐진다 하더라도 사물들에 관한 우리의 인식에는 어떠한 변화도 있을 수 없으리라는 것을, 그리고 실증과학은 본질적으로 지속을 배제함으로써 이루어진다는 것을 알게 되었습니다.

그렇다면 구체적 흐름으로서의 시간이란 무엇인가? 『의식에 직접 주어진 것들에 관한 시론』(이하 『시론』)은 바로 우리가 체험하는 의식의 시간을 관찰하고 거기서부터 시간의 진정한 의미를 해명하려는 시도이다. 베르그손은 표층자아와 심층자아를 구분하면서 물질계와 맞닿아 있는 의식의 표층에서 느끼는 감각은 종종 물체와 같이 양적으로 표현하고자 하는 유혹에서 자유롭지 않음을 지적한다. 그렇지만 의식은 본질적으로 자유이며 시간적이고 질적인 특징을 가지는데, 심층으로 갈수록 그러한 특징은 더 두드러진다. 내적인 환희나 미적 감정과 같은 심오한 감정 속에서 우리는 우리 자신이 무수한 관념들의 연합이기보다는 하나의 인격적 전체임을 느끼게 되는데, 비록 이 상태가 언제나 동일한 것이 아니라 매순간 변화하고 있다고 해도 마찬가지다. 의식 속에서 각각의 요소들은 수학적 순간들처럼 명백히 분리되는 것이 아니라 하나의 유기적 전체를 이루는 상태처럼 서로 침투하면서 시간 속에서 서로 잇따른다. 음악의 한 악절 전체를 이루는 각각의 음들이 그러하듯이 앞의 요소들은 뒤이어 나오는 요소들을 예고하고 나중의 요소들은 선행한 것들의 바탕 위에서 내용이 드러난다. 그것들의 진행과정은 하나의 역사를 가진다. 물론 의식에서 이 역사는 결정된 방식으로 진행하지 않는다. 의식은 '기계적 인과성'이 아니라 자기 자신도 예측하기 어려운 '심리적 인과성' 즉 자유 속에서 매순간 새로움의 출현을 목격한다. 이렇게 볼 때 체험된 의식의 시간은 비가역성, 연속성, 그리고 비결정성 혹은 예측불가능성이라는 세가지 특징을 통해 추상적인 과학적 시간과는 정반대의 실재적 위상을 갖는다는 것을 알 수 있다.

이미지와 기억

과학적 시간과 의식의 시간을 이와 같이 대립시킬 경우 우리가 느끼고 체험하는 시간, 즉 의식의 시간은 과학적 인식의 대상이 될 수 없으리라는 결론이 자연스럽게 나올 듯하다. 첫 저서에는 의식의 존재방식(지속)과 지성적 인식의 기원(공간) 사이에 일종의 이원성이 전제되고 있는 것이 사실이다. 그러나 이러한 이원성이 정신과 물질의 이원론으로 직행하는 것은 아니다. 과학적 인식은 지성의 작업방식에 기초를 두고 있으며, 물질 자체에 대한 사색은 차라리 형이상학의 산물이다. 이 문제는 두번째 저서인 『물질과 기억』에서 본격적으로 다루어진다. 여기서 베르그손은 물질을 '이미지'로, 정신을 '기억'으로 대체하는 등 구체적인 용어를 사용함으로써 전통적인 유물론이나 관념론 혹은 실체이원론이 빠질 수 있는 함정에서 벗어나고자 한다. 이미지는 물질과 관념의 대립을 거부하고 우리 지각에 나타나는 그대로의 사물을 지시하되 배후에 어떤 실체도 인정하지 않는 점에서 그 자체로 독자적 존재를 누린다. 또 그것은 엄밀히 자연과학의 법칙을 따라 운동하는 것으로 묘사되기 때문에 버클리식의 관념론이 되지는 않는다. 한편 기억에는 우리 신체의 습관에서부터 표상 형태의 기억까지 다양한 형태가 있다. 표상화된 기억은 순수기억이 신체의 현재 상황의 필요에 의해 나타나는 것이다. 신체적 기억은 습관기억(souvenir-habitude)이고 표상적 기억은 이미지기억(image-souvenir)이라 불린다. 순수기억(souvenir pur)은 이런 구체적 요인과 상관없이 우리가 태어나 체험한 과거 전체의 축적 속에 존재한다. 그것들 전체가 바로 정신의 존재를 구성한다.

『시론』에서 표층자아와 심층자아로 구성된 의식의 시간은『물질과 기억』의 습관기억과 순수기억에 대응한다고 할 수 있다. 하지만『시론』이 두 자아를 평면적 연속성 속에서 다루었다면『물질과 기억』은 두 기억을 이와 다른 위상학적 공간 속에서, 즉 역원뿔 모양의 과거가 현재라는 물질평면에 수직으로 교차하는 형태로 묘사한다. 신체는 현재에 연루되고 정신은 과거 기억에 연루되므로, 신체와 정신 사이에는 근본적인 차이가 존재한다. 신체는 행동을 통해 물질계와 관계를 맺는데 그 행위가 바로 지각이다. 지각은 순수한 인식이 아니고 물질에 대한 생명체의 적응이자, 이미지들의 세계 속에서 신체라는 특권적 이미지의 활동방식이다. 지각에는 두 종류의 기억이 모두 관여한다. 습관은 신체의 행동에 각인된 기억이다. 이미지기억은 과거로부터 호출되어 지각을 채색한다. 베르그손은 이 과정을 잠재성의 현실화라는 도식 속에서, 즉 과거의 잠재적 기억이 현실화되는 과정으로 설명한다. 이렇게 지각에 정신적 차원의 깊이가 더해짐으로써 신체와 정신의 상호작용이 이루어진다.

『시론』에서 표층자아는 외부세계에 접하고 있지만, 베르그손은 두 자아의 통일성을 더 강조한다. 이 통일성 속에서 비가역성과 연속성은 지속의 거부할 수 없는 본질적 특성이다. 하지만『물질과 기억』에서는 과거에 기반을 둔 정신의 독자성이 강조된다. 현재와의 연결고리를 잃어버린 순수기억은 과거 자체로 돌아감을 허용하기 때문에 어떤 의미에서 가역적으로 보일 수 있다. 또 순수기억은 의식의 흐름의 연속적 단계를 단번에 뛰어넘어 현재에 작용할 수도 있다. 여기에는 일종의 불연속성이 나타난다. 두 저서의 이런 두드러진 대조는 그러나 강조점의 차이에 지나지 않는다.『시론』이 의식상태가 원자적 순간들과 달리 기계적 필연성에 지배되지 않는다는 것을 보여주기 위해 의식 전체의 통일성과 연속성을 강조하였다면,『물질과 기억』은 이러한 근본적인 통일성과 연속성 속에서 나타나는 개별적 기억들의 진행방식을 보여준다. 또한 『시론』에서는 의식의 심층을 관찰할 때도 무의식(l'inconscient)이라는 개념은 사용하지 않지만 『물질과 기억』은 순수기억을 무의식이라고 함으로써 의식의 존재방식에 대한 설명을 더 심화하고 있다.

2. 지속하는 우주: 생명의 진화에서 물질의 지속까지

실증형이상학의 이념과 직관

실증형이상학(La métaphysique positive)이라는 용어는 베르그손이 『물질과 기억』을 쓰고 5년이 지난 후 한 학술대회에서 발표한 「심리생리적 평행론과 실증형이상학」(Le parallélisme psycho-physique et la méta-physique positive, 1901)이라는 논문에서 처음 제시되었다. 이 시기는 베르그손이 『창조적 진화』의 집필을 위해 생물학과 물리학의 문제들에 몰두한 시기이다. 본래 '실증적'이라는 말은 1830년대 꽁뜨의 『실증철학강의』에서 처음 나타나기 시작하는데, 거기서는 단지 제1원인에 대한 추구를 포기하고 주어진 사실과 경험에 충실해야 한다는 의미로 사용되며 20세기의 논리실증주의에서처럼 '감각경험에 의한 검증가능성'을 조건으로 내세우지는 않는다. 베르그손이 제시하는 실증형이상학의 이념은 실증과학과 마찬가지로 '직선적이고 무한한 진보'를 받아들이는 형이상학이다. 즉 과학과 분리된 영역에서 독자적인 방식으로 문제를 제기하고 이를 독특한 원리를 통해 해결하고자 하는 태도가 아니라 과학과 더불어 자연에 대해 사색하면서 이러한 반성을 더 멀리, 더 심층적으로 밀고가려는 시도이다. 그러기 위해서는 '모든 것이 주어졌다'는 생각을 거부하고 자연의 현상들 속에서 수학적 기계론으로 환원되기 어려운 복잡성이 존재한다는 것을 인정해야 한다.

베르그손은 이런 상황이 특히 생명의 영역에서 중요하다고 생각한다. 여기서는 일차적으로 경험에 충실해야 하고, 그 설명방식에서는 인과적 기계론의 틀을 넘어설 필요성이 대두한다. 또한 생명이론은 지각과 지성의 인식기능을 다루는 인식론과도 무관할 수 없다. 이 기능들은 생명이 자연세계에 오랜 기간 적응하면서 형성된 진화의 산물이기 때문이다. 이런 의미에서 베르그손은 『창조적 진화』의 서문에서 "인식론과 생명이론이라는 두가지 탐구는 재결합해야 하며 순환적 과정에 의해 서로를 무한히 전진시켜야 한다"고 말한다. 즉 생명에 대한 인식은 인식론과의 협동적 작업을 통해 선순환적인 형이상학을 구축해야 하는데, 이것이 베르그손이 실증형이상학의 이념으로 이루고자 한 목표라고 할 수 있다. 칸트 이후에 인식론이 과학적 소여들을 직접적인 사색의 대상으로 삼기보다는 뒤로 물러서서 그것들의 구조나 의미를 분석하는 일에 몰두한다면, 베르그손의 실증형이상학은 한층 적극적으로 그것들을 사색의 내용에 포섭하여 과학적 소여들과 인식론 그리고 형이상학이 상호 협동하는 독특한 이상을 보여준다.

17세기 이후 자연과학의 발달에는 이중적 태도가 포함되어 있다. 갈릴레이, 데까르뜨로 대표되는 기계론은 합리론의 선험적·연역적 태도의 원조가 되고 근대물리학의 주된 배경을 이룬다. 그러나 자연과학 내에서도 지질학이나 광물학·생리학·생물분류학·해부학 등의 세부적인 영역으로 들어갈수록 법칙적 설명은 어려워지고 실제적 사실의 관찰에 의존하지 않을 수 없다. 이런 영역에서는 베이컨(Francis Bacon)의 경험적 방법이 절대적이다. 디드로(Denis Diderot), 달랑베르(Jean le Rond D'Alembert) 같은 프랑스의 계몽주의자들은 합리론의 기계론적 사고방식과 경험론의 귀납적 연구방식을 적절히 결합하여 자연을 과학적으로 이해하는 태도의 모범으로 삼아 백과사전적 지식을 구축하고자 했다.

그러나 이들은 대체로 영국의 경험론에 심취하였다. 이런 배경에서 출현한 뷔퐁(Georges-Louis de Buffon)의 자연사이론은 경험적 태도의 존중에서 유래한다고 볼 수 있다. 엄밀히 말해 기계론의 입장은 자연의 변화를 법칙연역적으로 이해하고자 하기 때문에 그 변화의 실제적 내용에 대해서는 거의 말해주는 바가 없다. 그러므로 자연의 변화에 좀더 민감한 것은 경험론적 입장의 탐구였다. 다윈(Charles Darwin) 역시 케임브리지에서 수학한 후 비글호에 올라 남미의 갈라파고스 군도를 여행할 때 지질학자 라이엘(Charles Lyell)의 책을 과학적 탐구의 모범으로 삼았으며 베이컨의 방법에 따라 다양한 생명체들을 관찰하였다.

그러나 베르그손의 경험론이 영국 경험론과 친화성을 갖는 것은 경험에 대한 존중이라는 일반적인 태도에서만 그러하다. 1903년 쓰인 논문 『형이상학입문』에서 베르그손은 점차 심리주의, 감각주의로 기울어진 경험론이 사물의 외면적 도식에만 치중하는 것을 비판한다. 원자적 대상처럼 간주된 감각경험들을 결합하여 대상을 구성하는 것은 복사본을 재료로 원본을 만들려고 하는 것과 다름없다는 것이다. 참된 경험론은 원본적인 것을 파악하려고 노력해야 한다. 특히 생명과 인간의 영역에서는 경험론에서 즐겨 이용하는 통계적 추정이나 과도한 일반화가 많은 문제점을 노출한다. 어떤 치수에도 들어맞는 기성복이 아니라 대상에 정확히 맞추어 재단한 맞춤복이 필요하다. 베르그손은 바로 이러한 원본에 대한 직접적 인식을 '직관'이라고 명명한다. 그러므로 직관은 참된 경험론을 가능하게 하는 방법적 도구로 제창한 것이다. 이제 직관은 사물의 '내부에 직접 들어가' 대상과의 합치를 목표로 하는 '절대적' 인식이다. 반면 지성적 분석은 사물의 주위를 돌면서 기호를 사용하여 사물의 일반적 측면만을 포착하는 '상대적' 인식이다.

그런데 분석과 직관의 이 유명한 구분은 1907년의 『창조적 진화』에서는 심층적 변형을 겪는다. 여기서도 지성과 직관의 구분은 유지되지만 그것들의 상반되는 위상보다는 상보적 작용이 강조된다. 흥미로운 것은 여기서 베르그손이 직관의 발생과정을 설명하고 있다는 것이다. 그것은 진화선상에서 생겨난 생명적 기능인 본능과 지성을 비교하는 맥락에서 나타난다. 본능과 지성은 둘 다 본래 물질적 자연에 적응하여 문제를 해결하려는 생명의 노력 혹은 능력이다. 본능은 신체의 자연적 기능을 사용하여 문제를 해결한다. 그것은 자신의 능력이 미치는 곳에서는 문제를 거의 완벽하게 해결할 수 있지만 고정된 구조 때문에 확장이 불가능하다. 지성은 추론의 능력으로서 인간에 와서 도구제작에 이르렀다. 인위적 도구는 임의적 용도에 사용할 수 있으며 비록 불완전한 성취이기는 하나 무한정한 대상으로 확장이 가능하다. 이런 지성의 활동은 계속적으로 새로운 기능을 창출하여 활동의 무한한 장을 열어주고 결국 의식의 각성을 촉진한다. 반면에 본능은 무의식적이다. 그것은 생명을 내부로부터 인식하는 '공감'(sympathie) 능력이지만 반성적 의식으로 되지는 않는다. 그래서 베르그손은 본능이 지성에 의해 의식화될 때 직관적 인식이 가능하게 된다고 본다. 그러므로 직관은 단지 의식의 내성(introspection)에 의해서 신비적 방식으로 사물과 합치하는 것이 아니라 지성의 도움으로 "자기 자신을 의식하고 대상에 대해 반성하며 그 대상을 무한히 확장하는" 능력이 된다. 깨어난 직관은 생명의 인식에서 지성의 한계를 인식하게 하고 그 부족함을 메울 수 있다. 하지만 물질에 대해서는 지성이 단지 상대적 인식만을 갖는 것이 아니라 "절대적 인식"일 수 있다고 선언된다. 생명 역시 물질과학의 방식으로 연구될 수 있다는 것을 부정하는 것은 아니고 단지 수학적 조작의 한계를 분명히 인식할 필요성이 강조되고 있다. 1911년에 발표한 논문 「의식과 생명」에서는 진정한 경험을 모호하고 인위적인 일반화를 떠나 구체적인 '사실의 선들'(la ligne de faits)을 찾아나서는 작업이라고 규정하는데, 이것은 직관과 지성의 협동으로 실증과학처럼 진보하는 실증형이상학의 취지를 나타내는 중요한 표현이다.

물질의 지속과 생명의 지속

과학에 대한 베르그손의 비판은 대부분의 경우 갈릴레이, 뉴턴과 라플라스로 대변되는 고전적 기계론에 집중되어 있다. 베르그손이 양과 질, 공간과 시간(지속), 필연과 자유 등과 같은 이원적 대립을 주장할 때 양이나 공간, 필연성 등은 고전물리학적 세계관의 바탕이 되는 개념들이고 질과 시간, 자유 등은 이 세계관이 무시해버린 구체적 현실을 의미한다. 이런 경우 베르그손의 주장이 이원론에 이르는 게 당연해 보인다. 하지만 기계론 비판이 베르그손의 과학에 대한 최종 견해는 아니다. 그는 당대의 첨단과학에서 영감을 받아 지속의 개념을 점차 물질을 규정하는 데까지 확대한다. 가령 패러데이(Michael Faraday)는 전기장 이론에서 원자들의 입자성을 부정하고 그것들을 '힘들의 중심' 또는 '무한한 역선들이 교차하는 수학적 지점'이라고 주장한 바 있다. 그에 따르면 원자들은 "중력이 전개되는 공간 전체를 점유하며, 상호침투한다." 즉 원자들이 먼저이고 그것들 사이에 인력이나 반발력이 존재한다고 가정하는 근대물리학을 뒤집어서 힘과 원자들의 관계를 거꾸로 이해하는 것이다. 베르그손은 패러데이의 이론을 『시론』에서는 다소 소극적인 방식으로 소개하는데, 이후부터 점차 대담한 방식으로 우주 전체까지 확대한다. 『물질과 기억』의 말미에서 의식과 공간의 대립은 파동과 리듬의 우주 안에서 통일된다. 이 책에서 지속의 다른 표현인 '파동'(vibration)이라는 말은 물질의 존재방식이자 의식상태의 존재방식을 동시에 가리킨다. 물질은 균일한 반복적 파동이어서 동역학의 수식으로 파악될 수 있는 체계를 구성하고 있는 반면, 의식현상을 구성하는 것은 이질적인 파동들, 계속해서 차이를 만들어내는 운동이다. 따라서 물질과 의식은 단지 리듬의 차이만을 가지고 있다. 베르그손은 패러데이와 톰슨(William Thomson), 맥스웰(James Clerk Maxwell), 반 데르 발스(Johannes van der Waals) 등의 과학자들을 차례로 인용하면서 이들이 보여주는 것은 "힘이 물질화되고, 원자가 관념화되며, 이 두 항들이 하나의 공통적 경계로 수렴하고, 이렇게 해서 우주가 자신의 연속성을 회복하는 것"이라고 한다. 결국 '의식-주관성, 물질-객관성'이라는 근대적 이분법은 지속의 관점 아래 통일된다.

한편 『창조적 진화』에서는 독립된 물질적 대상이나 과학이 취급하는 고립된 물질계를 이러한 우주적 지속과 구분한다. 물질적 대상 즉 물체(corps matériel)는 우리의 지각에 의해 고립되는 것이고, 그 자체로서는 물질 전체와 연속되어 있다. 또 과학자가 다루는 사실들은 실험이나 특정한 가설 속에서 연구될 때 일종의 닫힌 체계로 간주된다. 물체와 과학적 체계는 이처럼 인위적으로 고립되는 반면, 생명체는 그 자체로서 즉 자연적으로 고립된 체계를 구성한다. 그래서 물체들의 인위적 체계는 고정된 것으로 취급되지만, 생명체들의 자연적 체계는 지속함을 알 수 있다. 즉 생명적 개체는 자신 안에 과거 전체를 보존함으로써 성장하고 노화하는데, 이 과정이 바로 한 생명체의 역사가 된다. 그런데 생명계를 시간 속에서 관찰할 때 우리는 개체들의 성장과정과 또다른 현상인 종들의 변화, 즉 진화라는 현상을 목격하게 된다. 베르그손에 의하면 진화라는 현상은 법칙일변도의 서구과학의 역사에서 시간과 생성을 사유하게 해주는 구체적 사실을 제공한다. 오랜 기간을 두고 일어나는 종의 변화는 법칙으로 예측 가능하기는커녕 환경과 생물의 상호작용을 포함한 숱한 우발성(contingence)들의 집적이다. 그렇게 하여 한 생명종의 진화는 자신의 고유한 역사를 만들어간다. 역사를 만드는 것은 각각의 사건들이다. 사건은 시간적 특징을 갖는다. 그것은 일회적이며 일어난 후에야 어느정도 정합적으로 설명할 수 있다. 그런데 한 사건의 발생을 사후에 여러가지 요소들을 조합해서 설명할 수 있다고 해서 이미 그렇게 될 필연성을 가지고 있었던 것은 아니다. 단지 그럴 개연성이 있었을 뿐이다. 근대과학자들의 바람과 달리 생명과학에서는 설명과 예측이 반드시 일치하지는 않는다. 그러므로 시간은 여기서 변화 자체와 무관하게 단순히 변화의 배경을 이루는 순수한 형식이 아니다. 변화 그 자체가 시간을 이룬다.

오늘날의 유력한 진화생물학자들 중에서도 진화론이 함축하는 바가 생명에 대한 기계론적 설명이 아니라 자연계가 역사적 성격을 갖는다는 사실이라는 지적을 하는 것을 드물지 않게 볼 수 있다. 실제로 진화론에서 법칙연역적인 설명을 할 수 있는 경우는 흔치 않다. 유전학의 발달을 촉진한 분자생물학이 그런 관점에 가장 가까운 연구일 텐데 오늘날 그것이 진화론에서 차지하는 역할은 지나치게 과장되어 있다. 그보다는 오히려 고생물학·발생학·환경생태학 등의 관찰에 의거한 연구성과들이 더욱 중요하다. 고생물학은 비록 완벽하지는 않지만 화석기록에 의해 생물종의 시간적 변천과정을 보여주고, 발생학은 생물의 개체발생이 단순히 유전자의 기계적 복제와는 다르다는 것을 보여준다. 환경생태학은 유기체와 환경과의 상호작용을 보여준다. 이런 성과들은 진화론이 합리론 전통의 수리물리학보다는 여전히 귀납적 전통에 의거한 관찰의 학문이라는 것을 보여준다. 그런데 우리가 다윈이 생물학을 과학으로 성립시킨 장본인이라고 극찬할 때 생각하는 것은 우연변이와 자연선택이라는 기계론적 도식이다. 비록 다윈 자신은 기계론이라는 말을 사용하지 않았고 법칙적 설명보다는 귀납적 설명에 훨씬 더 많은 노력을 기울였음에도 불구하고 그의 사후에 신다윈주의자들은 진화론을 기계론적 도식으로 설명하고 있다.

물론 다윈의 자연선택이라는 개념은 진화를 이해하는 데 매우 유효한 개념이며 베르그손 자신도 이를 인정한다. 그러나 베르그손에 의하면 이 개념은 진화를 그 외적이고 부정적인 측면에서 보았을 때 유효하다. 부적응자가 제거된다는 것은 누구나 이해할 수 있는 자연스런 사실이며, 그것은 진화의 기작(mechanism)에 대한 소극적 설명에 지나지 않는다. 정작 중요한 것은 진화를 가능하게 하는 내적 요인, 즉 변이들의 생성에 있다. 다윈은 변이의 원인을 우연에 맡긴다. 이 상황은 유전학과 진화론을 결합시킨 신다윈주의에서도 마찬가지이다. 유전자들의 작동은 모노(Jacques Monod)가 말한 것처럼 우연(hasard)과 필연의 놀이이다. 우연은 확률 법칙의 지배를 받으므로 법칙적 필연성과 모순되지 않는다. 여기에 진정한 의미의 변화는 존재하지 않는다. 어떤 의미에서는 여전히 모든 것이 주어져 있으며 창조의 여지는 남아 있지 않다. 베르그손에 의하면 생명의 힘은 물질에 불확정성, 즉 예측불가능성과 변화가능성을 삽입하는 것이다. 종과 개체들이 비록 안정된 형태를 띤다고 해도 그 생성의 측면에서는 생명적 힘의 예측 불가능한 표현들에 불과하기 때문에 본질적으로 변화가능성을 내포하고 있다. 이 변화가능성을 인정하지 않으면 종의 변화로서의 진화는 불가능하다.『창조적 진화』의 주요한 개념인 '생명의 약동'(élan vital)의 의미는 바로 여기에 있다. 그것은 물질과 관계없이 자족적으로 운동하는 힘이 아니라 물질적 필연성 위에서 그것을 넘어서고자 하는 노력이다. 베르그손은 생명의 흐름이 엔트로피의 방향을 거스르는 운동이라고 주장하면서 물질의 하강하는 운동, 해체하는(se défaire) 운동과 대립시킨다. 생명은 물질의 해체하는 운동을 '통해서' 생성되는(se faire) 실재다. 이처럼 생명과 물질의 현상은 서로 연루되어 있으면서 반대 방향의 운동을 하는 것으로 설명된다. 그러나 여기서 생성하는 운동 그 자체는 정신적인 본성을 갖는 것으로 제시된다. 물론 이것은 개별적 의식과는 무관한 '원리'의 성격을 지닌다. 그것은 잠재성으로 충만한 창조의 원리 그 자체이다. 생명은 물질이 해체되는 운동 속에 잔존하면서 이를 넘어서는 창조적 힘의 발현이라 할 수 있다.

3. 윤리와 종교

베르그손은 세번째 주저 『창조적 진화』를 출간한 지 25년 만에 윤리학적 주제들과 관련된 마지막 저서 『도덕과 종교의 두 원천』(1932)을 출간한다. 그 사이에는 사상 최초의 세계대전이 있었다. 상처와 폐허뿐인 1차대전을 뒤로 하고 노철학자는 전쟁과 사회, 인간의 삶에 관해 마지막 사색의 힘을 기울인다. 이 책은 방법적인 면에서 여전히 이원적 개념들을 사용하고 있으며 내용적인 면에서는 윤리학적 주제들을 그 자체로만 다루는 것이 아니고 사회학적이고 인류학적인 토대와 접목시킨다. 이와 같이 넓은 영역을 다룰 경우 도덕과 종교가 밀접한 관계를 갖게 되는 것은 당연하다. 때때로 도덕은 종교의 교리에서 영감을 받으며, 반대로 종교는 일정한 도덕의 체계를 신비적 실체로 옹고시키기도 한다. 그러나 베르그손이 볼 때 이 현상들은 모두 생명이라는 더 심층적인 근원에서 유래한다. 책의 전체를 관통하는 이분법적 키워드는 닫힘과 열림이라는 개념쌍이다. 여기서 닫힌 도덕과 닫힌 종교 그리고 열린 도덕과 열린 종교 등의 네가지 조합이 나온다. 더 나아가 이러한 이원적 분기를 가능하게 하는 것은 바로 닫힌 사회와 열린 사회의 존재이며 이는 다시금 생명이 보여주는 두가지 근원적인 현상들과 관련된다. 닫힌 사회는 진화의 역사 속에서 물질적 환경에 적응하고자 하는 생명의 보수적인 성향에서 비롯한다. 열린 사회는 진화 속에서 생명이 추구하는 미래를 향한 개방과 도약, 가능성과 기대 등과 관련된다.

닫힌 사회는 생명의 역사 속에서 나타나는 종이나 개체군에 해당하는 집단적 실체를 연장한 것이다. 인간사회는 집단의 유지를 위해 마치 집단적 본능에 호소하듯이 습관과 관습·규율·규칙 등을 필요로 한다. 닫힌 도덕은 이러한 관습과 규칙들의 체계이다. 여기서 흔히 의무론이라 불리는 의무의 도덕이 나온다. 개별적인 습관과 규칙들은 사회적 상황이나 합의에 의해 변경이 가능하지만 그것들의 존재 자체는 무화될 수 없다. 이러한 의무의 필연성을 베르그손은 '의무 전체'라고 부른다. 의무는 자발적인 것이 아니라, 해야 한다는 사회적 강제에서 나오기 때문에 의무의 도덕은 억압의 도덕이다. 비록 이성이 그 필연성을 정당화할 수 있다 하더라도 그 사회적 기원을 바꿀 수는 없다. 여기에 닫힌 종교는 환각적 이미지들을 가지고 이야기를 만들어내는 '우화기능' (fabulation)을 통해 집단의 비합리적인 기원을 제시하고 이를 신비화한다. 닫힌 도덕과 닫힌 종교는 한 집단의 유지를 위해 세공된 일련의 추상적 구조물이다.

닫힌 사회들은 서로 대척점에 있기 때문에 끝없는 전쟁의 근원이 된다. 반면에 열린 사회는 단지 사회의 보존을 위한 의무들의 체계가 아니라 예외적 인간들의 자발적이고 헌신적인 행동에 의해 인류애를 향해 개방되는 사회이다. 개인적 도덕의 차원에서도 단지 규칙에 대한 복종이 아니라 위대한 인간의 모범을 따라 자발적으로 행동하는 경우가 있다. 이는 억압의 도덕이 아니라 열망(aspiration)의 도덕이다. 소크라테스, 공자, 석가모니, 예수와 같은 도덕적 성인들은 단지 한 사회의 보존에 소용되는 것이 아닌 인류의 보편적 가치들을 창시한 사람들이다. 그들은 저마다 생명의 약동에서 유래한 종의 출현에 비교될 수 있는 질적 도약을 인간의 역사에서 이뤄냈다. 베르그손은 위대한 도덕적 성인들을 신비가라고 부르는데 이들 중에서 예수를 특권적인 모범으로 제시한다. 그 이유는 기독교의 사랑의 약동이 단지 개인적 각성이나 진리에 대한 관조에 머무는 것이 아니라 인류애를 실현하는 적극적인 행위로 나타난다는 것 때문이다. 흥미롭게도 베르그손은 이러한 적극적 행위를 기계의 발명과 연관시킨다. 가령 인도에서 생산성을 높이고 생산물을 널리 유통시킬 수 있도록 하는 기계가 발명되었다면 힌두교는 염세주의적 성격에서 벗어나지 않았을까.

그래서 진정한 신비주의는 기계에 호소하여 행동으로 완성되는 것인지도 모른다. 베르그손은 이러한 과정이 민주주의의 이상 속에서 실현될 수 있다고 본다. 하지만 또다른 역사가 있어서 이에 대한 심대한 문제제기를 하게 만든다. 오늘날 기계들의 체계는 그 자체의 동력과 논리에 의해 점점 더 세밀해지는 동시에 규모를 확장하여 인간의 전체 삶을 지배하게 되었다. 기계화된 산업적 조직은 인류의 생존과 안락함에 기여하는 차원을 넘어서서 새로운 욕망을 끝없이 생산하고 인간의 미래까지도 결정하게 되었다. 더 큰 문제는 이러한 기계적 발달이 전례가 없는 대규모의 가공할 전쟁을 가능하게 할 것이라는 사실이다. 기계적인 것이 신비적인 것을 전멸시키는 상황에서 신비가는 무엇을 할 수 있을까? 베르그손은 이런 상황을 영혼과 신체의 부조화에 비유한다. 기계의 발명으로 주체할 수 없을 정도로 커진 인류의 신체를 과거의 상태로 남아 있는 영혼이 담아낼 수는 없다. 그래서 베르그손은 '영혼의 보충'을 가능하게 할 신비주의에 다시 한번 호소한다. 과거의 신비주의가 기계를 만들어내는 신들의 기능이었다면 이제 "신들을 만들어내는 기계로서의 우주의 본질적 기능"을 회복해야 한다는 것이다.

4. 평가와 전망

베르그손의 가장 유명한 연구가로 남아 있는 장껠레비치(Vladimir Jankélévitch, 1903~1985)는 그의 철학을 실체의 일원론, 경향의 이원론이라고 해석한다. 베르그손이 고정된 실체주의를 거부하면서도 지속에 대해서 '실체적'이라고 묘사하는 경우가 있기 때문에 실체일원론은 지속의 철학에 붙여진 해석이다. 한편 베르그손이 보여준 대부분의 대립항들(정신과 신체, 물질과 생명)은 서로 반대 방향으로 운동하는 경향들로 파악된다. 하지만 장껠레비치는 지속의 정신적이고 생명적인 특성을 강조하기 때문에 유심론적(spiritualiste)이고 생기론적(vitaliste)인 해석의 대표자이기도 하다. 반면 들뢰즈는 베르그손의 철학을 차이의 일원론으로 재해석한다. 그는 지속의 개념에서 정신적이고 생명적인 특징을 벗겨내고 지속을 자신을 구성하는 내부의 이질성으로 인해 스스로 달라지는 운동, 차이화하는 운동, 혹은 잠재성의 현실화로 재정의한다. 이렇게 드러난 베르그손의 얼굴은 존재론적인 자연주의가 된다. 장껠레비치와 들뢰즈의 해석은 각각 베르그손에 실제로 존재하는 다른 두 경향을 강조한 해석들이다.

이들과는 달리 현대과학의 관점에서 프리고진(Ilya Prigogine)과 스텐거스(Isabelle Stengers)는 베르그손의 철학을 다음과 같이 평가하고 있다. 베르그손의 과학비판은 고전물리학을 겨냥하고 있는데, 그에게 과학의 모범이 고전역학이었다는 것은 시대적 한계를 반영한다. 칸트가 고전물리학을 진리의 모범으로 보고 그것을 정당화하는 인식론을 제공했다면 베르그손 역시 그것을 지성이 인식할 수 있는 최대의 지식체계로 보았다. 단지 베르그손에게 고전물리학은 지성이 가정하는 이상적 세계, 혹은 실험실에서나 가능한 닫힌 체계에 대한 진리이며, 지성은 열린 체계에 대한 지식을 가질 수 없다는 사실이 곧 과학적 진리의 한계이다. 열린 체계란 실험실을 벗어난 실제 세계를 지칭하는 것이기도 하지만 특히 되돌릴 수 없는 시간, 즉 비가역적 시간을 의미하기도 한다. 물리학이 다루는 객관적 세계에서 비가역적 시간은 어떤 자리도 차지할 수 없다는 면에서 고전역학과 칸트 그리고 베르그손은 일치한다. 그래서 베르그손은 과학만으로는 접근할 수 없는 직관의 형이상학을 창안하게 된다. 프리고진과 스텐거스에 의하면 베르그손이 과학 외의 영역으로 남겨놓은 비가역적 시간의 문제들은 주관성(의식)의 영역이 아닌 객관 세계의 경우 오늘날 과학으로 해명될 수 있다. 이들이 함께 쓴 『새로운 연합』(*La nouvelle alliance*, 1979)은 베르그손이 과학으로는 접근할 수 없다고 본 비가역적 시간을 과학적으로 해명하려는 시도이며, 이 내용은 오늘날 현저한 중요성을 획득하고 있다. 물론 근대적 기계론의 고전역학과는 전혀 다른 복잡계의 현상들에서 그러하다. 여기서 설명과 예측은 일치하지 않으며, 시간은 무정형의 바탕이 아니라 분명히 작용하고 있다. 이러한 영역에서 이들은 베르그손 철학의 예언적 의미를 잘 파악하고 있다.

시간은 발명(invention)이거나, 아니면 그것은 아무것도 아니다. (『창조적 진화』/『사유와 운동자』)

| 황수영 |

기억(mémoire)

기억에는 정신적 기억인 이미지기억과 신체적 기억인 습관기억이 있다. 이미지기억은 표상으로 구체화된 기억이며 사건의 일회성을 그대로 간직한 순수기억으로 보존된다. 습관기억은 물질적 현실에 적응하는 것을 목표로 하는 신체적 습관으로 보존된다. 두 기억의 역동적 상호작용이 심신관계를 설명한다.

생명의 약동(élan vital)

생명은 독립적인 원리라기보다는 물질 속에서 무언가를 얻어내기 위한 노력으로 정의된다. 물질적 필연성과 결합해 폭발하는 생명의 약동은 예측 불가능한 방식으로 생명종과 개체 탄생의 근원이 된다. 진화 속에서 생명은 물질적 필연성에 한편으로 적응하고 한편으로 이를 넘어서는 도약을 감행함으로써 생명적 힘의 무수한 경향을 현실화하여 생명세계의 다채로운 양상을 산출한다.

지속(durée)

의식상태를 이루는 요소는 순간으로 분리되지 않고 연속되며 다른 요소와 유기적인 관계에서 언제나 전체를 이루며 변화하기 때문에 어떤 것도 소멸됨 없이 그대로 보존된다. 즉 순간 속에서는 유기적 전체요, 흐름 속에서는 기억과 역사로 축적되는 것이 진정한 시간인 지속의 모습이다. 의식상태의 흐름에서 발견된 지속의 범례는 물질·생명·우주 전체의 생성을 설명하는 데로 확대된다.

창조(création)

베르그손에게 우주는 완성된 것이 아니라 예측 불가능한 방식으로 끝없이 생성되는 것이며 창조는 이러한 생성의 과정이 우주에 새로움을 가져오는 사태를 말한다. 창조의 원리는 초의식(supraconscience)이나 잠재성(virtualité)으로 표현되는데, 이는 정신적(비물리적)인 것이며 물질의 생성원리이기도 하다. 잠재성에 내재하는 무수한 경향(tendance)의 현실화가 곧 창조이며, 창조는 때로 발명으로 표현되기도 한다.

가스똥
바슐라르

Gaston Bachelard 1884~1962

2장 /

'열린 합리주의'를 위한
인식론

'철학자 가운데 가장 위대한 시인, 시인 가운데 가장 위대한 철학자'
로 불리는 가스똥 바슐라르는 프랑스 북동부 샹빠뉴(Champagne)의 바르
쉬르오브(Bar-sur-Aube)에서 제선공의 아들로 태어났다. 1914년 아름답
고 따뜻한 성품의 여교사와 결혼하지만, 아내는 첫돌도 지나지 않은 딸
하나를 남긴 채 세상을 떠난다. 아버지를 따라 철학자로 성장하게 되는
딸 쉬잔(Suzanne)과 함께 바슐라르는 평생 독신으로 살아간다.

 바슐라르의 학문적 이력은 꽤 독특하다. 그는 고등학교를 졸업한 뒤
10년 동안 우체국에서 일한다. 그런 가운데 독학으로 전신기술자 자격
시험을 통과하고, 수학·물리학 학사학위를 취득한다. 곧이어 고향 마을
의 중학교에서 과학과목을 가르친다. 그러다 아내와 사별한 이후에는
철학과 문학에 관심을 기울인다. 1927년 그는 디종(Dijon) 대학에서 철
학박사학위를 받았는데, 과학사 전문가인 아벨 레(Abel Rey), 철학자 레
옹 브룅슈비크(Léon Brunschvicg)의 지도를 받았다. 논문은『근접적 인식

에 관한 시론』(*Essai sur la connaissance approchée*)으로, 당시 유행한 실증주의 관점에서 벗어나 과학의 지식을 정의하려는 시도였다.

바슐라르는 디종 대학에서 강의했고, 1954년에는 쏘르본 대학 명예 교수가 되었다. 그의 학문세계에서 흥미로운 것은 과학과 시학을 함께 연구했다는 점이다. 그는 현대물리학을 비롯한 동시대의 과학연구에서 출발해 과학의 방법론과 과학지식의 인식론적 기초를 연구했다. 하지만 시학적 몽상과 상상력에도 지속적 관심을 기울이며 연구했다. 두 영역의 '동시적' 연구는 매우 독특하고 생산적인 효과를 낳았다.

그는 『새로운 과학정신』(*Le nouvel esprit scientifique*, 1934)과 『부정의 철학』(*La philosophie du non*, 1940)을 비롯해 과학인식론에 대한 책을 13권 쓰고, 『불의 정신분석』(*La psychanalyse du feu*, 1938), 『물과 꿈들: 물질의 상상력에 관한 시론』(*L'eau et les rêves: Essai sur l'imagination de la matière*, 1942), 『공간의 시학』(*La poétique de l'espace*, 1958)을 비롯해 시학에 대한 책을 12권 남겼다. 이렇게 자신의 철학이 과학과 시학을 아우른 것처럼, 그는 19세기와 20세기라는 상반된 두 세기를 겪었으며, 샹빠뉴의 작은 시골마을에서 태어나 국제도시 빠리 근교에서 세상을 떠났다.

인식론의 관점에서 바슐라르는 현대과학의 새로운 성격에 주목한다. 그것은 현대과학이 발견한 과학적 '사실'보다는 현대과학이 지닌 태도와 정신에 관한 것이다. 그는 더이상 기존의 이성개념이나 경험적 실증주의만으로는 '새로운 과학정신'을 설명할 수 없다고 생각했다. 그가 볼 때 현대과학의 정신은 '열린 정신'이다. 자신의 오류를 스스로 개선하려는 개방적 합리성을 보여준다는 뜻이다. 또 현대과학의 정신의 특징은 '종합적 정신'이다. 이는 기존의 합리주의와 경험주의의 대립, 또 유물론과 관념론의 대립을 포괄하며 넘어선다는 뜻이다.

여기서 바슐라르는 인류 정신의 미래를 찾는다. 그가 제시한 새로운 정신은 당시 사상계에도 큰 영향을 주었을 뿐 아니라, 21세기를 살아가는 우리에게도 소중한 통찰을 제공한다. 지금부터 바슐라르가 과학인식론의 관점에서 얘기한 미래적 정신의 윤곽을 살펴보자. 아마도 가장 널리 알려진 개념은 '인식론적 단절'이라는 개념일 것이다.

1. 인식론적 단절

바슐라르는 과학이 불연속적으로 생성한다고 본다. 과학은 지식의 점진적이고 연속적인 축적이라기보다는 과거의 지식과 단절(rupture)하며 생성한다는 것이다. 이때 기존의 지식이 오히려 참된 인식의 걸림돌(obstacle)이 되기도 한다는 점에 주목하자. 바슐라르는 과학이 상식·감각 등의 미시적 차원의 인식적 걸림돌이나, 기존 이론의 전제와 같은 거시적 차원의 인식적 걸림돌을 넘어서는 불연속적 단절에서 생성한다고 본다.

바슐라르가 말하는 단절은 수직적 과정이다. 당면한 문제와 동일한 차원에서 진행하는 과정이 아니라는 말이다. 가령 요하네스 케플러가 행성 공전의 원운동 가설에 머물렀다면 티코 브라헤의 관찰 데이터를 설명해낼 수 없었을 것이다. 케플러는 당시 천문학의 문제가 관찰 데이터의 오류가 아닌 원운동 가설에 있다고 보았고, 원 대신 타원 궤도를 설정하며 문제를 해소했다. 마찬가지로 과학에서 단절이 일어나려면 먼저 문제의 평면보다 깊은 지층으로 파고들어 문제를 발생시킨 인식론적 틀(관점)을 찾아내야 한다. 그 틀을 새로운 틀로 바꾸며 문제를 해소할 때 단절이 일어나는 것이다.

단절은 이처럼 당면 문제보다 일반적이고 심층에 있는 인식론을 찾아내고 대안적 인식 틀을 제안하는 과정이다. 이때 단절은 기존 문제를 해소할 뿐 아니라 앞으로 연구할 대상을 만들어내기도 한다. 바슐라르는 이 같은 과학의 불연속성이 '과학혁명'과 같은 특정 시기에만 일어나는 것으로 보지 않는다. 미시 차원에서 과학은 상식이나 감각과 단절하며 생성한다. 또 이론적 틀과 전제의 차원에서 과학은 기존 이론과 지속적으로 단절한다. 따라서 과학의 불연속성은 역설적이게도 꾸준하고 지속적으로 나타난다고 할 수 있다.

과학이 이렇듯 자신의 토대 자체를 바꾸고 인식 틀의 근원적인 전환을 통해 생성한다는 면에서 인식론적 단절 개념은 토머스 쿤의 패러다임 전환(shift) 개념과 상통한다. 그러나 쿤이 주로 기존 이론과 신생 이론 사이의 패러다임 차원에 주목하는 반면, 단절 개념은 미시 차원도 포함한다. 쿤의 표현을 빌리면 상식과 감각으로부터의 단절은 과학혁명 시기가 아닌 정상과학(normal science) 시기에도 지속적으로 나타난다. 또 좁은 뜻에서의 단절 개념은 미시 차원에 가장 잘 적용된다.

미시 차원의 단절은 첫째로 수학의 성격과 연관된다. 기하학에서 점(point)을 정의할 때 '위치는 갖지만 크기는 갖지 않는 것'으로 정의하는 것과 마찬가지로 수학은 일상적·상식적 경험을 넘어선다. 또 과학이론과 수학이 결합한 수학적 경험과학에는 이와 같은 수학의 추상적 성격이 남아 있으므로 일상 경험의 범위를 넘어선다. 양자역학이나 상대성이론 등의 내용을 일상 감각으로 파악할 수 없는 이유는 무엇보다 물리학 연구와 결합한 수학의 추상성 때문이다. 또 이런 성격 때문에 과학이 세계를 설명하는 방식은 늘 '우회적'일 수밖에 없다.

과학의 우회성은 또한 과학에 필수적인 도구의 성격과 연관된다. 현대과학의 실험기구는 일상 감각을 연장하는 정도가 아니라 사람이 전혀 감각할 수 없는 영역을 다룬다. 현대적 실험기구는 이처럼 일상 감각을 넘어서는 것을 다시 일상 감각으로 재해석해 표상하는 것이기에 우회적이다. 또 과거의 실험도구처럼 특정 이론과 무관한 것도 아니다. 양자역학 실험에 사용되는 섭동장치(perturber)는 그 자체로 양자역학 이론에 기반을 둔 것으로 양자역학 이론을 구현한 장치라고 할 수 있다. 따라서 현대과학의 도구는 중립적 수단이 아니라 이론적 매체이며, 일상세계에 대해 단절적이다.

인식론적 단절은 이렇게 과학의 인식 태도가 '우회적 방식을 통해 얻어지는 명쾌함'을 추구한다는 측면을 강조한다. 우회적 명쾌함이란 직접 관찰과 직관에 대조되는 추론적(discursive) 명백함 또는 조작적(opératoire) 명백함을 말하는데, 일차적으로 앞에서 언급한 수학의 추상성과 실험도구에서 드러나는 간접성을 가리킨다. 다음 절에서 이 내용을 더 살펴보자.

2. 본체론과 현상-기술

원자론을 예로 들어보자. 19세기까지 원자론은 미시 세계를 쉽게 이해할 수 있게 도와주는 유용하고도 잠정적인 허구였다. 그러나 20세기에는 이 가설을 수학적으로 구성하고 실험으로 증명해냈다. 이렇게 되자 원자론이 '유용한 허구'라는 견해가 무너지고, 실제에 대한 타당한 서술이자 설명임을 주장할 수 있게 되었다. 바슐라르는 이렇듯 수학으로 구성한 가설을 경험적으로 실현할 때 그 가설은 '본체'를 설명하는 이론으로 여길 수 있다고 본다. 이런 뜻에서 과학은 '현상론'이 아닌 본체론(noumènologie)이라고 말한다.

바슐라르는 화학 합성을 예로 든다. 고전화학에는 분석이 중요했는데, 유기화학이 출현하면서부터 합성이 새로운 과제로 떠오른다. 초기 유기화학은 생명체 구성성분을 연구하거나 대사를 통해 만들어지는 화합물 구조나 화학반응을 연구하는 분야였다. 이때 합성은 분석 결과가 정확한지 여부를 확인해주는 역할을 했다. 그러나 1828년 요소(尿素)를 합성한 뒤로 유기화합물이 많이 만들어지고, 천연물뿐 아니라 인공화합물을 다루는 화학으로 발전했다.

이에 따라 합성의 의미가 바뀐다. 어떤 물질을 합성해냈다는 것은 이론적으로 구성된 것을 물질적·현실적으로 실현해냈다는 뜻이다. 이것은 이론이 가설에 그치지 않고 본체 영역에 이르렀다는 것을 말해준다. 더욱이 자연계에 없는 물질을 합성할 수 있다는 것은 합성을 뒷받침한 이론이 본체를 설명할 뿐 아니라 본체를 구성해낼 수 있음을 말해준다. 이것이 바슐라르가 말하는 본체론의 의미다.

본체론은 기존의 실증주의에서 벗어난다. 실증주의는 확실한 감각 경험만을 과학적 사실로 인정한 나머지 과학의 역량을 좁게 한정했다. 과학은 존재 자체가 아니라 현상 영역만을 다룬다고 생각한 것이다. 그러나 본체야말로 과학의 고유한 '현상'이며 '대상'이다. 현상과 본체 개념의 역전이라고 할 수 있다. 일반적으로 현상은 일상 감각의 영역에 속하는데, 현대과학에서 일상 영역의 해명은 근원적 세계의 이해에 도움을 주지 않는다. 그러나 이 현상을 직접 만들어낼 수 있다면 문제가 달라진다. 어떤 현상을 만들어낼 수 있다는 것은 현상의 본체를 완전히 이해했다는 뜻이다. 즉 현상을 빚어내는 근원을 이해했다고 할 수 있다.

여기서 중요한 것은 창조의 인식적 의미이다. 화학 합성에서도 드러나듯 과학은 세계를 거울처럼 반영하는 것이 아니라 창조를 통해 세계를 인식하는 활동이다. 현대과학의 대상은 일상 사물이 아니며, 자연계의 기존 물질이 아닐 수도 있다. 우리가 본체를 구성해낼 수 있을 때 본체는 발견이 아닌 창조의 영역이다. 또 이런 창조를 통해 세계를 깊이 이해할 수 있다. 바슐라르는 『부정의 철학』에서 이 점을 거듭 강조한다. 화학물질은 구성되는 순간에 한해서만 진실로 정의되며, 특정한 설탕 하나를 분석하기보다는 여러 종류의 설탕을 제조할 때 설탕에 관해 더 많은 것을 알 수 있다고 말한다. 창조와 인식의 결합을 말하는 것이다.

창조와 인식의 결합은 수학적 이론과 실험도구 덕분에 가능하다. 또 현대과학에서 이 모든 것은 하나로 결합해 있다. 도구는 '물질화된 이론'이며 '육화된 정리'(théorème réifié)다. 전통 인식론에서 도구가 단지 근본원리에서 연역된 사실을 확인하는 수단이었다면, 이제 수학적 이론과 결합한 도구는 이론의 대상 자체를 생산하고 개념을 생산한다. 도구가 다루는 것은 미리 우리에게 '주어진 것'이 아니라, 우리가 세계에 '주는 것'이다.

이로부터 현상-기술(phénoméno-technique) 개념이 나온다. 현상-기술에서 현상은 동사적 의미로 본체를 현상 차원으로 드러내고, 비가시적인 것을 가시적인 것으로 만드는 행위를 말한다. 또 현상-기술에서 기술은 인공적이라는 말이며, 기존의 자연물이 아닌 존재도 만들어내는 현대적 도구의 창조성을 가리킨다. 따라서 현상-기술은 한마디로 새로운 현상을 창조하는 기술이라고 할 수 있다. 이것을 본체-기술이라고 불러도 내용은 같다. 과학의 현상은 곧 본체이기 때문이다.

현상-기술은 과학정신을 바꾼다. 수학과 도구가 개입하는 현상-기술은 단순화(추상)와 우회, 또 일련의 근사화(근접화)와 끊임없는 수정을 요청한다. 이것은 직관의 정신보다 훨씬 더 간접적이고 우회적인 정신을 요구한다. 이 과정에서 현상-기술은 우리 정신구조에 작용하며, 내면적 주체의 성격을 우회적인 것으로 바꾼다. 인식론적 단절의 의미가 인간 존재론적 단절로 넓혀지는 셈이다. 이렇게 볼 때 일상적인 직관의 주체와 과학의 우회적 주체 사이에는 깊은 단절이 있다. 이것이 현상-기술이 수반하는 존재론이다.

우회적인 주체는 실천을 전제로 한다. 다만 실천의 성격은 즉각적이지 않다. 목표를 향한 끝없는 노력과 수정을 요구한다. 그것은 완고하고 닫힌 정신을 개방적 합리주의 또는 합리적 유물론으로 바꾼다. 언제나 오류를 인정하고 다시 시작할 준비가 된 정신으로 바꾸는 것이다. 마찬가지로 자기폐쇄적이던 코기토(Cogito)를 실천적 코기토로 바꾼다. 데까르뜨가 생각한 주체처럼 선험적인 원리에 따라 미래를 미리 결정짓지 않는 것이다.

현상-기술 개념은 이처럼 단절의 여러 측면을 함축한다. 일상 대상(경험)의 단절이 있는가 하면, 즉각적이고 직관적인 자아의 단절이 있다. 또 이런 단절은 창조성 또는 미결정성과 연결되어 있다. 즉 인간은 현상-기술의 방식으로 개념과 대상을 생산하며, 스스로를 새롭게 생산해나간다는 말이다. 이것이야말로 현상-기술 개념의 존재론적 메시지라고 할 수 있다. 그리고 바슐라르는 이 존재론적 메시지를 과학의 역사 전반에 적용한다. 이때 과학은 자신이 이룩한 구성을 통해 스스로 조명된다고 말할 수 있다. 다시 말해 과학은 스스로 자신의 고유한 대상과 기초를 만들어나가는 것이다.

3. 단절과 상승의 원동력

창조로서의 단절에는 이렇듯 이미 '주어진 것'에 맞서 스스로를 만들어가는 능동성의 계기가 있다. 이것은 자기부정이자 자기극복의 과정이다. 이때 자기극복의 대상인 '주어진 것'은 바로 자기 정신 속에 있는 인식론적 걸림돌이다. 이 걸림돌을 바슐라르는 주관적 또는 심리적 오류라고 부르며 정신분석의 대상으로 삼았다. 이에 따라 객관적 인식의 형성을 이해하려는 인식론은 정신분석을 포함한다.

『초의 불꽃』(*La flamme d'une chandelle*, 1961)에서 바슐라르는 한가지 비유를 제안한다. 그는 촛불의 불꽃과 불빛을 구분하며, 각각 수평과 수직이라는 상징과 연결한다. 이때 불빛은 올바른 인식을 가리키며, 초월과 상승의 수직운동을 상징한다. 반면 심지에 연결된 불꽃은 현실을 가리킨다. 물질, 상식, 기존 체계의 전제들, 즉각적인 감각, 소박한 실재론(realism), 즉 인식론적 걸림돌이 여기에 속한다. 불꽃은 또한 수평적이다. 수평적이라는 말은 집단적이라는 말이다. 인식적 걸림돌은 주관적·심리적 오류이지만, 자의적 망상이나 개인적 오류는 아니다. 오히려 동시대 사회 문화의 가치체계에 따라 객관적 구조를 갖추고 체계적으로 구성된다. 이런 뜻에서 인식론적 걸림돌은 수평으로 걸쳐 있다. 달리 말해 어둠이나 무지는 체계적으로 연계된 오류의 조직인 것이다.

올바른 인식은 이런 수평의 걸림돌을 수직으로 뚫으며 솟아난다. 그것은 '왜'가 아니라 '왜 그러면 안 될까'(pourquoi pas)라는 방식으로 진행한다. 그것은 또한 '그럼에도'의 과정이다. 모든 새로운 진실은 '명증함에도' 태어나며, 모든 새로운 경험은 '즉각적인 경험이 있음에도' 태어나는 것이다. 바로 여기에 정신분석이 개입한다. 오류가 객관(구조)적이라면, 그것의 교정 또한 객관적 경험(정신) 분석을 통해 이루어질 것이다. 정신분석은 오류의 근원을 깨닫고, 그로부터 단절해 빛·인식·초월, 상승으로 전환하는 원동력을 밝힌다. 이 원동력은 객관적 인식을 향한 '욕망'을 의미한다.

이렇게 정신분석이 개입하며 촛불의 상징은 확장한다. 불꽃/불빛, 수평/수직, 걸림돌/인식, 현실/과학은 이제 욕구/욕망에 상응하게 된다.

"인간은 욕망(désir)의 창조물이지 결코 욕구(besoin)의 창조물이 아니다."『불의 정신분석』에 나오는 이 명제는 바슐라르 욕망 이론의 핵심이다. 그는 욕망과 욕구를 나눈다. 한마디로 말해서 살려야 할 것은 욕망이며 버려야 할 것은 욕구이다. 상식에서 인식으로 나아가는 힘은 욕망에서 나오지 현실적 욕구에서 나오는 게 아니다. 정신분석으로 극복할 것은 욕구다. 또 욕구는 사이비과학에 숨어 있다.

사이비과학은 욕구가 만들어낸 주관적 오류다. 질량(mass) 개념을 예로 들어보자. 최초의 질량 개념은 식욕의 대상으로 단지 '큰 것'을 의미하는 양이었다. 직접적 현실에 바탕을 둔 실체였다. 그 뒤에 질량은 측정도구(저울)와 결합한 '소박한 실재론'의 개념이 되었다. 이윽고 뉴턴역학은 질량을 '가속도에 대한 힘의 계수'로 정의하며 합리적 관계 속에서 함수적으로 규정한다. 존재에 대한 실재론적 사고가 '생성과 관계'에 관한 합리주의로 이행한 것이다. 그럼에도 뉴턴 역학은 절대 질량이라는 실체적 사고를 벗어나지 못했다. 즉 "모든 구성물은 늘 분간할 수 있어서 분리되고 단순한 요소들로 존재"한다는 관념을 벗어나지 못하는 것이다. 이것은 먹을거리의 욕구에 뿌리박은 최초의 실재론을 완전히 넘어서지 못했다는 뜻이다.

객관적 정신분석은 바로 이런 욕구의 범주를 분석하고, 그에 대한 극복을 제시하는 것이다. 욕망은 몽상과 연결되지만, 욕구는 현실에 바탕을 둔다. 또 욕망은 흥미(관심)에서 비롯하지만, 욕구는 유용성에 바탕을 둔다. 과학이 원동력으로 삼는 것은 욕망이다. 특히 '앎의 의지'다. 바슐라르는 앎의 의지를 '프로메테우스 콤플렉스'라고 부른다. 프로메테우스가 제우스의 법을 어기는 데 따르는 고통을 예견하면서도 불을 가져온 일에 비유한 것이다. 이것은 상식과 편견이 편재한 상황에 처해 있음에도 객관적 인식에 이르려는 의지다.

앎의 의지는 유용성의 욕구를 넘어선다. 만약 앎의 의지를 유용성의 욕구에 종속시키고 과학의 활동에 속하는 것으로 본다면 과학의 본질을 이해하지 못한다. 앎의 의지는 물질적 결핍을 채우려는 욕구도 아니며, 임마누엘 칸트가 말하는 공평무사한 '무관심'도 아니다. 차라리 꿈을 향한 욕망의 무한 긍정이라고 할 수 있다. 『물과 꿈들』의 한 구절을 들어보자.

사람들은 늘 선사시대 인간들이 자기 생존문제를 지성적으로 해결했기를 바란다. (…) 그러나 항해의 유용성은 선사 인간들이 통나무배를 파도록 결정할 만큼 명쾌하지는 않다. 어떤 유용성도 바다에 나가는 거대한 위험을 무릅쓰게 하지는 못한다. 항해에 과감히 나서는 데는 강력한 흥미가 필요하다. 그런데 참으로 강력한 흥미란 몽상적인 흥미이다. 그것은 꿈꾸는 흥미이지 계산하는 흥미가 아니다. 그것은 신화적인 흥미이다." (『물과 꿈: 물질적 상상력에 관한 시론』, 이하림 옮김, 문예출판사, 1980, 107~108면. 번역문은 인용자가 고쳤다.)

이 구절은 과학의 기원을 설명한다. 과학은 순수한 지성의 계획에서 나오지 않으며 유용성, 욕구에서 나오지 않는다. 따라서 이 구절은 과학이 기술적인 필요나 생존욕구에서 발생한다는 상식을 비판한다. 이런 상식은 오늘날 통용되는 관점을 과거로 투영한 것이며 과거를 왜곡하는 것이라고 말한다. 아니, 이런 오류는 그 자체로 하나의 욕구를 깔고 있다. 모든 것을 합리적인 것으로 설명하려는 닫힌 합리주의의 욕구다.

정말 필요한 것은 참된 합리성이다. 합리성과 합리화를 구별하자. 합리화가 몇몇 개념으로 모든 것을 설명하고 만족할 때, 참된 합리성은 한걸음 더 나아간다. 합리적인 것 너머에 있는 것, 또 합리적 개념으로 설명되지 않는 것을 인정한다. 이런 '열린 합리성'의 입장에서 보면 과학의 기원에는 꿈꾸는 흥미가 있고 상상력이 있다. 이를 두고 바슐라르는 "유용성 너머에는 내밀한 꿈이 있다"고 말한다. 그것은 꿈의 상상력이며 과학의 기원과 바탕에 있는 욕망이다.

그런데 실제 과학사는 오히려 유용성의 욕구에서 출발한 사이비과학이 많은 부분을 차지한다. 달리 말해 바슐라르가 참된 과학으로 인정할 만한 과학은 오직 현대과학일 뿐이다. 그런데도 과학의 기원에 순수한 흥미와 욕망이 있다는 말이 성립할까 하는 의문이 들 수 있다. 여기서 장자끄 루소(Jean-Jacques Rousseau, 1712~1778)의 생각을 떠올리면 좋을 것 같다. 루소는 '현실'의 역사와 '당위'의 역사를 나누었다. 마찬가지로 바슐라르는 과학의 역사를 실제 역사와 정당한 역사로 나눈다. 그리고 '있어온 역사'와 '있어야 할 역사' 사이에서 후자를 지지한다.

다시 말해 처음 과학을 낳은 것은 참된 욕망이며, 또 앞으로의 과학도 그러해야 하지만, 최초의 기원과 미래 사이에는 부분적 퇴행이 있다는 역사관을 보여주는 것이다. 이때 객관적 인식의 정신분석은 퇴행의 사례를 사이비과학에서 찾으며, 이 가짜과학이 숨기고 있는 근거를 밝히려 한다. 이런 의미에서 바슐라르의 과학사 연구는 가치전복을 위한 니체(Friedrich Nietzsche)의 계보학과 상통한다. 또한 객관적 인식의 '윤리'를 세우려던 스피노자(Baruch Spinoza)의 『에티카』(Ethica, 1677) 작업과도 상통한다.

바슐라르의 과학사 연구는 사이비과학을 헤치고 새로운 과학을 밝히려는 작업이다. 앎의 욕망이 새로운 인식의 동력이라는 것을 보여주는 작업이며, 상식이 편재해 있음에도 인식의 빛이 솟아나게 하는 힘이라는 것을 보여주는 작업이다. 그는 빛이 불을 이끈다고 말한다. 빛은 불꽃을 필요로 하지만, 거기서 머물지 않고 불꽃을 새로운 방향으로 이끈다는 것이다. 마찬가지로 참된 인식은 현실(욕구·물질성·사물·상식)의 표상을 앎의 욕망에 따른 인식으로, 과학으로 상승시킨다. 그래서 앎의 욕망이 내는 빛이 욕구의 불을 이끈다고 할 수 있는 것이다.

이 같은 불빛과 불꽃의 존재론적 역전은 바슐라르의 문학적 상상이론이나 과학인식론에서 모두 나타난다. 자기기투(企投)·상승·극복, 그리고 초월하려는 정신의 역동성이 인식의 근원이 되는 것이다.

4. 과학사의 불연속과 귀납적 종합

지금까지 상식(현실)과 과학의 불연속성과 더불어 그 동력을 살펴보았다. 이것은 주로 과학의 '생성' 과정에서 일어나는 단절을 검토한 것이다. 그런데 과학의 성숙 과정은 '종합'을 포함한다. 말하자면 신생 과학은 과거 이론과 단절한 뒤에 새로운 종합을 실행한다. 바슐라르는 이것을 변증적(dialectique) 과정, 귀납, 감싸기 등으로 표현했다. 이것은 모두 인식론적 단절 뒤에 일어나는 종합을 가리킨다.

상식과 과학 사이에 있는 단절은 일방적이다. 한번 단절하면 되돌아오지 않는다. 비가역적 과정이라고 할 수 있다. 그러나 기존 과학의 틀과 새로운 틀이 단절하면, 그렇지 않다. 새로운 틀은 과거를 재해석해 자기 속에 다시 자리매김한다. 이처럼 과학사의 불연속성 뒤에는 재조정, 재조직이 일어나는데, 이것을 '감싸기'라고 부른다. 즉 신생 이론과 선행 이론 사이에는 감싸기가 일어나는 것이다.

가령 유클리드와 비유클리드 기하학 사이에는 이론적 단절이 있다. 이제 직선이 말 그대로 '곧아야(直)' 할 필요는 없다. 그러나 새로운 기하학은 옛것을 감싸며 자신 안에서 재조직한다. 이에 따라 곧은 직선은 보편적 직선 가운데 한가지 특수한 경우로 의미가 줄어든다. 즉 '두 점 사이의 최단 거리'라는 정의를 '곧음'이라는 형태로 만족시키는 하나의 특수한 경우가 되는 것이다. 마찬가지로 고전역학의 결정성은 양자역학의 확률적 결정성이 정의하는 결정성 가운데 한가지 특수한 경우가 된다. 후행 이론체계가 선행 체계를 감싼다는 것은 이런 양상이다. "연속적인 끼워넣기"가 일어나는 것이다.

바슐라르는 감싸기 개념을 '아니오'(Non)의 철학과 연결한다. 이 '아니오'는 단순한 부정이 아니라 부정적 화해이다. 기존 체계를 부정하지만, 전혀 다른 구조 속으로 재배치하며 수용하기 때문이다. 이런 이중운동 속에서 '아니오'는 '변증적'이다. 변증적이라는 것은 "대조하는 동시에 설정"한다는 말이다. 이것은 헤겔(Georg Hegel) 변증법과 달리 보충성을 강조한다.

바슐라르는 과학이 이런 종류의 변증적 발전을 요구하며, 각 개념이 서로 다른 철학적 관점을 보충하는 식으로 연결된다고 본다. 그는 헤겔 철학을 비판하며 자신의 '종합방법'을 내세운다. 반정립명제는 정립명제에 대한 부정이나 모순이 아니라 대조(opposition)일 뿐이라고 강조하며, 대조를 바탕으로 한 종합이 실제 과학의 역사에 상응한다고 말한다. 『새로운 과학정신』의 한 대목을 살펴보자.

> 과거 학설들이 새로운 학설로 펼쳐지는(développement) 법은 없다. 차라리 새것이 옛것을 감싸는 것(enveloppement)이 있을 뿐이다. 정신의 생성은 연속적인 끼워넣기(emboîtement)로 진행한다. 비뉴턴식 사고에서 뉴턴의 사고에 도달하는 과정에 모순(contradiction)은 없다. 다만 수축(contraction)이 있을 뿐이다. (『새로운 과학정신』, 김용선 옮김, 인간사랑, 1990, 62면. 번역문은 인용자가 고쳤다.)

펼치기(전개)와 감싸기, 모순과 수축이 대조되어 있다. 첫째, 모순과 수축의 대조를 보자. 먼저 신생 학설은 과거의 이론과 같은 평면에 놓여 있지 않다는 점을 상기하자. 새것은 옛것에서 연역될 수 없으며, 옛것에 몇 가지를 덧붙이고 축적한 결과가 아니다. 둘 사이에는 단절이 있다. 반면 새것은 옛것을 자신의 특수한 경우로 보게 한다. 이처럼 옛것은 새것 속에서 작은 영역으로 축소한다는 의미에서 모순 대신 수축이 있다.

둘째는 펼치기와 감싸기에 관한 것이다. 앞에서 보았듯이 신생 이론은 옛 이론의 전제로 되돌아가 그것을 무너뜨리며 태어난다. 새것이 옛것의 펼치기가 아니라는 의미는 여기에 있다. 바슐라르는 "상대성이론은 대조되면서 설정된다. 초기 선택지 가운데 무시된 개념을 발굴한다"고 말한다. 상대론은 동시성 관념의 원시성을 공박한다. 그러면서 "두 사건의 동시성을 증명하는 경험"과 기존의 동시성 개념을 함께 결합할 것을 요구한다. 즉 원시성의 공박, 원시성과 현대성의 결합 같은 "터무니없는 요구"가 상대론을 만들었다는 것이다. 바슐라르는 여기서 "단순한 관념들의 기능적 이중화"가 일어난다고 했다.

이 같은 단절과 감싸기 과정을 '형이상학적 귀납'이라고 부르기도 한다. 이것은 기존의 틀을 유지한 채로 사례를 축적하는 '확대의 귀납'이 아니다. 과거를 자기 내부(in)로 도입(duction)하며 도약하는 과정이다. 여기에는 도입과 도약(단절)이 함께 있다. 물론 일반적 귀납도 개별 사실에서 보편명제로 도약한다. 그러나 형이상학적 귀납은 개별 사실을 인식하는 틀 자체를 바꾸고 단절한다. 이 속에서 옛 이론을 축소(reduction)해 편입하는 것이다.

셋째, 최종적인 꼭대기에서 토대를 수정하고 다양화하는 측면이 있다. 형이상학적 귀납이 신생 이론에 기대어 선행 이론의 틀을 바꾼다는 것을 말한다. 이때 귀납은 논리학의 문제가 아니다. 즉 창의적인 실시간 속에서 구현되는 것이지, 순수 논리적 종합이 아니다. 또한 헤겔 변증법과 달리 최초의 정립명제를 중심으로 반립명제를 종합하지도 않는다. 형이상학적 귀납에서 반립은 정립의 근원을 부수며 나온다. 중심은 오히려 새로 나온 반립에 있다. 이 반립이 정립을 단절(파괴)하고 재구축하며, 정립을 포섭한다.

바슐라르는 헤겔 변증법이 "직선적 합리주의"인 반면, 새로운 과학정신은 "기초(base)의 변증성"을 인정한다고 본다. 기초의 변증성은 기초의 다양성을 뜻하며, 하나의 기초가 여러 갈래로 실현될 수 있다는 점을 말한다. 다시 말해 직선적 합리주의는 하나의 기초에서 하나의 결론이 귀결한다고 본다. 반면, 새로운 합리주의는 하나의 기초에서 또다른 요소를 발굴하고 되살리는 것이다. 마치 현대기하학이 '두 점 사이의 최단 거리'라는 직선의 고전적 기초에서 이질적인 직선 개념을 산출해냈듯이. 이런 합리주의를 변증적, 복수 영역적, "통합적(intégral) 또는 통합하는(intégrant)" 합리주의로 부르기도 한다. 이것은 모두 한 체계의 기초에서 복수의 공리가 다양하게 결합하는 합리주의를 가리킨다. 특히 통합적 합리주의는 최종 체계의 관점에서, 즉 꼭대기에서 선행 체계의 토대를 다양화하고 감싸는 것을 말한다.

과학사에는 이처럼 단절 뒤에 나타나는 종합이 있다. 종합은 과거를 전멸시키지 않고 새로운 구조 안으로 포섭한다. 이런 맥락에서 우리는 과거가 오직 현재를 향해 외길로 달려왔다고 믿는 직선적 역사관의 오류에서 벗어날 수 있다. 또 불꽃과 불빛의 비유에서 '빛이 불을 이끈다'는 말을 재음미할 수 있다. 그것은 '토대로 되돌아가 다양화하기', 즉 소급적이고 회고적인 인식론에 상응한다. 이런 점에서 바슐라르의 철학은 다시(re-)의 사상이다. '그럼에도' 다시 꿈꾸는 정신, '그럼에도' 회고하고 소급하며 다시 감싸는 정신이다. 이것은 고정된 체계보다는 끝없는 생성을 지지한다. 따라서 참된 합리주의란 늘 "다시 시작하기"이며 "시작이 없는 철학"이다.

5. 영향과 의미

바슐라르는 새로운 과학정신을 제창한다. 이때 새롭다는 것은 역설적으로 오류에 대한 개방성을 가리킨다. 과거의 과학정신은 당대 지식이 나중에 오류로 평가받을 수도 있다는 가능성을 생각하지 않았다. 하지만 열린 합리성으로서의 과학정신은 오히려 자기부정적 혁신을 발전동력으로 삼는다. 이에 따라 새로운 과학정신은 기존의 합리성 범주로는 생각할 수 없는 꿈(몽상), 상상력, 욕망, 앎의 의지 같은 요소를 과학의 동력으로 포함한다.

이런 요소가 어떻게 과학처럼 합리적인 과정의 바탕이 될 수 있을까? 바슐라르는 여기서 '긍정적 억압' 개념을 제안한다. 이것은 마치 더 큰 행복을 위해 일시적 행복을 포기하는 것처럼 진정한 앎을 누리는 즐거움을 위해 비합리적 동력을 조정하는 억압이다. 정신적 조절과 제한이라는 뜻에서는 '승화'에 가깝다. 다만 긍정적 억압은 언제나 앎의 의지라는 욕망이 지닌 본질을 유지한다. 단지 그것이 다른 쪽으로 뻗지 않고 앎의 목표를 향해 집중 성장하게 하는 것이 긍정적 억압이다.

이처럼 바슐라르의 과학인식론은 이중적이다. 과학의 근원에 비합리적 동력을 전제하는 한편, 그 동력이 주관적 오류로 변질되지 않게 제어하는 긍정적 억압 과정으로 과학활동을 이해하는 것이다. 그리고 바슐라르는 이 관점을 시학(詩學)에도 적용한다. 시학에서도 비합리적 동력이 정제된 욕망의 상상력으로 펼쳐지게 하는 것이 관건이다. 또 자기부정적 혁신이 핵심적인 문제다. 여기서 바슐라르의 과학과 시학 연구가 위상기하학적 의미에서 '동형구조'(Homology)라는 생각을 해볼 수 있다.

이렇게 합리성과 비합리성을 포괄하는 관점은 특이하고도 종합적이다. 다른 과학철학에서 찾기는 어렵다. 비록 과학인식론에 정신분석을 도입했다는 이유로 '심리주의'라는 비판을 받기도 했지만, 오히려 그 점에서 더욱 각광을 받기도 했다. 한가지는 분명하다. 바슐라르는 적어도 과학에 비과학적 요소가 개입하는 양상에 주목하며 인식론의 새로운 장을 열었고, 사회철학 방면에도 깊은 영향을 주었다. 특히 1968년 이후 프랑스 인식론은 바슐라르의 사상을 바탕으로 발전했고, 사회정치구조나 이데올로기 분석의 영역으로 확대 적용하기도 했다. 대표적으로 알뛰세르, 깡길렘, 시몽동, 푸꼬, 르꾸르(Dominique Lecourt), 그리고 다고녜를 들 수 있다.

이들의 생각은 제각각이다. 가령 어떤 사람은 바슐라르의 인식론적 단절 개념을 본뜻 그대로 활용하며 객관적 과학을 정립하려 했다. 반면 어떤 사람은 거기서 오히려 과학지식의 역사적 상대성을 읽어내기도 했다. 이런 양면성은 바슐라르의 생각 자체가 지닌 양면성에서 비롯된다. 그는 이분법적 개념을 포괄하고, 넘어서려 했다. 그는 어떤 이론체계의 완전함도 믿지 않았다. 이와 같은 관점은 사실상 어떤 이론 체계라도 미래에 오류로 밝혀질 요소를 포함할 것이라는 생각을 함축한다. 즉 과학적 진리의 역사적 상대성을 함축한다는 뜻이다. 이것이 바로 '새로운 과학정신'이다.

새로운 과학정신, 즉 진정한 과학정신은 자신의 오류와 다른 견해의 가치에 열려 있다. 최대한 객관성을 추구하지만, 언제나 개방적인 합리성을 추구하자는 것이 바슐라르의 사상을 지금도 살아 있게 하는 이유일 것이다. 다만 한가지 아쉬운 점을 지적하자면, 바슐라르는 기본적으로 과학을 그 자체로 자율성을 지닌 '자율적 체제'처럼 여겼다는 것이다. 이 점에 관해서는 쎄르, 라뚜르(Bruno Latour), 그리고 스띠글러(Bernard Stiegler)가 흥미로운 논의를 진행하고 있다.

| 이지훈 |

인식론적 단절(rupture épistémologique)

알뛰세르가 바슐라르의 이론을 발전시키며 사용한 개념. 실제 바슐라르가 이 말 자체를 사용한 적은 없지만, 바슐라르의 인식론을 잘 표현한 개념이라고 할 수 있다. 그는 두가지 차원에서 '단절'을 생각한다. 하나는 일반 상식과 과학의 단절이다. 이때 일반 상식은 동시대 사회의 일반적 가치와 일상적 경험을 포함한다. 따라서 일반 상식은 개인적 편견을 넘어 체계적이고 구조적일 수 있다. 다른 하나는 선행 과학이론과 후속 과학이론 사이에서 발생하는 단절이다. 바슐라르는 이때 단절이 몇개의 '사실' 차원이 아니라 이론(틀)의 차원에서 일어난다는 점을 강조한다.

그런데 주의할 것은 두번째 차원이다. 일반 상식과의 단절은 비가역적 과정이지만, 이론 간의 단절은 곧이어 새로운 종합으로 이어진다. 후속 이론은 선행 이론의 '근거'를 파괴한 뒤에, 자신의 구조 속에서 선행 이론의 요소를 재구성한다는 뜻이다. 이때 선행 이론과 후속 이론 사이에는 일반과 특수의 관계가 성립한다. 즉, 후속 이론은 선행 이론의 요소를 자신의 특수한 경우로 포함하고 재배치하며, 자신과 선행 이론을 포괄적으로 설명한다. 바슐라르는 이런 과정을 감싸기, 귀납, 종합 등으로 불렀다.

정신분석(psychanalyse)

바슐라르는 과학지식의 성격과 토대를 연구하는 인식론 분야에 정신분석을 도입한다. 그가 볼 때 과학은 끊임없는 자기부정과 자기극복의 과정으로 이루어진다. 이를 성공적으로 수행하기 위해서는 무엇보다 과학자들의 무의식적 관념과 지식에 깃든 인식론적 걸림돌(장애물)을 극복해야 한다. 그는 이 걸림돌을 종종 '주관적(심리적) 오류'라고 불렀다. 이때 정신분석은 인식론적 단절을 위해 필수적인 요소가 된다. 인식론의 목표가 바로 "과학 이론의 개념 형성과정에 관한 정신분석"(『부정의 철학』 25면)이라고 말하는 이유다.

일반적인 정신분석과 마찬가지로 과학에서 정신분석은 기본적으로 과학 속에 스며든 심리적 요인(요소)을 분명하게 드러내고 가시화하는 것을 목표로 삼는다. 숨겨진 심리적 요소가 분명하게 인지될 때, 그것의 극복도 가능하기 때문이다.

현상-기술(phénoméno-technique)

현상-기술은 현상을 만들어내는 기술이라는 의미다. 이때 현상은 본질에 대립하는 것이 아니다. 오히려 본질을 현상 차원으로 드러낸다는 의미다. 이런 맥락에서 현상-기술을 본질(본제)-기술로 해석할 수 있다. 또 현상-기술은 자연계에 없는 현상을 만들어내는 행위도 포함한다. 이때 과학의 영역은 발견이 아닌 창조의 영역으로 규정된다. 이것은 실험도구의 의미와 직결되는 개념이다.

바슐라르는 현대과학에서 실험도구가 사실상 '물질화된 이론'이라고 생각한다. 실험도구 자체가 특정한 이론에 바탕을 두고 제작된 것이기 때문이다. 이때 실험도구는 현대과학이 자신의 연구대상을 스스로 창조하는 과정, 즉 일종의 자기지시적(self-referential) 과정의 매개체다. 이런 관점에서 현상-기술은 또한 과학이론과 기술의 경계를 분명하게 나눌 수 없을 만큼 일체가 되어 있는 현대과학의 상황을 표현하는 개념으로 볼 수 있다.

조르주
깡길렘

Georges Canguilhem 1904~1995

3장 /

현대 프랑스
생명과학철학과 의철학

조르주 깡길렘은 현대 프랑스 생명과학철학과 의철학(philosophie des sciences de la vie et de la santé)을 대표하는 인물이다. 그는 꽁뜨에서 베르그손으로 이어지는 프랑스 실증철학(philosophie positive)을 계승하고 바슐라르, 푸꼬 등과 함께 프랑스 과학철학, 즉 프랑스식 인식론의 수립에 결정적인 기여를 했다. 깡길렘은 의학의 핵심 개념인 '정상'(le normal)과 '병리'(le pathologique) 개념을 재정립함으로써 정상과 병리의 통상적인 관계와 위상, 즉 정상이 병리에 선행하고 정상이 병리의 토대라는 견해를 완전히 뒤집었다. 그의 생명과학철학은 다양한 생명체의 생명에 대해 논하고 있지만, 주된 관심이 인간이라는 생명체의 생명을 이해하고 인간의 삶을 개선하려는 데 있다는 점에서 궁극적인 목표는 인본주의적 의철학이다. "인간의 생명은 생물학적 의미, 사회적 의미, 실존적 의미를 가질 수 있고"(『생명의 인식』) 이 세 차원의 의미는 단순히 밀접하게 연관되어 있는 것이 아니라 필연적이고 불가분한 관계에 있기 때문에 깡길렘은 우선적으로 생명과학과 의학에 주목하는 것이다. 깡길렘은 자신이 발전시키고자 하는 의철학이 '인간학'(anthropologie)이며 인간학의 필수적인 부분은 인간에 대한 생명과학과 의학이라고 주장한다(『생명의 인식』). 그런데 인간학은 특정한 가치론을 반드시 전제하고 이 가치의 토대인 생물학적 '정상성'(normalité)은 항상 규범적(normatif)이기 때문에 철학적으로 중요한 주제라고 깡길렘은 역설한다.

깡길렘은 1904년 프랑스 남중부의 소도시 까스뗄노다리(Castelnaudary)에서 출생했다. 1924년 빠리 고등사범학교에 입학해서는 싸르트르, 아롱(Raymond Aron) 등과 함께 사회와 정치 문제에 대한 관심을 키웠다. 본격적으로 의학 공부를 시작한 것은 1927년 철학교사 자격시험(Agrégation de philosophie)을 통과한 뒤다. 2차대전 당시에는 레지스땅스 운동에 적극적으로 참여했고, 1943년 스트라스부르 대학에서 『정상과 병리에 관련된 몇가지 문제들에 대한 논고』(Essai sur quelques problèmes concernant le normal et le pathologique)라는 제목의 논문으로 의학박사학위를 취득했다. 그는 1955년 바슐라르의 뒤를 이어 쏘르본 대학에 부임하면서 '과학사 연구소'(Institut d'histoire des sciences)의 소장을 맡았고 1995년 사망할 때까지 쏘르본 대학에서 생명과학과 의학의 역사와 철학을 연구하고 가르쳤다.

사실 깡길렘의 저서는 의학박사 학위논문에 「정상과 병리에 대한 새로운 반성들」(Nouvelles réflexions concernant le normal et le pathologique)이라는 글을 추가해 재출판한 『정상과 병리』(Le normal et le pathologique, 1966)와 철학박사 학위논문 『17·18세기 반사 개념의 형성』(La Formation du concept de réflexe aux XVIIᵉ et XVIIIᵉ siècles, 1955), 단 두권이다. 나머지 저서는 기존에 발표한 논문들을 주제별로 모은 논문집이다. 먼저 『생명의 인식』(La connaissance de la vie)은 1952년 출판되고 1965년 증보되었다. 이 논문집에

는 동물생물학의 실험 방법, 세포이론의 역사, 생기론, 기계와 유기체, 생명체와 환경, 정상과 병리, 기형과 괴물 등에 대한 철학적 반성이 담겨 있다. 1968년 출판된 『생명체와 생명에 관한 과학사와 과학철학 연구』(Etudes d'histoire et de philosophie des sciences concernant les vivants et la vie)에는 꽁뜨, 다윈, 베르나르(Claude Bernard, 1813~1878), 바슐라르에 대한 연구와 더불어 생물학, 심리학, 의학에 대한 역사적이고 철학적인 연구의 결과들이 포함되어 있다. 특히 서론은 깡길렘의 '역사적 인식론'(épistémologie historique)을 이해할 수 있는 중요한 논문이다. 1977년 출판된 『생명과학의 역사에 나타난 이데올로기와 합리성』(Idéologie et rationalité dans l'histoire des sciences de la vie)에는 깡길렘이 과학적 또는 의학적 이데올로기를 어떻게 규정하는지를 파악할 수 있는 논문들이 수록되어 있다.

그의 글들 중에는 아직 저서로 묶이지 않은 것이 많은데, 『의학에 대한 글들』(Ecrits sur la médecine, 2002)처럼 사후에 출판되거나 『전집』(Œuvres complètes, 2011)에 포함되어 출판되고 있다. 총 6권으로 기획된 전집에서 2011년 출간된 제1권에는 1926년에서 1939년까지 깡길렘의 미출판 원고들이 담겨 있는데, 이 글들을 통해 알뛰세르, 알랭 등으로부터 영향을 받은 젊은 시절 깡길렘의 정치철학이 재조명을 받고 있다. 이처럼 깡길렘의 삶뿐만 아니라 그의 생명과학철학과 의철학은 68혁명 세대의 주요한 철학자들과 교차하면서 형성되었다.

1. 역사적 인식론: 과학적 이데올로기에 대한 비판

깡길렘은 정상과 병리, 건강과 질병 같은 생명과학과 의학의 주요 개념들이 논리적인 분석만으로는 결코 그 철학적 의미가 온전히 밝혀질 수 없다고 주장한다. 이 개념들은 역사적 검토와 인식론적 반성이 동시에 요구되는 근본적으로 철학적인 개념들이기 때문이다. 이 개념들을 역사적 차원에서 분석하는 방법으로서 당대에 전세계적인 주목을 받은 이론은 쿤(Thomas Kuhn, 1922~1996)의 '패러다임'(paradigm)이다. 그는 미국 과학철학이 분석철학의 전통에서 고수하던 전제와 목표, 즉 과학(사실의 문제)과 이데올로기(가치의 문제)가 분리될 수 있다는 전제와 이데올로기의 불순한 영향으로부터 과학의 순수성을 지켜야 한다는 목표를 근본적으로 반성할 수 있는 계기를 마련했다.

그런데 미국 과학철학의 '역사적 전환'(historical turn)을 초래한 쿤의 『과학혁명의 구조』(*The Structure of Scientific Revolutions*, 1962)는 그가 포퍼(Karl Popper)의 추천으로 프랑스 과학철학자 메이에르송의 『동일성과 실재』(*Identité et realité*, 1908)를 읽고 상당한 영감을 받아 집필한 저작이다. 사실 프랑스에서는 18세기에 이미 꽁뜨가 과학철학에서 과학사의 중요성을 강조한 바 있다. 프랑스 과학철학은 꽁뜨의 실증철학 이념 덕분에 오늘날까지 과학철학과 과학사가 분리되지 않는 전통을 유지하고 있다. 이 전통 속에서 바슐라르가 물리학과 화학에 대한 철학적 연구를 위해 개발한 것이 바로 '역사적 인식론'이다. 깡길렘은 바슐라르로부터 역사적 인식론의 이념과 방법을 계승해 자신의 관심 분야인 생명과학과 의학을 철학적으로 분석하고 반성하는 데 적합하도록 수정한다. 우리에게 푸꼬의 독창적인 연구 이념과 방법으로 알려진 '고고학'(archéologie)과 '계보학'(généalogie)은 사실 그의 스승인 깡길렘이 변형한 바슐라르의 역사적 인식론을 푸꼬가 계승해 새롭게 발전시킨 것이다.

깡길렘은 쿤의 과학과 과학사 설명모델에 대한 대안으로서 바슐라르의 역사적 인식론을 제안한다. 무엇보다도 바슐라르의 과학사 구분, 즉 '무효화된 과학의 역사'(histoire périmée)와 '승인된 과학의 역사'(histoire sanctionnée)는 깡길렘의 의학 및 의학사 연구에서도 상당히 중요하다. 깡길렘에 따르면 과학사에서 역사적 계보(filiation historique)와 인식론적 단절(rupture épistémologique)은 언제나 최근 과학과의 조우를 통해서만 밝혀질 수 있고 이 조우를 통해 인식론적으로 의미있는 것으로 밝혀진 역사만이 '승인된 과학의 역사'로 인정된다(『생명체와 생명에 관한 과학사와 과학철학 연구』). 그런데 '무효화된 과학의 역사'와 '승인된 과학의 역사'는 절대적으로 결정되어 있지 않다. 현대과학의 발전 상황에 따라 '무효화된 과학의 역사'가 '승인된 과학의 역사'가 될 수 있는 가능성이 늘 열려 있다는 것이다. 깡길렘은 다른 어떤 과학 분야보다도 의학에서 이 가능성이 크며 실제로 의학에서 이 두 과학사는 서로 의존하고 공존하는 관계에 있다고 주장한다.

또한 깡길렘은 중립적인 기억이라는 환상에 근거한 객관적 과학사가 주관적 판단에 근거한 인식론적 과학사에 비해 얼마나 위험한지를 경고한다. '판단'에서 '오류'는 가끔 일어날 수 있는 사고에 불과하지만, '기억'에서 '왜곡'은 피할 수 없는 본질이기 때문이다. 사실 과학사의 연구대상인 과학 자체가 규범적임을 인정한다면 과학사가 기억이 아니라 판단에 의존할 수밖에 없는 이유는 자명하다. 달리 말해 과학이 규범적이므로 과학사는 반드시 판단에 의존해야 하는 '가치론적 활동'(activité axiologique)이라는 것이다. 어떤 경우라도 과학사는 객관적 사실의 단순한 나열을 표방하는 '문화적 산물의 자연사'(histoire naturelle d'un objet culturel)나 '연대기'(enregistrement chronologique)가 될 수 없고 또 그렇게 되어서도 안 된다(『생명과학의 역사에 나타난 이데올로기와 합리성』). 따라서 과학을 과학자와 동일시하고 과학자를 그의 이력으로 환원하는 일부 과학사가들의 관점을 깡길렘은 강력하게 비판한다.

깡길렘은 '역사적 심판'(procès historique) 없이 무비판적으로 어떤 앎을 받아들이는 것이 이데올로기에 복종하는 것이라고 지적하며 자신이 새롭게 정의한 '과학적 이데올로기'(idéologie scientifique)가 역사적 인식론의 핵심 주제라고 선언한다. 과학사의 대상은 내재적 일관성을 지닌 일련의 공식적인 과학으로 한정되어서는 안 되고 과학의 규범성(normativité)에 영향을 주는 한에서 비과학(non-science), 이데올로기, 사회적 및 정치적 실천도 과학사의 대상에 포함되어야 한다는 것이다. 과학적 이데올로기는 공식적인 과학이 되려는 공개적인 목표를 갖는다는 점에서 '비과학'과 구분되고 전과학 단계(état pré-scientifique)를 거치는 역사를 갖고 있다는 점에서 '허위과학'(fausse science)과도 구별되며 과학자 개인이 갖는 사회적 또는 정치적 이데올로기와도 다르다. 한 분야에서 과학이 성립하려면 그것의 뿌리가 되는 과학적 이데올로기가 사전에 반드시 존재해야 하며 이 과학적 이데올로기의 발생 이전에 그것의 주변 분야에는 그것의 전형이 되는 다른 어떤 과학이 있어야 한다는 것이다. 과학적 이데올로기는 다른 과학으로부터 차용한 과학성의 규범(norme)을 활용해 원래의 것에 비해 과도한 설명을 시도하는 설명체계이다. 예를 들어 의학의 주변에는 그 과학성의 기원이며 전형인 물리학과 화학이라는 다른 과학 분야가 존재했으며 의학이 차용한 물리학과 화학의 원리로는 완전히 설명할 수 없는 생명 현상을 연구하고자 하는, 즉 과도한 목표를 추구하는 분야가 바로 의학이라는 것이다(『생명과학의 역사에 나타난 이데올로기와 합리성』). 요컨대 깡길렘에게 과학사는 철학의 주요 분야인 인식론과 구별되지 않으며 그가 의학을 분석하기 위해 새롭게 발전시킨 역사적 인식론은 과학적 이데올로기의 비판을 목표로 하는 '학제적 연구'(recherche interdisciplinaire)다.

2. 생명과학철학: 생리학철학과 생기론

깡길렘에 따르면 생명과학과 철학은 처음부터 매우 특별한 관계를 유지해왔다. 아리스토텔레스의 형이상학은 그의 생물학 연구로부터 출발했고 히포크라테스는 모든 의사에게 의학과 철학을 종합하라는 격언을 남겼다. 아리스토텔레스와 히포크라테스의 전통을 모두 계승한 프랑스 생명과학철학은 17세기에 이르러 본격적으로 생리학의 문제들을 중심으로 발전했다. 이런 맥락에서 이때부터 프랑스 생명과학철학은 '생리학철학'(philosophie de la physiologie)이라고 규정될 수 있다. 대표적인 예로 데까르뜨는 당대 최고의 생리학 지식에 근거해 대륙의 합리론 철학, 기계론적 과학철학, 심신이원론의 심리철학을 수립했던 것이다.

그런데 연장 실체와 사유 실체에 기초한 데까르뜨 철학은 생명체와 생명 현상의 위상을 애매하게 만들었기 때문에 대부분의 생리학자들이 인정하기 힘든 이론이었다. 생명은 정신의 기능보다 물리화학적 토대에 훨씬 더 의존하는 것 같았지만, 정신의 기능과 유사하게 물질의 물리화학적 법칙을 자신의 고유한 원리에 따라 조절할 수 있는 기능을 갖는 듯 보이기도 했다. 따라서 무기체나 정신과는 분명히 다른 생명체에게 고유한 지위를 인정하고 생명 현상을 전문적으로 탐구할 독립적인 학문 영역이 필요했다. 깡길렘은 이런 필요가 생리학을 출현시켰다고 본다.

18세기에 들어서 생리학은 데까르뜨주의와 반(反)데까르뜨주의(Anti-cartésianisme)의 가장 치열한 격전장이 되었다. 데까르뜨의 심신이원론과 기계론을 추종하는 이들은 그들에 반대해 생명의 독자적인 존재와 기능을 인정하고 이를 탐구하는 독립적인 과학으로서 생리학을 옹호하는 이들과 열띤 논쟁을 벌였다. 이 논쟁은 통상 '기계론과 생기론(vitalisme)의 논쟁'으로 알려져 있다. 만일 프랑스가 데까르뜨의 나라로 불릴 수 있다면 그 이유는 데까르뜨의 추종자들, 즉 기계론자들이 많았기 때문이 아니라 오히려 그의 철학을 비판하는 과학적 운동, 즉 생기론이 강력했기 때문이다. 이처럼 데까르뜨의 생리학철학은 프랑스 생명과학철학의 모든 중요한 논쟁들에서 출발점 역할을 했다는 것이 깡길렘의 철학사 및 생명과학사에 대한 이해다.

그런데 데까르뜨는 제작자와 제작의 형상을 제거하고 기계와 자연의 구분을 철폐함으로써 생명체에 대해 철저히 물리화학적 기계론만을 주장한 듯 보인다. 하지만 데까르뜨는 실제로 물리화학적으로 환원 불가능한 유기체의 특수한 생리적 기능을 완전히 부정하지 못하고 '생명의 원리'(principe de vie)를 개념화했다고 깡길렘은 지적한다(『생명과학의 역사에 나타난 이데올로기와 합리성』). 이렇게 데까르뜨는 근대적 기계론과 더불어 생기론으로 대표되는 반기계론의 가능성을 동시에 연 것이다.

문제는 생명체에 대한 데까르뜨의 이중적인 관점이 '보편 학문'(science universelle)을 수립하려던 학문적 목표의 실현을 스스로 저해하는 결과를 초래했다는 것이다. 이로 말미암아 정신세계를 제외한 물질세계를 엄격하게 기하학적 관점에서 일원론적 존재론으로 설명하려 했던 데까르뜨의 철학적 기획은 처음부터 반대에 부딪힐 운명이었다고 깡길렘은 지적한다. 18세기 이후 본격적으로 실험실에서 진행된 생리학의 각종 실험은 생명체에 대한 데까르뜨의 기계론적 설명이 갖는 불가피한 한계를 더 극명하게 보여줬다. 이런 실험 결과는 생명을 물질이나 정신과 구별되는 독립적이고 고유한 존재로 인정해야 한다는 요구로 더 강력히 발전했다.

깡길렘에 따르면 18세기 병리해부학자 비샤(Xavier Bichat, 1771~1802)는 유기체를 연구하는 과학에는 무기체를 연구하는 과학이 사용하는 것과는 다른 용어가 필요하다고 주장했다(『생명체와 생명에 관한 과학사와 과학철학 연구』). 왜냐하면 무기체의 과학에서 유기체의 과학으로 도입된 대부분의 용어는 유기체의 현상에 전혀 어울리지 않는 생각도 함께 도입하기 때문이다. 이런 이유에서 깡길렘은 18세기 유기체 개념의 역사는 전체를 구성하는 부분들이 하나의 씨스템을 수립해 기능적으로 통일성을 구현한다는 사실을 설명하기 위해 정신과학에서 생명과학에 도입된 영혼(âme) 개념과 의미론적으로 동의어이거나 아니면 적어도 그것의 대체물인 개념을 자연학자·생물학자·생리학자·의사·철학자가 고안하려 했던 역사였다고 규정한다. 사실 유기체라는 씨스템에서 각 부분들은 직접적으로나 다른 부분들을 매개로 해 서로를 지원함으로써 상호호혜의 관계(rapports de réciprocité)를 유지한다. 달리 말해 유기체는 합계(addition)가 아니라 총체(totalité)이기 때문에 엄밀하게는 유기체의 장기들에 대해 부분들(parties)이라는 용어를 사용하는 것조차 적절하지 않다는 것이다. 18세기 비샤의 이런 통찰은 깡길렘의 견해와 크게 다르지 않다.

그런데 19세기 생리학자 베르나르는 자신의 주저 『실험의학연구서설』(Introduction à l'étude de la médecine expérimentale, 1865)에서 현대 생의학(bio-médecine)의 기원이 된 실험의학(médecine expérimentale) 이념을 정초하면서 생기론에 치명적인 비판을 가했다. 18세기에 생기론적 입장을 취한 생리학자들과 의사들은 실험 방법의 가치를 인식하지 못하고 여전히 형이상학적 사변을 통해 실증성 없는 개념과 이론을 창출했다는 것이다. 이 비판은 20세기 깡길렘의 시대에까지 강력한 영향력을 행사하며 생기론에 대한 모범적인 평가와 이해로 정착되었다. 이런 역사적 상황에서 깡길렘이 발표한 「생기론의 양상들」(Aspects du vitalisme, 1946~1947)이라는 논문은 상당히 도발적인 시도였다.

이 논문에서 깡길렘은 현대 생명과학과 의학의 담론에서 사라져가는 생명 개념을 부활시키기 위해 생기론을 재평가하고 복원한다. 먼저 깡길렘은 현대 생명과학자와 의사가 물리학과 화학의 연구성과에 매료되어 생명과학과 의학을 물리학과 화학으로 환원하고자 노력하고 있다고 진단한다. 그런데 이런 노력은 생명과학과 의학의 근본 개념인 생명을 폐기하고 생명과학과 의학의 고유성을 훼손하는 그릇된 시도인데, 이런 비판을 하면 생기론자라는 비난을 받게 된다는 것이다. 이렇게 부정적이고 경멸적인 의미로 사용되는 생기론을 올바로 평가하기 위해 깡길렘은 생기론의 본래 모습을 역사적으로 추적한다.

사실 생기론은 18세기 이후 생명과학과 의학을 물질과학(science de la matière)과 기계론으로 환원하는 모든 시도를 반대하는 이론으로서 수립되었고 과학 분야에서뿐만 아니라 베르그손주의와 같은 철학 분야에서도 상당히 발전했다. 하지만 무엇보다도 생기론은 18세기 몽뻴리에 학파(Ecole de Montpellier)의 대표적인 생기론자 바르떼즈(Paul-Joseph Barthez, 1734~1806)의 선언처럼 히포크라테스 정신을 계승하고자 하는 의학에서 가장 큰 발전을 이루었다. 의학적 생기론은 데까르뜨주의의 물질과학이나 기계론에 근거한 치료법의 효과에 대해 회의적인 태도를 취하며 생명의 본질을 고려한 새로운 자연주의적 치료법을 개발하려 했다.

깡길렘에 따르면 이렇게 수립되고 발전한 생기론의 첫번째 특징은 생명력이다. 데까르뜨의 물질주의와 기계론이 출현한 이후 생명과학과 의학은 그 한계를 비판하고 극복하려는 노력을 멈출 수 없었고 멈추어서도 안 되었기 때문에 생기론의 생명력은 약화되지 않았다. 생기론이 생명체 속에 존재하는 것으로 추정되는 생명에 대한 끊임없는 '요청'(exigence)이라면, 기계론은 과학에 근거해 생명을 바라보는 '태도'(attitude)라고 깡길렘은 정의한다. 달리 말해 생기론은 애매하고 개념으로 정형화하기 어려운 '요청'이며, 기계론은 엄격하고 강압적인 '방법'

인 것이다. 깡길렘은 생기론의 생명 개념에 대한 요청이 생명과학과 의학이 물질주의와 기계론으로 환원되면 될수록 더 큰 생명력을 얻게 될 것이라고 전망한다.

깡길렘은 생기론의 두번째 특징으로 풍부함을 든다. 생기론은 방법론적인 엄격함에서 어느정도 자유로울 수 있었으므로, 기계론의 다양한 문제와 한계가 드러날 때마다 그것에 대응하는 개념과 이론을 개발했다. 이로 인해 생기론의 개념과 이론은 풍부했지만 아직 말로만 존재했으며 경험과학에 의해 실증적으로 탐구되고 발전되어야만 했다. 따라서 생명을 물리학이나 화학의 법칙에서 벗어난 예외로 간주하고자 한 일부 고전 생기론자가 철학적으로 심각한 오류를 범했다고 깡길렘은 비판한다. 생명의 고유성을 주장하고자 한다면 비과학이나 신비주의로 생명을 정의해서는 안 되며 생기론자는 생명 속의 물질과 더불어 물질과학, 즉 인간의 활동으로서 과학 자체를 인정하고 이해해야 한다는 것이다.

끝으로 깡길렘은 생기론의 세번째 특징인 솔직함이 야기한 정치적 문제에 대해 해명한다. 17~18세기 고전 생기론은 슈탈(Georg Ernst Stahl, 1660~1734)의 물활론(animisme)과의 밀접한 관계를 적극적으로 부인하지 않았고 이런 태도는 철학적으로뿐만 아니라 정치적으로도 상당한 문제를 초래했다는 것이다. 특히 이 논문이 출판된 1940년대 후반 독일 나치 이데올로기가 생기론적 생물학을 활용하도록 방치한 것은 심각한 문제라고 비판한다. 깡길렘은 인간이 인간을 착취하고 억압하는 정치학과 경제학의 과학적 근거를 생기론적 생물학에서 찾는 것은 결코 정당화될 수 없다고 주장한다. 그렇다고 유기체의 구조와 기능이 위계구조로 이루어져 있으며 하나로 통합되어 있다는 생물학적 사실을 부정하는 것은 더 불합리하다고 한다. 이런 해명을 통해 깡길렘은 생기론의 정치적 악용 때문에 생기론의 생명과학적이고 철학적인 중요성이 평가절하되어서는 안 된다고 강조한다. 깡길렘에게 생기론의 부활은 생명의 물질화와 기계화에 대한 근본적인 불신이 사라질 수 없음을 뜻한다. "결국 생기론을 공정하게 평가한다는 것은 생기론에 생명을 돌려주는 것"(『생명의 인식』), 즉 생기론을 부활시키는 것이라는 의미심장한 문구로 깡길렘은 생기론에 대한 자신의 논문을 마친다.

3. 의철학

의학의 규범성·다양성·역사성

깡길렘은 현대의학의 명성이 다양한 차원의 개념들이 종합되어 발생한다고 분석한다. 의학은 동시에 과학으로서의 지식이고 환자에게 행사되는 권력이며 소비와 환불의 대상으로서의 생산품이고 인본주의와 공공성에 기초한 의무이기도 하기 때문에 현대사회에서 막강한 영향력을 행사한다는 것이다(『생명체와 생명에 관한 과학사와 과학철학 연구』). 그런데 의학은 과학적 지식의 차원에서만 보더라도 상당히 복잡하고 다양하다.

깡길렘은 기본적으로 의학을 '응용과학들의 진화하는 총합'(somme évolutive de sciences appliquées)이라고 규정한다. 이때 의학은 응용과학들의 단순한 산술적 총합이 아니라 그 유기적 총합이다. 의학은 다양한 응용과학들을 종합하는 데 머물지 않고 물리학·화학·생물학 등과 같이 의학에 활용되는 다른 과학들의 한계가 어디에 있는지를 밝히는 인식론적인 과학이라는 것이다. 이런 의미에서 의학은 다른 과학들과는 인식론적인 위상이 다른 '기대와 위험의 과학'(science de l'espérance et du risque)

이다. 의학이 이렇게 다양한 과학 분야의 도움이 필요한 이유는 의학의 대상인 인간이 '불안정한 통일체'(fragile unité du vivant humain), 즉 '진정한 총합'(véritable somme)이기 때문이라고 깡길렘은 강조한다(『생명체와 생명에 관한 과학사와 과학철학 연구』).

그런데 인간은 모두 특정한 문명과 문화, 즉 특정한 규범 속에서 살고 있다. 따라서 의사가 환자의 질환을 정확하게 진단하기 위해서는 환자의 규범을 올바로 파악해야 한다. 마찬가지로 특정한 의학의 인식론적 위상을 규명하기 위해서는 그 의학의 규범을 분석해내야 한다고 깡길렘은 주장한다. 그는 의학을 포함한 모든 과학이 그 과학의 고유한 비판적 반성을 통해 수정되어가는 '규범적 담론'(discours normé)이라고 본다(『생명과학의 역사에 나타난 이데올로기와 합리성』). 여기서 규범이란 시대와 장소에 따라 다르므로 과학의 규범성은 필연적으로 과학의 다양성과 역사성으로 귀결된다. 과학은 역사를 갖기 때문에 과학 자체가 역사라는 것이다. 달리 말해 깡길렘의 과학 개념에는 이미 과학사 개념이 내포되어 있다. 결국 과학으로서의 의학에 대한 올바른 이해는 오직 인식론에 의해 그 의미가 해명된 의학사에 의존해서만 가능하게 된다.

그런데 과학으로서의 의학이 근거하는 과학적 실증성에는 과학적 합리성과 비과학적 이데올로기가 혼재해 있다고 깡길렘은 주장한다. 이 때문에 의학적 이데올로기에 대한 비판은 의철학의 핵심 과제가 된다. 깡길렘은 여러 논문에서 환자가 사회적·정치적·경제적·문화적 맥락에서 벗어날 수 없으며 따라서 의학이 수립한 과학적 진리도 이런 맥락을 고려하지 않고는 올바로 정의될 수 없다는 점을 반복적으로 강조한다. 의학은 수동적으로 인간의 규범으로부터 영향을 받는 데 머물지 않고 능동적으로 인간의 사회·정치·경제·문화의 영역에 관여하기 때문이다.

깡길렘은 의학이 역학(épidémiologie)의 출현과 빠스뙤르(Louis Pasteur,

1822~1895)의 선구적인 발견 덕분에 '공중위생'(hygiène publique)이라는 이름으로 한 개인의 '건강'(santé)을 넘어서 한 사회의 '위생성'(salubrité)에도 개입하고 더 나아가 한 국가의 '보건안전'(sécurité)에까지 영향력을 행사한다고 지적한다(『생명체와 생명에 관한 과학사와 과학철학 연구』). 달리 말해 의학은 한 개인을 치료함으로써 그가 속한 사회와 국가를 치료하려 하고 반대로 한 사회와 국가를 개혁함으로써 한 개인의 질병을 치료하려 한다는 것이다. 깡길렘은 이와 같은 의학의 사회화와 사회의 의학화가 18세기 이후, 특히 프랑스 대혁명 이후에 강화되었고 현대 유럽 사회를 형성하는 중요한 이념이 되었다고 평가한다.

정상과 병리의 인식론적 위상의 전복

깡길렘의 의철학에서 가장 독창적이고 중요한 업적은 정상과 병리의 통상적인 위상, 즉 정상이 병리에 선행하고 정상이 병리의 토대라는 견해를 뒤집은 것이다. 정상과 병리에 대한 새로운 정의를 바탕으로 깡길렘은 정상과 비정상, 생리와 병리, 건강과 질병, 생리학과 병리학, 임상의학과 실험실의학, 의사와 환자의 인식론적 관계를 재정립한다. 그런데 깡길렘은 왜 자신의 의학박사 학위논문에서 지난 수세기 동안 과학과 철학에서 너무나도 당연하게 전제되었던 생명체와 인간의 정상성 개념에 주목했는가?

설령 생기론자라는 비난을 받을지라도 생명과학자는 정상성 개념을 계속해서 사용하지 않을 수 없고 의사의 사유와 업무는 정상과 병리라는 개념 없이는 결코 이해될 수 없기 때문이다(『생명의 인식』). 하지만 깡길렘이 정상성 개념에 대해 문제를 제기하는 더 근본적인 이유는 매우 철학적이다. 기원전 그리스에서 20세기 초 프랑스에 이르기까지 서양 철학과 과학은 보편성·필연성·객관성을 추구하고 유지한다는 명목에서 무반성적으로 '정상적인' 서양인 성인 남자를 모든 인식과 존재의 기준으로 삼았다. 이런 관점은 차이보다 동일성을 중요시하고 보편성·필연성·객관성을 주장하기 위해 추상적이고 통일적인 거대담론을 구축한다. 깡길렘은 서양 철학과 과학의 관점과 기준이 실제로는 정상이 아니라 병리에 근거해야 한다는 사실을 입증함으로써 정상성에 대한 환상을 타파하고 특수한 예외로만 간주되던 구체적인 현상들을 미시적으로 분석해 현실의 다양성을 밝히고자 한 것이다.

그렇다면 과연 깡길렘은 『정상과 병리』에서 정상성 개념을 어떻게 새롭게 정의하고 정상과 병리의 통상적인 관계를 어떻게 뒤집었는가? 그는 정상성 개념이 표면적으로는 근·현대 생명과학과 의학이 객관적으로 산출한 평균(moyenne)으로 정의되는 듯 보이지만 실제로는 주관적으로 결정되는 규범이라고 주장한다. 깡길렘은 정상성 개념에 대한 새로운 이해를 바탕으로 혁신적인 발상의 전환을 한다. 우리가 비전문적으로 정상성의 반대 의미로 이해하는 '비정상'(l'anormal) 개념은 정상성(평균)과의 차이를 지시하는 중립적이고 기술적인 개념이지만 '병리'(le pathologique) 개념은 지향되어야 할 이상적 가치, 즉 건강한 생리적 상태(정상성, 평균)를 전제하는 규범적 개념이라는 것이다. 달리 말해 비정상적인 것은 단지 다른 것일 뿐이지만 병리적인 것은 좋지 않은 상태라는 가치판단과 더불어 이 상태를 회피하고 교정해야 한다는 당위성도 포함하는 개념이라는 것이다. 이 좋지 않고 벗어나야 할 상태를 총칭하는 개념이 바로 '질병'(maladie)이다. 질병은 불편과 고통을 야기하고 궁극적으로 죽음을 초래한다. 이에 반해 '건강'(santé) 개념은 의학이 늘 추구해온 궁극적인 가치이지만 질병 개념과는 다르게 명확히 규정하기가 어렵고 단지 질병이 없는 상태라는 부재 증명을 통해서만 정의가 가능한 이론적인 개념이다.

그런데 깡길렘은 의학의 가치중립성, 즉 과학성을 보존하기 위해 인간의 정상성 개념에서 규범성을 제거하라는 요구를 하지 않는다는 점에서 영미 과학철학과는 상반되는 입장을 취하고 있다. 그는 오히려 우리의 정상성 개념이 기초해 있는 규범성이 어떤 가치를 추구하는지를 비판적으로 검토하고 만일 그 가치가 올바른 것이라면 정당하게 그 가치를 인정하라고 주장한다. 예를 들어 우리가 기형적인 개체와 정상적인 개체를 등가물로 간주하지 않는 유일한 근거는 구분의 기준이 되는 가치이므로, 단지 가치가 개입되어 있다는 이유에서 소극적으로 이 구분 자체를 부정하지 말고 적극적으로 과연 이 가치가 올바른 것인지를 검토하라는 말이다. 여기서 깡길렘의 고유한 존재론적 관점이 확인된다. 그는 "세상에 대한 우리의 표상이 항상 수많은 가치들의 도표"(『정상과 병리』)일 뿐이라고 주장한다. 깡길렘이 보기에 이 세상, 특히 생명계는 객관적 사실이 축적되어 구성된 세계가 아니라 사실들의 배후에서 주관적 가치들이 서로 대립하는 세계인 것이다.

비정상과 병리가 다수이고 기준이며 현실이고, 오히려 정상이 소수이고 예외이며 이상이라는 인식론적 발상의 전환은 생리학과 병리학의 인식론적 위상을 재정립하도록 요구한다. 깡길렘에 따르면 생명과학에서는 파토스(pathos, 페이소스)가 로고스(logos, 이성)를 좌우하기 때문에 파토스(병리학)가 로고스(생리학)를 소환한다(『정상과 병리』). 생명체의 규범은 그것이 위반되었을 때만 비로소 확인되기 때문에 생명체의 생리적 기능은 그것이 제대로 작동하지 않는 경우, 즉 병리적 상태를 통해서만 밝혀진다는 것이다. 이런 의미에서 깡길렘은 시간적(역사적)·논리적·인식론적·존재론적 차원 모두에서 병리학이 생리학에 선행하며 병리학의 객관화나 반대로 생리학의 주관화가 현실적으로 어렵다고 주장하는 것이다.

병리학이 생리학에 선행한다는 사실은 의사와 환자의 관계를 근본적으로 재인식하게 한다. 병리적 증상에 대한 환자의 호소가 없다면 의사의 생리학적 지식은 무용하고 무기력한 지식일 뿐이기 때문이다. 게다가 환자의 질병은 특정한 개체가 체험하는 주관적 경험이다. 이처럼 병리적 증상을 초래하는 질병은 현실에서 개체성(individualité)과 주관성(subjectivité)이라는 두 전제 위에서만 존재한다. 상식적으로도 환자가 없으면 의사는 존재 이유를 상실하므로 임상의학은 기본적으로 환자 중심적일 수밖에 없다.

이렇게 임상의학에서 의사가 상대하는 환자는 구체적인 현실 속에 존재하는 인간이며 인간 '전형'(type)이 아니라 인간 '개체'(individu)다(『정상과 병리』). 깡길렘은 인식론과 가치론(axiologie)의 관점에서 변이나 기형처럼 개체의 특수성은 실패가 아니라 도전이고 실수가 아니라 모험이라고 주장하며 그 실추된 의미와 위상을 복원한다. 그는 현실세계에서 현존하는 것은 오직 개체뿐이며 개체성이 너무 발달했다는 이유에서 지금까지 물질과학이 소외시켜온 존재방식들, 예를 들어 기형·괴물·비정상·이상·일탈 등에 주목하고 이런 존재들을 존중할 것을 요구한다. 깡길렘의 이런 의도를 고려한다면 그의 생명과학철학과 의철학은 단순한 과학철학이나 인식론이 아니라 생명과학사와 의학사에 근거한 개체성의 '실존주의'라고 규정될 수 있다. 다시 말해 깡길렘이 궁극적으로 추구한 목표는 개체의 참된 위상과 정당한 권리를 복원하는 것이다.

결론적으로 깡길렘의 생명과학철학과 의철학이 계승한 전통, 철학적 의의, 후대에 준 영향은 다음과 같이 정리될 수 있다. 깡길렘은 꽁뜨의 실증철학 전통, 18세기 몽뻴리에 학파와 베르그손의 생기론, 바슐라르의 역사적 인식론, 알뛰세르의 이데올로기 비판을 수용해 자신만의 독창적인 생명과학철학과 의철학을 수립했다고 볼 수 있다. 이렇게 함으로써 깡길렘은 프랑스 철학이 종(espèce) 차원의 거대 담론(grand discours) 철학에서 개체(individu) 차원의 미시분석(micro-analyse) 철학으로 전환되는 데 지대한 기여를 했다. 그의 사상은 푸꼬의 고고학과 계보학, 생권력(biopouvoir) 개념의 발전에 직접적인 영향을 주었을 뿐만 아니라 들뢰즈의 생기론과 생철학이 수립되는 데도 무시 못할 영향을 주었다. 특히 인간의 정상과 병리, 개체성, 과학의 규범성과 같이 깡길렘이 주목했던 주제는 푸꼬가 광기나 성에 대해 고유한 문제의식을 형성하는 데 필수적인 토대였다. 깡길렘의 지도 덕분에 푸꼬는 해부학과 생리학 등을 비롯한 생명과학사와 특히 임상의학과 정신의학을 중심으로 한 의학사를 심도있게 연구할 수 있었고 소위 비정상인(anormaux)으로 간주되던 광인(fous), 동성애자(homosexuels) 등과 같은 소수자(minorités)가 서양 철학과 과학의 선입견 때문에 어떻게 탄압받아왔는지를 미시적으로 분석할 수 있었다. 이를 바탕으로 푸꼬는 지식과 권력의 관계, 지식과 윤리의 관계에 대해 독창적인 개념과 이론을 제안할 수 있었던 것이다. 깡길렘의 생명과학철학과 의철학은 오늘날에도 파고-라르조(Anne Fagot-Largeault), 다고녜, 르꾸르, 모랑주(Michel Morange), 드브뤼(Clande Debru), 가이옹(Jean Gayon), 브론스타인(Jean-François Braunstein) 등을 통해 지속적으로 그리고 비판적으로 발전하고 있다.

| 한희진 |

건강(santé)

건강은 의학이 지속적으로 추구하는 궁극적인 가치이지만 질병과는 다르게 명확한 규정이 어렵고 단지 질병이 없는 상태라는 부재 증명을 통해서만 정의가 가능한 이론적인 개념이다. 그런데 건강은 단순히 질병이 없는 상태가 유지되는 정적인 '상태'(état)가 아니라 변화된 환경에 맞춰 능동적으로 새로운 생물학적 규범을 창출할 수 있는 '능력'(faculté)이다. 건강은 "특정한 환경의 배반을 감내할 수 있는 여지"이고 "개인적인 환경에 대한 적응이 건강의 가장 기초적인 전제들 중의 하나"인 것이다(『생명의 인식』).

병리(le pathologique)

병리는 비정상일 뿐만 아니라 건강을 침해하는 부정적인 상태를 일컫는다. 비정상은 부정적인 가치로 판단되며 따라서 이상적인 상태로서의 정상으로 회복되어야 할 당위성을 갖는다. 그런데 현실적으로 완벽하게 건강한 인간이란 존재할 수 없고 모든 인간은 경·중증의 질병을 앓고 있다. 따라서 모든 인간은 기본적으로 병리적인 상태에 있으며 인간은 의학의 도움을 받아 끊임없이 정상성을 추구한다. 이제는 병리를 정상이 방해되거나 정상을 벗어난 상태로 이해해서는 안 되고 오히려 병리가 기준이며 정상이 병리의 약화된 상태로 이해되어야 한다는 것이다.

정상(le normal), 정상성(normalité)

정상은 일차적으로 근·현대 생명과학과 의학이 객관적으로 산출한 평균(moyenne)이고 비정상(l'anormal)은 평균과의 차이를 지칭하는 중립적이고 기술적인 개념이다. 예컨대 의학에서는 통상적으로 섭씨 약 36도를 인간의 정상 체온으로 규정하고 이 기준에서 벗어난 체온은 비정상 체온이라고 진단한다. 하지만 평균 체온은 시대와 지역, 민족과 개인의 연령·성별·상황에 따라 상이하게 규정될 수 있고 또 그렇게 규정되어왔다. 따라서 정상은 규범적인(normatif) 개념이다. 그런데 문제는 인간의 생물학적 규범(norme biologique)

이 다른 종의 규범과는 다르게 순전히 생물학적 차원에서만 규명될 수 없다는 점이다. 깡길렘은 인간종의 생물학적 정상성이 사회적 규범에 의해 좌우된다고 주장한다. 인간의 삶에서는 작용의 생물학적 규범이 관습의 사회적 규범으로 변환되어 삶의 조건을 규정한다는 것이다. 따라서 인간의 정상성을 올바로 이해하기 위해서는 사회적 관습과 통념에 대한 고찰이 필수적으로 요구된다.

질병(maladie)

일반적으로 질병은 불편과 고통을 야기하고 궁극적으로 죽음을 초래하며 따라서 회피하고 교정해야 할 부정적 가치의 총체로 이해된다. 하지만 깡길렘은 건강과 반대로 질병을 "특정한 환경의 배반을 감내할 수 있는 여지의 저하"(『생명의 인식』)라고 새롭게 규정한다. 건강한 사람은 상대적으로 우월한 적응력을 가진 사람이고 아픈 사람은 상대적으로 열등한 적응력을 가진 사람이라고 이해할 수도 있다. 환자는 규범의 부재로 인해 병리적인 것이 아니라 규범적일 수 없기 때문에 병리적인 것이다.

질베르
시몽동

Gilbert Simondon 1924~1989

4장 /

개체화와
기술

질베르 시몽동은 개체화를 주제로 삼은 발생적 존재론, 인식론, 자연철학, 그리고 이에 근거한 독특한 기술철학으로 1990년대 이후 주목받고 있는 프랑스 철학자다. 그는 빠리 고등사범학교에서 과학철학자 깡길렘, 철학사가 게루(Martial Guéroult), 현상학자 메를로뽕띠 아래서 수학했다. 스물네살에 철학교수자격시험에 합격하고, 뚜르(Tours)의 데까르뜨 고등학교에서 철학·물리학·기술공학을 가르쳤다. 1958년 서른네살에 박사학위를 취득한 이후 뿌아띠에(Poitiers) 문과대학 교수를 거쳐 쏘르본-빠리 4대학 교수로서 교육과 학술활동에 전념했고, '일반심리학과 기술공학 실험실'을 직접 설립하여 이끌어나가기도 했다.

시몽동의 주요 저서로는 1958년에 제출한 박사학위 주논문 『형태와 정보 개념에 비추어 본 개체화』(*L'individuation à la lumière des notions de forme et d'information*, 이하 『개체화』)와 부논문 『기술적 대상들의 존재양식에 대하여』(*Du mode d'existence des objets techniques*)가 있다. 이 저서들은 물질, 생명,

심리-집단, 기술 등 실재의 각 영역에서 개체의 발생을 추적하여 개체화의 일반적인 공식 및 상이한 양상들을 포착해내고, 실재 전체의 다층적인 분화와 영역들 간의 관계맺음을 종합적으로 드러내고 있다. 여기에는 물리학·생물학·심리학·사회학·위상학·기술공학·싸이버네틱스·정보이론 등 당대의 개별 과학들에 대한 폭넓은 전문지식을 토대로, 학제적 구분을 넘어서 실재에 관한 인간의 학문적 연구들을 통합적으로 사유하려는 시몽동의 백과사전적인 통찰이 담겨 있다.

그에 대한 학계의 관심은 다소 늦게 일어난 편이다. 그의 주논문은 1964년에 전반부가 『개체와 그 물리-생물학적 발생』(*L'individu et sa genèse physico-biologique*)으로, 1989년에 그 후반부가 『심리적 집단적 개체화』(*L'individuation psychique et collective*)로 나뉘어 출간되어 파편적으로 수용되다가, 2005년에서야 통합된 원본 전체의 모습으로 재출간되며 그의 발생적 존재론 전체의 면모가 드러날 수 있었다. 오히려 그의 기술철학을 보여주는 부논문이 기술에 대한 관심에 부응하여 주논문보다 먼저 출간되고(1958년 초판), 또 여러번 재출간되면서(1969년, 1989년, 2001년) 더 부각된 측면이 있다. 그러나 1960년대 프랑스에서는 주로 기술발전이 야기하는 부정적인 문제점들이 논의되고 있었기 때문에, 기술적 대상들의 존재론적 지위와 사회문화적 가치를 주창하는 시몽동의 사유는 공감을 불러일으키기 어려웠다. 1968년 캐나다 텔레비전에서 녹화한 시몽동의 '기계학에 대한 인터뷰'는 당시로서는 특기할 만한 사례였다. 마르쿠제(Herbert Marcuse)는 『일차원적 인간』(1964)에서, 보드리야르(Jean Baudrillard)는 『사물의 체계』(1968)에서 시몽동의 기술론에 대해 간략하게 언급하였고, 들뢰즈는 『개체와 그 물리-생물학적 발생』에 대해 깊은 관심을 보이며 주목할 만한 서평(1966)을 썼다.

시몽동 사후에 그의 강연이나 강의록을 중심으로 출간된 다른 저서들로는『동물과 인간에 대한 두 강좌』(*Deux leçons sur l'animal et l'homme*, 2004),『기술에서의 발명: 강의와 강연(1968~1976)』(*L'invention dans les techniques*, 2005),『지각에 대한 강의(1964~1965)』(*Cours sur la perception*, 2006), 『상상력과 발명(1965~1966)』(*Imagination et invention*, 2008),『커뮤니케이션과 정보』(*Communication et information*, 2010) 등이 있다.

1. 개체화론

시몽동의 사유는 학제적 구분을 넘어서는 유비적인 통찰과 백과사전적인 종합, 양립 불가능하고 불일치하는 것들 사이에 소통과 공존을 가능하게 하는 '관계'의 포착이 특징적이다. 물리학·생물학·심리학·사회학·기술공학 등 실재의 주요 영역들에 대한 학문적 탐구는 대개 각 탐구대상의 객관적인 구조나 형태에 주목한다. 결정체(結晶體)·생명체·사회집단·기계 등 어떤 구조나 형태로 개체화된 실재는 각 학문 영역에서 독자적인 실체로 간주되고 탐구된다. 그러나 시몽동은 관점을 바꾸어, 결과적으로 주어진 구조나 형태보다는 그러한 구조나 형태를 발생시킨 근본적인 작용(opération)이 무엇인지에 주목한다. 그는 실재의 각 영역에서 개체화된 실재가 어떻게 발생하게 되는지 그 과정들을 추적할 뿐만 아니라, 실재 전체가 어떻게 그러한 영역들로 분화되면서 상이한 개체들을 산출하게 되는지 그 존재론적 운동 자체를 포착하고자 한다. 그의 개체화론은 개체 자체보다는 개체로 구조화하는 발생적 과정을 조명하여 개체화의 상이한 양상들 및 일반적인 작동방식을 밝히고, 이를 통해 분리된 학문 영역들로 환원될 수 없는 존재 전체의 역동적인 분화와 관계맺음을 보여준다.

시몽동은 개체를 독립적인 실체가 아니라 주변 환경과 분리될 수 없는 관계적 실재로 이해한다. 따라서 그는 개체 발생에 대해 특히 원자론이나 질료형상론과 같은 실체론적 접근 방식을 비판한다. 원자들 간의 우연한 결합 또는 형상과 질료의 결합으로 어떤 개체가 형성된다는 설명 방식은 결과물로 주어진 개체로부터 출발하여 개체화의 원리를 추정하려는 것일 뿐만 아니라, 이미 원자·형상·질료와 같은 분리된 실체를 개체화 작용 이전에 존재하는 개체로서 전제하고 있다. 무엇보다 그러한 접근 방식은 개체들이 어떠한 과정과 작용 속에서 구조화되고 형태를 갖추게 되는지 주목하지 않으며, 개체화하는 작용 자체를 관련된 전체 씨스템의 변화 안에서 조명하지도 않는다. 시몽동은 실체적 구조보다는 발생적 작용에 초점을 맞추고, 개체에 입각해서 개체화를 설명하기보다는 개체화에 입각해서 개체의 발생을 파악하고자 하며, 개체가 발생되는 전체 씨스템의 구체적인 관계망 안에서 개체의 존재를 이해할 것을 주장한다.

존재의 상전이로서의 개체화

시몽동에 따르면 개체화(individuation)는 전(前)-개체적인 것(préindividuel, 개체화되기 이전의 존재)으로부터 개체화된 것(개체와 연합환경으로 분할된 존재)으로 존재 자체가 변이하는 작용이다. 존재는 부동불변의 안정적 실체가 아니며, 단일한 것도 동일한 것도 아닌 그 이상의 잠재 역량을 지닌 실재로서 퍼텐셜 에너지로 가득 찬 준안정적 씨스템과 같다. 개체화하기 이전의 존재는 양립 불가능하고 불일치하는 것들이 서로 소통하지 않은 채 긴장된 상태다. 개체화는 이런 내적 갈등이 포화 상태에 이를 때 이를 해결하기 위한 해(解)로서 일어난다. 마치 서로 불일치한 왼쪽 망막 이미지와 오른쪽 망막 이미지가 어느 쪽도 아닌 새로운 차원에서 통합된 하나의 이미지를 산출하듯이, 개체는 양립 불가능하고 불일치하는 것들 사이에 소통과 공존을 가능하게 하는 새로운 관계를 실현하는 것으로 발생한다. 이런 개체의 출현을 통해서 내적 분할로 긴장되어 있던 존재 씨스템 전체는 안정적 균형 상태(씨스템의 내적 공명)를 다시 취하게 된다.

개체화에 의한 존재의 변이와 생성을 시몽동은 물리학에서 차용한 상전이(相轉移, déphasage) 현상으로 이해한다. 액체상(相, phase)의 물질이 온도가 상승하면 끓는점에서 액체상과 기체상이 공존하다가 점차 기체상의 물질로 상전이하듯이, 개체화는 이전 체제 안에서의 내적 분할과 긴장을 새로운 체제로의 변환적 이행을 통해 해결하는 것으로서 전-개체적 존재 양상에서는 나타나지 않던 상이 출현하는 것과 같다. 개체화된 실재는 존재의 한 상으로서 다른 상들과의 관계 속에서만 그 자신일 수 있다. 물리적 개체화, 생명적 개체화, 심리-집단적 개체화, 기술적 개체화 등 실재의 각 영역에서 일어나는 개체화의 상이한 양상들은 이전 개체화의 결과물들을 연합환경으로 삼아 이전 개체화에서 해결하지 못한 문제들을 새로운 수준에서 해결하는 방식으로 존재 씨스템 전체 안에서 분화되어 나온다. 이때 전-개체적 실재의 퍼텐셜 에너지는 각각의 개체화로 인해 완전히 소진되지 않는다. 각 수준에서 발생된 개체들은 여전히 전-개체적 실재에 연합되어 있으며 전-개체적 실재로부터 받는 어떤 하중(荷重)을 실어나르고 있다. 개체들이 운반하는 전-개체적 퍼텐셜 에너지는 새로운 개체화들을 출현시킬 수 있는 미래의 준안정적 상태들의 원천이다. 존재 전체는 이렇게 전-개체적인 것과 개체화된 것의 앙상블로 존재하며, 상들 간의 상호 평형과 긴장의 상관관계 속에서 불연속적인 도약과 연속적인 자기보존의 준안정성을 유지한다.

개체화 작용의 가장 탁월한 범례는 결정화(結晶化) 현상이다. 이것은 물리적 개체화의 사례일 뿐만 아니라 개체화 일반의 패러다임 모델이다. 예컨대, 준안정적인 과포화용액의 황은 어떤 온도와 압력에서 어떤 결정씨앗을 만나느냐에 따라 사방정계나 단사정계의 결정체들로 결정화할 수 있다. 이 결정화 사례는 개체화의 조건(크기의 등급에서 불일치한 두 실재 사이의 긴장, 즉 거시적 양상블 수준의 준안정적인 과포화용액과 미시적 요소 수준의 구조적 씨앗), 전-개체적인 양상으로부터 개체화된 양상으로 전체 씨스템의 상전이를 통한 변이(모액母液이 결정체와 모액으로 분할, 즉 개체와 연합환경으로 분할되면서 액체상에서 고체상으로 변화), 완결되지 않고 재개될 수 있는 개체화의 연속성(단사정계 상태에 결정씨앗을 새로 넣으면 사방정계로 재결정화), 개체화된 체제들 사이의 불연속성(단사정계와 사방정계는 상이한 결정체) 등 개체화의 여러 특징들을 잘 보여준다.

형상, 정보, 변환

시몽동의 개체화론을 특징짓는 핵심 개념들은 형상(forme), 정보(information), 변환(transduction)이다. 개체화는 어떤 구조나 형태를 발생시키는 형상화 과정이면서 동시에 정보의 소통이자 변환 작용이다.

우선 '형상'은 질료형상론에서의 형상도 아니고 게슈탈트론에서의 형상도 아니다. 질료형상론은 수동적이고 타성적인 질료와 능동적으로 결정하는 형상 사이의 위계질서를 함축하며 질료와 형상 사이의 상호 교환 작용을 은폐한다. 그러나 시몽동에 따르면 진흙과 주형틀의 결합으로 벽돌이라는 개체를 제작한다고 할 때 벽돌의 개체성을 특징짓는 형상은 주형틀에 의해서 미리 결정되어 있는 것이 아니라, 그렇게 구조화될 소질을 갖추고 있는 질료의 힘과 규제하는 주형틀의 힘 사이의 상호조절 관계 속에서 점진적으로 '형상-화'하는 준안정적인 것이다. 게슈탈트론은 질료에 해당하는 바탕과의 관계 속에서 형상의 출현을 파악하기는 하지만 여전히 안정적 상태의 형상만을 거론할 뿐이며 형상 자체의 '준안정성'은 포착하지 못한다. 시몽동에게 형상이란 부동불변의 실체로서 미리 결정되어 있는 것도 안정적인 것도 아니며, 양립 불가능하고 불일치하는 것들 사이의 긴장 속에서 양자의 소통을 매개하는 것으로 출현하는 준안정적이고 관계적인 것이다. 가령 식물의 싹(개체)은 크기의 등급이 불일치하여 소통할 수 없는 태양계의 빛에너지(거시물리적 수준)와 화학적 원소들(미시물리적 수준) 사이에서 양자의 소통 가능한 관계를 중간 수준에서 그런 구조화된 형상으로 표현하면서 발생하는 것이다.

이렇게 관계적이고 준안정적인 형상을 시몽동은 '정보'의 관점에서 이해한다. 개체화된 형상은 한마디로 소통을 산출하는 정보다. 여기서 정보는 미리 정해진 신호를 송신자로부터 수신자로 일방적으로 전달하는 것을 의미하지 않는다. 정보는 하나의 항에서 다른 항으로 나아가는 것이 아니라, 불일치하는 두 항이 동시에 참여하는 하나의 긴장된 앙상블이 형성될 때 비로소 성립하는 것이다. "정보는 불일치한 두 실재들 사이의 긴장이다. 그것은 개체화 작용이, 불일치한 두 실재들이 씨스템을 생성할 수 있는 차원을 발견하게 될 때 솟아나게 될 의미작용이다. (…) 정보는 해결되지 않은 씨스템의 양립불가능성이 바로 그 정보에 의해서 해결되면서 조직적인 차원이 되게 하는 것이다."(『개체화』 31면) 정보는 개체화 이전에 정해져 있는 것이 아니라 개체화와 동시에, 개체화를 촉발하면서 개체의 형상으로 표현되는 것이다. 정보의 소통은 수신자를 송신자에 단순히 동기화하는 것이 아니라, 수신자와 송신자가 동등하게 참여하는 긴장된 관계 맺음 속에서 새로운 구조로 씨스템 전체를 상전이시키는 것이다.

결정씨앗을 받아들여 점차 결정화하는 과포화 용액의 경우를 예로 들어보자. 결정씨앗이 이전 개체화의 결과물로서 결정체의 구조와 형상을 실어나르는 정보송신자라면, 과포화용액은 퍼텐셜 에너지를 지닌 준안정적인 장(場)으로서 새로운 구조를 수용하여 자신의 퍼텐셜 에너지를 문제해결의 방식으로 방출하려는 정보수신자라 할 수 있다. 크기의 등급이 서로 불일치하는 이 송신자와 수신자 사이에서 일어나는 정보의 소통은 작은 씨앗에서 출발해서 장 전체로 결정화가 확산되는, 즉 액체상이 고체상으로 상전이되는 개체화 작용으로 나타난다. 이때 정보는 구조화하는 씨앗과 구조화될 준안정적 장이, 즉 불일치한 두 실재들이 결정체라는 개체의 발생을 통해 서로 관계 맺을 때 비로소 성립하는 것이다. 따라서 정보의 소통이 곧 개체화고 형상화다. 개체화는 어떤 정보를 의미있게 수용하여 개체화할 수 있는 준안정적 씨스템이 일단 준비되어 있고, 이 수용자의 역량에 따라 정해져 있는 문턱을 넘어서 씨스템을 변환시킬 수 있는, 즉 개체화를 촉발할 수 있는 정보가 수용될 때 일어날 수 있다. 여기서 중요한 것은, 결정씨앗을 정보송신자로 만드는 것이 바로 정보수신자의 수용역량이라는 것이다. 정보는 결코 미리 정해져 있는 것이 아니다. 질료와 형상의 상호교환작용에서 형상화(in-form-ation)가 일어나듯이, 수신자와 송신자의 상호마주침에서 비로소 정보(information)가 성립되는 것이다.

개체화된 실재의 어떤 구조나 형상이 준안정적 상태의 긴장된 씨스템으로서 그 자체로 정보라는 것은, 개체화의 결과물이 그 자체로 완결되지 않고 새로운 개체화를 촉발하며 증폭될 수 있다는 것을 또한 함축한다. 작용의 결과물인 구조가 다시 새로운 작용을 야기하는 이런 정보소통의 과정을 시몽동은 '변환'이라 부른다. 개체화가 전-개체적인 전체를 개체화된 것과 개체화되지 않은 것으로 분할하는 작용이라면, 마치 점진적인 결정화 작용에서 먼저 결정화된 것이 아직 결정화되지 않은 모액 안에서 다시 결정화를 촉발하고 확산시키는 씨앗으로 작동하듯이, 개체화된 것은 다시 새로운 개체화 작용을 야기하는 정보로서 사용되며 개체화를 확장시킨다. 요컨대 개체는 개체화를 증폭시키는 정보매체다. 전-개체적 실재는 개체화된 실재를 매개로 다시 개체화하며, 따라서 개체화는 실재의 전영역으로 확장된다.

우리는 변환이라는 말을 물리적이고, 생물학적이고, 정신적이고, 사회적인 하나의 작용으로 이해한다. 이 작용으로 인해서 어떤 활동이 차츰차츰 어떤 영역의 내부에 퍼져나가게 되며, 이 퍼져나감은 그 영역의 여기저기에서 실행된 구조화에 근거하여 이루어진다. 구성된 구조의 각 지역은 다음 지역의 구성 원리로서 쓰인다. 그래서 이 구조화하는 작용과 동시에 점진적으로 변화가 확장된다. 매우 작은 씨앗에서 출발하여 모액의 모든 방향들로 확장되며 커져가는 결정체는 변환 작용의 가장 단순한 이미지를 제공한다. 이미 구성된 각각의 분자층은 형성 도중에 있는 층을 구조화하는 토대로 쓰인다. 그 결과는 증폭하는 망상(網狀) 구조다. 변환 작용(opération transductive)은 발전해나가는 개체화다. (『개체화』 32~33면)

마치 작은 소리를 입력하면 큰 소리로 증폭하여 출력하는 중계확장기의 작동처럼, 개체화하는 실재의 변환 작용은 하위 수준의 개체화로부터 상위 수준의 개체화로 증폭되는 개체화 작용의 불연속적인 연속성을 보여준다. 개체화는 양립 불가능하고 크기의 등급이 서로 불일치하는 것들을 중간에서 관계짓는 형상화 작용이자 양극단을 소통시키는 정보 소통의 과정이며, 이를 통해 존재 씨스템 전체를 이전 체제에서 새로운 체제로 상전이시키는 변환 작용이다. 존재는 전-개체적인 것과 개체화된 것 사이의 불일치를 위상학적으로 다른 차원에서의 개체화를 통해 해소하며, 변환적 단일성을 유지한다.

그런데 이런 변환은 개체화가 작동하는 존재론적 과정이면서 동시에 그 과정을 파악하는 인식론적 방법이기도 하다. "변환은 개체화를 표현하고 그것을 사유하게 한다. 따라서 그것은 형이상학적이면서 동시에 논리적인 개념이다. 그것은 개체발생에 적용되고 또한 개체발생 그 자체이다."(『개체화』 33면) 인식론적 변환은 귀납·연역·변증법과 구분되는 유비추론적 사유다. 연역과 달리, 변환은 문제해결의 원리를 다른 곳에서 가져오지 않는다. 과포화 용액이 자기 자신의 퍼텐셜과 자신이 담고 있는 화학적 성분들 덕분에 결정화하듯이, 해당 영역의 긴장들 자체로부터 문제를 해결하는 구조를 가져온다. 귀납과 달리, 변환은 해당 영역에 포함된 실재의 항들에서 독특한 것들은 제거하고 공통적인 것들만 보존하지 않는다. 변환은 해당 영역의 각 항들의 완전한 실재성이 새로 발견된 구조들 안에서 손실되거나 축소되지 않고 배열될 수 있도록 각 항들이 모두 소통할 수 있는 씨스템의 차원을 발견한다. 귀납은 정보의 손실이 필연적이지만, 변환에서는 항들이 동일시되지 않아도 서로 불일치하면서도 해(解)로 나타난 씨스템에 통합되며, 항들이 품고 있던 정보가 빈약해지지 않는다. 또 변증법과 달리, 변환은 부정적인 것을 긍정적인 것으로 바꾸어놓는다. 대립을 해소하여 추상적 단일성으로 회귀하는 종합이 아니라, 대립과 차이를 보존하여 통합하되 바로 그 대립과 차이로 인해 가능한 구체적인 연결망으로서 새로운 관계를 찾아내는 것이다.

물리적―생명적 개체화

결정화 현상은 물리적 개체화의 한 사례로서, 생명적 개체화나 심리적―집단적 개체화를 유비적으로 포착하는 데 패러다임 모델로 사용된다. 그러나 이 범례가 이데아적 원형은 아니기에 각각의 개체화 양상은 동일화할 수 없는 차이를 지닌다. 시몽동은 개체화의 상이한 양상들과 개체들의 환원 불가능한 차이들을 인정한다. 가령 결정체와 같은 물리적 개체는 하나의 정보를 반복해서 증폭시키며 내부와 외부를 가르는 윤곽선이 유동적인 반면, 생명적 개체는 복수의 정보를 여러번 수용하여 조직화하고 증폭시키며 내부와 외부를 구분하는 경계가 분명하다. 결정체와 달리 생명체는 내부생성(기관들이나 세포들의 재생작용)과 외부생성(생식작용)을 동시에 진행시키며, 내부와 관련해서는 요소들을 조직화하는 전체이면서 또한 외부와 관련해서는 전체 앙상블(집단)을 구성하는 부분이라는 점에서, 하위 요소와 상위 앙상블이라는 불일치한 크기의 등급들 사이에서 양자를 관계짓고 매개하는 개체성의 특징이 두드러진다.

그러나 물리적 개체와 생명적 개체의 차이가 실체적인 것은 아니다. 생명적 개체화는 물리적 차원에서 해결하지 못한 문제를 생명적 차원에서 해결하기 위해 전-개체적 실재로부터 새롭게 분화되어 나온 것이다. 그런데 생명적 개체화는 물리적 개체화가 완결된 이후에 진행되는 것이 아니라, 오히려 물리적 개체화를 지연시키면서, 물리적 구조화가 완결되어 안정적 평형 상태에 이르기 전에 전-개체적 에너지를 새로운 구조화로 증폭시키는 데서 성립한다. "생명적 개체화는 물리적 개체화 안에 삽입되어 그 흐름을 중단시키고 늦추면서 그것을 기동(起動)적인 상태로 전파시키는 것일지 모른다. 생명적 개체는 원초적인 수준에서 보면 안정화되지 않고 증폭되는 시발(始發)적 상태의 결정체라고 할 수 있을지 모른다."(『개체화』 152면) 식물이 동물에게 생존조건으로서의 환경으로 필수적이듯이, 생명적 개체들에게는 물리적 개체들이 필수적이다. 상대적으로 덜 안정적이고 미완성된 생명적 개체들은 상대적으로 더 안정적이고 완성된 물리적 개체들을 자신에게 연합된 환경으로 삼아 변환적 도약의 발판으로 활용한다. 따라서 물리적 개체화와 생명적 개체화 사이에 절대적 분리는 없지만, 상이한 개체화 양상에 따른 불연속성은 존재한다.

심리적─집단적 개체화

문제해결을 위한 존재의 상전이로서 물리적 개체화와 생명적 개체화가 분화되듯이, 심리적 개체화와 집단적 개체화도 생명적 차원에서 해결되지 못하는 문제를 해결하기 위해 새롭게 분화된다. 그러나 심리적이고 집단적인 개체화는 이미 개체화된 생명체 안에서 파생하는 것이기 때문에 시몽동은 이를 물리─생물학적인 개체화와 구분하여 "개체화된 존재의 개체화"(『개체화』 267면)를 의미하는 '개별화'(individualisation)로 정의하기도 한다.

생명적인 것이 물리적인 것의 상위 종합이 아니듯이, 심리적인 것(psychisme)도 생명적 기능들의 상위 능력이 아니다. 생명체는 외부세계와의 관계 속에서 지각과 행위 사이에 양립 불가능한 문제가 발생했을 때 정념이나 정서를 통해서 이 문제를 변환적으로 조절하려 한다. 그런데 생명체가 더이상 이런 방식으로 문제를 해결할 수 없을 때, 비로소 심리적인 것이 출현한다. 심리적인 것은 생명적 개체에 연합되어 있던 전-개체적 실재에 입각해서 생명적 수준에서는 해결할 수 없는 문제를 해결하기 위해 새롭게 분화되어 나오는 것이다.

그런데 심리적 개체는 개별화됨과 동시에 개체로서의 한계를 넘어서는 개체초월적 수준에서 집단을 형성한다. 개체초월적인 것(transindividuel)은 사회적인 것(social)도 상호개인적인 것(interindividuel)도 아닌 집단적인 것(collectif)이다. 사회적인 것이 동물사회의 유기적 연대성에, 또 상호개인적인 것이 분리된 개인들 간의 유대에 해당한다면, 개체초월적인 것은 전-개체적 실재에 참여하여 동질성을 회복한 심리적 개체들의 공동체라 할 수 있다. 심리적인 것이 생명적 개체를 개별화된 주체로 세계와 마주하게 만든다면, 개체초월적인 것은 심리적 개체들 간의 정보소통과 의미작용의 공통된 발견을 통해서 문제해결을 위한 집단적 개체화를 가능하게 한다. 이 심리적-집단적 개체화는 원자적 개인들로 구성된 사회적 질서와는 전혀 다른 차원에서 새로운 공동체의 가능성을 제시한다.

2. 기술철학

시몽동은 이러한 개체화론의 관점에서 기술적 개체들의 발생과 기술성의 발생을 추적하여 기계와 기술에 대한 잘못된 인식을 바로잡고, 생태주의적 기술공포증이나 테크노크라트적 기술만능주의의 양극단을 벗어나는 독창적인 기술철학을 제시한다. 시몽동은 기계들과 공존하는 인간의 삶을 긍정하며 기술적 개체들의 존재가치에 대한 의식화를 촉구한다.

기술적 대상의 고유한 존재양식

시몽동에 따르면 기술적 대상은 인간적 필요에 부합하는 단순한 인공물이 아니며, 특히 싸이버네틱스가 특권화된 모델로 삼는 자동 로봇은 기술적 개체들의 전형이 아니다. 자동 로봇은 인간을 필요로 하지 는 닫힌 씨스템이며, 자동성은 기술적 완전성에서 아주 낮은 정도에 해당한다. 진정한 기계는 생명체와 마찬가지로 외부 정보에 대한 감수성을 지닌 열린 씨스템이다. 기계는 조립되는 물질적 실체가 아니라 생명체처럼 비결정성을 지닌 준안정적 씨스템으로서 그 나름의 개체화 작용 속에서 발생과 진화를 겪는다. 기계의 발생과 진화는 인간의 필요나 유용성 때문이 아니라 씨스템 내부에 제기된 양립불가능성과 과포화된 불일치의 문제들을 해결하려는 내적 필연성에 따라 전개된다. 기계들은 내적 환경(기술적 환경)과 외적 환경(자연적 환경)과의 관계 속에서 '추상적인 양태(구성요소들의 부정합적인 조합과 분리된 기능들의 복잡한 작동)'에서 '구체적인 양태(구성 요소들의 상호협력적이고 다기능적인 융합과 단순화된 작동)'로, 점진적인 '구체화'(concrétisation) 과정을 거쳐 개체화한다. 기술적 대상의 개체화는 심리적-집단적 개체화와 마찬가지로 이미 개체화된 존재인 생명체를 전제한다. 따라서 시몽동은 기술적 '개체화'도 일차적인 생명적 개체화 이후에 출현하는 이차적 개체화라는 의미로 '개별화'라 언급하기도 한다.

예컨대 3극관에서 5극관으로 전극관이 발전해간 경우는 내적 문제를 해결하면서 점차 구체화되는 과정을 잘 보여준다. 2극관에 전류 제어그리드를 넣은 것이 3극관이고, 3극관의 발진현상을 막기 위해 스크린그리드를 넣은 것이 4극관, 4극관의 2차 전자방출 현상을 억제하기 위해 억제그리드를 넣은 것이 5극관이다. 5극관은 구성요소들 간의 상호작용에서 비결정의 여지를 줄이고 양립 불가능할 정도로 분기된 여러 기능들의 과포화 상태(제어그리드, 스크린그리드, 억제그리드가 다 들어 있음)를 중층결정적이고 다기능적으로 수렴하여 단순화된 구조로 구체화하는 기술적 과정의 산물이다. 수력발전기의 일종인 갱발(Guimbal) 터빈은 특히 개체와 연합환경이 동시에 창조되는 개체 발생의 모범 사례로서, 기술적 환경(발전기의 조건)과 자연적 환경(바닷물 이용)의 불일치를 해결하는 새로운 기술-지리적 환경과 그러한 환경 속에서만 작동할 수 있는 새로운 구조의 발명이 동시에 일어난 구체화의 탁월한 사례다. 이 터빈은 수압관 안에 잠겨 있고, 압축 기름 통 속에 넣은 작은 발전기와 연결되어 있다. 여기서 물은 터빈과 발전기를 돌리는 에너지를 가져오고 발전기의 열을 식히는 냉각기능도 한다. 압축된 기름은 발전기를 부드럽게 돌아가게 하면서 절연과 방수 기능도 한다. 물방수와 전기절연의 문제를 해결하면서 물과 기름의 이중 매개로 냉각효율을 높인 것이 또한 수압관 속에 들어갈 정도로 발전기의 크기를 축소시킬 수 있게 했다. 물과 기름이 상호협력적이고 다기능적으로 작동할 수 있는 구조가 수압관 속에 들어가 작동할 수 있는 발전기의 조건과 동시에 발명되면서 갱발 터빈은 기술적 개체로서 존재할 수 있게 된 것이다. 구체화하는 발명은 기술적 대상의 작동 조건이 되는 기술-지리적 환경을 동시에 창조하면서 실현된다.

기술적 대상들은 '앙상블 → 요소 → 개체 → 다시 앙상블…'의 방식으로 세 수준들 사이의 불연속적이면서도 연속적인 역사적 '이완(relaxation)의 법칙'을 따라 정보로서의 기술성을 운반하며 진화 발전해 나간다. 과거에 기술적 앙상블의 축적물인 요소들(부품)이 새로운 구조의 개체(기계)로 발명되면 이 개체들로 조직화된 새로운 앙상블(공장)이 구성되며, 여기서 다시 새로운 요소들이 산출된다. 예컨대, 18세기 수공업적 공장(앙상블)에서 만들어진 스티븐슨의 연동장치와 연관식 보일러(요소들)는 19세기 초 기관차(개체)라는 새롭게 발명된 구조 속으로 들어가고, 높은 효율의 이 열역학적 개체들이 다시 거대한 산업집중화(앙상블)를 산출하면 이 열역학적 앙상블에서 구리케이블이나 사기절연체와 같은 새로운 전기기술적 요소들이 발생한다. 기술적 대상들의 역사적 진화는 자연발생적이고 직선적인 것이 아니라 요소·개체·앙상블의 세 수준들 사이에서 변환적으로 진행되며, 서로 불일치하는 요소적 수준

과 앙상블적 수준을 매개하는 새로운 개체의 발명을 통해서 톱니모양
으로 전개된다.

기술적 대상들과 인간 생명체의 상호협력적 관계: 노동보다 더 근본적인 기술적 활동

자기 고유의 개체화 과정과 독자적 존재방식을 갖는 기계도 본질적
으로 인간을 필요로 한다. 언젠가는 기계가 인간을 위협하고 대체할 것
이라는 생각은 SF 영화의 상상력에 지나지 않는다. 기계는 비결정성을
지닌 생명체를 닮았지만, 정보를 생산하고 소통시키는 자발적 역량이
결여되어 있기 때문에 생명체와 동일시될 수는 없다. 따라서 기계들 사
이에 정보를 소통시키며 기계들의 관계를 조직화하는 조정자이자 기계
들의 작동을 새롭게 구조화하는 발명가로서의 인간이 기계들에게는 필
수적이다. 마치 오케스트라와 지휘자처럼, 기계들과 인간은 각자 고유
의 존재방식이 있는 동등한 위상의 존재자들로서 상호협력적으로 관계
맺는다.

기계와 인간의 관계 양상은 기술적 대상들의 역사적 발전 정도에 따
라 달라진다. 18세기에는 장인으로서의 인간이 연장이나 도구와 같은
요소적 수준의 기술적 대상들과 육체노동을 통해 관계 맺으며 도구의
향상을 직접 느끼면서 기술적 진보를 낙관했다면, 19세기 열역학적 에
너지 시대에는 인간의 동력을 대체하는 기술적 개체들이 등장하면서
노동으로부터 소외된 인간의 좌절감과 기술적 진보에 대한 비관적 전
망이 대두했다. 그러나 기계로 인한 소외는 기술적 대상들의 역사적 본
성에 관한 인간의 잘못된 이해에 기인한다. 인간 개체의 역할을 기계가
대체한 것이 아니라, 오히려 기계 개체가 등장하기 전에 기계 개체의 역
할을 대신해온 것이 인간이다. 20세기 종합기술과 정보네크워크 시대

에는 인간 대신 연장과 도구를 운반하는 기계 개체들이 연결망을 구축한 기술적 앙상블 수준에 도달하게 되고, 직접 노동으로부터 해방된 엔지니어로서의 인간이 기계들의 작동 도식에 대한 인식을 통해 기계들의 상호관계를 조정하고 조직화하는 본래적 역할을 담당하게 된다. 마치 아이가 성장하면서 부모로부터 독립적인 개체로 발전하고 나름의 집단을 형성하듯이, 기술의 역사적 발전 과정에서 기술적 대상들이 인간으로부터 독립해가는 과정은 동시에 기술적 대상들을 매개로 세계와 관계 맺는 인간이 자연적 사회적 구속으로부터 해방되어가는 과정과도 맞물린다.

특히 '발명'은 기술적 진화의 계기이면서 동시에 인간사회의 진화를 마련하는 계기다. 갱발 터빈의 경우처럼, 불일치하는 것들 사이에 양립 가능한 관계를 직관하여 구조화하는 발명적 사유는 기술적 개체화 과정에 상응한다. 새로운 구조나 형태로의 변환인 발명은 인간을 매개로 한 기술적 대상들 사이의 소통이자 관계 맺음이면서, 동시에 기술적 대상들을 매개로 한 인간과 인간의 소통이기도 하다. 새로운 기술적 개체가 탄생하는 발명의 순간은 인간(사용자나 발명자) 정신 속에 그려져 있는 작동 도식(제작 견본)과 이 작동 도식을 어느정도 물질적으로 형상화하고 있는 기계가 만났을 때, 정신적 도식과 물질적 구조라는 서로 불일치한 것들 사이에 정보가 소통되면서 기계의 구조적 변화를 야기할 수 있는 발명의 기술적 활동이 가능해진다. 발명은 인간 개체의 어떤 능력이 아니라 개체초월적인 차원에서 전-개체적 실재의 퍼텐셜이 문제해결을 위해 발현되는 것이다. 한 인간이 자기 안에 있는 전-개체적 실재성을 발명물로 표현하면, 발명물인 기술적 대상들은 '지금 여기'의 발명자로부터 떨어져 나와 돌아다니면서 자신의 형태와 구조로 표현되어 있는 이 전-개체적 실재성을 다른 인간들에게 정보로서 전달하고, 이 정보를 수용한 인간은 이를 다시 새로운 발명물로 변환시킨다. 기술적 대상들은 사용자이자 발명자인 인간들을 개체초월적인 집단성의 수준에서 소통시키는 매개체로 작동한다. 발명된 기술적 존재는 개체초월적인 기술적 관계를 표현한다.

따라서 시몽동은 '조작적 작동'(fonctionnement opératoire)으로 특징지어지는 기술적 활동을 노동보다 더 근본적인 것으로 간주한다. 노동은 단지 기술적 활동의 역사에서 인간 개체가 기술적 개체의 역할을 대신하던 한 시기의 산물일 뿐이다. 맑스(Karl Marx)가 강조한 생산수단의 소유와 관련된 경제적 소외보다 노동 개념으로 인해 은폐되어온 기술적 활동으로부터의 소외가 더 근본적인 소외다. 기계들의 작동과 조작 원리에 대해 인식하고 세계와의 관계 속에서 기계들을 매체로 정보를 수용하고 전달하며 기계들을 조정하고 발명하는 기술적 활동이야말로 인간의 세계에 대한 관계 역량을 조건짓는다. 시몽동은 인간과 자연 사이의, 또는 인간과 인간 사이의 소외는 기계들로 인해 야기된 것이 아니며, 오히려 전-개체적 실재의 하중을 실어 나르는 개체초월적 관계의 매체인 기술적 대상들을 통해서 소외가 극복될 수 있다고 주장한다. 기술은 개인적인 것도 사회적인 것도 아닌 개체초월적 집단적인 것 (collectif transindividuel)에 속한다. 바로 이런 차원에서, 기술성의 수준이 고도화될수록 점점 더 구체화하면서 상호협력적 연결망을 구축하는 기술적 대상들은 인간과 자연의 관계를 연결하고 인간과 인간의 관계를 매개한다. 시몽동이 꿈꾸는 기술공학적인 문화는 모든 기계의 사용자가 곧 기계의 소유자면서 동시에 조정자이자 발명자일 수 있는 사회경제적 양식과 더불어 실현될 수 있다.

기술성은 인간의 세계 내 존재방식

기술적 대상들의 발생과 진화로 자신을 드러내온 기술성 자체는, 마치 존재가 상전이하듯이, 인간과 세계의 관계 맺음 자체가 상전이하면서 발생한 것이다. 기술은 인간과 세계가 관계 맺는 여러 방식들 중 하나로서, 인간과 세계가 주객 구분 없이 원초적 단일성을 이루고 있던 마술적 관계가 서로 대립하면서도 보완적인 두 방향으로 분열할 때 종교와 동시에 발생한 것이다. 기술과 종교는 마술적 상태로부터 분화된 두 상들이다. 기술이 모양의 기능들과 분리에 몰두하며 대상화의 방식으로 세계와 관계 맺는다면, 종교는 바탕의 기능들과 총체성에 주목하며 주체화의 방식으로 세계와 관계 맺는다. 상호대립적인 기술과 종교로 상전이된 인간과 세계의 관계를 다시 마술적인 원초적 관계로 회복시키려는 노력이 두 극단 사이에 놓여 있는 미학이다. 기술과 종교는 다시 이론과 실천으로 각각 양분되면서 역시 상호대립적인 과학과 윤리를 발생시키는데, 이 대립된 상들을 균형있게 조정하려는 중립지점이 바로 철학이다. 철학의 역할은 마술로부터 기술과 종교로, 다시 과학과 윤리 등으로 분화되어온 인간과 세계의 관계 양상들을 전체의 관점에서 조망하면서 미학이 완수하지 못한 상들 간의 통합과 조정의 임무를 완수하는 것이고, 바로 이런 관점에서 기술의 위상을 제대로 평가하는 것이다. 기술을 폄하하고, 기계와 인간을 대립시키며, 기계들을 소외시켜온 '인문학적 문화'는 이제 기술을 인간의 세계 내 존재양식으로 정당하게 자리매김하는 '기술공학적 문화'로 갱신되어 균형을 잡아야 한다는 것이 시몽동의 주장이다.

3. 영향과 의미

20세기 현대철학의 언어적 전회 이후 철학의 존재론적 관심이 약화되고, 구조주의와 탈구조주의가 지배적인 영향력을 발휘하던 시절, 시몽동은 여전히 고대 자연철학자들의 존재론적 관심을 계승하며 묵묵히 개별과학의 연구성과들을 백과사전적으로 망라하려는 전체에 대한 통찰을 시도하고 있었다. 생전에는 몇몇의 부분적 관심들 외에 그다지 크게 주목받지 못한 시몽동의 철학은 그가 죽고 난 1990년대 이후에야 철학저널과 국제 철학 콜로키움에서 시몽동 특집을 마련할 정도로 관심이 커지고, 2000년대에는 그의 미간행 강의록과 강연원고 등을 묶은 저서들이 봇물처럼 쏟아져 나오고 있는 실정이다.

실재의 중층적인 복잡성과 하이브리드적 관계에 대한 관심, 학제 간 통합과 융합에 기초한 연구 등이 오늘날 학문 탐구의 주요 테마로 떠오르면서 시대를 앞서간 시몽동의 변환적 관계의 사유는 중요한 방법론적 논거로 주목받고 있다. 그의 개체화론은 들뢰즈의 존재론에 큰 영향을 끼쳤으며, 개체초월성은 마수미(Brian Massumi), 비르노(Paolo Virno), 네그리(Antonio Negri), 하트(Michael Hardt)와 같은 현대 정치철학자들에게 사회적 구조를 혁신하는 집단적 주체의 발생가능성과 관련하여 중요한 영감을 제공했다. 또한 그의 기술철학은 첨단정보기술사회에 기술의 본성 및 인간과 기계의 관계에 대한 새로운 시각을 제시함으로써 스띠글러, 라뚜르와 같은 현대 기술철학자들에게 중요한 참조대상이 되고 있다.

| 김재희 |

개체초월성(transindividualité)

상호주관성(intersubjectivité)이나 개체상호성(interindividualité)이 분리된 실체로 현실화된 개체들 사이의 소통관계를 의미한다면, 개체초월성은 이 개체들의 수준을 '넘어' 그러나 개체들의 발생적 근원에서 여전히 개체들의 저변을 공통으로 관통하며 소진되지 않고 있던 전(前)-개체적 퍼텐셜에 근거하여 개체들 사이의 새로운 관계 맺음과 집단화를 가능하게 하는 것이다. 개체초월성은 생명적 개체화를 통해 산출된 준안정적 생명체들이 생명적 수준에서는 해결되지 않는 문제를 해결하기 위해 새로운 심리적-집단적 개체화를 실행할 때 작동한다. 개체초월적인 것은 내적 개체화(심리적인 것)와 외적 개체화(집단적인 것)가 통합된 씨스템을 가능하게 한다. 아직 개체화되지 않은 것으로 개체들 안에 거주하는 전-개체적 실재가 개체를 가로질러 직접 소통함으로써 개체 수준에서 해결되지 않던 문제들을 개체초월적인 집단적 수준에서 해결할 수 있게 한다. 마치 연결망의 각 고리가 자신의 개성을 무화하지 않으면서도 자기를 넘어 다른 고리들과 소통하듯이, 개체초월성은 개체들을 '바깥에서' 관계 짓는 것이 아니라, 개체들을 '가로지르며' 그러나 개체들의 수준을 '넘어서는' 집단적인 수준에서 개체들이 서로 관계 맺을 수 있음을 가리킨다.

개체화(individuation)

준안정적 씨스템에 내재하는 불일치, 긴장, 양립불가능성의 문제를 개체의 발생을 통해 해결하는 변환 작용(opération transductive). 개체화는 실재의 전 영역에서 일어나며, 불연속적인 도약의 방식으로 물리적·생명적·심리사회적·기술적 영역 각각에서 상이한 양상으로 전개되며 증폭 확장된다. '개체'라는 것은 개체의 발생 이전에 이미 개체화된 것으로 완성되어 있는 질료와 형상의 결합으로 만들어지는 것이 아니라, 실재의 각 영역에 따라 씨스템에 내재하는 불일치한 크기의 등급들 사이에, 소통이 부재했던 긴장된 양극단 사이에 소통과 안정화를 가져오는 문제해결의 방식으로 새로운 관계가 구축되면서 형성되는 어떤 구조화나 형태화로서 발생하는 것이다. 개체로서의 동일성과 단일성을 지난 어떤 형태나 구조는 준안정적이며, 개체화 과정 속에서, 즉 불일치한 것들을 매개하는 관계 속에서 발생하는 것이다. 개체의 발생이라는 해(解)를 통해서, 양립 불가능한 부정적 대립자들이 새로운 구조와 형태를 산출하는 긍정적인 소통의 관계자들로 전환된다. '전-개체적인 것'이 모든 개체화된 것들을 관통하며 이 개체화된 것들로 완전히 소진되지 않는 미결정적 총체로서의 근원적인 존재의 양상이라면, '개체화된 것들'은 이 전-개체적인 것으로부터 발생된 부분적으로 결정된 존재의 양상이다. 전-개체적인 것은 개체초월적인 것으로서, 개체화된 것으로 완전히 소진되지 않고 개체들 속에 잔류하며 개체들을 통해 전달되면서 새로운 개체화의 원천이 된다. 개체들은 하나의 준안정적 씨스템이 다른 준안정적 씨스템으로 변화하는 과정에서 전-개체적인 것을 실어나르는 변환적 매개자의 역할을 한다.

상전이(déphasage)

'phase'는 통상 주기적으로 변화하는 어떤 현상의 상태를 지시하는 것으로, 어떤 것이 다른 것들과의 관계 속에서 생성 변화하는 사태를 포착하려는 시몽동 고유의 존재론·기술론·문화론에 특징적인 개념이다. 시몽동은 이 'phase'의 의미를 물리학에서 가져왔다. 그런데 'phase'는 과학 안에서도 분야에 따라 그 의미가 상이하고 번역어도 다르다. 예컨대, 파동역학에서는 진동이나 파동과 같이 주기적으로 반복되는 현상에 대해 어떤 시점 또는 어떤 장소에서의 변화의 국면을 '위상'(phase)이라고 한다. 이 위상은 그 자체로는 절대적 의미를 갖지 않으며, 항상 표준으로 삼은 위상을 중심으로 상대적인 위상값을 가진다. 여기서 'déphasage'는 "위상의 차이를 산출하다"를 의미하는 'déphaser' 동사에서 파생한 명사형으로, 위상차(位相差), 즉 동일한 주파수의 주기적인 두 파동들 사이의 위상 차이(différence de phase)를 의미한다. 열역학에서는 일정한 물리화학적 성질을 갖는 균일한 물질계를 '상'(相, phase)이라 표현하며, 고체·액체·기체·액정·초유체·초고체 등 여러 상(相)이 있다. 물질의 상은 그 자체로 절대적인 것이 아니라 준안정적인 것이며, 온도나 압력 조건에 따라 상이 변화하는 상전이(相轉移, transition de phase)와 특정 온도나 압력에서 여러 상이 공존하는 상평형(相平衡, equilibre des phases)의 특성을 갖는다. 시몽동의 독창성은 바로 이런 'phase'의 다양한 의미들을 통합하여 철학적 개념으로 활용한다는 데 있다. 시몽동의 'déphasage'는 시간의 흐름에 따라 씨스템에 일어나는 상의 변화와 분화라는 역동적인 과정을 동시에 함축한다.

현상학과
실존주의,
해석학

제2부

들어가며

　모라비아 출신의 독일 철학자 후설(Edmund Husserl, 1859~1938)이 기초를 놓은 현상학은 20세기 중반 이후 프랑스에서 만개한다. 1세대 현상학자로는 싸르트르를 필두로 메를로뽕띠와 레비나스 그리고 리꾀르가 해당한다. 비록 이 책에는 빠졌지만 말디네(Henri Maldiney, 1912~2013)도 동시대의 유력한 현상학자로 손색이 없다. 2세대 현상학자로는 데리다, 앙리(Michel Henry, 1922~2002), 가렐리(Jacques Garelli, 1931~)가 있으며, 최근 3세대로는 리쉬르(Marc Richir, 1943~), 마리옹(Jean-Luc Marion, 1946~), 로마노(Claude Romano, 1967~)가 현상학계를 주도하고 있다. 이들 가운데 이 책에 등장하는 네 철학자를 다음과 같이 소개한다.

　다방면에서 활약한 20세기의 지성, 싸르트르의 철학은 전기『존재와 무』시기와 후기『변증법적 이성비판』시기로 구별된다. 먼저 하이데거의『존재와 시간』을 독창적으로 응용한『존재와 무』는 저자 스스로의 고백처럼 후설의『이념 I』에 방법론적으로 기대어 시도한 현상학적 존재론의 하나로서 싸르트르는 여기서 자신의 '실존주의 심리학'을 기술한다. 싸르트르도 후설의 자아를 의식행위의 진원지라고 하여 불만을 토로하고 있었다. 그런데 대자존재와 즉자존재를 구분한 싸르트르는 의식과 존재 사이 및 자아와 타자 사이의 연속성을 거부한다. 그는 자아가 엮으려는 타인 및 세계와의 관계 속에 더 많은 우연성을 주입하는데, 이것은 그가 자아의 자유를 선명히 드러내기 위해 부조리를 더욱 강조한 것이다. 후기의 싸르트르는 프로이트(Sigmund Freud)를 참조하면서 실존주의와 맑스주의의 종합을 시도한 『변증법적 이성비판』을 통해 '실존주의 사회학'을 구축하고자 했다. 집단주체가 된 개인의 실존과 역사·사회적 지평의 상호 제약을 포착하는 것을 변증법적 이성이라 보았던 이 엄청난 기획은 알뛰세르의 구조주의 맑스주의와 바디우의 마오주의 맑스주의와의 논쟁을 기다리게 된다.

메를로뽕띠는 서양철학의 최후 방법론인 현상학을 질료적인(matérielle) 선험론 차원에서 심화시킨 철학자다. 무엇보다 메를로뽕띠에게는 타인에 대한 의식이 '직접적으로' 열리는 것이지만, 후설의 유비론적 타아(alter ego) 파악에는 여전히 관념론의 잔재가 남아 있는데다 논리주의조차 지속되고 있다. 데까르뜨와 칸트의 주지주의를 거부한 메를로뽕띠는 자신과 마찬가지로 주체를 상호주관적으로 이해한 후설의 현상학에서 의식철학적인 요소를 제거하기 위하여 이 주체를 아예 '상호신체성'(intercorporéité)의 차원에서 선험론적으로 이해한다. 각 주체는 의식주체로서 분리된 것이 아니라 서로 상관적으로만 존재하고, 따라서 능동성뿐만 아니라 수동성까지 필요로 한다. 수동성의 토대는 다름 아닌 신체성이다. 보는 주체는 동시에 보이는 오브제인 것이다. 상호신체적 지각-프레임을 통해 주체는 '세계로 열린 존재'(Etre au monde)를 제대로 실현한다. 나의 신체는 교직교차(chiasme)의 구조 속에서 세계에 의해 침투되기도 하고 세계를 관통하면서 타인의 신체와 섞이기도 한다. 이럴 경우, 지성적 의사소통만이 아니라 그 토대가 되는 질료 차원의 존재론적 연루(entrelacs)가 이루어지고, 이 역동적 현실은 끊임없이 세계의 살(chair du monde)의 흔적으로 남는다.

레비나스는 서양철학을 전체적이고 전면적으로 비판한다. 그는 인간이 익명적 질서의 부분밖에 되지 않으며, 서양의 자유 이념은 타자에 대한 권력이고, 지식은 대상을 조종함으로써 참된 비판이성이 결여되었다고 본다. 이것은 서양철학이 대체로 존재론에 근거하기 때문이다. 그리하여 레비나스는 첫번째 주저의 제목을 '전체성과 무한자'로 정한다. 여기서 존재론은 모든 것을 예외없이 동일자 속에 체계화하는 전체성의 철학으로 기술된다. 자아론과 연동된 이 존재론은 타자를 자신 안으로 흡수한다. 마침내 윤리와 함께 타자는 유기되는 것이다. 이러한 전개에 불만을 품은 레비나스는 데까르뜨의 '무한자' 이념과 더불어 타인의 의미를 외재성과 초월로 규정하면서 윤리학을 제1철학으로 삼는 새로운 형이상학을 구축한다. 이윽고 후기 사상도 '존재와는 다른' 삶 곧 책임에 부름 받음으로써 타인의 이웃됨을 해명하게 된다. 타자가 나의 자율적 의식보다 더 깊이 나의 존재에 와 닿아 있다고 본 레비나스의 철학은 어쩌면 자아의 '내부의 내부'로서 무한자를 이해한 아우구스티누스를 호출하는 듯하다.

리꾀르의 철학은 저작 시기로 삼분된다. 첫번째는 현상학의 시기로 이 철학적 방법론이 그의 생애 전 저술의 지렛대가 된다. 두번째는 그의 현상학이 해석학적으로 변형된 시기로 그가 철학적으로 가장 창의적이었고 가장 오랜 기간 학계에 공헌한 시기다. 여러 학자들이 리꾀르의 철학자적 명성을 해석학에서 찾게 된 계기이자, 은유 및 시간 개념과 더불어 정신분석과 문학비평에 영향을 끼친 시기로도 여겨진다. 세번째는 그의 철학이 완숙한 윤리학의 시기로 레비나스와도 비교되는 '타자의 철학'이 전개된 시기다. 자기에 대한 배려가 타자와의 관계에서 분리될 경우 맹목적이 된다고 판단한 리쾨르는 '제도'를 통해 만나는 제3자로서 타인을 소개한다. 이른바 '얼굴 없는 타자'를 공정하게 만나는 것이 바로 정의라고 단언하는 그는 레비나스의 불균형이 아니라 메를로뽕띠의 상호성을 선택한 것으로 보인다. 이 시기의 리쾨르는 아리스토텔레스의 윤리학과 칸트의 도덕형이상학의 이념들을 수용하면서, 타자와 함께 그리고 타자를 위한 '정의로운 공동체'를 집대성한다.

타자라는 이름을 자신의 철학적 명분으로 내건 레비나스만이 아니라 이들 네명의 현상학자 모두 후설의 제5성찰에 대한 응답을 저마다 철학의 중핵으로 삼았다. 이는 곧 현대 프랑스 철학의 중심 주제이기도 하다. 싸르트르의 시선은 타자를 지옥으로 만들고, 레비나스의 얼굴은 타자를 초월의 흔적으로 삼는다. 양극단이 된 두 철학자 사이에 메를로뽕띠와 리쾨르가 있는데 이들에게는 '세계의 지각'과 '타인의 지각' 사이에 연속성이 존재한다. 반면 싸르트르와 레비나스의 두 지각 사이에는 모종의 간극이 놓이는데, 싸르트르에게는 절대적 자유의 이름으로 이 균열이 발생하며, 레비나스에게는 윤리적 초월성의 명분으로 타인이 난데없이 출현함으로써 단절이 존재한다. 단순하게 분류하면, 리쾨르와 레비나스는 종교적 차원에 가까우며, 싸르트르와 메를로뽕띠는 무신론 진영에 놓인다. 하지만 지각, 신체 그리고 타자와 세계의 문제해결에서는 싸르트르와 레비나스라는 극단 사이에 메를로뽕띠와 리쾨르가 현상학적 친화성을 보인다. 이렇듯 타자와 세계가 연루된 지각체험의 이슈는 이 현상학자들의 독창적인 해결책을 타고서 21세기 프랑스 철학의 지형도를 여전히 재편하고 있다.

장뽈
싸르트르

Jean-Paul Sartre 1905~1980

5장 /

인간 존재
이해를 위한 대장정

장뽈 싸르트르는 1905년 빠리에서 태어나 1980년 세상을 떠났다. 이처럼 싸르트르는 20세기의 사람이고, 그의 철학적 평전을 쓴 베르나르 앙리 레비(Bernard-Henry Lévy)의 표현에 따르면 20세기는 그의 세기(世紀)라고 할 수 있다. 물론 그가 타계한 이후 20세기 후반 20년 동안에 발생한 세계 철학사의 변화를 고려한다면 이와 같은 단언의 의미가 조금 퇴색하기는 하지만 말이다.

싸르트르는 자기 삶에 결정적인 영향을 끼친 사건으로 세가지를 꼽는다. 바로 아버지의 때 이른 죽음, 보부아르와의 만남, 2차대전이다. 싸르트르는 한살 때 아버지를 여의었다. 자전적 소설『말』(Les mots, 1964)에서 싸르트르는 아버지의 죽음을 슬퍼하기는커녕 오히려 반기는 듯한 태도를 보여준다. 아버지의 죽음 '덕분'에 그는 '권위' '구속' '명령' 등을 배우지 않았다는 것이다. 정신분석학의 용어를 빌리면, 오이디푸스 콤플렉스에서 논의되는 아버지로부터 비롯되는 이른바 '초자아'를 겪지 않은 것이다. 그 결과 싸르트르 자신은 태어나자마자 '자유'의 몸이 었다고 여긴다. 벌써 '자유의 철학자'로서의 모습이 태동하고 있다. 여기에 더해 '아버지'가 갖는 은유로서의 '신(神)'의 존재 부정까지도 예견되고 있다고 하겠다.

싸르트르의 인생에서 결정적으로 중요한 또 하나의 사건은 바로 평생의 반려자가 된 보부아르(Simone de Beauvoir, 1908~1986)와의 만남이다. 물론 싸르트르의 주위에는 기라성 같은 사람들이 많았다. '형제-적'으로 여겨지는 까뮈(Albert Camus), 오랜 지기이자 평생의 경쟁자였던 아롱, 후배이면서 동반자이자 라이벌이었던 메를로뽕띠, 그리고 꽃을 피우지 못하고 일찍 세상을 떠난 니장(Paul Nizan) 등이 있다. 하지만 이들과의 관계보다도 보부아르와의 관계가 싸르트르에게는 더 중요했다. 두 사람의 만남은 1929년에 이루어졌다. 철학 교수자격시험을 준비하면서 알게 된 두 사람은 이른바 '계약결혼'(mariage morganatique)을 한다. 처음에는 일년만 같이 지내기로 했으나 두 사람은 계약을 평생 유지하게 된다. 심지어 죽어서도 몽빠르나스 묘지에 함께 묻힌다. 싸르트르에게 보부아르는 정확히 또 하나의 '그', 즉 그의 '분신'이었다. 싸르트르는 보부아르를 "나보다 나를 더 잘 아는 나" "나의 절대" "인쇄 허가자" 등으로 지칭한다. 싸르트르가 독일군 포로수용소에 갇혀 『존재와 무』를 구상하고 있는 동안, 보부아르는 그를 돕기 위해 국립도서관에서 헤겔의 『정신현상학』을 읽고 그 주요 내용을 싸르트르에게 편지로 전했다는 것은 여러 일화 중 하나에 불과하다. 보부아르가 없었다면 싸르트르가 없었을지도 모를 일이다. 물론 그 반대의 경우도 마찬가지이지만.

싸르트르는 자기가 '책' 속에서 태어났다고 말하고, 또 책 속에서 죽을 것이라고 예견하기도 했다. 하지만 그의 삶 전체는 '전쟁'과 불가분의 관계에 있다. 1차대전, 스페인 내전, 알제리 전쟁, 한국전쟁, 이스라엘-아랍 전쟁 등등, 그중에서도 2차대전은 그의 인생의 분수령이었다. 싸르트르 스스로 이를 인정한다. 그의 삶은 2차대전 이전과 이후, 두 시기로 나뉜다. 이 두 시기를 산 모습이 너무 달라 그 자신도 달라진 자기의 모습을 알아보지 못할 정도라는 것이다. 이 전쟁을 계기로 싸르트르의 관심은 추상적인 인간에서 한 집단의 구성원으로서의 인간, 사회적·역사적 존재로서의 인간, 즉 구체적이고 현실적인 인간으로 옮아간다. 이와 같은 관심의 이동은 그의 전기 사상을 대표하는 『존재와 무』에서 후기 사상을 대표하는 『변증법적 이성비판』으로의 이동과 궤를 같이한다. 여하튼 한가지 분명한 것은, 그 자신의 표현에 의하면 2차대전은 그에게 "급진적 개종"의 계기였다는 점이다.

다방면에서 활동한 싸르트르는 많은 저서를 남겼다. 철학 분야에서는 『상상력』(L'imagination), 『상상계』(L'imaginaire), 『실존주의는 휴머니즘이다』(L'existentialisme est un humanisme), 『존재와 무』(L'être et le néant), 『변증법적 이성비판』(Critique de la raison dialectique) 등이 있고, 소설로는 『구토』(La nausée), 단편집 『벽』(Le mur), 4부작 『자유의 길』(Les chemins de la liberté), 자전적 소설 『말』 등이 있다. 극작품으로는 『파리떼』(Les mouches), 『더러운 손』(Les mains sales), 『닫힌 방』(Huis clos), 『무덤 없는 주검』(Morts sans sépulture), 『악마와 선한 신』(Le diable et le bon Dieu), 『알토나의 유폐자들』(Les séquestrés d'Altona) 등이 있고, 문학이론서로는 『문학이란 무엇인가』(Qu'est-ce que la littérature?), 문학연구로는 『보들레르』(Baudelaire), 『성자 주네: 희극배우와 순교자』(Saint Genet: Comédien et martyr), 『집안의 천치』(L'idiot de la famille) 등이 있다. 그리고 문학평론과 정치평론 등의 모음집인 10권으로 된 『상황』(Situations)이 있다. 싸르트르 사후에 『도덕을 위한 노트』(Cahiers pour une morale), 『우스꽝스러운 전쟁수첩』(Carnets de la drôle de guerre) 등이 간행되었으며, 현재에도 생전에 썼다가 분실된 원고들이 발견되

어 계속 유고집으로 간행되고 있다.

1. 철학자 싸르트르?

철학자 싸르트르? 새삼 이런 질문을 던져본다. 다른 철학자라면 이 질문은 별 의미가 없을 것이다. 하지만 싸르트르의 경우에는 이 질문이 무의미하지 않다. 두가지 이유에서다.

첫째, 싸르트르의 명함에는 '철학자' 말고도 수많은 직함이 찍혀 있기 때문이다. 소설가, 극작가, 시나리오 작가, 참여문학(engagement littéraire) 주창자, 문학비평가, 문학이론가, 참여지식인, 에세이스트, 정치평론가 등등. 싸르트르 자신의 소원대로 '스땅달'과 '스피노자'가 동시에 되고 싶어서였던 것일까? 이런 이유로 프랑스 시인 오디베르띠(Jacques Audiberti)는 싸르트르를 "지성의 전방위에서 활동한 자" "밤의 감시자"라고 부른다.

어쨌든 20세기에 활동한 프랑스 철학자들 중 싸르트르처럼 광범위한 분야에서 활동한 인물은 없다. 냉정한 논리를 자랑하던 아롱도 소설을 쓰지 못했다. 현상학 분야에서 싸르트르보다 한발 더 나아갔다는 메를로뽕띠도 극작품이나 시나리오를 쓰지 못했다. 바르뜨(Roland Barthes)의 지적대로 "다방면에서 활동한 자"(polygraphe), 이런 호칭은 싸르트르에게만 해당된다. 물론 이것은 싸르트르만의 장점이자 단점이기도 하다. 혹자는 그의 다방면에서의 문제제기 능력을 높이 평가하지만, 또 혹자는 그의 이런 경향을 과대망상증의 소산으로 보기도 한다.

둘째, 싸르트르를 '철학자'로 규정했다면, 이번에는 그가 '어떤' 철학자인가에 대해 정확을 기해야 하기 때문이다. 주지의 사실이지만, 싸르트르는 실존주의 철학자, 현상학적 존재론자, 맑스주의자, 프로이트주의자, 역사철학자, 사회철학자, 정치철학자, 예술철학자(또는 미학자), 매체철학자 등의 직함 역시 가지고 있다. 이처럼 철학에서도 다양한 분야에서 활동했기 때문에, 싸르트르에게 '철학자'라는 호칭을 붙일 때 그 분야가 구체적으로 어떤 것인지를 분명히 할 필요가 있다.

이 글에서는 '철학자', 그중에서도 『존재와 무』를 쓴 '현상학적 존재론자'로서의 싸르트르 모습을 주로 살펴보고, 『변증법적 이성비판』을 통해 맑스와 프로이트를 결합하려고 하면서 역사의 '가지성'(intelligibilité)을 다루고 있는 사회·정치·역사철학자로서의 싸르트르의 모습을 간략하게 살펴보고자 한다.

2. 『존재와 무』의 세계

존재론과 현상학

『존재와 무』는 2차대전이 한창이던 1943년 출간되었다. 무게가 정확히 1킬로그램이었다고 하는 이 책은 당시 시장에서 물건의 무게를 재는 저울의 분동(分銅)으로 사용되었다고 한다. 출간 당시 그다지 큰 반향을 일으키지 못했고 극소수 지식인들의 주목을 받았다. 가령 들뢰즈는 이 책에 대해 대학이라는 제도권 밖에서 불어오는 "신선한 바람"이라고 했고, 20세기 프랑스의 대표적 작가 중 한명인 뚜르니에(Michel Tournier)는 "새로운 성서인 722면짜리 책"이라고 묘사하면서, 이 책을 읽으며 "눈앞에서 하나의 철학이 태어나는 것을 목격하는 전대미문의 행복을 누렸다"고 회상한다. 1945년 해방과 더불어 싸르트르는 당시 프랑스의 대표적 '문화 아이콘'이 되었고, 특히 "실존주의는 휴머니즘이다"라는 제목의 강연회를 통해 '실존주의'가 크게 유행했다. 그 와중에 『존재와 무』는 유행의 주요 원동력이 되었다.

『존재와 무』에는 "현상학적 존재론 시론"이라는 부제가 붙어 있다. 이 부제는 단순한 부제가 아니다. 거기에는 이 저서의 주요 전략이 담겨 있다. 싸르트르는 이 저서에서 '존재론'(ontologie)을 겨냥하고 있다. 존재론은 모든 존재를 그에 앞서는 어떤 힘을 빌려 설명하지 않고 오직 그것을 있는 그대로 탐구하는 학문으로 정의된다. 싸르트르는 『존재와 무』가 이 세계의 모든 존재에 대한 탐구를 겨냥하고 있으며, 그것을 모든 존재의 '직설법'(l'indicatif)에 대한 기술(記述)이라고 말한다. 물론 여기에는 하이데거의 영향이 아주 컸다.

한편 위의 부제에는 『존재와 무』의 방법론에 관한 정보도 포함되어 있다. 바로 '현상학'(phénoménologie)이 그것이다. 현상학은 이 세계의 모든 존재가 인간에게 나타나는 현상을 기술하는 학문으로 정의된다. 그런데 모든 존재가 인간에게 나타난다고 할 때, 이것은 정확히 그의 '의식'에 나타난다는 것을 의미한다. 그 결과 현상학에서는 의식, 이 의식과 세계의 다른 존재들 사이에 정립되는 관계가 중요하다. 싸르트르는 후설로부터 의식의 '지향성'(intentionnalité) 개념을 빌려온다. 인간의 의식은 항상 그 바깥에 있는 뭔가를 겨냥해야 하고, 따라서 "모든 의식은 항상 그 무엇인가에 관한 의식"이라는 것이다.

존재의 세 영역

우연성

싸르트르는 『존재와 무』에서 단도직입적으로 이 세계의 모든 존재를 우선 두 영역으로 구분한다. '사물'과 '인간'의 영역이 그것이다. 이 구분은 '의식'의 출현에 따라 이루어진다. 사물은 의식을 갖지 못한 존재인 반면, 인간은 의식을 가진 존재다. 다음으로 싸르트르는 인간을 다시 '나'와 '타자'로 구분한다. 이렇게 구분된 '사물' '나' '타자', 이것이 바로 『존재와 무』에서 논의되고 있는 "존재의 세 영역"(trois régions d'être)이다. 싸르트르는 이 세 영역에 각각 즉자존재(l'être-en-soi), 대자존재(l'être-pour-soi), 대타존재(l'être-pour-autrui)라는 명칭을 부여한다.

싸르트르는 이 세 종류의 존재들 사이의 관계를 현상학적으로 기술하기 전에 하나의 가정을 내세우고 있다. '신의 부재'가 그것이다. 싸르트르는 도스또옙스끼(Fyodor Dostoevsky)의 "만일 신이 존재하지 않는다면, 모든 것은 허용될 것이다"라는 주장을 받아들인다. 이와 같은 '신의 부재'라는 가정은 다음과 같은 사실로 이어진다. 이 세계에 존재하는 모든 존재는 '우연성'(contingence) 아래 놓인다는 사실이다. 왜냐하면 이들 존재는 이른바 신의 "대(大) 지적 디자인"(Grand Intellectual Design)에서 벗어나 있기 때문이다. 이제 싸르트르의 존재론에서 각각의 존재는 '필연성'과는 무관한 존재, 그러니까 존재이유와 존재근거를 가지고 있지 못한 그런 존재로 여겨진다. '잉여존재'(l'être de trop), '여분의 존재'(l'être surnuméraire) 등과 같은 싸르트르의 표현이 바로 모든 존재의 이러한 특징을 그대로 보여주고 있다.

즉자존재

즉자(卽自)존재는 프랑스어의 'l'être-en-soi'의 우리말 번역어다. 이 단어에서 'en'은 '~안에'의 의미를, 'soi'는 '자기(自己)'의 의미를 갖고 있다. 즉자존재는 '사물'의 존재방식이다. 싸르트르에 의하면 이 즉자존재는 다음과 같은 특징을 가지고 있다.

첫째, 즉자존재는 자기충족적이다. 즉자존재는 '동일률(同一律)'에 의해 규정된다. 그러니까 'A는 A다'라는 것은, A는 무한 압축 아래 무한 밀도로 존재한다는 것을 의미한다. 따라서 즉자존재의 내부에는 추호의 빈틈도 없다. 속이 가득 찬 쇠구슬을 연상하면 즉자존재가 어떤 것인지를 쉽게 상상할 수 있을 것이다.

둘째, 즉자존재는 다른 존재와 결코 관계를 맺을 수 없다. 아니 다른 존재와 관계를 맺을 필요조차 없다. 그도 그럴 것이 즉자존재는 '자기 안에' 존재하면서 이 '자기'와 하나가 되는 방식으로 존재하기 때문이다. 요컨대 즉자존재는 "현재 있는 그대로의 존재", 자기 이외의 다른 존재와는 어떤 관계도 맺을 수 없는 존재, 따라서 '운동' '결여' '미래' '가능성' 등과는 거리가 먼 그런 존재이다.

대자존재

만일 즉자존재들만 있다면 이 세계는 어떻게 될까? 분명 이 세계는 무차별적이고 미분화된 암흑 상태에 있게 될 것이다. 이와 같은 상태를 깨는 것이 바로 인간의 출현, 의식의 출현, 대자(對自)존재의 출현 또는 '무'(néant)의 출현이다. 싸르트르는 이것을 우주에 난 '구멍'(trou)으로 비유한다. 이 구멍을 통해 무정형의 상태로 있는 이 세계에 지각변동이 발생하고, 그런 의미에서 이 구멍의 출현은 우주의 대붕괴를 가능케 하는 형이상학적 질서에 속하는 하나의 '절대적 사건'으로 이해된다.

대자존재는 의식의 주체인 인간의 존재방식을 가리키는 용어다. 대자존재는 프랑스어 'l'être-pour-soi'의 우리말 번역어다. 이 단어에서 'pour'는 '~을 향하여'(물론 '~을 위하여'라는 의미도 있다)의 의미를 갖고 있다. 따라서 대자존재는 '자기'를 '향하여' 있는 존재다. 이와 같은 존재로서 대자존재는 다음의 몇가지 특징을 지닌다.

첫째, 대자존재는 자유이다. 대자존재는 의식의 주체인 인간의 존재방식이다. 그런데 의식은 자유를 생명으로 한다. 위에서 의식의 지향성 개념이 무엇인지 보았다. 싸르트르에게서 의식은 언제, 어느 곳에서도 항상 무화작용(néantisation)을 통해 자유롭게 그 자체의 지향성의 구조를 충족시키는 것으로 이해된다. 싸르트르는 고문을 당하는 극한 상황에서조차도 의식은 자유롭다고 본다. 이와 같은 의식의 자유를 바탕으로 싸르트르는 "인간은 자유롭지 않을 자유가 없다" "인간은 자유롭도록 선고를 받았다" "인간의 자유는 바다의 파도처럼 영원히 다시 시작된다"라고 주장한다.

사실 인간은 매 순간 무엇인가를 가지고 그 자신의 의식의 지향성을 채워야 하기 때문에 엄청난 짐을 지고 있다. 싸르트르는 이런 의미에서 즉자존재의 대자존재에 대한 "존재론적 우위"(primauté ontologique)를 말하기도 한다. 하지만 인간은 자유를 토대로 이 세계에 있는 모든 존재를 그 자신의 의식의 지향성의 한 항목으로 출두시킴으로써 그것들에 의미를 부여한다. 이런 의미에서 대자존재인 인간의 위대함, 곧 만물의 영장으로서 인간의 지위가 확보된다.

둘째, 대자존재는 '결여'(manque)로 이해되며, 그 결과 대자존재로서 인간은 "무용한 정열"(passion inutile)로 규정된다. 위에서 대자존재는 '자기'를 '향하여' 있는 존재라고 했다. 이것은 대자존재가 근본적으로 '결여'라는 것을 의미한다. 다시 말해 대자존재는 '자기'와 하나가 되어야 하는데, 결코 그럴 수가 없는 것이다.

사실 인간은 살아 있는 동안 대자존재로서의 삶을 멈출 수가 없다. 그런 가능성이 있기는 하다. 자신의 생각을 한가지에만 고정시키면서 살아가는 경우가 그러하다. 그러니까 자신의 의식의 지향성을 항상 같은 '무엇인가'로 채우는 경우를 말한다. 하지만 이 경우에 인간은 살아도 사는 것이 아니라는 게 싸르트르의 생각이다. 따라서 인간은 죽어서가 아니면 '자기'를 확보하는 존재가 된다는 것이 불가능하다. 다시 말해 살아 있는 인간이 즉자존재가 되는 것은 불가능하다. 이것은 인간이 죽어 있음과 동시에 살아 있다는 것을 전제로 하기 때문이다. 하지만 이것은 모순이다.

싸르트르는 인간을 "신이 되고자 하는 욕망"(désir d'être Dieu)으로 정의한다. 그런데 이때 '신'은 '즉자-대자'(l'en-soi-pour-soi)의 융합(fusion) 상태로 규정된다. 하지만 이 상태는 모순적이다. 왜냐하면 방금 위에서 지적한 것처럼, 인간은 대자의 방식으로 존재함과 동시에 즉자의 방식으로 존재할 수는 없기 때문이다. 싸르트르는 이와 같은 사실을 고려하여 인간을 "무용한 정열"로 규정한다. 인간은 결코 자기가 원하는 목표에 도달할 수 없다는 것이며, 이런 의미에서 모든 인간의 역사는 '실패'(échec)의 역사라는 것이 싸르트르의 주장이다.

셋째, 대자존재에게는 '실존'(existence)이 '본질'(essence)에 앞선다. 위에서 싸르트르 사유의 출발점은 '신의 부재'에 대한 가정이라고 했다. 그 결과 대자존재의 방식으로 존재하는 인간은 신으로부터 부여받은 아무런 본질도 갖지 않게 된다. 다시 말해 인간은 태어나는 순간 '백지 상태'(tabula rasa)에 있다. 이와 같은 상태에서 인간은 매 순간 자기 자신을 미래를 향해 '기투'(se projeter)하면서 스스로를 창조해나간다. 'se projeter'에서 'se'는 프랑스어에서 '자기 자신'을 가리키는 재귀대명사이고, 'jeter'는 '내던지다'의 의미를 가진 동사이며, 'pro-'는 '앞으로'를 의미한다. 그러니까 '기투'란 인간이 자기 자신을 앞으로 내던지는 것이다. 곧 미래를 향해 자기 자신을 만들어가는 것이다. 이것이 바로 '실존'이다. '실존하다'의 의미를 가진 프랑스어 단어 'exister'는 원래 '있는 곳'(sistere)에서 '벗어나다'(eks-)라는 의미를 갖고 있다. 싸르트르에 의하면 인간은 이처럼 먼저 '실존'하고, 그런 다음 '본질'을 갖는다.

이와 같은 특징들을 통해 대자존재에 대한 다음과 같은 아주 난해한 싸르트르의 규정을 이해할 수 있다. 대자존재는 "현재 있는 것으로 아니 있는 존재"(l'être qui n'est pas ce qu'il est), 그리고 "현재 아니 있는 것으로 있는 존재"(l'être qui est ce qu'il n'est pas)라는 규정이 그것이다. 즉자존재에 대한 규정과 비교해보면 이 규정의 의미가 더욱 분명하게 드러난다. 즉자존재는 "현재 있는 그대로의 존재"라고 했다. 이것은 즉자존재가 '결여' '운동' '관계' '자유' '가능성' 등과 관련이 없는 자기충족적 존재라는 것을 의미했다. 반면 대자존재는 결코 한 곳에 머물러 있어서는 안 되는 존재, 현재 있는 것으로 존재해서는 안 되는 존재, 또한 현재 있지 않은 존재로 있어야 하는 그런 존재이다. 결국 대자존재에 대한 위의 규정에는 의식의 주체인 인간은 '결여' '운동' '관계' '자유' '가능성'과 동의어라는 의미가 내포되어 있다.

대타존재

싸르트르는 『존재와 무』에서 의식의 주체인 인간을 다시 '나'와 '타자'로 구분한다. 그리고 이 존재의 제3영역인 '타자'를 '대타(對他)존재' 항목에서 집중적으로 분석한다. 싸르트르의 타자론은 이후에 오는 모든 타자론, 가령 레비나스의 타자론, 메를로뽕띠의 타자론, 라깡의 타자론, 들뢰즈의 타자론 등에 큰 영향을 준 것으로 알려져 있다.

싸르트르는 타자론 정립의 첫 단계로 '수치심'(honte)의 존재론적 구조에 주목한다. 수치심은 근본적으로 '타자' 앞에서 느끼는 감정이다. 인간은 혼자 있을 때조차 당연히 수치심을 느낄 수 있다. 하지만 이 경우에도 자기에 대해 거리를 부여하고 자신을 객체화하면서 수치심을 느낀다. 다만, 자기 혼자인 경우에는 수치심이 곧 사라질 수 있다. 왜냐하면 자기 자신에 대해 양보를 하는 순간 수치심을 느끼게 했던 객관적

거리가 일거에 사라져버릴 수 있기 때문이다. 하지만 '타자' 앞에서 내가 느끼는 수치심은 결코 사라지지 않는다. 싸르트르는 이처럼 수치심을 '내가 타자 앞에서 내가 나 자신에 대해 갖는 감정'이라는 이중의 존재론적 구조 속에서 파악하며, 거기에서 출발해 '타자'라는 새로운 유형의 존재에 대한 탐사의 필요성을 지적한다.

'대타존재'는 프랑스어 'l'être-pour-autrui'의 우리말 번역어다. 대타존재에 포함되어 있는 'pour'는 대자존재에서 보았던 'pour'와 같다. 다만 대자존재에서와는 달리 대타존재에서는 '내'가 '타자'를 '향해' 있는 것이 차이점이다. 싸르트르는 『존재와 무』에서 인간과 이 세계의 모든 존재 사이의 존재관계를 제대로 포착하기 위해서는 이 대타존재를 구성하는 '타자'라고 하는 또다른 존재와의 관계를 기술해야 한다고 주장한다. 그리고 이 대타존재의 문제를 다음과 같은 두개의 문제로 나누고 있다. '타자란 누구인가' 하는 타자의 존재 증명의 문제와 내가 이 타자와 맺는 존재 관계의 문제가 그것이다.

싸르트르는 대타존재에 관련된 위의 두 문제를 해결하기 위해 하나의 중요한 개념을 도입한다. 바로 '시선'(regard) 개념이다. 싸르트르는 데까르뜨, 헤겔, 후설, 하이데거 등의 타자에 대한 논의를 검토하고 난 뒤, "타자는 나를 바라보는 자"(autrui est celui qui me regarde)라는 정의를 도출한다. 이처럼 시선의 개념은 나에 대한 타자의 직접적이고 구체적인 현전(現前)을 설명해주는 개념이다.

그런데 시선은 단순히 두 눈동자의 움직임이 아니다. 싸르트르에 의하면 이 시선은 '힘'(puissance)으로 규정된다. 그것도 그 끝에 닿는 모든 것을 객체화하는 힘으로 규정된다. 정확히 이런 이유로 시선의 주체인 인간은 다른 인간과의 관계에서 항상 '갈등'(conflit)과 '투쟁'(lutte)의 상태에 있게 된다. 이것은 당연하다. 왜냐하면 싸르트르의 사유체계에서 인간은 항상 주체성의 상태에 있어야 하기 때문이다. 그런데 나는 타자를 만나자마자 그의 시선을 받으면서 객체성의 상태로 떨어지게 된다. 하지만 나는 이와 같은 객체성의 상태를 극복하고 주체성의 상태에 있어야 한다. 그러기 위해서는 내가 타자를 나의 시선을 통해 바라보면서 그를 객체화해야 한다. 이것이 바로 싸르트르의 그 유명한 시선 투쟁이다.

싸르트르는 극작품 『닫힌 방』에서 "지옥, 그것은 타자이다"라고 말한다. 이것은 정확히 타자가 나를 그의 시선을 통해 바라봄으로써 나를 객체화할 수 있는 존재라는 의미다. 싸르트르는 이와 같은 사실을 토대로 타자는 나와 '협력하는 것'(mitmachen)을 거절하는 자로 규정한다. 하지만 싸르트르는 나와의 관계에서 타자가 갖는 존재론적 의미는 이중의 반대되는 것으로 이해한다. 그러니까 타자는 이번에는 "나와 나 자신을 매개해주는 필수불가결한 존재"로 여겨진다. 그 내력은 이렇다. 싸르트르의 사유체계는 신의 부재라는 가정 위에 정립되기 때문에, 인간은 태어나면서 신으로부터 부여받은 '존재이유'를 갖지 못한 상황에 있다. 이와 같은 상황에서 타자는 나를 그의 시선을 통해 바라봄으로써 나에게 내 존재와 관련된 모종의 '비밀'을 갖게 된다. 그런데 싸르트르는 이 비밀을 타자가 나의 존재에 대해 갖는 '나의 성질'(ma nature) 또는 '나의 외부'(mon dehors)로 이해한다. 그리고 이것은 타자의 시선, 그의 자유, 그의 가능성을 바탕으로 이루어진 것이기 때문에, 거기에는 불안정하지만 이 세계에서 내가 획득할 수 있는 나의 '존재근거'가 담겨 있다고 본다.

예를 들어보자. 가령 나는 나 자신을 '용감한 사람'으로 생각하고 있다. 내 주위에 있는 다른 사람들이 나를 보면서 '용감한 사람'으로 봐주면, 나는 나 자신에 대한 이해에서 별다른 혼란을 느끼지 않을 것이다.

하지만 그들이 나를 '용감하지 않은 사람'으로 본다면, 나의 나 자신에 대한 이해와 그들의 나에 대한 이해 사이에는 괴리가 있게 된다. 그리고 이 괴리가 매우 큰 경우 나는 사회생활을 거의 할 수 없는 상황에 이를 수도 있다. 이런 의미에서 싸르트르는 "나에 대한 진리를 얻기 위해서 이처럼 나는 타자를 거쳐야만 한다"고 주장한다. 이처럼 싸르트르의 대타 존재론에서 타자는 나에 대해 이중의 상반된 존재론적 지위를 가진다.

그런데 이와 같은 타자의 이중의 상반된 존재론적 지위로 말미암아 이번에는 내가 타자에 대해 취하는 두가지 태도가 결정된다고 싸르트르는 주장한다('나'에게 적용되는 것은 '타자'에게 적용되며, 그 역도 마찬가지이다). '초월'(transcendance)의 태도와 '동화'(assimilation)의 태도가 그것이다. 우선 초월의 태도는 타자가 그의 시선을 통해 나를 바라보면서 나를 객체로 사로잡는 것에 대한 반격으로 이해된다. 그러니까 나는 그의 시선을 통해 나를 공격하는 타자를 이번에는 내가 바라보면서 그를 객체화하려고 시도할 수 있다. 이것이 바로 초월의 태도이다. 다음으로 타자는 주체의 자격으로 그의 시선을 통해 나를 바라보면서 나에게 나의 존재근거를 마련해줄 수 있는 자이기 때문에, 이번에 나는 그에게 주체의 자격을 인정하면서 그의 시선에 포착된 나의 모습, 곧 나의 객체화된 모습을 내 안으로 흡수하려는 시도를 할 수 있다. 이것이 바로 동화의 태도이다. 싸르트르는 초월의 태도와 동화의 태도를 바탕으로 정립되는 나와 타자의 관계를 '구체적 관계들'로 명명한다. 싸르트르는 초월의 태도를 바탕으로 정립되는 나와 타자의 관계들로 싸디즘·성적 욕망·무관심·증오를 들고 있다. 또한 동화의 태도를 중심으로 형성되는 나와 타자 사이의 구체적 관계들로는 사랑·언어·마조히즘이 포함된다고 보고 있다. 이 관계들을 간략하게 살펴보도록 하자.

싸르트르는 '싸디즘'의 예로 고문을 들고 있다. 고문하는 자가 노리는 것은 고문당하는 자를 괴롭혀 중요한 정보를 얻어내는 것일 때가 많다. 싸르트르에 의하면 고문당하는 자가 고문에 못 이겨 자백을 하는 순간, 그가 주체성을 상실하고 객체화되는 것으로 이해된다. '성적 욕망'은 애무(愛撫)를 통해 내가 타자의 몸을 객체화하는 시도로 설명된다. 다만 나는 애무를 하면서 나 역시 타자와 같이 반은 주체성, 반은 객체성의 상태에 있게 된다. '무관심'은 내가 타자를 완전히 무시하는 관계로 설명된다. 예컨대 타자가 나에게 말을 건네는데도 나는 그를 완전히 무시할 수 있다. '증오'는 나에 대한 결정적인 비밀을 알고 있는 타자를 내가 살해하려는 기도로 설명된다. 하지만 문제는 이 모든 관계들이 실패라는 데에 있다. 왜냐하면 비록 타자가 나의 초월적 태도에 의해 객체화된다고 해도, 타자는 항상 그의 시선을 폭발시켜 나를 객체로 출두시킬 수 있기 때문이다. 특히 '증오'의 경우 타자의 살해에 성공한다 해도 그가 나에 대한 비밀을 무덤까지 가져갔다는 사실 자체를 없앤다는 것은 불가능하다.

동화의 태도를 중심으로 맺어지는 구체적 관계들 중 '사랑'은 나와 타자가 모두 자유와 주체성의 상태에서 맺는 관계로 이해된다. 하지만 사랑은 실패로 끝나고 만다. 또한 '언어'도 사랑과 마찬가지로 나와 타자의 자유와 주체성의 상태에서 맺는 관계로 정의된다. 하지만 언어 역시 실패라는 것이 싸르트르의 주장이다. 그도 그럴 것이 내가 말한 것은 타자에 의해 제대로 이해되지 못하고 왜곡될 가능성이 항상 존재하기 때문이다. '마조히즘'은 내가 타자의 주체성에 의해 포착된 객체화된 나의 모습에 안주하면서 휴식을 취하는 것으로 설명된다. 하지만 주체인 내가 나 자신을 객체라고 속이기 때문에 마조히즘 역시 실패일 수밖에 없다.

이처럼 나와 타자 사이의 모든 구체적 관계들은 궁극적으로 실패로 돌아갈 수밖에 없다는 것이 싸르트르의 대타존재에 대한 비극적 이해다. 특히 타자의 살해로 정의되는 '증오'조차도 실패로 끝날 수밖에 없다는 점에서 이 비극성은 극점에 달한다고 할 수 있다. 싸르트르는 나와 타자 사이에 맺어지는 구체적 관계들의 이와 같은 비극적인 악순환을 고려해 타자가 있는 이 세계에 내가 출현한 사실을 나의 '원죄(原罪)' (péché originel)로 규정한다.

싸르트르가 『존재와 무』에서 직접 거론하고 있지는 않지만, 나와 타자의 구체적 관계라는 측면에서 내가 타자 앞에서 펼쳐 보이는 '연기'와 '코미디'의 태도는 아주 흥미롭다 하겠다. 이 두 태도는 나와 타자의 존재론적 힘의 불균형이 심할 때 나타난다. 이 두 태도를 중심으로 맺어지는 나와 타자의 관계는 특히 싸르트르의 문학작품에 잘 나타난다. 싸르트르에게 노벨문학상을 안겨준 작품인 『말』도 예외는 아니다. 가령 마지못해 미사에 참여하는 어른들 틈에 끼어 그들과 같이 미사에 참여해 얌전한 아이라는 칭찬을 듣기 위해 애쓰는 어린 싸르트르가 그 좋은 예다. "일요일이면 할머니와 어머니는 유명한 오르간 주자가 베푸는 좋은 음악을 들으러 미사에 갔다. (…) 내가 묘기를 부려볼 기회가 온 것이다. 나는 기도대에 무릎을 꿇고 동상처럼 되어버린다. 발가락 하나라도 움직여서는 안 된다. 나는 뺨으로 눈물이 흘러내릴 때까지 눈 하나 깜빡하지도 않고 앞을 똑바로 쳐다본다. (…) '땅! 땅!' 하고 소리치면서 일어나볼까? 원주를 기어올라 성수반(聖水盤)에 오줌을 갈겨볼까? 이런 끔찍한 유혹을 물리쳤으니 이따가 어머니의 칭찬을 더욱 의기양양하게 받을 수가 있으리라. 그러나 나는 나 자신을 속인 것이다."

실존의 세 범주: 행동, 가짐, 있음

『존재와 무』의 마지막 장(場)에서는 인간 실존의 세 범주로 행동

(Faire), 가짐(Avoir), 있음(Etre)이 제시된다. 싸르트르가 이 세 범주를 통해 주목하는 것은 다음과 같은 두가지로 보인다. 하나는 인간이 미래를 향해 자기 자신을 창조해나가는 과정에서 모든 행위들이 행해지는 상황에 대한 이해이고, 다른 하나는 이 행위들이 갖는 의미의 파악이다. 이를 위해 싸르트르는 프로이트의 정신분석학을 바탕으로 그 자신의 정신분석, 곧 '실존적 정신분석'(psychanalyse existentielle)의 정립을 시도한다.

싸르트르는 실존적 정신분석의 정립을 위해 '후진적 방법'과 '전진적 방법'을 내세운다. 후진적 방법은 탐구대상인 인간의 과거로 거슬러 올라가는 방법이다. 이 방법은 프로이트의 정신분석에서 적용되는 방법과 동일하다. 하지만 싸르트르가 후진적 방법을 적용해 과거로 거슬러올라가면서 프로이트가 주장한 트라우마나 콤플렉스 등에 주목하는 것은 아니다. 싸르트르가 주목하는 것은 오히려 한 사람의 삶 전체를 지배하는 '원초적 사건'이다. 다음으로 싸르트르는 이 원초적 사건이 발생한 순간까지 거슬러올라갔다가 다시 이 사람이 미래를 향해 자기 자신을 어떤 상황에서 어떻게 기투해나가는지를 면밀히 검토한다. 그러니까 전진적 방법을 통해 한 사람이 어떤 상황에서 자기 자신의 삶을 역사화했는지를 탐구한다.

실제로 싸르트르는 실존적 정신분석을 적용하여 상당한 성과를 거두고 있다. 보들레르(Charles Baudelaire), 주네(Jean Genet), 말라르메(Stephane Mallarmé), 플로베르(Gustave Flaubert) 같은 작가들과 띤또레또(Tintoretto) 같은 화가 등이 그 적용 대상이었다. 또한 싸르트르는 그 자신에 대해서도 실존적 정신분석을 적용하고 있기도 하다. 그 결과가 바로 자전적 소설인 『말』이다. 이와 같은 성과들 중 주네에게 적용된 내용을 간략하게 살펴보도록 하자.

주네는 20세기 프랑스를 대표하는 극작가 중 한명이다. 싸르트르는 그에 대해 방대한 연구서를 집필한 적이 있다. 주네의 전집 제1권인 『성자 주네: 희극배우와 순교자』가 그것이다. 싸르트르는 이 연구서에서 주네의 과거로 거슬러올라가 그가 9세 무렵 자기를 입양한 집에서 돈을 훔치는 장면을 남에게 들킨 사건에 특히 주목한다. 싸르트르에 따르면 정확히 이 사건이 주네의 삶 전체에 결정적 영향을 끼친 원초적 사건이라는 것이다. 그리고 주네가 그때부터 자기 자신을 미래로 기투하면서 의도적으로 '도둑'이 되고자 한 사실과 그 의미를 탐사한다. 이와 같은 작업을 통해 싸르트르는 궁극적으로 주네라는 인간 자체를 이해하려 했다.

3. 『변증법적 이성비판』의 세계

앞에서 언급한 것처럼 싸르트르의 사상은 2차대전을 계기로 크게 변한다. 싸르트르 자신의 표현을 빌리면, 그의 사상은 이 전쟁을 계기로 전기와 후기로 나뉘며, 전기 사상은 『존재와 무』로, 후기 사상은 『변증법적 이성비판』으로 대표된다. 싸르트르는 전전(戰前)에는 주로 역사와 집단과는 무관한 인간 존재에 대한 해명에 관심을 가진 데 반해, 전후 (戰後)에는 역사적·사회적 지평 위에 선 인간에 대한 해명에 관심을 기울였다.

싸르트르 연구자들 사이에서는 그의 전기 사상을 대표하는 『존재와 무』와 후기 사상을 대표하는 『변증법적 이성비판』(1960년에 제1권이 간행되었고, 제2권은 1985년에 유고집으로 간행되었다) 사이에 이른바 '인식론적 단절'(rupture épistémologique)이 있느냐의 여부를 놓고 논쟁이 있다. 즉, 이 두 저서 사이에 연속성이 없다는 입장을 표명하는 자들과 그렇지 않다는 입장을 표명하는 자들 사이에 대립이 존재한다. 하지만 대부분의 연구자들은 이 두 저서 사이의 연속성을 인정하는 편이며, 그들의 주장에 의하면 싸르트르의 사유가 『존재와 무』에서 『변증법적 이성비판』으로 넘어가는 과정에서 그의 존재론적 사유가 바탕이 되고, 그 위에 이른바 인간학적 사유가 더해졌다는 것이다. 좀더 구체적으로, 이른바 3H로 알려져 있는 헤겔, 후설, 하이데거의 사유에 맑스와 프로이트의 사유가 더해졌다는 것이다. 따라서 싸르트르의 전체 사유에 대한 조망은 앞서 살펴본 『존재와 무』에 대한 이해만으로는 부족하며, 『변증법적 이성비판』으로 대표되는 그의 후기 사상에 대한 이해를 통해 보완되어야 한다.

싸르트르가 『변증법적 이성비판』에서 제기하고 있는 가장 근본적인 질문은 "역사는 가지적(可知的)인가?" "역사는 하나의 의미를 갖는가?"이다. 아롱과는 달리 이 질문에 대한 싸르트르의 답은 유보적이라고 할 수 있다. 아롱은 역사에 유일한 의미를 부여할 수 있다는 입장을 견지하나, 싸르트르는 거기에 조건을 붙인다. 그 조건이란, 역사가 어느 한 시점에서 종말을 고해야 한다는 것이다. 역사가 종말을 고하지 않고 계속되는 한, 이 역사에 대해 하나의 의미를 부여한다는 것은 불가능하다는 것이 싸르트르의 주장이다. 왜 그럴까?

『변증법적 이성비판』에서 인간은 역사 형성의 주체다. 또한 여러 인간들이 모여 구성하는 집단 역시 역사 형성의 주체다. 그런데 이 역사 형성에 참여하는 두 주체는 또한 그들이 형성해가는 역사로부터 영향을 받기도 한다. 그렇기 때문에 역사에 의미를 부여하려고 하는 인간과 집단은 항상 자기들이 역사에 부여한 의미를 다시 부정해야만 하는 입장에 서게 된다. 그러니까 역사를 전체화하여(totaliser) 하나의 '전체성'(totalité, '총체성'이라는 용어를 사용하기도 한다)으로 파악해야 하나, 이 전체성은 항상 탈전체화(détotaliser)되게 마련이다. 그도 그럴 것이 역사의 주체인 인간이나 집단은 어느 한 시점에서 하나의 의미를 부여받아 전체성으로 파악된 바로 그 역사에서 출발하여 미래에 또다시 새로운 역사를 형성해나가기 때문이다. 이런 의미에서 역사의 가지성은 항상 유보적일 수밖에 없다는 것이 싸르트르의 주장이다. 또한 이것은 그대로 싸르트르에게서 역사의 의미 파악은 항상 부분적일 수밖에 없다는 것을 의미하기도 한다.

『변증법적 이성비판』에서 이처럼 인간과 집단에 의해 파악된 역사의 의미가 유보적이고 부분적이라고 해도, 그들이 이 역사의 의미를 아무렇게나 파악하는 것은 아니다. 싸르트르는 이들이 역사의 의미 파악을 위해 동원하는 기본 원리가 바로 '변증법적 이성'(raison dialectique)이라고 본다. 그에 따르면 이 이성은 '분석적 이성'(raison analytique)과 구별된다. 분석적 이성은 주로 자연과학의 실험에 적용되는 원리다. 자연과학의 실험에서 실험자는 분석 대상이 되는 실험과정에서 완전히 독립적이며, 그 과정의 외부에 있다. 반면 역사의 의미를 파악하려는 인간과 집단은 분석 대상이 되는 역사 안에 있고, 따라서 이 역사 형성에 관여한다. 그렇기 때문에 역사의 의미 파악은 역사 형성의 주체와 그 대상 모두를 고려해야 하며, 따라서 '분석적 이성'이 아닌 '변증법적 이성'을 통해야 한다는 것이다.

그런데 이 '변증법적 이성'은 이중의 의미에서 '변증법적'이다. 우선 역사 형성의 주체인 인간은 역사를 형성하는 과정에서 그를 에워싸고 있는 물질세계와 변증법적 관계에 있다(인간들에 의해 구성되는 집단의 경우도 마찬가지다). 그도 그럴 것이 그는 이 물질세계를 부정하고 자신의 물질적 욕구를 충족하면서 삶을 영위하기 때문이다. 이처럼 인간과 그를 에워싼 물질세계의 관계는 변증법적이다. 다음으로 그는 자기를 에워싼 물질세계와 이처럼 변증법적 관계를 맺으면서 '뭔가'를 만들어내는데, 이것이 바로 '실천'(praxis)이며, 그때 이 '뭔가'에 의해 그의 또다른 미래 차원의 실천의 제약을 겪게 된다. 이것이 싸르트르의 유명한 '실천적 타성태'(le pratico-inerte) 개념이다. 이 개념은 '실천'을 가리키는 'praxis'의 형용사형 'pratico'에 '무기력한' 등의 의미를 가진 'inerte'가 더해진 합성어다. 이런 관점에서 보면 '역사' 역시 이 실천적 타성태의 하나라고 할 수 있다. 다시 말해 인간은 역사를 형성하지만, 또한 역사에 의해 형성되기도 한다. 한가지 분명한 것은 인간이 역사의 의미를 파악하기 위해서는 그와 그의 현재의 역사 형성을 위한 실천, 그리고 그의 미래의 역사 형성을 위한 실천과 그에 의해 이미 형성된 역사에 의한 제약 사이의 관계를 살펴보아야 한다는 사실이다.

싸르트르는 『변증법적 이성비판』에서 이와 같은 변증법적 이성을 통해 역사의 의미를 파악하기 위해 노력하고 있다. 위에서 보았듯이 이 의미는 유보적이고 부분적일 수밖에 없다. 왜냐하면 역사는 그 안에 모든 것을 전제화해버리는 '포괄적 전체화'(totalisation d'enveloppement)로 이해되기 때문에, 그것의 의미를 파악하는 그 어떤 노력도 부분적일 수밖에 없고, 따라서 역사의 의미를 파악한다는 행위는 그 한계를 이미 자체 내에 가지고 있기 때문이다. 잠시 『변증법적 이성비판』이라는 제목에서 '비판'이라는 의미가 바로 역사의 의미 파악에 동원되는 '변증법적 이성'의 유효성의 '한계'를 지칭한다는 점, 즉 칸트적인 의미에서의 '비판'이라는 사실을 짚고 가자. 여하튼 싸르트르는 변증법적 이성을 동원해 역사의 의미를 부분적으로나마 파악하고 있다. 그렇다면 그 의미는 어떤 것일까?

싸르트르에 의하면 역사는 이 역사 형성에 참여하는 실천의 단위인 '집렬체'(série)와 '융화집단'(groupe en fusion) 사이의 "재집단화와 경화의 끊임없는 이중운동"(double mouvement perpétuel de regroupement et de pétrification)으로 여겨진다. 그리고 이 이중운동을 지배하고 있는 것은 '폭력' 개념이라는 것이 싸르트르의 주장이다. 그 내력을 간략하게 살펴보자. 싸르트르에 의하면 인간은 '희소성'(rareté)에 의해 지배되는 물질세계에서 뭔가를 만들어내는 실천 과정에서 군집(rassemblement)을 형성한다. 하지만 이 군집의 구성원들은 항상 지배세력과 피지배세력으로 나뉘고, 이 두 세력은 항상 갈등과 투쟁에 휘말린다. 그 까닭은 이 두 세력에 속하는 자들이 그들의 실천의 결과물에서 기인하는 '실천적 타성태'의 작용으로 서로에게 '반(反)인간'(le contre-homme)이 되기 때문이다. 싸르트르는 이와 같은 과정을 거쳐 나타나는 군집을 '집렬체'라고 부른다. 가령 전쟁 중에 피난열차를 타려고 하는 사람들이 그 좋은 예다. 열차의 공간이 제한되어 있기 때문에 이들의 관계는 갈등으로 이어질 공산이 매우 크다. 또한 한 군집 내에서 생산되는 부의 소유 정도에 따라 나뉘는 유산계급과 무산계급 역시 집렬체의 좋은 예다.

그런데 이 집렬체로 규정되는 두 계급의 대립과 갈등이 최고조에 달해 한편에 속하는 자들이 다른 한편에 속하는 자들의 억압과 폭력으로 더이상 인간적인 삶을 영위하는 것이 불가능할 때, 즉 그들의 죽음과 삶이 문제가 될 때, 그들은 하나로 뭉쳐 '융화집단'을 형성하게 된다. 1789년 프랑스 대혁명 당시 바스띠유 감옥을 공격하는 빠리 시민들이 좋은 예다. 이 융화집단은 '우리'(nous)의 세계, '완벽한 상호성'(récirpocité parfaite)의 세계, '편재성'(ubiquité)의 세계다. 그도 그럴 것이 이 집단의 구성원들 사이에는 '나-너'의 구별이 없고, 서로가 서로에게서 자기(自己)와 같은 자를 보며, 따라서 이 집단 내에서 '내'가 '지금·여기' 있는 것은 '네'가 '지금·거기' 있는 것과 같기 때문이다. 하지만 융화집단은 '실천' 중에만 그 존재이유를 갖기 때문에, 이 집단은 항상 '존속' 문제에 부딪히게 된다.

이 문제를 해결하기 위해 싸르트르는 '서약'(serment) 개념을 도입한다. 서약은 융화집단 구성원들이 이 집단을 끝까지 존속시키겠다는 단순한 언어적 다짐이 아니다. 서약은 오히려 그 안에 '폭력' 개념을 내포하고 있다. 싸르트르는 이 폭력을 '동지애-공포'(Fraternité-Terreur)라고 부른다. 그러니까 그들은 동지와 형제의 자격으로 자신들의 '완벽한 상호성'과 '우리'의 상태를 위협하는 자를 집단의 이름으로 처벌하기로 서로 다짐한다. 이런 의미에서 서약은 '동지애-공포'로 이해된다. 서약 이후 융화집단은 '서약집단'(groupe assermenté)이 된다. 하지만 서약집단이 된 이후 융화집단은 점차 관리의 효율성 때문에 그 내부에서 다시 구성원들 사이의 분열을 허용할 수밖에 없다. 이렇게 해서 서약집단은 다시 '조직화된 집단'(groupe organisé), '제도화된 집단'(groupe institutionnalisé)으로 변모한다는 것이 싸르트르의 주장이다. 쉽게 짐작할 수 있는 일이지만, 이 '제도화된 집단'은 융화집단의 형성에 의해 파괴하고자 했던 집렬체의 한 형태다. 어쨌든 싸르트르는 이와 같은 논의를 바탕으로 역사를 '집렬체'와 '융화집단' 사이의 "재집단화와 경화의 끊임없는 이중운동"으로 파악하고 있다. 또한 이 이중운동의 기저에는 항상 '폭력'이 놓여 있음을 잊지 말자. 그러니까 '집렬체'에서 '융화집단'으로 이동도 '집렬체' 내부의 폭력을 전제로 하고 있고, '융화집단'의 형성 역시 '폭력'을 통해 가능하며(훗날 싸르트르는 '폭력'에 호소하지 않는 '융화집단'의 형성 가능성을 추구하는데, 가령 문학·예술 등을 통한 가능성이다), 나아가서는 이 '융화집단'을 존속시키기 위해서도 '서약'이라는 '동지애-공포'에 호소해야만 하는 것이다.

마지막으로 『변증법적 이성비판』에서 역사의 의미를 파악하기 위해 싸르트르가 적용하는 '방법'의 문제를 보자. 사실 이 방법의 문제는 『변증법적 이성비판』의 서론에 해당하는 「방법의 문제」(Questions de méthode)에서 자세히 다뤄지고 있다. 위에서 언급한 역사의 의미를 파악하기 위해 싸르트르는 맑스주의의 논리를 수용한다. 하지만 싸르트르는 그가 사는 시대에 맑스주의는 굳어져 제대로 기능하지 못하고 있다고 본다. 이런 이유로 싸르트르는 맑스주의에 자신의 '실존주의'라는 신선한 피를 주입시키고자 한다. 맑스주의는 역사의 주체인 개인들의 계급적 위상만을 고려하고 각각의 고유한 성장 과정, 특징 등을 고려하지 못하고 있다는 것이다. 하지만 싸르트르의 사유에서 개인은 역사의 형성 주체이자, 또 하나의 역사 형성의 실천 단위인 집단을 구성하는 자다. 따라서 개인이 역사 형성에 어떤 방식으로 기여하는가를 살펴보기 위해 그를 한층 더 면밀하게 살펴볼 필요성이 제기되며, 이를 위해서는 프로이트의 '정신분석학'이 요청될 수도 있다는 것이다.

싸르트르는 이처럼 맑스와 프로이트의 사유를 결합시키려고 하면서 이른바 '전진-후진방법'(méthode progressive-régressive)을 내세운다. 이 방법은 한 개인이 어떤 시점에서 어떤 행동을 할 때, 즉 역사의 형성에 기여할 때, 이 행동의 의미를 파악하기 위해 그의 과거로 거슬러올라가고 (이것이 프로이트에게서 빌려온 '후진 방법'이다), 그리고 다시 그가 살아가면서 어떤 행동을 하게 되는지를 살펴보기 위해 그의 미래를 향해 나아가야 하는 것(이것이 맑스에게서 빌려온 '전진 방법'이다)이다. 이와 같은 방법을 적용해 싸르트르는 궁극적으로 『변증법적 이성비판』에서 "구조적이고 역사적인 인간학"(anthropologie structurelle et historique) 또는 "미래의 모든 인간학에 대한 프롤레고메나"(Prolégomènes à toute anthropologie future)의 토대를 마련하고자 했다.

4. 평가

철학자 싸르트르에 대한 지금까지의 평가는 극과 극으로 갈리는 편이다. 한편에는 그가 지나치게 독단적인 사유를 주장했고, 따라서 그의 사유는 많은 경우 더이상 유효하지 않다는 입장이 있다. 또 한편에는 자기기만(mauvaise foi), 신체, 타자, 실천적 타성태, 맑스와 프로이트의 종합가능성 등 논의에서 그 이후에 많은 철학자들에게 적지 않은 영향을 줄 정도로 독창적이며, 따라서 지금도 여전히 유효하다는 입장이 있다. 이 두번째 평가와 관련해서 우리는 여러명의 철학자들을 거명할 수 있을 것이다. 가령 타자 개념에 대해 독특한 이론을 전개한 레비나스, 신체론에서 혁혁한 공을 세운 메를로뽕띠, 독특한 권력 이론과 판옵티콘, 의학적 시선 개념 등을 주창한 푸꼬, 타자 이론과 '응시' 개념에 주목한 라깡, 익명의 주체이론, 타자 이론, 반오이디푸스 이론을 주창한 들뢰즈 등이 있다. 이들의 사유와 싸르트르의 사유를 수평적으로 비교하는 일은 싸르트르의 철학적 사유가 어떤 면에서 현대성을 갖는지를 잘 보여줄 것이다.

하지만 '철학자' 싸르트르는 또다른 여러 싸르트르에 의해 보완되어야 할 것이다. 그중에서도 문학에 관련된 활동을 한 싸르트르가 있다. 알다시피 싸르트르는 1964년 노벨문학상 수상작가로 선정되었지만 이상의 수상을 거부한 바 있다. 또한 참여문학을 주창한 싸르트르, 참여지식인 싸르트르, 보들레르·주네·말라르메·플로베르 등에 대한 연구서를 남긴 문학연구가 싸르트르, 수많은 에세이를 쓴 에세이스트 싸르트르, 최근에 주목을 받고 있는 미학이론가이자 매체이론가 싸르트르, 역사·정치·사회철학자 싸르트르 등의 모습도 있다. 따라서 싸르트르의 총체적인 모습을 제시하려면 이처럼 다양한 모습의 싸르트르를 당연히 고려해야 할 것이다.

철학자 싸르트르의 본령은 '인간'에 대한 이해에 있는 것으로 보인다. 싸르트르는 이렇게 선언한 바 있다. "나는 인간을 이해하고자 하는 정열을 가졌다." 특히 이 선언이 유의미한 것은 싸르트르가 1·2차대전을 겪으며 인간의 가장 추악한 면, 즉 동족인 인간에 대해 가장 우둔하고, 비인간적이고, 반인간적이고, 잔인하고, 무서운 모습을 띠는 것을 보았기 때문이다. 싸르트르는 왜 인간이 인간에 대해 이와 같은 모습을 보일 수밖에 없는가, 즉 왜 "타인은 나의 지옥인가"에 대한 물음에 답을 해야만 했다. 하지만 또한 싸르트르가 보기에 인간은 이 세계에 있는 모든 것에 의미를 부여하는 주체인 만물의 영장이기도 하다. 따라서 싸르트르는 두차례의 전쟁을 통해 완전히 무너져버린 인간의 존엄성을 회복해야만 했던 것이다. 인간이 가진 이와 같은 두가지 면에 대한 심충적인 탐사, 이것이 곧 철학자 싸르트르가 평생 매달린 화두였다.

| 변광배 |

무(néant)

『존재와 무』에서 보는 바와 같이 존재와 대립되는 싸르트르의 용어인 '무'는 인간의 의식을 지칭한다. 싸르트르는 의식을 텅 비어 있는 존재, 따라서 무의 존재로 규정하고 있다. 이런 의미에서 무는 '아무것도 없는 것'(rien)과는 근본적으로 다르다. 무의 상태에 있는 의식이 현실적으로 존재하기 위해서는 반드시 그 외부에 있는 '무엇인가'와 결합되어야 한다.

실천적 타성태(le pratico-inerte)

이 개념은 '실천'의 의미를 가진 'praxis'의 형용사 형태인 'pratico'와 '무기력한' 등의 의미를 가진 'inerte'의 합성어다. 인간은 이 세계에서 뭔가를 만들어내는 실천의 주체인데, 이 실천의 결과물이 다음 단계의 실천에 유리하게 작용하는 것과는 달리 오히려 이 실천을 방해하고 제약하는 상태에 있게 된다. 언어·제도·역사 등이 이 개념의 좋은 예다.

우연성(contingence)

싸르트르의 사유체계는 '신'의 부재라는 가정 위에 정립된다. 이 가정을 받아들이면 이 세계의 모든 존재의 필연성은 우연성에 자리를 양보하게 된다. 이처럼 우연성은 창조주인 신과의 관계가 끊어진 상태에 있는 이 세계의 모든 존재의 특징을 보여주는 개념이다.

의식의 지향성(intentionnalité)

싸르트르가 현상학의 창시자인 독일 철학자 후설에게서 받아들이고 있는 개념으로, '현상'을 가능케 하는 핵심 요소인 인간의 "의식은 항상 그 무엇인가에 관한 의식으로 있어야 한다"는 의미를 지닌다. 이 지향성 개념을 통해 싸르트르는 실재론과 관념론을 결합하려 했다는 평가를 받고 있기도 하다.

모리스
메를로뽕띠

Maurice Merleau-Ponty 1908~1961

6장 /

현상학의
현상학

1908년 대서양 연안의 프랑스, 샤랑뜨마리띰(Charente-Maritime)의 로슈포르쉬르메르(Rochefort-sur-Mer)에서 태어난 모리스 메를로뽕띠는 1926년부터 1930년까지 빠리 고등사범학교에서 공부했으며, 1930년 교수자격시험을 통과한다. 1935년까지 보베(Beauvais)와 샤르트르(Chartres)의 고등학교에서 가르치는 동안 그는 독일에서 유입된 후설의 현상학을 접하게 된다. 1935년부터 1939년까지 고등사범학교의 교수자격시험 훈련교수(caïman)를 지낸 그는 1944년부터 1945년까지 꽁도르세(Condorcet) 고등학교의 고등사범 최종준비반(Khâgne, 5년차) 교수로 일한다. 메를로뽕띠는 2차대전 종전 무렵인 1945년 7월,『행동의 구조』(*La structure du comportement*, 1942)와『지각의 현상학』(*Phénoménologie de la perception*, 1945)으로 박사학위를 받는다. 그해 가을 리옹 대학에 임용된 뒤 1948년에는 심리학과 교수로 부임하고 그 이듬해 빠리 대학 교육심리학과(1949~1952)를 거쳐, 마침내 베르그손과 라벨(Louis Lavelle)의 뒤를 이어 1952년 가을부터 꼴레주 드 프랑스의 교수가 된다. 다른 한편, 그는 싸르트르 및 보부아르와 더불어 『현대』(Les temps modernes)를 창간 하지만, 편집주간으로 정치평론을 다루면서 자신의 작성 흔적을 남기 지 않으려 매주 서명 없는 논설을 써서 싸르트르 커플의 원성을 사기 도 했다. 보부아르는 1958년 출간한 자전적 소설 『얌전한 한 아가씨에 대한 추억』에서 메를로뽕띠와 그의 약혼녀 엘리자벳 라꾸앙(Elisabeth Lacoin)의 젊은 시절을 회상한다. 라꾸앙은 자자(Zaza)로 메를로뽕띠는 프라델(Pradelle)로 등장하는데, 메를로뽕띠와의 결혼을 반대하는 가톨 릭 부르주아 부모와 갈등하던 중 엘리자벳은 질병으로 요절하고 메를 로뽕띠는 크나큰 상처를 입게 된다. 어느덧 시간은 흘러, 제자인 르포르 (Claude Lefort, 1924~2010)가 후일 『보이는 것과 보이지 않는 것』(Le visible et l'invisible, 1964)이라는 제목으로 간행하는, 아마도 자신의 모든 저술 중 에서도 면류관이 되었을 것임에 틀림없는 '진리의 기원'에 대한 서론과 메모를 남긴 채 메를로뽕띠는 1961년 5월 갑작스런 죽음을 맞는다. 시 신은 빠리 20구의 공동묘지 뻬르라셰즈(Père-Lachaise)에 안치되었다. 사 후 간행된 저술로는 『자연』(La nature, 1995), 『세계에 대한 산문』(La prose du monde, 1969), 『눈과 마음』(L'oeil et l'esprit, 1960) 등이 있다.

1. 메를로뽕띠 현상학의 중층구조

정신과 물질의 간극이라는 고전적 문제의 해결에 집중한 메를로뽕 띠는 무엇보다 베르그손의 영향을 많이 받았는데 그중에서도 『물질 과 기억』 및 『정신적 에너지』의 비중이 컸다. 동시에 『이념 II』와 『위기』 를 중심으로 한 후설의 현상학 씨리즈도 그에게는 매우 중요한 로드맵이었다. 그런 한편, 동시대인 하이데거와 셸러(Max Scheler) 그리고 싸르트르의 독자이기도 한 그가 각주 처리 없이 인용하는 두 사람의 고전철학자가 있다. 17세기 기회원인론(occasionalisme)의 말브랑슈(Nicolas Malebranche)와 모나돌로지(monadologie)의 라이프니츠(Gottfried Leibniz)가 그들이다. 이들은 멀리 있는 산맥이라 주변 산들에 가려져 있지만 메를로뽕띠 현상학과의 철학사적 관계와 위상을 위해서는 반드시 구명(究明)되어야 할 보석이다. 즉 그의 현상학적 사유의 심층을 흐르는 것은 말브랑슈의 미완성의 세계(le monde inachevé) 이념과 라이프니츠의 연속성의 원리(principe de continuité)가 된다. 전자는 '세계 개방성'의 상징이며, 후자는 '자연은 건너뛰지 않는다'(Natura non facit saltus)라는 자연철학의 이치를 보여준다.

이러한 철학적 프레임을 구체화하기 위해 메를로뽕띠는 다른 철학자들과는 사뭇 다른 접근을 하게 된다. 그는 당대의 심리학 데이터를 주요 연구자료로 활용했다. 첫째로 심리학자 베르트하이머(Max Wertheimer), 쾰러(Wolfgang Köhler), 코프카(Kurt Koffka)의 게슈탈트 이론, 둘째로 신경의학자 골드슈타인(Kurt Goldstein), 겔프(Adhémar Gelb), 베르너(Heinz Werner)의 신경심리학, 셋째로 정신의학자 빈스방거(Ludwig Binswanger), 슈트라우스(Erwin Straus), 민코프스키(Eugène Minkowski)의 정신병리학적 자양분을 받아 소위 '현상학적 실증주의'의 토대를 마련한다.

메를로뽕띠는 초기부터 연구한 정신분석학을 계속 심화해나갔으며, 중·후기로 접어들면서는 쏘쉬르의 구조언어학을 통해 지각과 역사의 교두보인 언어현상학의 기틀을 잡는다. 더 나아가 최후 존재론의 핵심 키워드인 '교직교차'와 관련하여 클라인(Melanie Klein)의 정신분석학을 참고했으며, 구조의 철학과 정신-생물학의 저자인 뤼이예(Raymond Ruyer)를 읽으면서 생명현상과 '세계의 살'의 관계를 숙고했다. 게다가 『저명한 철학자들』(Les philosophes célèbres, 1956)이라는 사전을 편찬 중이던 메를로뽕띠는 불가(佛家)의 연기론과 자신의 현상학 사이의 유사성을 보았다고 할 수 있으며, 주희(朱熹, 1130~1200)를 언급하며 동양편 서문을 쓸 때는 말브랑슈, 라이프니츠의 이기론(理氣論) 이해를 확인한 것으로 생각된다. 더욱이 그는 중국 송대의 기(氣)철학자 장횡거(張橫渠, 1020~1077)의 문구, "만물은 나의 동무"라는 '우주적 가족'론과 흡사한 표현을 한다. 곧 "사물들은 거의 반려자들"(Les choses sont presque compagnons)이라는 메를로뽕띠의 '포괄적' 휴머니즘이 그것이다. 이처럼 메를로뽕띠는 빈스방거의 공동체(Wirheit)를 '선험적으로' 넘어선 새로운 '우리'(nostrité)를 출범시킨다. 즉 사물들을 가로질러 타자들과 만나는 '살(氣)의 공동체'로 재편한 점은 마침내 그가 서양철학의 한계를 넘어 동양사상과 조우한 것으로 볼 수 있다.

끝으로 이 글에서 다루지는 못했지만, '타자는 곧 역사'라는 유명한 선언과 더불어 그가 스딸린(Iosif Stalin), 부하린(Nikolai Bukharin), 뜨로쯔끼(Leon Trotsky)를 언급하면서 20세기 최대의 화두 맑스주의 논쟁에 참여했다는 사실을 간과해서는 안 된다. 그는 고전 맑스주의 및 프랑크푸르트학파와 함께 또 하나의 이념그룹인 '휴머니스트 맑시즘' 이론가로 분류되는데 여기에는 그람시(Antonio Gramsci), 루카치(György Lukács), 싸르트르도 속한다. 하지만 그는 마끼아벨리(Niccolo Machiavelli)의 지혜와 베버(Max Weber)의 초연, 그리고 동양의 여백을 거치면서 맑스주의를 새로운 국면에서 이해하게 된다.

2. 메를로뽕띠 철학의 독창성: 현상학의 현상학

메를로뽕띠는 우선 후설 철학의 한계인 의식의 선험적 성격과 거기서 비롯된 유아론을 비판하면서 20세기 지성사에 등장한 철학자다. 파시즘 독일에 대한 레지스땅스 운동을 통해 무르익은 2차대전 후의 좌파적 정치 토양에서, 그는 이미 싸르트르와 더불어 지성적 앙가주망의 거물로 통했다. 자신에게 특별한 자양분이 된 당시의 문학과 회화로 말미암아 메를로뽕띠는 '언어성'보다 폭넓은 개념인 '표현성'에 주목하고 인간조건의 신체적 특성에 뿌리내린 '야생적 의미'(sens)에 관심을 두게 된다. 나아가 그의 철학의 존재론적 전환은 질료적 차원에서 세계와 '실질적'으로 조율되는 '관계의 주체', 그리고 세계 내로 체현되면서 스스로의 닻을 내리는 진정한 '수직적(선험적)' 주체를 겨냥하는데, 여기서 세계란 '인간의 몸'과 '세계의 살'에 공통되는 선험 재질(tissu)로 이루어진다. 자유에 의한 '의지주의'와 역사의 의미라는 '리얼리즘' 사이에서 어정쩡한 태도를 취한 싸르트르와는 달리, 주체와 세계 사이에서 메를로뽕띠가 추구한 이 구체적 통일성은 자유주의가 아니면 맑시즘이라는 일방적 추상을 넘어 어떤 '제3의 길'의 탐색이 될 역사 사유로 들어서게 하는 것이다.

아무튼 현상학의 지형도를 재편하는 메를로뽕띠의 기획은 의식철학의 차원에서 반성, 지향성, 본질직관 그리고 유비추론 등으로 현상학의 이념을 실현하려던 후설의 전망을 지각-신체 및 살-몸의 차원에서 되새김질된 그 자신의 체현(incarnation)의 현상학으로 수정하는 것이다. 그 전략적 콘텐츠란, 살의 분화로 이어지는 체현적 지향성, 천연의 존재와 연결된 근원반성, 순수 본질이 아닌 야생적 본질, 그리고 유비론적 타심파악(他心把握)이 아닌 상호신체적(intercorporel) '살의 공동체'로 구성된다. 메를로뽕띠의 이러한 보충과 완성의 태도, 특히 세계를 가로질러 만나는 타인과 관련된 근원반성(surréflexion)의 입장은 후설을 원천에서 개조하는 현상학의 현상학(Phénoménologie de la phénoménologie)에 이른다. '현상학의 현상학'은 후설의 극복을 암시하며, 병기된 프랑스어에서 앞의 대문자는 메를로뽕띠의 현상학을, 뒤의 소문자는 후설의 현상학을 지칭한다. 이런 수정이란 다름 아니라 철학의 실증적 영역들을 확인하는 작업이기도 하다. 요컨대 이 글은 신체철학과 타자철학이라는 두 주제적 이념의 축을 새로운 지층의 지향성·환원·반성·본질뿐만 아니라 더 심층적 차원인 가역성·표현성·순환포섭·천연존재 등의 기술적 개념의 항들로 풀어가는 그야말로 현상학적인 여정이 될 것이다.

3. 본격적 신체철학: 순환성과 직접성의 현상학

모리스 메를로뽕띠의 현상학에 중요한 영향을 끼친 모라비아 태생 철학자 후설은, 문명의 기반 자체를 위협하는 상대주의를 배경으로 한 소위 심리학주의를 비판하면서 현상학의 근간을 마련했다. 무엇보다 그는 인간정신의 특수한 성격인 심리학적 자연법칙을 통해 학문의 전개를 설명하는 밀(John Stuart Mill)과 립스(Theodor Lipps) 및 분트(Wilhelm Wundt)에 반대하면서, 수학과 철학 및 논리학에 자신의 방법을 적용한다. 말하자면 후설은 데까르뜨의 보편학 이념보다 더 철저한 입장인 동시에, 인식할 수 없는 물자체(物自體)와 그 현상들 사이의 구별을 거부하는 한에서는 칸트의 비판철학과 유사한 입장으로, 과학적이지만 실증주의적이지는 않은 철학적 설계도를 그리고 있었다.

그런데 인식과정이 지닌 논리적 관계가 보편적일 경우 이것은 심리과정이라는 사실성으로 환원될 수 없는 객관적 의미를 보유하는 것이며, 후설에 따르면 이는 인식문제에 관한 심리학적 접근과는 대립적으로 "선험적 의식"(conscience transcendantale)을 참조하는 것이 된다. 반(反)경험론적인 현상학적 방법은 그 자체가 '선험적인' 한에서 가치의 문제와 사태의 현실을 분리한다. 현상학은 경험론처럼 사태와 가치를 분리하기는 하지만 경험론과는 달리 지향성과 같은 사태의 '체험적' 실재에 관심이 집중된다. 현상학은 인과적 기원을 찾는 것이 아니라 보편적이고 필연적인 '의미-통일성'을 구성하는 선험적 요인으로 돌아가고 있다. 특별히 메를로뽕띠는 현상학적 방법론이 심리학주의를 효과적으로 물리치는 방식을 분석했다. 심리학주의에 대한 이러한 비판은 논리주의에 대한 비판의 역이라 하겠는데, 논리주의에 따르면 논리법칙은 모든 심리적 메커니즘과 사고행위에서 독립된 플라톤주의적 본질들과도 흡사한 것이다. 만약 후설이 양손 사이의 이중적 촉지경험에서 분석된 '신체와 세계' 사이의 상호현전(coprésence)을 통해 온전한 '인식조건'을 발견하지 못할 경우, 어쩌면 우리는 반(反)심리학주의를 따르다가 다시금 논리주의로 빠져들 수도 있다. 이러한 문제제기에서 메를로뽕띠는 현상학에 고유한 세가지 핵심개념을 만든다. 즉 모든 의식은 '무엇에 대한 의식'이라는 '지향성', 느끼는 이와 느껴지는 것 사이의 '순환성', 자아의 영역에서 포착되는 타아의 '직접성'이다.

싸르트르도 계승한 후설의 지향성을 이제 메를로뽕띠를 따라 다시금 새겨보면, 지향성이 유도하는 문제의식이란 선험적 의식에 대해 투명성이나 자기명증성을 요구하는 것이라기보다 이 의식의 존재 자체를 확인하는 것이 된다. 이 조사는 지금까지 후설에게 돌린 다른 두 공헌인 순환성과 직접성에 대한 전면적 재검토로 연결된다. 첫째, 메를로뽕띠의 현상학에서 느끼는 이와 느껴지는 것 사이의 순환성이란, 다른 한 손을 만지는 나머지 한 손의 경험이 능동적 촉지와 수동적 촉감을 교대로 '긴박'하게 구성하는 것으로 이해된다. 둘째, 메를로뽕띠에게는 타인에 대한 의식이 '직접적으로' 열리는 것이지만, 후설의 유비론적 타아(alter ego) 파악에는 여전히 의식철학 곧 일종의 관념론적 잔재가 있는데다 앞서 언급한 논리주의조차 지속되고 있다.

세계로 열린 존재의 매개로서 몸

메를로뽕띠는 인간이 반성적 사고 이전에 이미 세계 속에 자신의 뿌리를 내리면서 이 세계와 상관한다는 '지각경험'에 절대가치를 부여한다. 이 '존재론적 흐름' 앞에서 반성은 세계로부터 초연하다고 할 수가 없으며 오히려 세계에 뿌리내린 주체라는 이념에서 자신의 자양분을 취하고 있다. 메를로뽕띠가 현상학적 방법뿐 아니라 당대 과학의 모든 자원들까지 동원해서 탐구한 지각의 분석은, 신체를 통한 세계와의 만남인 '감지'가 단순히 수동적인 수용성으로 환원되지 않음을 보여준다. 곧 의식은 '지향적'이라는 것이다.

그런데 나는 나의 몸을 통해 세계와 만나기 때문에 의식은, 스스로를 반성하는 대자(pour-soi)라는 존재양식으로만 그 성격이 규정될 '주관'이 될 수가 없다. 대자적 현존이란, 스스로 객관적이고도 과학적이기를 바라던 당대 심리학의 환상일 뿐만 아니라 주지주의와 경험론에 입각한 고전적 철학의 실패작이기도 하다. 메를로뽕띠는 '구성적 의식' 위에 세워진 후설의 의식현상학을, 숨 쉬는 몸(corps animé)이자 체험된 몸(corps vécu)인 고유신체(corps propre)의 경험현상학으로 대체한다. 또 객관적 신체에 대립되는 후설의 '살아 있는' 몸(Leibkörper)까지도 '살로 집적된' 몸(corps de chair)으로 전환한다. 지각하고 활동하며 욕망하고 고통받는 이 몸은 '고유의 몸'이나 '현상적 신체'가 되는데 이는 주체로서 '나'인 동시에 객체로서 '나의 소유'다. 체현된(incarnée) 의식이란 능동적이기만 한 상태로 순전히 구성적일 수가 없는데, 이 의식은 자신과는 전적으로 '다른' 타인의 면전에 있듯 세계의 낯선 '전방'에 존재하지 않기 때문이다. "세계로 열린 존재"(Etre *au* monde)라는 사태에서 드러나듯 의식이란 세계로 개방되어 있으며, 이 개방을 위해서는 그 자신이 필연적으로 체현됨으로써 수동성과 능동성이 혼재하며 순수한 정신도 둔탁한 물질도 아니게 된다. 지각의 분석은 이런 현실을 가능하게 했는데, 한마디로 신체는 존재의 세계를 양식화 및 구조화하는 동시에 변모시키며 이윽고 그 스스로가 의미로 열리게 된다.

나아가 현상적 신체(corps phénoménal)는 『보이는 것과 보이지 않는 것』에서 살(chair)로 확장·심화된다. 만일 우리가 현상적 신체를 단지 객관적 신체에 대립시키는 데 만족한다면 이 신체는 자기 본연의 의미를 드러낼 수 없다. 그 경우 현상적 신체의 역할이 주체 쪽으로만 할당되기 때문이다. 사실 신체가 다른 감각적인 것들 사이에서 당연히 '주체'적인 성격의 감각성이라는 점은 옳다. 하지만 신체는, 자신 안에 다른 모든 감각적인 것들도 포함하는 '보편 원질'(élément)의 부분으로서 감각적인 것이기도 하다. 보편 원질로서 살이란, 스스로의 차원을 가늠하고 있는 감각성이며 필경 살 그 자체로 집적된 몸들로 분화된다. 살이 구비한 모든 '차원'들이 바로 원질을 지시하는 언표이자 존재에 대한 궁극적 관계요 감각세계의 스타일이며, 마침내 '선험적' 감각덩어리(masse sensible)인 '원초적 존재'(Etre)에 대한 존재론적 양식이 된다.

서로 반사되는 감각존재: 신체와 세계 사이에서 경험되는 공통 재질

서로를 긴박하게 횡단하는 리얼 이미지의 '순환성' 개념과 더불어, 메를로뽕띠는 감각존재론의 바탕이 되는 '선험질료' 곧 '살'이라 명명한 보편 원질을 도출한다. 말하자면 그는 감각주체인 몸과 감각 가능한 세계를 연속시키는 '공통재질'(tissu commun)의 이념을 산출한다. 게다가 감각주체는 감각의 순환성으로 말미암아 세계에 주도권을 상당히 빼앗긴 상태다. 그래서 그의 비판은 의식에 일의적 성격을 부여한 후설의 반성철학을 다시 겨냥하게 되는데, 후설은 지각이 자기 자신을 보지 못하는 점에 주목하지 못했기 때문이다. 후설은 '무언가로 열림'이라는 '지향성'으로서의 지각이 스스로를 무시하는 경향이 있으며, 또 무언가를 향한 미완성 운동인 '사건'으로서 지각은 자기망각을 목표로 삼는다는 사태에 별 관심이 없었다. 후설은 소박한 세계지각을 판단중지(épochè)할 수 있다고 믿었다. 그런데 지각은 세계 '안에서' 실재 자체를 보는 것이며, 실재 속의 지각주체는 자신처럼 현실적인 여러 부분들 가운데 한 부분이나 다름없을 것이다. 아무튼 판단중지를 통해 후설은 의식의 대상 곧 의식의 세계상관자인 노에마(Noema)를 구성하는 것으로 여겨진 의식 자신을 고립시키게 된다. 여기서 후설의 지향적 조준이라는 의식 고유의 활동 곧 '구성하는' 존재로서 의식이 등장한다. 구성하는 이 행위가 의식의 선험적 성격이고, 우리가 의식의 객관적 내용물을 '보류하는' 바로 이때 의식은 자신의 지향성과 더불어 '스스로에게 직접' 주어진다.

그러나 메를로뽕띠는 지각적 신뢰에 대한 이같이 단순한 환원의 가능성을 일축한다. 스스로에게 투명한 의식의 소유로 세계의 '현상성'이 그렇게 변하는 것에 이의를 제기하는 것이다. 후설의 환원이 독아론적 환상을 야기하면서 이 사태는 이제 타인과의 관계에서도 재발한다. 즉 '지각된 바'로서 현전을 의식을 위한 표상적 행위로 바꾸는 일이 또다시 발생한 것이다. 그런데 세계를 구성하기 위해서는 구성되기 이전의 세계 개념을 보유해야 한다. 의식의 구성적 개진이란 이처럼 원리적으로 스스로 뒤처지는 것이다. 반성은 환원되거나 무기력해질 수 없는, 그래서 판단중지될 수가 없는 세계의 어떤 존재 안에 자신의 출발점을 두고 있다. 거기는 의식이 표상하는 것으로 환원될 수 없는 곳인데다 반성이전의 장소이면서, 그 무엇보다 우선적인 지반이다. 고로 경험에 비해 반성은 뒤늦은 면이 있으며, 그 결과 반성은 세계와 우리 신체가 '한 몸'이 된 사태에 연루되면서 '지체된' 현상이 된다. 이를 토대로 메를로뽕띠는 자아란 하나의 몸이라고 데까르뜨의 코기토를 재규정한다.

『행동의 구조』와 『지각의 현상학』은 지각을 세계의 참된 요소인 신체를 통한 세계와의 관계로 분석하는데, 이 신체는 의식의 표상이라는 수단 없이 세계에 직접 도달하는 것이다. 메를로뽕띠는 선험적 자아(후설)로도 정의될 수 없고 경험의 순수조건인 초월적 의식(칸트)으로도 규정될 수 없는 주관성의 체현된 성격을 드러내기 위해 "세계-내-존재"라는 하이데거의 이념을 차용한다. 주관성이 신체 가운데 탑재되고, 이 신체와 연결된 타인 및 세계 내부 존재들과의 '실질적' 관계에 기입되었다는 것은 인식관계로 환원될 수 없는 가운데 외재성과의 항구적 접촉인 '반성 이전의 삶'을 증명한다.

'나'인 동시에 나의 '것'이요, 현상적 신체이자 '살로 집적된' 몸인 '체험적' 신체는 여타 사물들처럼 그 머릿수만 채울 뿐인 분해 가능한 '객관적' 신체와는 구별된다. 체험적 신체는 사물들과 합류하면서 그것들과 유기적으로 연결되는 역동적 에너지다. 이 신체는 세계의 사물들이 분비하는 생생한 의미와 '관계 맺을' 의미를 생산하고 있다. 『지각의 현상학』 이후 메를로뽕띠는 동물 및 사물의 몸들을 총칭하는 일반신체와 인간신체의 대립보다는 그들 사이의 연속성을 강조하기 시작하는데, 그 결과 신체는 여타 모든 존재들을 이어주는 매질(milieu)이요, 그래서 감각존재들 '사이에 존재'하는 감각체로 파악될 것이다. 이른바 신체주체란 차원·스타일·보편측량이라는 '지층'들에서 모든 사물이 지닌 정체성을 공유한다. 따라서 우리가 체험적 신체와 객관적 신체의 대립에서 그치고 만다면 신체주체의 더 넓고 살아 있는 의미를 잃고 말 것이다.

의미·표현·언술·언어: 표현적 신체에서 세계의 살로 확장

인간의 신체는 자신이 세계와 관계 맺을 때 발생하는 '의미'(sens)를 '표현'(expression)하는데, 말하자면 그 자신을 세계 속에 상징 차원으로 맡기고자 애쓴 의미를 '만나는' 것이다. 예컨대 인간의 몸은 붉음을 고안하는 것이 아니라 이 붉음의 사회적이며 역사적인 의미에 관한 모든 흔적을 지니게 된다. 이렇듯 무언가를 표현함이란 내부의 그 무엇을 외부로 '드러냄'이자, 내부와 외부의 분리를 '지양함'이다. 그래서 모든 의미는 신체로써 표현되고, 모든 신체는 이 의미들을 수태하고 있는 것이다. 『지각의 현상학』(1945)의 '표현'은 무한한 의미의 잠재력인 인간 신체의 형이상학적 구조에 해당하는 것이었지만, 「간접적 언어와 침묵의 음성」(1952)이라는 논문부터 표현의 문제는 메를로뽕띠가 쏘쉬르를 읽음으로써 기호규칙을 통해 판별된 의미구조로 확장될 뿐만 아니라, 내면성과 외부성이 분리될 수 없는 존재론으로도 그 외연을 넓히게 된다. 말하자면 사고의 표현인 의미창출로서 '언술'(parole)과 단순히 지각된 사물의 표현성인 침묵으로서 '언술' 사이에는 교직교차(chiasme) 곧 긴박하게 교차되는 양의적(兩儀的) 얽힘(entrelac) 관계가 생기게 된 것이다. 나아가 이 언술은 '언어'(langue)로 침전된다. 이처럼 표현적 신체는 세계의 살과 존재론적으로 서로 연속되면서 확장된다.

4. 미완료 시제의 존재로서 세계의 살: 보이는 것과 보이지 않는 것

1964년 르포르가 『보이는 것과 보이지 않는 것』이라는 제목으로 편집·출간한 메를로뽕띠의 유고는 그의 사유 진화에 대한 구상을 잘 보여준다. 이 저술은 '감각적인 것'의 존재론이 관건이다. 메를로뽕띠는 후설이 이미 개시한 데까르뜨와의 단절을 더욱 철저히 하는데, 후설처럼 여전히 데까르뜨적인 방법으로 세계의 현존에 대한 환원을 수행하는 대신 우리가 '겪은 대로의' 언어로써 우리와 세계의 관계의 '표현'에 대한 환원을 실시한다. 그것은 다름 아니라 세계의 현존을 지지하는 바요, 이 현존에 머무는 것이다. 메를로뽕띠는 후설이 『데까르뜨적 성찰』에서 부당하게 소개한 '판단중지'를 세계 현존의 중단으로 기억하고 있다. 이는 세계 현존의 폐기를 가정하는 데까르뜨적 결함 속으로 다시 떨어지는 것이다. 철학자는 세계의 현존으로 스며들어야지 이 현존을 유보해서는 안 된다. 메를로뽕띠는, 세계에 대한 우리의 참된 관계란 관념론적 환영이 아니라 이 세계 '와의' 상호 매개 및 그 조율이라 한다. 무한한 거리와 절대적 근접, 그리고 존재 부인과 존재 확인이라는 두 경우는 원초적 존재와 우리 사이의 제대로 된 관계를 같은 방식으로 무시하고 있다. 그러므로 거리를 통해 저러한 '근접' 이념으로 돌아가야 하며, 밀도 높은 촉각과 청각의 '직관' 이념으로 귀환해야 하고, 일치될 수 없는 자기응시로서의 '시선' 이념으로 회귀해야 할 것이다. 요컨대 현상학적 환원이 지닌 필연적으로 불완전한 성격은 환원에 장애가 되는 것이 아니라 바로 환원 자체이며, 원천적 초월의 사태인 수직적 존재(être vertical)를 재발견하게 하는 것이다.

천연존재 그리고 근원반성

메를로뽕띠는 지각과 사고의 기반이 되는 야생적·천연적 존재(Etre sauvage)를 곧바로 '수직적' 존재로 부른다. 뿐만 아니라 반성이 근원반성(surréflexion)으로 대체되어야 하듯, 후설의 순수 본질이라는 개념도 야생적 본질에 자리를 내주어야 한다. '근원반성'은 『지각의 현상학』에서 반성적 태도에 대한 반성으로 이미 주제화된 것으로, 우리가 '애초부터' 이 반성 안에 터 잡고 있음을 가리킨다. 이런 입장은 반성이 계승하려는 현실상황 즉 반성의 본질에 속하는 '실재'를 이해하려는 시도로 보인다. 따라서 반성의 문제는 지각의 분석이 마침내 존재론의 기획으로 전환됨을 가리킨다. 잘 알려져 있듯이 반성적 태도의 위험이란 반성의 결과를 야생적 차원인 선술어적이고 무의식적인 '반성 이전의 것'에다 투사하는 것이요, 또 경험의 고유한 의미를 이해시키기보다 투영의 방식으로 반성을 이 경험에서 분리해버리는 것이다. 물론 반성의 도정은 철학에 필수불가결하지만, 모든 반성 이전에 우리 자신의 '안팎에서' 우리와 존재의 접촉에 대해 자문하고 이 야생적 존재와의 궁극적 관계인 '심문과정'(interrogation)을 열어주는 차원에서만 요구되는 것이다.

이처럼 진정한 반성이 되기 위해 반성은 그 자신 밖으로 빼앗겨서도 안 될 뿐 아니라, 스스로를 '반성 이전의 것에-관한-반성'으로 알아야 하며, 결과적으로 우리의 실존구조의 어떤 변화로서 자신을 인지해야 한다. 지각에 대한 이 새로운 존재론적 착상은, 우리가 확고한 형이상학적 전제의 외부로 일보 내디딘 것을 계기로, 지각된 바의 존재론적 특수성을 주제화해야만 하고 정신의 참된 위상이나 우리의 체현의 위상을 설명해야 한다.

'있는 그대로의' 세계를 무력화하는 후설의 환원에 대한 비판

실체의 이념과 더불어 무(無)가 부정되던 고전주의 형이상학과는 비록 다를지라도 후설의 철학에도 여전히 '본질'의 문제는 남아 있다. 메를로뽕띠는 본질이라는 '절대적 실증성'의 전제 없이 세계 속에 기입된 나를 파악할 것을 요구하는데, 이른바 '지각적 신뢰'가 우리에게 호소하는 바도 바로 이것이다. 지각적 신뢰란, 본질이라는 전제 없이 우리에게 물음을 제기하는, 세계의 '야생적' 현전이요, 절대적 전제 없이 우리가 수용하는 '천연의' 세계 현전이 된다. 17세기에는 객관주의적 존재규정이던 '아무것도 없지 않음'이 마침내 절대적 실증성이 없는 존재, 곧 메를로뽕띠의 '원초적 존재'(Etre) 한가운데 우리가 '언제나 이미' 현재함을 의미하게 되었다. 이것은 무언가의 상존을 함의하며 이때의 무언가란 세계라는 '불확정적 밀도'라 할 수 있는데, 그것은 거대한 '실증적 객체'가 아니라 불시에 등장하여 모든 존재자를 감싸는 '개방된 전체'라 하겠다.

따라서 메를로뽕띠는 이 같은 '있는 그대로'의 세계 현전에 대한 믿음을 무력화하는 후설의 환원을 비판하면서, 우리의 자연적 태도를 특징짓는 이 믿음이 바로 '지각적 신뢰'가 된다고 했다. 그런데 이러한 신뢰의 관건은, 세계의 객관적 실재나 비실재 자체가 그다지 우선적이지 않고 오히려 우리의 신체와 세계 '사이'를 소통시키는 '선험 질료' 또는 공통의 '존재론적 재질'의 명증성이야말로 일의적이라는 점이다. 결국 지각적 신뢰란 우리 자신이 인식이나 지식과는 다른 차원에 있음을 함의한다. 세계의 정립은 이렇듯 모든 이론적 입장 이전에 형성되는데, 후설이 말하는 '자기에게 현전'(présence à soi)으로서 체험이란 후설 자신의 지각 개념으로 말미암아 변형될 소지가 있다. 다시 말해, 후설도 직관적인 지각의 시선이 생생한 체험인 '원초적 현전'으로 이끌릴 수 있다고 암시하고 있지만, 이 시선이 '반성의 양식'으로 발생한다고 말함으로써 체험에 고유한 '함의'까지 대상화해버리기 때문에 그가 말하는 '자기에게 현전'이 왜곡될 수 있다.

후설의 철학에서 만일 체험이 그 자신을 위한 대상이 된다면 그것은 이 체험 자체가 대상의 현전과 유사한 양상이기 때문이다. 즉 대상의 현전처럼 체험도 의식의 차원에서 진행된다는 말이다. 반면 메를로뽕띠에게 반성의 대상으로서 체험이란 실증적이면서도 이 체험이 지향하는 대상 세계의 현전과는 구별된다. 메를로뽕띠의 체험은 후설 사유에서처럼 투명하지 않다는 말이다. 후설 이후의 현상학자들인 메를로뽕띠, 싸르트르, 레비나스, 미셸 앙리는 이 체험과 관련해 세계 또는 대상의 초재성의 문제에 각기 다른 대답을 제시한다. 메를로뽕띠는 고고한 선험론적 의식의 행위를 빌미로 우리와 세계 사이를 연속시키는 선험재질을 찢어버리면서까지 세계의 현존을 '재구성'하는 후설의 유아론적 사유전개를 비난한다. 만약 '제대로 된 경험'으로 돌아갈 경우, '세계의 존재' 의미의 문제 앞에서 우리는 후설처럼 모든 무구의 상태를 무력화함으로써는 결코 '절대적 의식'의 위치에 다다를 수 없을 것이다. 상황이 이러함에도 후설 현상학에서는 생활세계(Lebenswelt)로의 귀환이라는 이념조차 결국 '궁극적' 의식에 종속되며 '선험적' 의식의 구성에 지배받는다. 요컨대 메를로뽕띠에게 비친 후설 현상학은 의식의 철학 곧 본질의 관념론에 갇힌 형국이다.

양의(兩儀) 변증법으로서 선험질료 현상학

자기 자신으로만 향하는 의식의 전적인 내면성으로는 각자의 개별적인 세계에 대한 우리 자신들의 접근이 불가능해진다. 그래서 메를로뽕띠의 철학에서 '초월성'은 현상성을 구성하는 모종의 '차이' 곧 '내재적 가치'를 가리키게 된다. 우리에게 나타나는 바로서 세계는 일종의 필수적 '유보사항'을 지닌다는 것인데, 이는 자기와의 거리, 존재의 열개(裂開, déhiscence) 그리고 상호잠식(empiétement) 등이다. 여기서 상호잠식은 우리와 세계 사이에 형성된 상호-내속-존재(In-*ein-ander*-Sein)의 양태로서, 세계와 우리가 서로의 내부로 진입하면서 상당 부분 서로 겹쳐 있음을 말한다. 이는 융합도 일치도 아니요, 인접성도 외재성도 아닌 채, 우리가 사물들 속으로 통과하는 만큼이나 사물들도 우리 안으로 유입됨을 가리킨다. 이런 개념은 『지각의 현상학』과 『보이는 것과 보이지 않는 것』 사이의 현격한 상이성을 말함이요, 두 저술 사이의 선명한 대조를 보여주는 것이다. 또 감각경험을 이원적 통일성인 '존재의 열개'로 간주할 경우, 이 경험은 주관성 내에 근거를 둔 '지향적 편차'가 결코 아닌 것이다. 이것은 메를로뽕띠가 감각경험을 "통일성으로 수렴되는 이원성"으로 여길 때와 같은 현상, 다시 말해 이 경험을 "느끼는 자와 느껴진 바의 구조적 켤레"로 생각할 때와 마찬가지 현상이다. 마치 이런 켤레가 감각적 경험의 확인이자 그 위반이 된다는 것인데, 마침내 이 경험은 켤레라는 '이원성' 이전에 차라리 살(chair)이라는 '통일성' 속에서 느끼는 자와 느껴질 수 있는 것으로 서로를 탄생시키는 존재론적 핵분열(fission)로 이해된다. 요컨대 자기(soi)와 세계로 이루어진 '둘'(deux)의 바탕 위에서 하나를 사고하는 것이 아니라, '한'(un) 바탕에서 감각의 두 항목을 생각하는 것이 관건이다.

아무튼 메를로뽕띠에게 감각적인 것은 있는 그대로의 천연존재가 드러내는 보편적 형태로 이해되는데, 서로를 '매개'하는 이러한 감각은 존재가 굳이 객관화되어야 할 필요가 없는 가운데 현존할 수 있다. 감각적인 것의 이 소리없는 '형성'은, 원초적 존재(Etre)가 적극적으로 나타나지 않으면서 능동과 수동의 두 항목 '사이에서 애매'한 채 초월적으로 스스로를 드러내는 유일한 방식이다. 감각적인 것의 어렴풋한 기미가 주는 의미란 바로 이러한 것이리라. 그것은 사태가 몸소(en personne) 주어지기는 하나 불충전적으로(inadéquatement) 주어진다는 후설의 불만과는 거리가 멀다. 요컨대 후설이 충전적이지 못하다고 토로한 사태 자체의 이런 소여 국면을 메를로뽕띠는 감각성 곧 '감지적인 것'의 특성 자체로서 오히려 '긍정적'으로 이해한다는 말이 된다.

한편 본질(eidos)로 향하는 후설의 형상적 환원은 경험과는 구분되는 차원에 그 토대를 두고 있다. 즉 『이념 I』의 초반부는 본질 속에 사태의 근거를 두고, 우리와 세계의 관계가 발생시키는 우연성(contingence)을 세계-초월적인 어떤 형상적인 것(l'eidétique) 안에 정초하고 있다. 결국 경험 그 자체에는 아무런 정당성도 없다는 말이다. 그러나 지각된 사물과 지성적 관념 사이의 연속성을 인정하기 위해서라면 정녕 후설의 토대는 우연적 사태의 차원에 머물러야 하며 이 사태와 저 본질 사이가 분리되지 않은 채 구축되어야 한다. 이러한 연속성은, 경험론이 백지상태(tabula rasa)로써 그리고 주지주의가 인식론적 단절로써 '살아 있는 경험층'을 파괴시킨 것과는 반대로, 세계 속에 뿌리내린 주체와 단절되지 않을 새로운 합리성과 합류한다. 이제 우리는 이성적 명료성을 위해 오히려 매력적인 '확장된 합리성' 안으로 들어서는 것이다.

이처럼 메를로뽕띠는 본질과 사태 사이가 분리되지 않는 가운데 사태의 영토에 머물면서 이 사태의 토대를 구축하기를 원한다. 비판의 대상이 후설임을 암시하는 메를로뽕띠의 논문 「철학자와 그의 그림자」에서 마침내 자연적 태도와 선험적 태도 사이의 구별은 거부되는데, 만약 선험적 태도가 자연적 태도 '속에서' 그리고 자연적 태도를 '통해서' 진작 마련되지 않았다면 그것은 도저히 성립할 수 없는 것이다. 요컨대 두 태도란 참 또는 거짓처럼 다를 수가 없다는 뜻이다. 메를로뽕띠는 환원의 도식은 보존하나 후설이 사용한 상반성은 제거한다. 즉 사태의 근거를 설명하고 경험에 기초를 놓는 것이란 본질의 영역이라 불리는 특별한 데서 발생하는 것이 아니라, 오로지 그리고 당연히 생생한 경험 속에 둥지를 트는 것이요, 사태와 본질 사이를 구분한 근거를 회복함이다. 화가가 "야생적 의미층"으로 진입할 수 있음은, 신체와 세계를 연속시키는 지각구조 내에 작동 중인 모종의 발생적 관계 때문이다.

반복적 교차배열 구조인 교직교차: 주체와 세계 사이의 순환포섭

후설의 '만지고 만져진 손'의 예를 통해 보듯이 감각적인 것들 사이의 '순환적 경험'은 메를로뽕띠에게 존재론적 상호포섭을 위한 상징이 된다. 즉 신체 주위를 감싸는 세계에 의한 '주체'와 세계를 지각·사고하는 체현된 주체에 의한 '세계' 사이의 상호포섭의 전형이 두 손 사이의 순환적 경험이다. 메를로뽕띠는 수사학적 비유로 이 순환적인 포섭을 설명하는데, 이름하여 서로 얽힘(entrelacs) 혹은 교직교차(chiasme)이다. 이것은 '부재로써 현존하는' 살로 집적된 몸들이 속한 "세계의 살"(chair du monde)에 내재적인 관계의 구성이다. 이 구성은 '풍요/빈약'처럼 반대의 공존을 가리킨다. 이는 동일 또는 차이의 관계가 아니라 '차이 속 동일'이나 '대립 가운데 통일'이라는 모순적 관계를 환기시킨다. 이처럼 교직교차는 통상적으로는 분리되어 있으나 그 각각에 내재한 방식으로는 서로 연결된 항목들 사이의 실질적 관계를 표현하고 있다. 즉 존재와 무, 보는 자와 보이는 것, 기호와 의미, 내부와 외부, 대자존재와 대타존재가 그 얽힌 항목들이다. 하늘과 땅 그리고 신(神)들과 유한자들이라는 네 종류의 엮임을 이미 하이데거가 설명한 것처럼 로마형 십자(X) 사이사이로 둘씩 대각으로 교차된 도식형 비유는, 분리 가능한 추상적 대립으로 이 용어들을 간주하기를 원치 않는 한에서, 이런 관계를 위한 현상학의 진리인 '존재론적 순환포섭'을 시각적으로 구현하고 있다.

예컨대 주지주의와 경험론, 또는 관념론과 실재론과 같이 메를로뽕띠가 배격한 두 전통의 거대 담론에 기초한 철학사의 모든 모순들은 추상적 대립이 되지만, 오로지 무를 통해서만 가능한 존재들도 있다는 모순관계가 존재와 무 사이에서는 성립하고 있는 것이다. 또 철학이란 물론 생활세계에서 이해되지만, 베일을 벗기면서 이 세계를 이해하도록 해주는 것도 다름 아닌 철학이라는 역설적 상호포섭의 관계가 철학자와 생활세계 사이에서 가능해진다. 이처럼 "철학이 자신 안에서 생활세계를 이해하게 된다는 것"을 보면서, 이제 우리는 나와 타인의 관계를 통해서도 그러한 교직교차의 구조를 확인할 것이고, 메를로뽕띠가 타자 문제를 독창적으로 해결하면서 실행한 후설의 독아론에 대한 비판도 전개할 것이다. 메를로뽕띠가 보여준 현상학적 타자 이해를 통해 비로소 타인에 대한 진정한 제1철학이 발견될 수 있으리라 본다.

5. 세계를 가로지르며 등장한 최초의 타자철학

현상학적 구성의 원리에 따라 타아의 존재란 자아로부터 분리될 수 없을 뿐만 아니라 자아를 구성하기까지 한다고 후설과 메를로뽕띠가 해명한 것처럼, 데까르뜨 이래 근대인식론에서는 볼 수 없었던 현상학의 가장 중요한 공헌이란 분명 나와 남의 다름에 대한 사유일 것이다. 메를로뽕띠는 후설의 제5성찰에 대한 예리한 분석을 통해 자가당착으로 드러날 여지가 있는 선험적 의식의 '내적 모순'을 발견했으며, 이윽고 이 모순을 가로지르면서 오늘날까지 자신의 사유 기반이자 최대 업적으로 남을 '타아 지각'의 특수성에 대한 개념을 벼리게 된다.

후설의 유비론적 타아통각에 대한 비판

코기토에서 출발하는 데까르뜨의 『제1철학에 관한 성찰』 제2장은 타인을 식별하고 인정하기 위해 지성을 통한 간접적인 전개방식을 수행해야만 했다. 여기서 후설은 타인에게 적용된 데까르뜨적 유비추론의 심각한 문제를 분명하게 제기했다. 즉 나와 유사한 존재를 식별하기 위해 자아는 타아에 관한 추론의 필요성을 느끼지 않는다. 즉 후설 철학에서도 타아에 대한 직접적 파악은 추론 없는 유비가 된다. 후설은 필증적 자아(ego apodictique), 통각(aperception)이라는 각별한 개념들을 고안하여, 사고행위가 아니라 감정이입(empathie)을 통해 타인과 '짝을 이룸'(accouplement)을 보여준 것이다. 그럼에도 이러한 유비가 내 의식의 구성으로 진행되면서 타아 파악의 '직접성'은 약화된다. 자아 영역에서 진행되는 후설의 통각은 '지성'의 영향을 강하게 받기 때문이다. 이렇듯 '통각'이라는 말을 통해서는 다른 자아를 '지각'함과 자아에 의한 다른 자아의 '구성' 사이의 괴리를 피할 수 없음을 후설 스스로 인정하고 만 것이다. 후설의 타인이란 그 역시 선험적 주관이요, 이 자격으로 그는 세계가 나에게 낯설게 만들고, 나를 대상으로 여길 타아들이 거주하는 세계를 나에게 허락한다. 이때 타인은 사물이 나에게 주어지는 방식으로 주어지지 않을 뿐만 아니라 내가 나 자신에게 주어지는 방식으로 나에게 주어지지도 않는다. 그래서 나는 타인에게 '간접적으로' 다가갈 수밖에 없는데, 그렇다고 해서 살아 있는 '몸과의 연관'을 떠나지도 못한다. 이처럼 타인으로의 접근은 난항을 겪는데, 결국 후설에게는 이 살아 있는 몸들을 지각차원에서 서로 이어줄 하나의 '존재론적 너울', 이른바 선험-질료적인 '소통의 살'이 없다는 것이다.

몸(體)과 그 존재바탕인 살(氣) 차원에서 구축되는 타자

메를로뽕띠는 감각이 존재자들 사이에서 순환적으로 서로 긴박하게 발생한다는 '반사감각'과 이 반사란 존재자들이 서로 처음부터 로마형 십자(X) 사이를 대각으로 얽히며 기능한다는 '교직교차'를 내용으로 하는 '살의 메커니즘'을 타인의 지각에도 적용함으로써 후설이 초래한 내적 모순을 극복한다. 살은 '구체적' 상호주관성, 다시 말해 질료적 차원에서 상호주관적인 상호신체성(intercorporéité)을 구축한다. 긴박하게 교대되는 순환적 감각을 야기하는 상호신체성은, 각 주체가 형성되는 격자인 "세계로 열린 존재"(être *au* monde)를 통해 고유신체(corps propre)들을 진정 '선험론'적인 차원에서 연속시키고 있다. 말하자면 주체들의 '만남'은 주체 '각자'에게서 일어난 사태보다 우선되고 또 각각의 대자존재에서 발생한 것을 능가한다. 타자 곧 비(非)자기로의 '직접적인' 접근이란, 감각들이 서로 반사되고 있는 '살의 회로' 안에 주체가 자신의 뿌리를 내리면서 줄곧 이 살에 참여되는 한, 주체의 지향성 자체에 이미 포함된 것이다. 그러므로 지각주체들은 일거에 복수를 이루면서 단번에 상호신체적으로 되고 이와 동시에 소위 체현된 지향성(intentionalité incarnée)이라는 것이 작동하는 것이다. 그래서 문제는, 스스로를 벗어나 세계를 지향하는 다른 자아를 어떻게 선험적 자아가 자신 안에서 '구성'할 수 있느냐를 파악하는 데 있지 않다. 요컨대 타아(alter ego)란 애초부터 자기 자신 밖으로 실존하는, 그래서 자기-초월적으로 된 '신체적 자아'라 하겠다.

유아심리학 전문가이기도 한 메를로뽕띠는 후설보다 구체적인 방법을 제시하는데, 15개월 된 유아가 성인과 놀이를 하면서 보여준 무언의 합의 곧 지각 존재자들 사이의 믿기 어려운 공모를 드러낸다. 어른이 유아를 무는 시늉을 하면 유아는 자신의 입을 벌린다. 이처럼 유아는 자기 자신의 몸짓으로까지 연장하면서 다른 신체의 몸짓을 지각해낸다. 유아는 무엇과도 비교하지 않고 고유한 신체의 어떤 가능성으로서 타인의 몸짓을 겪는다. 유아의 이러한 타인지각은 '세계의 살'이 떠받치는 몸들, '살로 집적된' 몸들의 차원에서 독특성을 구축하고, 선험 입자이자 파동인 '세계의 살'을 따라 '흐르는 몸' 속에서 의식의 특수한 지향을 전제하게 된다. 요컨대 메를로뽕띠는 후설 자신보다 후설주의 직관에 더 충실하고자 했다. 그는 후설 현상학의 한 모퉁이에서 스스로를 결정적으로 차별화함으로써 철학사의 두드러진 자리를 차지하게 된다. 물론 후설도 살아 있는 '육체성 일반'으로서 살(Leib)이라는 개념을 쓰고 있지만 이는 단지 객관적 육체와 생동적 신체를 구분하기 위한 것이다.

6. '타자를 향한 존재' 속에 들어 있는 주름의 이미지

동일한 철학 진영에 속한 메를로뽕띠와 싸르트르는 후설의 투명한 의식을 세계라는 두터운 '존재론적 밀도' 속으로 이끌었다. 그들은 주관성을 근원적으로 여기는 의식의 철학, 소위 관념론을 떠나지 못했다는 이유로 후설을 비난했다. 그리고 세계와의 밀접한 연루를 통해, 고전적 '인식관계'를 체현된 실존의 '존재관계'로 대체하는 논리에 실존철학의 가치를 둔다는 점에 서로 동의한다. 하지만 싸르트르의 이분법적 존재론의 구도에서부터 균열이 시작된 그들의 지적 여정은 역사, 곧 정치적 현장을 만나면서 명백한 끝을 보게 된다. 그럼에도 메를로뽕띠는 이러한 대립의 의미를 계속 심사숙고했으며, 자신의 지각-현상학적 존재론으로 싸르트르의 즉자-대자의 이원론을 거부하면서 그 불일치에 대한 해명을 그치지 않았다.

한편 후기 사상의 언어 및 표현에 대한 반성을 통해 메를로뽕띠의 사유전개는 결정적인 국면을 맞는다. 말하자면 더이상 의미와 감각적인 것을 연결시키는 것만이 관건이 아니라, 쏘쉬르가 밝힌 내재성의 교훈, 곧 기호학적 게임에서 분비되는 의미를 끄집어내는 것이 문제해결의 실마리가 된다. 이 기호학적 게임은 기호들 사이의 차이와 그것들의 자체 분화를 야기한다. 그런데 존재의 바탕이 되는 지각 차원의 가시적인 것과 감각적인 것, 곧 '세계의 살'이야말로 부단히 분화 중인 차이들의 '공통원질'임을 밝히기 위해서는 이 차이들이란 반드시 지각의 두 항목 '사이'에서 '긴박'하게 '반사'적으로 발생하는 상호잠식, 절박성, 존재의 열개로 명명되어야 한다. 왜냐하면 지각하는 자와 지각된 것 사이에는 공(共)외연성(coextensivité)이 존재하며, '무언가에 대한 의식(지향성)'이란 이미 인간을 향한 사물의 나타남에 상응하기 때문이다. 그래서 우리는 사물들 앞에 그저 '존속'하고만 있는 것이 아니라 위에서 말한 실질적 의미들의 '분화 차원'에 있다고 해야 한다. 말하자면 우리는 판단과 행위에 제공되는 이미지의 세계, 반성적 사고의 세계, 변화와 지속의 세계, 그리고 상징적 세계 안을 '실존'하고 있는 것이다. 따라서 지향성은 이제 그 의미를 적극 변화시키면서 더이상 무언가에 대한 의식인 '겨냥'만을 뜻하지는 않게 된다. 지향성은 사물과 '더불어' 그야말로 질료 차원에서 선험적으로 '상관'하게 됨으로써, 객체를 향한 주체의 지향성에만 머물지 않고 서로서로 심층적이고 다중적인 관계양상으로 나아간다. 지각존재들 사이에서 혼용 및 분절되는 후기 사유의 반복적 교직교차, 이것이 곧 전기 사상의 '체현된' 지향성의 심층부이며 이러한 질료적인 상호지향성을 타고서 '살의 흐름(氣運)'은 진행된다. 결국 '세계의 살'이란 시공간을 가로지르는 존재의 '내적 차별화' 곧 원초적 존재(Etre)의 '표현성'이 된다.

이런 맥락에서 '지각하는 이'를 향해 불현듯 부상하는 메를로뽕띠의 '지각되는 것'은 마치 감각적 존재들의 공통원질 속에 접혀 있는 '주름'과도 흡사하다. 말하자면 지각하는 이와 지각되는 것의 상호탄생이 먼저 이루어진 후에야 의식 또는 주체의 구획들도 주제화된다. 그렇기에 메를로뽕띠는 싸르트르가 종착지로 삼은 지점, 곧 '대자'를 통해 재개한 '존재' 속에서 자신의 출발점을 찾는다고 확신하는 반면, 높은 곳에서 내려다보는 듯한 싸르트르의 정치철학적 사유란 결국 즉자와 대자라는 추상화된 논리가 되고 만다. 물론 대자와 즉자는 서로가 없이는 생각될 수 없는 바이지만, 이런 구별은 단지 '사후의' 구도로서만 필요하고 또 경험에 대한 '추상적' 재현으로서만 그 가치가 있을 뿐이다.

지각지평으로 말미암아 신체철학과 타자철학이 필연적으로 연결되는 메를로뽕띠의 철학적 테마를 위해 이 글은 후설의 의식철학과 유비추론을 비판함으로써 현상학을 그 원천에서부터 재편했다. 이러한 해체적 생산을 위해 지향성, 반성, 환원, 본질, 선험적 주관이라는 개념들에 어쩔 수 없이 철학적 메스를 가했다. 즉 이 개념들을 체현적 지향성, 근원반성, 환원 그 자체, 야생적 본질, 세계에 뿌리내린 신체주체, 그리고 반사감각성으로 교체한 것이다. 나아가 생생한 의미(sens), 원초적 표현(expression), 발화적 언술(parole), 침전된 언어(lanque)의 해명을 통해서 구조주의적 계기와 교직교차의 존재론 사이를 '접합'한 것은 타자의 문제해결에도 영향을 준 것으로 본다. 이처럼 살-지각 구조로 개편함으로써 재조명된 역동적인 실증현상학은, 의식철학에 근거한 후설의 관념-선험적 현상학을, '살로 집적된' 몸을 토대로 한 메를로뽕띠의 질료-선험적 현상학으로 격상시킨 혁명적 프레임이라 하겠다.

| 신인섭 |

살로 집적된 몸(corps *de chair*)

몸을 한정하는 전치사+명사의 표현을 통해, 메를로뽕띠가 살[肉]이라는 재료를 통해 몸을 채웠다고 보고 몸의 질료적 완성을 생각할 수 있겠으나 실상 그는 이 살을 통해 오히려 종래의 물질적 신체를 '해체'하고 있다. 전치사 de를 매개로 한 물질명사(일단 이렇게 부르자) 'chair'는 'corps'를 완성하는 내용물인 것은 맞지만 'chair'를 단순히 물질로만 여길 경우, 신체는 하나의 육체로서 데까르뜨의 연장실체(res extensa)로만 이해될 가능성이 크다. 또 'Körper'에 숨(vie)이 들어간 후설의 살아 있는 몸(corps vivant)조차 세계와의 존재론적 연속성이 '부재한' 관계로 '살로 집적된' 몸을 만족시킬 수 없다. 반면 메를로뽕띠는 'chair'를, 그리스 자연철학의 사대(4원질)와 같은 '선험질료' 또는 라이프니츠의 모나드(monade)와 같이 배중률을 부정하는 '제3의 존재장르'로 생각함으로써, 단순한 물질(matière)로서의 육체(*corps*)는 물론이고 숨 쉬는 몸(corps animé)으로서의 신체(*Leib*)까지 해체하고 급기야 생명의 원천인 '살'의 흐름곧 체현된 지향성(intentionalité incarnée)을 통해 다른 신체들과 사물들을 관통하면서 섞이는 전혀 새로운 차원의 '살의 몸'(corps *de chair*)을 제시한다. 이 신체는 실체적이 아니라 매체적인 몸이요 그래서 오히려 살을 따라 '흐르는 몸'이 된다.

세계로 열린 존재(être au monde)

에마뉘엘 마르띠노(Emmanuel Martineau)는 하이데거의 'In-der-Welt-Sein'을 'être *au* monde'로 번역했다. 현존재, 곧 세계로 '열린' 현전(présence *au* monde)의 '개방성'이야말로 현상학의 본질적 이념이기 때문이다. 여기서 주-객 미분화의 현상학적 통일성을 보장하기 위한 전치사 'au'는 그 간단한 외양과는 달리 결정적인 접속어다. 'au'는 주체와 세계 '사이'의 존재론적 이음목이 되기에 '세계로의(에의) 존재'라는 번역을 위한 '방향'의 전치사가 될 수 없다. 『지각의 현상학』이 인식론적 지평을 떠나 이미 지각-존재론적 차원에서 주체의 수동성을 근간으로 하고 있는 터라 주체가 주도할 여지가 있는 방향의 전치사는 부적절하다. 왜냐하면 『지각의 현상학』에서부터 주도권은 오히려 세계로 넘어가면서 주체의 능동성은 상당히 위축되었기 때문이다. 'au'를 사이로 주체는 세계뿐만 아니라 이 세계에 속한 다른 주체들과도 전반성적 차원에서 섞이면서(질료성) 자연스럽게 엮이고(사회성) 있다. 이 '질료선험론' (transcendantalisme matériel)적 차원의 순환성을 위한 'être *au* monde'는 '세계로 열린 존재'일 수밖에 없다. 이것은 제법무아(諸法無我)의 주체 개념과 흡사하다. 그러므로 être *au* monde의 '세계'는 시공간적 차원의 총체적인 의미연관이라는 역동적 구조를 지니게 된다. 살이라는 바탕존재(존재원질)의 선험성으로 말미암아 부재하면서도 현존하는 매체로서의 내 몸은 신체도식을 통해 타인 및 세계와 더불어 공시적이고도 통시적인 상호신체적(intercorporel) 차원을 구축한다. 연기론적 현상학(phenomenologie du Karma)의 가능성이 여기 나타나고 있다.

에마뉘엘
레비나스

Emmanuel Levinas 1906-1995

7장 /

타자의
사유

에마뉘엘 레비나스는 리투아니아 카우나스(Kaunas)에서 1906년 1월 12일 태어나 1995년 12월 25일 프랑스 빠리에서 죽었다. 러시아 문학과 히브리어 성경, 프랑스 철학자들과 독일 철학자들(후설과 하이데거)을 읽으면서 철학사상을 형성했다. 1995년 12월 25일 사망했을 때 프랑스 신문 『리베라시옹』(*Libération*)이 한 표현대로 그는 '네 문화의 철학자'였다. "위대한 철학자는 하나만 생각한다"는 베르그손의 말처럼 레비나스도 줄곧 하나만을 생각한 철학자였다. 그 '하나'는 레비나스에게 '타자'였다. 레비나스는 '타자'를 내세움으로써 '존재'의 이름으로, '욕망'의 이름으로, 또는 '체계'의 이름으로, 또는 어떤 이름을 통해서라도 익

* 이 글은 강영안 『타인의 얼굴: 레비나스의 철학』 결론 부분(238~273면)을 이 책의 기획 의도에 맞춰 대폭 줄여 고쳐 쓴 것이다. 레비나스의 생애와 저작, 그리고 연구서에 관한 자세한 소개는 위 책을 참조하기 바란다. 이 글의 초고에 대해서 여러가지 제안을 해주신 충북대 김상록 교수께 감사의 말씀을 전한다.

명성이 마치 삶의 근본 현실인 것처럼 주장하는 철학, 개체성을 없애려는 철학에 맞서 싸웠다. 인간은 저마다 얼굴이 있는 존재요, 이름을 지닌 존재이며 그 무엇으로 환원할 수 없는 고귀한 개체라는 사실을 그는 내세웠다. 『후설 현상학에서 직관 이론』(*La théorie de l'intuition dans la phénoménologie de Husserl*, 1930), 『존재에서 존재자로』(*De l'existence à l'existant*, 1947), 『시간과 타자』(*Le temps et l'autre*, 1947), 『전체성과 무한자』(*Totalité et infini*, 1961), 『존재와 다르게 또는 존재사건 저편에』(*Autrement qu'être ou au-delà de l'essence*, 1974), 『신, 죽음, 시간』(*Dieu, la mort et le temps*, 1993) 등의 저서가 있다. 여기서 레비나스 사상 전체를 개괄하기보다는 "만일 레비나스 철학이 철학에 가져다준 새로움이 있다면 그것이 무엇인가?"라는 물음을 가지고 첫째로 서양철학 비판, 둘째로 제1철학으로서의 윤리학, 셋째로 신과 종교의 문제를 다루어보고자 한다.

1. 서양철학 비판과 비판철학의 가능성

"서양철학은 대체로 존재론이었다." 『전체성과 무한자』 첫머리에 나오는 이 표현은 서양철학에 대한 레비나스의 비판적 입장을 한 문장으로 대변해준다. 존재론은 레비나스에 따르면 타자를 동일자의 영역으로 환원하는 이론이다. '물질' '신' '역사' '절대정신' '자아' '국가'는 존재자 전체를 한곳에 모을 수 있는 지평으로 등장한다. 존재론은 모든 것을 예외없이 전체 속에 체계화하는 전체성의 철학이다. 전체성의 철학은 지식을 강조한다. 지식은 동일성의 발현이고 이성은 나의 자유의 표현이며 이것은 타자를 중립화하고 마침내는 타자를 나의 세계로, 동일자의 세계로 환원해버린다. 이런 의미에서 서양철학은 대체로 '자아론'이었다. "동일자가 아닌 것, 내 속에 있지 않은 것, 나의 자유에 근거를 두지 않는 것에 대해 무조건 거부하라"는 것은 소크라테스의 교훈이었다고 레비나스는 지적한다. 초월에 대해 그토록 관심을 가졌던 후설과 하이데거의 현상학도 크게 다를 바 없다는 것이 레비나스의 생각이다.

레비나스의 현상학 비판: 후설과 하이데거

레비나스는 현상학을 통해 철학에 입문하고 현상학을 알았고 현상학 방식으로 철학을 시도한다. 현상학이 전통적인 관념론에 비해 훨씬 개방적이라는 사실도 그는 인식한다. 현상학이 말한 의식은 '무엇에 대한 의식'이며 이 무엇은 자기가 아닌 것, 자기와 구별되는 무엇, 다시 말해 지향성으로 존재한다. "지향성으로서의 의식의 실체성은 스스로 초월하는 데 있다." 이 점에서 후설은 데까르뜨를 극복했다고 레비나스는 판단한다. 그럼에도 레비나스 눈에는 후설의 초월론적 현상학도 본질적으로는 존재론이다. 후설은 의식뿐만 아니라 사물의 존재의미도 의식의 구성 활동을 통해 해명한다. '존재'는 의식 앞에 주어진 것, 의식에 의해 의미가 부여된 것으로 의미를 갖는다. 사물은 의식에 의해 구성되는 한, 의미를 갖는다. 이때 의식의 구성 작용은 의식의 '객관화하는 작용', 다른 말로는 의식의 '표상 작용'이다. 레비나스가 후설 철학을 존재론이라 부르는 것은 바로 이 때문이다.

의식과 세계의 관계를 보는 점에서 하이데거는 후설과 구별된다. 하이데거를 따르면 인간은 이미 세계 안에 던져져 있다. 인간은 이미 세계와 관계를 맺고 있다. 세계 안에 거주하며, 내일에 대한 불안과 근심을 가지며, 타인과 함께 살고 있다. 자기를 발견하고 자기를 말하기 전에 이미 세계 안에 살고 있다는 점에서 인간 존재는 '초월'로 규정된다. 이러한 관계는 이론적이기 이전에 실천적이다. 의식과 세계의 관계는 무엇보다 실천적 관계이며 세계에 대한 표상적, 이론적 관계는 실천적 관계로부터 파생된 것에 지나지 않는다는 것이 하이데거의 생각이다. 그런데 레비나스가 보기에는 하이데거 철학도 존재론의 한계를 역시 벗어나지 못했다. 하이데거는 존재(Sein)를 '자애'요 '은총'이며, '선물'이요 '구원'이며, '축복'이요 '해방'으로 이해한다. 존재는 우리가 그 안에 깃들어 사는 '집'이요, '줌'(Geben)이며, 우리의 존재를 밝혀주는 '빛'이다. 존재는 하나의 '사건'이요, 인간은 이 사건 속에서 인간이 된다. 존재는 사건으로 일어나기 위해 사유하는 인간을 '필요로 한다'. 하지만 존재자의 존재 의미는 언제나 존재를 통해 밝혀진다. 그러므로 존재자와 존재자의 관계도 존재를 통해 규정된다. 사람과 사람이 맺는 관계도 존재에 종속된다. 따라서 익명적·무인격적 존재가 존재자를 사로잡고 지배한다. 이런 이유 때문에 레비나스는 하이데거의 존재론도 다른 존재론과 마찬가지로 역시 '소유와 지배의 철학'이고 심지어는 인격적 자아와 타자, 타자와의 인격적 관계와 책임을 거론하지 않는 '불의한 철학'이며 '중립성의 철학'이라 평가한다.

레비나스는 '존재'를 '존재한다'는 동사적 의미로 이해한다(이 점에서는 하이데거와 차이가 없다). 하지만 레비나스는 존재 사건을 빛의 비춤이나 축복이 아니라 어둠이고 밤이며, 우리에게 공포를 주는 혼돈 상태로 본다. 사물에게 아직(혹은 더이상) 이름도 없고, 아무도 그것의 정체를 알 수 없는, 다만 그 안에 종속되어 숨 막히는 공간을 일컬어 레비나스는 '존재'라고 부른다. 동사로서의 '존재'는 어둠이고 악이다. 주체의 출현은 익명적 존재 사건을 벗어나 '나'라고 스스로 부르는 존재자의 출현이며 존재를 자기 것으로 소유하는 사건이다. 하지만 주체는 존재 소유로 인해 존재를 하나의 짐으로 짊어지게 되며 이것은 존재의 무거움으로 주체에게 엄습해온다. 레비나스의 묘사에 따르면 존재의 무게는 타자와의 관계를 통해 비로소 가벼워질 수 있고, 내재성의 세계에서 외재성의 세계로 초월의 길이 열릴 수 있다. 이러한 초월의 과정을 그리는 것이 레비나스에게서는 형이상학의 과제였다.

레비나스가 생각한 형이상학은 무한자와 관련이 있다. '무한자'는 나와 절대적으로 다른, 나에게로 도무지 환원할 수 없는 타자를 말한다. 타자를 '무한자'라고 일컫는 것은 타자의 수가 한없이 많다거나 타자는 도무지 접근할 수 없다거나 하기 때문이 아니다. 타자는 나의 인식과 능력의 테두리 안에 가둘 수 없기 때문에, 바로 그 때문에 무한하다. 타자는 전체화의 틀을 벗어나 있다. 그러므로 타자의 무한성은 수평적 무한이라기보다 수직적 무한이라고 할 수 있다. 타자는 나의 자율적 의식보다 더 깊이 나의 존재에 와 닿아 있다. 타자는 나의 거주와 안락함을 문제시한다. 끝없이 소유하고 지배하고자 하는 나의 자유를 타자는 문제삼는다. 타자의 '얼굴'과 만날 때 그때 비로소 '형이상학적 욕망'이 심어지고 '초월'에 대한 갈망이 일어난다. 이런 의미의 형이상학은 레비나스에게는 '윤리학'과 동의어로 쓰인다.

레비나스가 존재론을 비판한 세가지 이유

'윤리학으로서의 형이상학' 또는 '제1철학으로서의 윤리학'을 좀더 자세히 보기 전에 레비나스가 서양철학을 존재론이라 보고 그것을 비판적으로 검토한 이유가 무엇인지 살펴보자. 짧게 말하자면 세가지 이유를 찾을 수 있다. 첫째는 인격성의 상대화이고, 둘째는 권력의 찬양이고, 셋째는 진정한 비판적 이성의 결여다.

첫째, 서양철학은 존재론이라고 할 때 레비나스는 서양철학은 대체로 인간의 인격을 상대화하는 경향을 본질적으로 지닌 철학이라 규정하고자 한다. 인간은 여기서 익명적 질서의 부분으로 의미를 갖는다. 근대에 이르러 인간을 법칙에 따라 움직이는 역사의 한 계기로 본다든지 존재 사건에 따라 자신의 운명이 정해지는 존재로 본다든지 하는 철학을 염두에 둔 것이다. 인격을 상대화하는 경향은 1960년대 이후 프랑스 철학과 정신분석학·심리학·구조언어학·인류학 등 이른바 '인간과학'(sciences humain)에도 나타난다. 『존재와 다르게 또는 존재사건 저편에』에 2년 앞서 출판한 『타인의 인간주의』에서 레비나스는 이러한 경향을 "휴머니즘의 종언, 형이상학의 종말 ― 인간의 죽음, 신의 죽음 (…) 이것들은 지성인들의 묵시론적 이념 또는 구호이다"라고 표현한다. 레비나스가 볼 때 '인간과학자들'은 과학적 엄밀성의 이름으로 인간의 내면성 자체를 부인한다. 현대의 인간과학은 '주체성'을 과학의 영역에서 완전히 제거한다.

서양철학을 존재론이라는 이름으로 레비나스가 문제 삼는 두번째 이유는 서양철학이 권력의지를 미화했다는 데 있다. 어느 전통보다 서양철학 전통은 자유를 중시했다. 여러 철학자들은 자유를 자율성의 토대로 보았다. 자유롭다는 것은 나 자신이 목표를 설정하고, 설정한 목표에 이를 수 있는 수단을 스스로 설정할 수 있다는 뜻을 담고 있다. 자유는 따라서 나의 능력, 나의 '할 수 있음'(pouvoir)의 질서에 뿌리를 둔다. '할 수 있음'으로서의 자유는 그러므로 타자에 대한 '힘' 또는 권력으로 작용한다. 주위 환경을 지배하거나 타자를 지배하는 일을 통해 자유는 힘으로 구체화된다. 그런데 서양 전통은 개인들의 자유에서 오는 충돌을 공동의 질서, 곧 다양성과 무질서에 확고한 질서를 수립할 수 있는 전체성 곧 국가를 세워 해결하고자 한다. 개인의 힘은 집단 질서의 수립으로 국가에 이양되고 따라서 제한을 받을 수밖에 없게 된다. 국가는 개인의 이익을 해결하는 기관으로 집단적 권력 행사의 형식을 띠게 된다. 그 결과 개인의 자유를 옹호하는 자유주의와 집단적 권력 집행을 선호하는 집단주의의 두 극단 사이에 서양의 정치 철학이 헤맬 수밖에 없게 된다. 레비나스는 둘 다 문제 삼는다.

레비나스가 말하는 '타자의 얼굴'은 타인을 고려하지 않고 내 마음대로 사용하는 자유가 얼마나 폭력적인가를 깨닫고 의식하게 한다. 그러기에 오직 윤리만이 권력의지를 의심하고 문제 삼을 수 있다. 나의 맹목적 권력의지가 아니라 힘없는 타인의 얼굴이 나의 자유의 의미를 규정한다. 여기서 자유는 전혀 새로운 의미를 얻게 된다. 나의 '할 수 있음', 나의 '힘'에서 나오는 자유가 아니라 타인의 부름에 '응답'하고 그의 고통에 '반응'하며 타인에게 책임지는 가운데 나의 자유는 그 참된 의미를 얻게 된다. 인격의 가치를 그토록 강조한 칸트조차도 우리의 도덕적 책임 근저에 자유가 있다고 보았기 때문에 칸트 도덕철학의 핵심 명제는 "자유는 책임에 선행한다" 또는 "책임은 자유에서 나온다"는 것이다. 그러나 레비나스의 핵심 명제는 "책임은 자유에 선행한다" 또는 "자유는 책임에서 나온다"는 것이다. 인격으로서의 타인, 나와 얼굴을 마주하는 타인, 그리고 레비나스가 '제3자'라고 부른, 나와 직접 마주하지 않는 저 멀리 있는 타인, 앞으로 지구에 출현할 타인은 나의 자유의 규범이요 의미라는 것이다. 타인에 대한 책임으로서의 나의 자유는 타인에 의해 방향이 정해진다. 따라서 타인의 선을 고려하지 않고 오직 나 자신의 존재만을 고려한 자유의 행사는 악이 될 수 있다.

서양철학을 존재론이라고 부르면서 서양철학을 레비나스가 문제 삼는 세번째 이유는 존재론으로서의 서양철학은 진정한 비판적 이성을 가능하게 하지 않기 때문이다. 존재론은 레비나스에 따르면 '힘의 철학'이다. 힘의 행사가 여기서는 곧 자유다. 힘의 행사로서 자유는 전체성의 이념에서 완성된다. 전체성의 이념은 포괄될 수 있는 개체들을 인식하고 그것들의 상호 연관을 파악할 수 있는 지적 능력에 의존한다. 그러므로 자유의 근저에는 지식, 곧 앎이 있다. 서양의 주도적 앎의 모형은 대상을 보고 의식하고 손에 넣어 완전히 자기 것으로 만드는 것이다. 앎은 곧 대상에 대한 조종이요 기술로 귀착된다. 그러므로 레비나스는 이렇게 말한다. "'나는 생각한다'는 '나는 할 수 있다'는 것과 마찬가지다. 존재하는 것의 소유요 현실의 정복이다. 철학의 기초로서의 존재론은 힘의 철학이다."

만일 앎을 현실에 대한 파악, 또는 존재자의 지배로 볼 수 없다면 과연 존재론을 떠나 철학할 수 있는 길이 있는가? 존재론이 아닌 철학은 어떻게 가능한가? 이 맥락에서 칸트와 레비나스의 유사성을 말할 수 있다. 레비나스를 따르면 존재자의 이해 또는 현실 파악으로서의 철학(존재론)은 독단론을 벗어날 수 없다. 타인의 개입으로 인해 나의 자유가 문제시되기 전에는 나 자신을, 나의 사유의 틀을, 나의 존재 이해의 틀을 벗어날 수 없다. 다시 말해 존재론으로서의 철학은 대상을 문제 삼고 나의 의식의 이해와 파악과 인식을 문제 삼을 수 있을 뿐 나의 의식 자체를 문제 삼을 수 없다. 나의 의식, 나의 자유를 문제 삼는 일은 타자의 개입을 통해서 가능하다. 타인은 손에 집어넣을 수 없는 존재이다. 타자의 얼굴과의 만남, 외재성과의 접촉 없는 이성은 여전히 독단의 잠에 빠져 있다. 타자의 얼굴과의 만남은 나의 자유, 나의 이해, 나의 지식과 존재 기획, 나의 세계 지평 전체를 의심하고 문제시하고 비판할 수 있도록 해준다. 타자와의 만남을 통해 회의론과 비판적 이성이 가능하다. 레비나스는 타자와의 만남, 타자의 현존으로 인해 나의 존재가 문제시되는 것을 윤리라고 부른다. 따라서 윤리는 회의론과 비판의 조건이고 이런 의미에서 철학의 조건이다. 독단론에서 비판적 이성으로 넘어가기 위해 필요한 회의론은 타인의 존재를 통해서 주어진다. 타자의 현존에 의해 나의 존재가 문제시되는 경험, 나의 자유와 나의 지식과 나의 세계를 문제 삼는 일, 다시 말해 '회의론'은 타인 없이, 타인에 대한 고려와 배려 없이 이루어둔 나의 행적과 공적에 대해 비판적으로 논의하도록 길을 터준다. 이런 의미에서 철학은, 이미 칸트가 앞서 시도했던 것처럼, 필연적으로 독단론에서 회의론으로, 회의론에서 비판철학으로 이행할 수밖에 없다. 형식상으로는 칸트가 『순수이성비판』 초판 서문에서 근대 형이상학의 행로를 독단론에서 회의론으로, 회의론에서 다시 비판철학으로의 이행으로 밝힌 바와 같다. 그러나 내용상으로는 칸트가 우리에게 주어진 새로운 과제로서 '존재 사유'를 제안하면서 그 내용을 표상적 사유의 본질을 다시 생각하는 것으로 설정한 것과 유사하다. 외재성의 관점, 타인의 얼굴에 의해 내 존재 자체가 문제시된 상황에서 철학은 존재론 비판으로 가능하며 여기서 한걸음 더 나아가 타자의 사유, 곧 윤리학으로서의 철학이 가능함을 레비나스는 보여주고자 했다. 윤리학은 비판철학을 가능하게 하는 조건이다.

2. 제1철학으로서의 윤리학

앞에서도 말했듯이 존재론을 통째로 폐기하는 일은 레비나스의 의도와 거리가 멀다. "인간 자신이 존재론"이라는 말에서 보듯이 우리는 존재론을 피할 수 없다. 그가 자신의 과제로 삼은 것은 존재론과 형이상학의 역할을 바꾸는 일이다. 다시 말해 형이상학(윤리학)을 앞서게 하고 존재론을 뒤따라오게 하는 일이다. 서양철학은 존재의 문제, 세계의 문제, 신의 문제, 타자의 문제, 자유의 문제, 그리고 나아가 실천철학 문제를 대체로 존재론으로부터 접근했다. 레비나스는 이 순서를 바꾸고자 한다. 어떤 철학적 문제든지 그 문제를 다룰 수 있는 출발점은 윤리학이라고 본 것이다. 윤리학을 통해서 비로소 존재와 세계, 신의 문제, 자유 문제, 그리고 심지어는 예술의 문제를 다룰 수 있다고 생각한 것이다. 따라서 이제 우리의 과제는 제1철학으로서의 윤리학이 어떤 것인지, 윤리학을 지탱하는 핵심 이념이 무엇인지 살펴보는 것이다.

타자 철학의 원천: 플라톤, 데까르뜨, 칸트와 유대교 전통

먼저 윤리학과 관련해 타자 철학을 생각해보자. 타자 철학은 사실은 결코 전통이 짧지 않다. '존재론적 제국주의'가 서양철학 전통을 장악했다 하더라도 서양철학에는 줄곧 타자 철학이 중요한 한 줄기로 제 목소리를 내고 있었다. 세 철학자를 들 수 있다. 예컨대 플라톤 철학은 레비나스가 볼 때 타자 철학의 한 모형이다. 플라톤은 선의 이념을 존재 이념 저편에 놓았을 뿐 아니라 존재론에 대해 윤리학의 수위성을 선언한 철학자였다. 그래서 레비나스는 "모든 존재 저 너머 선을 둔 것은 신학이 아니라 철학이 가르쳐준 가장 심원한 교훈이요 결정적 가르침이었다"고 말한다. 데까르뜨는 타자 철학의 또다른 한 예가 된다. 데까르뜨는 생각하는 존재의 존재론적 확실성의 기초를 내 속에 있는 무한자의 이념을 통해 튼튼하게 닦는다. 이른바 '방법적 회의'를 통하여 생각하는 나의 존재를 확보한 다음, 무한자의 이념을 통해 생각하는 나의 기초를 놓는다. 레비나스도 나를 엄습하고 탈인격화하는 익명적인 '있음'(il y a)으로부터 제 발로 서는 명사적·실체적 존재로서 주체의 출현을 확보한 다음, 다시 타자와의 관계를 통해 주체의 존재 무게를 가볍게 한다. 데까르뜨의 무한자 이념을 레비나스는 윤리적으로 해석해서 자신의 중심 개념으로 사용한다. 이렇게 하는 데는 칸트의 실천이성의 수위성에 대한 강조가 함께 작용한다. "우리가 분명히 드러내고자 한 것은 특별히 내가 가깝게 느끼는 칸트의 실천철학이 제시한 것과 비슷하다”고 말할 때 레비나스는 절대자와의 관계는 도덕적 실천 영역에서 가능하다고 본 것을 염두에 두었을 것이다. 존재 지평 안으로 흡수할 수 없는 존재 저 너머의 도덕세계의 우선성 또는 이론이성에 대한 실천이성의 수위성을 강조한 점에서 칸트와 레비나스 사이에 분명 연속성이 있다.

플라톤, 데까르뜨, 칸트와 더불어 레비나스의 타자 철학에 중요한 원천이 된 것은 역시 유대교다. 레비나스는 자신의 철학을 ‘유대교 철학’이라든지 일종의 위장된 신학이라 보는 것에 대해 매우 민감하다. 뿌아리에(François Poirié)와 인터뷰할 때 사람들이 흔히 자신을 ‘유대교 사상가’(un penseur juif)로 보는 것에 대해서 일단 수긍하지만 자신은 성경과 탈무드 전통을 철학적 사유의 전제로 곧장 내세우지 않는다는 점을 강조한다. 성경 구절을 예로 사용하지만 결코 논증의 일부로 사용하지 않는다. 철학자로서 레비나스는 성경에 직접 호소하지 않는다. 철학 저작 안에서 성경 구절을 사용하는 경우는 거의 보이지 않는다. 하지만 유대교에 관한 그의 여러 저서 가운데는 그의 철학적 원천이 된 많은 구절에 대한 주석이 발견된다. 성경과 탈무드는 그의 철학적 사유의 풍성한 원천임을 누구도 부인할 수 없을 정도로 밀접하게 관련되어 있다. 그 가운데서 타자의 철학과 관련해 두가지 예를 들어보자.

하나는 메시아 사상에 대한 레비나스의 해석이다. 메시아가 누구냐, 어떻게 오느냐 등에 대해서 다양한 해석이 유대교 안에 있다. 레비나스는 유대교의 메시아 사상이 보편적 인간 인격 개념을 혁신하는 데 얼마나 중요한 사상인지 보여준다. 메시아는 고난 받는 종이며 타인에 대해 완전히 책임지는 존재의 모습으로 나타난다. 메시아는 타인의 과오와 고통조차 대신 짊어지는 존재다. 타인을 위한 볼모로, 인질로, 대신 짐을 짊어지는 대속자로 등장하는 메시아는 저 바깥에서 오는 존재가 아니라 우리 각자, '나'(moi) 자신이다. 메시아는 내가 되는 것이고 내가 되는 것, 그것은 곧 메시아가 되는 것이다. 레비나스는 고난 받는 종 메시아의 모습이야말로 가장 나다운 '나'이며 어느 누구도 아닌, 바로 나 자신이 타인을 위해 대신 짐을 짊어지고 볼모가 되어줄 수 있음을 말하고자 한다. 타인의 고통과 죄책에 직면해서 나는 누구에게도 대신 짐을 짊어져 달라고 요구할 수 없기 때문에 오직 나 자신만이 그 짐을 짊어져야 한다는 요구에 응답할 수 있다는 것이다. 이를 통해 우리 자신은 각각 아무도 대신할 수 없는 독특한 존재가 된다. 따라서 레비나스는 메시아 사상이 특정 인물에서 메시아를 구하는 것이 아니라 세상 고통을 짊어지는 고난 받은 종의 모습을 통하여 책임을 지는 보편적인 인간 모습을 보여준 것이라 해석한다.

토라(Torah) 또는 율법의 의미를 보편적으로 해석한 것도 한 예로 들수 있다. 레비나스는 토라가 지닌 종교적 의미는 철학을 통해서 완전하게 드러날 수 없다는 것을 먼저 인정한다. 하지만 토라는 레비나스에 따르면 단지 유대인에게 준 율법이 아니라 부버(Martin Buber)와 로젠츠바이크(Franz Rosenzweig)가 독일어로 '바이중'(Weisung)으로 번역했듯이 인간이 걸어갈 길을 보여주는 '지침'이요 '가르침'이다. 여기서 말하는 가르침이란 몇몇 구체적인 규칙이나 율례를 뜻하지 않는다. 토라는 우리의 사유 이전에, 우리가 스스로 생각해낸 것들 이전에 본질적인 것들이 앞선다는 사실과 자유롭게 하는 생각은 자기 자신에 대해서 책임질 수 없다는 사실, 그리고 인간의 자율성은 자신 바깥의 규범을 통해서 비로소 자의와 폭력으로부터 자유로울 수 있다는 사실을 가르쳐준다.

무한자의 이념

타자 철학에 이어 레비나스의 제1철학으로서 윤리학에 중요한 것은 철학 전통에서 빌려온 '무한자'의 이념에 새로운 생명을 불어넣은 일이다. 무한자의 이념에 대한 반성과 철학적 주장은 레비나스를 세계적 철학자의 반열에 들게 했다. 이 이념은 어떤 다른 이념이나 개념보다 레비나스 철학을 칸트나 피히테(Johann Fichte) 또는 후설의 의식 중심 철학, 하이데거나 싸르트르, 메를로뽕띠의 유한성 철학과 구별해준다.

무한자의 이념은 통상적 이념이 아니라는 사실에 주목하는 것이 무엇보다 필요하다. 만일 통상적인 이념이라면 레비나스 철학은 의식철학 전통에 속할 것이다. 예컨대 칸트 철학에서 보듯이 '무한성'의 이념은 이를 통해 우리에게 낯선 것을 대상으로 만들 수 있는 것이다. '신' '세계' '영혼'을 칸트는 우리가 경험할 수 없는 대상을 생각하고 경험에 체계적 통일성을 주기 위해 만들어낸 '초월적 이념'이라 부른다. 이 념은 여기서 내가 가지고 있는 틀을 통해 내가 포착할 수 없는 타자를 표상하는 방식이다. 칸트 철학에서 보듯이 예컨대 우리는 신을 세계의 창조주로 표상한다. 이때 나의 표상은 표상할 수 없는 대상을 표상하는 '상징'으로 사용된다. 상징은 경험에서 찾은 비슷한 예('유비')에 대한 반성을 통해 형성된다. 그러므로 칸트가 말하는 이념에는 두가지가 공존한다. 이념은 내가 결코 완벽하게 표상할 수 없는 존재에 대한 모종의 표상이며, 이 표상은 언제나 나의 경험과 상상력에 기초하고 있다는 사실이다. 이런 방식으로 생각하면 무한성의 이념은 유한의 경험으로부터 유한을 부정하여 얻어낼 수 있다.

레비나스의 무한자의 이념은 칸트의 '이념' 형성과정과 구별된다. 앞서 언급했듯이 레비나스는 무한자 개념을 데까르뜨에게서 빌려온다. 데까르뜨의 무한자의 이념은 나에게서 비롯된 이념이 아니라 바깥에서 내 안으로 들어온 이념이다. 무한자의 이념은 따라서 나의 주도권과 무관하게 나에게 일종의 계시로 주어진다. 그러므로 무한자의 이념은 그 것이 담고 있는 내용이 나의 생각을 항상 초과하는 점에 그 특징이 있다. 따라서 어떤 대상과의 일치를 무한자의 이념에서 기대할 수 없다. 이 때문에 무한자의 이념은 때로는 그 현존 자체가 문제시될 수 있다. 하지만 무한자의 이념은 우리가 그것에 부딪힐 때 우리 의식을 초월해 있는 현실과의 관계를 표현해주는 것이다. 그래서 레비나스는 무한자의 이념과 관련해서 우리 능력보다 '더한 것'은 포함한다든지 '불일치'라든지 '척도의 불가능에 의한 척도'라든지 하는 표현들을 쓴다. 이처럼 무한자의 이념은 우리 의식과 관계하면서도 항상 이 의식을 초과하고 초월한다. 또 한편 무한자의 이념은 의식 자체가 자신에 대해서 회의하게 만드는 이념이다. 무한자의 이념이 지닌 이러한 성격, 곧 의식되면서 의식을 초월하고 의식을 비판에 부치는 이러한 성격은 어떤 무엇으로도 환원할 수 없는 고유한 인격적 존재로서 타인과의 관계를 보여준다. 무한자의 이념은 이렇게 윤리적 의미를 얻는다. 무한자의 이념은 얼굴로서 우리에게 말을 건네면서, 초월하고 우리를 비판하고 문제 삼고 질책한다. 레비나스의 무한자의 이념이 지닌 독특성이 이 점에서 나타난다.

여기에 하나 덧붙여두자. 레비나스가 말하는 무한자의 이념은 영원한 세계를 보게 하는 통로가 되기보다는 오히려 역사의 부당함과 그 부당함에 연루된 나의 책임을 보게 한다. 타인의 얼굴로서 무한자는 역사의 강요를 깨뜨리는 역사적 사건이요, 의식에 충격을 가져오는 사건이다. 그러므로 무한자의 이념은 역사를 다시 생각하고 바꿀 수 있는 가능성을 열어준다. 그러나 레비나스는 전통적 이원론에 빠지지 않는다. 만일 이원론자들처럼 무한자와 유한자를 구별하고 자연세계와 초자연세계를 구별해서 초자연세계에 우위를 둔다면 무한자를 다시 하나의 존재자로 만드는 결과를 가져온다. 무한자가 하나의 존재자가 된다면 초월은 가능하지 않다. 무한자는 존재에 속하지 않는다. 그것은 존재 질서 너머, 존재 저편에 있다.

책임의 이념

이제 제1철학으로서의 윤리학과 관련해 레비나스의 책임의 이념을 살펴보자. 『전체성과 무한자』에서 레비나스가 수차 강조하는 대로 '전체성'과 '자기실현'이라는 이념은 존재론적 사유의 초석이다. 반면 철학의 기초를 윤리학으로 볼 때 가장 중요한 이념은 '무한성'과 '책임'이라는 이념이다. 레비나스는 1961년에 출판한 『전체성과 무한자』에서 무한자의 이념에 역점을 두고 타자 이념을 부각시키는 데 집중한다. 그러므로 '외재성' '초월' '높음' '가르침' '무한자' 등이 강조된다. 레비나스의 의도는 인격으로서 타자를 드러내며 그와 관련된 주체의 여러 모습을 향유, 환대, 그리고 물론 책임 개념을 통해서 드러낸다. 그러나 1974년의 『존재와 다르게 또는 존재 사건 저편에』에서는 자아와 인간 주체의 의미에 훨씬 더 집중한다. 여기서는 타자에 의해 내가 접촉되고 자극되고 부름 받는 상황이 묘사되므로 '가까움' '핍박' '겨냥됨' '선택' '사로잡힘' '대속' 등이 핵심 개념으로 등장한다. 이 모든 것을 담는 개념이 '책임'이다. 타인의 부름에 응답하고 짐을 짊어지며 자기를 비워 희생을 감수한다는 뜻이다.

책임을 얘기할 때 두가지 측면이 있음에 우리는 주목해야 한다. 첫째, 책임은 내가 먼저 짊어지는 것이 아니라 타인의 작업의 결과라는 점이다. 책임은 나의 자유, 나의 주도권에 항상 앞선다. 책임을 통해 나는 타인에게 '수동적 대상'이 된다. 나는 주격으로 서는 것이 아니라 대격 또는 목적격(영어로 accusative)으로 타인에 대해 마주 선다. 대격으로서의 나는 내가 결정하고 행동하기 이전에, 벌써부터 죄책이 고발되고(영어로 being accused) 짐을 짊어지도록 부름 받은 자이다. 둘째, 책임으로 주어진 나의 수동성은 나에게 동시에 선택과 과제로 주어졌다는 면이 있다. 수동성을 통해 나의 인격됨은 그 독특한 성격을 얻게 되고 나의 자유와 창의성은 무엇과도 비교할 수 없는 절대적 의미를 얻게 된다. 수동성은 타인의 가까움이 나에게 다가오고 나를 덮치는 방식이며, 이것에 맞서 대항할 수 있는 가능성이 나에게 없다는 사실을 말해준다. '가까움'(proximité)은 타자가 나에게 이웃(le prochain)이 되기 때문에, 이웃으로 나에게 호소해오기 때문에 붙인 말이다.

'사로잡힘' '근원 이전' '꼽박' 등은 모두 이 가까움, 곧 타자의 이웃함이 그 외재성의 성격을 잃지 않으면서 철저하게 나의 자유와 지식을 문제 삼고 나의 응답을 요구하는 측면을 드러내는 말들이다. 이것들은 어떤 신비로운 힘이나 성스러운 매혹에 사로잡히거나 쫓기거나 하는 것이 아니라, 윤리적 의미에서 나는 모든 사람을 위해서 책임을 지닌 존재로 세움 받았다는 뜻을 담고 있다. 사로잡힘은 내 편에서 아무런 선택 없이 타인의 고통과 잘못으로 짐을 지는 것이다. 그러므로 나는 이것을 거부할 수 없다. 나는 수동적 존재로 타인을 대신하여, 타인의 속죄를 위해 대신 고난 받는 볼모의 모습을 하고 있다. 이렇게 대속적 주체가 됨을 통해 나는 익명적인 역사의 수레바퀴에서 벗어나 하나의 독립적이고 책임적인 주체로서 타인의 고난과 그가 겪는 불의에 책임을 지고 대신 짐을 짊어지는 존재로 돌아간다. 타인을 위한 대속이야말로 나를 한 인격으로, 책임적 존재로, 이성적이고 합리적인 존재로 만들어준다.

3. 신과 종교의 문제

레비나스는 분명 유대교 배경을 지닌 철학자였다. 따라서 당연히 신 문제에 대해 집착할 것이라는 편견을 가질 수 있다. 하지만 말년에 펴낸 두권의 저서를 제외하고는 신 문제에 관해서 철학적으로 그렇게 많은 글을 쓰지 않았다. 레비나스는 종교적 담론과 철학적 방식을 의도적으로도 분리한다. 철학은 철저히 그리스적이라는 것이 그의 일관된 신념이었다. 종교적 정서와 체험, 그 자신이 유대인으로서 겪은 20세기의 참혹한 경험을 그리스어로 번역하는 것이 그 자신의 과제라 생각한다. 이 점에서 레비나스는 예컨대 20세기 유대인 학자 가운데 게르숌 숄렘(Gershom Scholem), 마르틴 부버, 아브라함 헤셸(Abraham Heschel)과 구별된다. 숄렘이 카발라(Kabbalah) 전통을 대변한다면 부버와 헤셸은 하시드(Hasid) 전통을 대변한다. 그러나 레비나스는 카발라 전통이든 아니면 하시드 전통이든 간에 신비주의와는 거리가 멀다. 슈샤니(M. Chouchani)와 그의 제자이면서 소설가인 엘리 위젤(Elie Wiesel, 1986년 노벨평화상 수상자)처럼 매우 지적이고 합리적인 미트나게딤(Mitnagdim) 전통에 속한다.

무신론을 거쳐 신앙으로

레비나스는 위젤과 마찬가지로 신앙의 시련을 거쳐 유대교 신앙을 회복한 사람이다. 오죽했으면 개보다 못한 생활을 할 때 작업에서 돌아오는 자신들을 보면서 반갑게 짖어주던 개(유대인 포로들은 그 개를 '보비'라고 불렀다)를 '나치 독일의 마지막 칸트주의자'라고 불렀겠는가. 자신들을 수단으로서가 아니라 목적으로, 인격으로 대해준 자는 '보비'라는 개밖에 없었다는 것이다. 레비나스는 전통적 유신론처럼 전지전능하고 사랑이 많으신 하느님이라고 그리 쉽게 말할 수 없었다. 그렇다고 하느님을 부정하지도, 신앙의 의미를 평가절하하지도, 종교의 중요성을 무시하지도 않는다. 오히려 그 반대라고 말하는 것이 옳을 것이다.

그런데 레비나스와 전통 철학은 두가지 점에서 확연히 구별된다. 첫째, 레비나스는 참된 신앙을 위해서는 반드시 '무신론'을 거쳐야 함을 역설하는 점에서 유신론을 단순히 승인하고 받아들이는 태도와 구별된다. 무신론은 사람이 사람으로, 자기 발로 서기 위해 필수적이며 이를 통해 신화와 주술로부터 해방될 수 있다고 레비나스는 믿는다. 둘째, 하느님은 타자와의 윤리적 관계를 통해 구체화될 수 있을 뿐 어떤 직접적인 관계도 맺을 수 없다고 주장하는 점에서 기독교나 유대교의 주류와도 구별된다. 하느님은 결코 나-너 관계 속에 들어오지 않으므로 제3자를 통해서 경험할 뿐이며 이런 의미에서 하느님은 우리에게 2인칭적 존재가 아니라 3인칭적 존재라는 것, 다시 말해 하느님은 우리와 직접 대면할 수 있는 존재가 아니라(이런 의미에서 우리에게 부재하는 분이면서) 타자와의 관계 속에 계신 분이라는 것이다.

레비나스는 『전체성과 무한자』에서 "무신론이 가능한 한 존재를 자신의 발로 설 수 있게 한 것은 창조주에게는 틀림없이 하나의 큰 영광이다"라고 쓰고 있다. '무신론'은 주변 세계와 역사와 존재로부터 스스로 분리해 독립적이 되는 것을 말한다. 우리를 에워싼 어떤 신적인 것, 어떤 신성한 것, 어떤 외적 힘으로부터 분리해서 자신을 고유한 존재자로 세우는 행위를 일컬어 무신론이라 부른다. 레비나스가 말하는 무신론은 그러므로 신(*theos*)이 '없다'(*a*)는 의미가 아니라 신으로부터 독립한다는 뜻이다. 이런 의미의 무신론은 하느님의 존재를 긍정하거나 부정하거나 하기 이전의 태도요, 하느님의 존재를 긍정하거나 부정하거나 하기 위한 전제 조건이다. 만일 스스로 자기 발로 서지 못한다면 하느님 존재를 긍정하거나 부정하거나 할 수 없다고 보기 때문이다.

레비나스는 무신론적 태도가 종교적 관계의 조건이라 본다. 왜냐하면 이 태도는 신성한 것에 대한 참여, 주술적인 영향으로부터 자유를 뜻하기 때문이다. 원시적, 주술적, 또는 신화론적 신앙은 참된 신앙이나 종교와 거리가 멀다. 레비나스는 종교적인 것의 핵심을 '성스러운 것'(das Heilige)에서 찾고 이 성스러움을 '매혹과 공포의 신비'로 본 루돌프 오토(Rudolf Otto)의 시도와 정반대 입장을 취한다. 신성한 것, 신화적인 것, 신비스러운 것은 일종의 폭력의 형태라고 레비나스는 이해한다. 정신을 고양시키고 자기를 무화하는 가운데는 고유한 인격이나 개체성이나 자아가 들어설 자리가 없다. 유대교는 레비나스의 해석에 따르면 신성시를 거부하고 철저히 탈신화화, 탈신격화하는 데 그 특징이 있다. 레비나스가 뜻한 무신론은 이런 배경에서 보면 곧 탈신격화, 탈신성화 또는 좀더 일반적인 용어로 '세속화'와 동일시될 수 있는 말이다.

레비나스 사상에서 매우 특징적인 점이 바로 여기에 있다. 신화와 열광주의 앞에서 신을 거부할 수 있는 존재만이, 다시 말해 무신론자가 될 수 있는 자만이 참된 하느님을 환영할 수 있다. 무신론, 즉 세속화를 통해 신성한 것으로부터 독립해 스스로 설 수 있는 주체의 출현은 참된 종교, 즉 타자와의 관계가 가능한 조건이다. 따라서 무신론에는 한계와 가능성이 동시에 내재한다. 무신론은 만일 그 자체에 머문다면 타자와 관계없는 자신의 반항과 고독에 갇힐 수밖에 없다. 그러나 반대로 신성한 것에 대한 반항과 그로 인한 홀로 섬이 없이는 참된 신앙, 참된 종교가 가능하지 않다. 왜냐하면 레비나스에 따르면 '종교'(religion)는 "전체성을 이루지 않고서 동일자와 타자 사이에 확립된 관계"이기 때문이다. 종교는 나와 타자를 서로 이어주는 것이다. 무엇이 이어지기 위해서는 이어지는 것들이 제 발로 서야 한다. 더구나 신화에서 정화된 신앙인 유일신론은 이런 의미에서 무신론을 전제로 한다. 무신론, 다시 말해 신적인 것, 신성한 것으로부터의 독립은 "참된 하느님 그 자체와 참된 관계를 위한 조건"이 된다.

타인과의 관계를 통해서만 나타나는 신, 그리고 신의 3인칭적 성격

앞에서 본 대로 종교의 핵심은 타자와의 관계에 있다. 참된 종교는 신적인 황홀이나 열광에서 벗어난 나를 뛰어넘어, 나 바깥의 초월자와 관계 맺는 데 있다. 이때 타자는 요즘 용어로 말하자면 사회적 약자들이다. 신약성경 야고보서 1장에서 "참된 경건(종교)은 고아와 과부를 그 환난 중에 돌아봄에 있다"라고 말하듯이 나 바깥의, 나를 초월한 타자와의 만남은 고아와 과부, 나그네와 가난한 자에 대한 관심과 배려에 있다. 하느님은 우리 눈으로, 사물을 포착하고 대상화하는 눈으로는 볼 수 없다. 이런 의미에서 하느님은 볼 수 없는 분이요, 표상할 수 없는 분이다. 그러나 정의를 행할 때, 다시 말해 고아와 과부와 가난한 자와 나그네를 돌아볼 때, 그들의 생존과 권리를 옹호할 때 그때 나는 하느님을 볼 수 있다. 이런 의미에서의 하느님, 대상적으로 비가시적이고 비표상적인 하느님은 "정의 가운데 접근 가능한 하느님"(un Dieu accessible dans la justice)이다. 윤리란 바로 이렇게 정의를 행하는 일이다. 그래서 레비나스는 윤리가 '하느님을 봄'의 결과가 아니라 하느님을 보는 일 자체라고 말한다. 윤리는 곧 봄(optique)이다. 따라서 내가 하느님에 대해 아는 것은 무엇이든, 하느님의 말씀을 듣고 말하는 것은 무엇이든 윤리적인 방식으로 표현되어야 한다. "하느님은 자비로우시다"라는 것을 안다는 것은 곧 "그분처럼 너도 자비로워라!"라는 명령을 듣고 그렇게 행하는 것이다. 하느님의 속성은 직설법으로 주어진 것이 아니라 명령법으로 주어진다. 하느님에 대한 지식은 명령으로 다가온다. 따라서 하느님을 안다는 것은 우리가 무엇을 해야 할 것인가를 아는 것이다. 그러므로 레비나스에 따르면 타자, 곧 내 이웃에게 정의(선)를 행하는 것으로 나는 하느님에게 가까이 다가간다. 정의(선)를 행하는 일은 기도나 예배와 마찬가지로 하느님과 가까움(proximité)을 얻는 일이다. 타인에 대한 정의로운 선행이 하느님을 알고 하느님과 가까움을 누리는 일이라는 의미에서 레비나스는 윤리가 "영적인 봄"(l'optique spirituel)이라고 말하기도 한다.

그렇지만 우리는 하느님을 직접, 마치 앞에 있는 존재처럼 2인칭으로 부를 수 없다는 것이 레비나스의 주장이다. 내가 2인칭으로 '너' 또는 '당신'이라 부를 수 있는 타자는 나와 이웃한, 나와 대면한 타자밖에 없다. 나는 이 타자를 통해서 하느님을 만난다. 그러나 타자도 내가 내 마음대로 조종할 수 있는 존재는 아니다. 타자는 나의 표상, 나의 기대, 나의 이념, 나의 욕구를 벗어난다. 레비나스가 말하는 타자의 얼굴은 따라서 내가 직접 바라보는 얼굴만을 뜻하지 않는다. 나와 네가 두 사람의 은밀한 사귐을 누리는 사랑 관계를 말하는 것은 더욱 아니다. 얼굴로 나에게 현현하는 타자는 나의 권역으로 환원할 수 없는 나그네요 낯선 이로서 나에게 현재, 이 공간에 부재하는 '제3의 타자들'을 향한 문을 열어주며 이를 통해 인류 보편적인 형제 관계가 형성된다. 이로써 인류는 연대적 공동체가 된다. 레비나스는 이런 의미에서 타자의 얼굴은 전인류의 차원을 열어준다고 말한다. 말을 바꾸어 표현하자면 타자의 부재성, 다시 말해 내가 나의 힘으로 나에게로 환원할 수 없는 타자의 타자성은 하느님과의 연대를 구체적으로 보여준다. 낯선 이로서의 타자가 나에게 환대를 호소해올 때 그를 영접하고 받아들임은 곧 하느님을 영접하고 받아들이는 일이라는 것이다.

그런데 왜 레비나스는 하느님을 말해야 하는가? 하느님은 우리의 이념이나 표상을 넘어선 분인데 그럼에도 하느님을 말해야 하는 이유가 무엇인가? 그것은 또다시 비인격적인 힘의 영역으로 빠지지 않기 위해서라고 답할 수 있을 것이다. 주체는 한편으로는 '그저 있음'(il y a)의 익명적 존재 세계와 다른 한편으로는 나의 힘으로 장악할 수 없는, 나에게로 환원할 수 없는 타자의 영역에 맞서 있다. 얼굴을 대면할 수 있는 타인과의 만남으로 타자의 영역은 인격적 의미를 지니게 된다. 그런데 이 타자는 내가 손을 넣을 수 없는, 내 바깥의 존재다. 만일 내가 그를 표상할 수 없더라도 인격적 존재가 없다면 나는 다시 익명성의 세계로 빠지고 만다. 따라서 익명성에 나와 타인의 존재가 함몰되지 않기 위해서도 신의 존재를 생각하지 않을 수 없다.

만일 타자가 나의 존재 지평 너머, 나의 "존재 저편"(au delà de l'être)에서 오는 자라면 이 '저편'은 어떻게 가능한가? '저편' '저 너머'는 '지평'이나 '배경' '배후 세계'나 어떤 현묘한 힘의 장이 아니다. 그것은 '흔적'(la trace), 곧 자취요, 남은 자국이다. 흔적은 지나간 무엇을 기표할 뿐 어떤 모습도 보여주지 않는다. 흔적은 부재의 표시다. 타자의 얼굴은 이런 의미에서 하나의 흔적이다. 지나간 분, 지금 여기에는 없는 분의 흔적을 타자의 얼굴은 담고 있다. 타자의 얼굴의 현현은 지나간 이의 흔적, 하느님의 지나감의 흔적, 또는 하느님의 창조의 흔적을 계시한다. 하느님의 흔적으로서 고통받는 자의 얼굴은 하느님을 현존자로서 내 앞에 세우지 않고 오히려 부재자로서, 말하자면 '없이 계신 분'으로 세우자마자 그분의 모습을 지워 없애버리기 때문이다.

그런데 레비나스에 따르면 누구나, 어떤 개인이나 창조주 하느님의 흔적이다. 하느님에게 의존하면서도 독립성을 누릴 수 있는 고귀한 개체들이다. 바로 이 때문에, 근원적 의존성에도 불구하고 실제적 독립성을 누릴 수 있기 때문에 각자, 그리고 나와 이웃하거나 멀리 있는 타인이 '하느님의 흔적'이라는 사실을 잊어버린다. 이 잊어버림은 각자가 독립적 존재로 지음 받았다는 사실에 기초한다. 각자 하느님의 흔적이며, 하느님에게 의존해 있으며, 그로 인해 나의 존재 의미를 찾을 수 있는 것은 나와 마주한 타자를, 그리고 그 너머 제3자로서의 타자를 하느님에게 뿌리를 둔 하느님의 흔적으로 다시 인식할 때 가능하다. 나와 타인과 인류 전체가 이렇게 절대적 기원을 가진 존재임을 인식할 때 비로소 누구나 하느님의 흔적임을 인식한다. 그러나 흔적을 만든 그분은 여기에 부재한 자로, 나와 너 사이에 존재하지 않는 '제3의 격'(la troisième personne)이다.

레비나스는 우리가 표상할 수 없고 우리의 권한 안으로 포섭할 수 없는 하느님의 이러한 성격을 3인칭 '그'(Il)를 써서 '그-임'(illéité)이라 부른다. 하느님을 3인칭을 써 이렇게 '그분'이라고 부르는 까닭은 하느님은 결코 우리가 볼 수 없고 표상할 수 없고 따라서 우리가 지배할 수 없다는 사실을 말하고자 한 것이다. 우리는 타인의 얼굴을 떠나 어떠한 형상이나 모습으로 하느님을 표상할 수 없다. 우리가 하느님에 대해서 말할 수 있는 것은 그저 통상의 "잣대를 벗어나신 분" "무엇으로도 잴 수 없는 분"이라고 부를 수 있을 뿐이다.

이런 의미에서 하느님은 우리에게 '현상'이 아니라 불가해한 분(énigme)이다. 현상은 스스로 드러내며 자신을 보여준다. 그러므로 우리는 그것을 이해하고 파악할 수 있다. 하지만 불가해한 것, 흔히 우리가 수수께끼라고 말하는 것은 자신을 보여주지 않으면서 나타난다. 그가 누구인지, 그것이 무엇인지 알려주지 않기 때문에 우리는 그 또는 그것을 알 수 없다. 그러나 그것이 무엇인지 또는 그가 누구인지 아는 순간 하나의 현상이 된다. 우리 인간이 하느님에게 근원을 두었다는 사실은 이렇게 보면 현상이 아니라 불가해한 수수께끼라는 점을 레비나스는 주장한다. 신학이 흔히 범하는 죄는 불가해한 수수께끼인 하느님의 창조를 마치 현상인 것처럼 원인과 결과의 도식을 적용해 말하는 데 있다. 이 점에서 레비나스는 전통 서양 형이상학은 존재자들을 결과로, 하느님을 원인으로 설명하는 방식에 갇힌 '존재 신학'이었다는 하이데거의 비판에 사실상 전적으로 동의한다. 하느님은 원인과 결과 도식에 사용될 수 없는 분이다. 그분은 불가해하고 헤아릴 수 없는 분이다. 이런 의미에서 하느님은 주제(Thema)로 등장할 수 없다.

4. 평가와 전망

레비나스 철학은 탈레스에서 헤겔까지의 그리스 철학 전통과는 근본 정신부터 전혀 다른 철학의 가능성을 무한자와 책임의 이념으로 시도한 철학이다. 무신론과 유물론에 귀결될 수밖에 없는 철학과 구별해서 이웃의 인격을 존중하고 윤리를 가능케 하며, 비록 내가 표상하고 지배할 수 없지만 존중하고 그리워하며 이웃과의 나눔과 평화의 삶을 통해 경험할 수 있는 하느님에게 자리 아닌 자리를 부여하는 철학이다. 어떤 철학보다 철저히 비판적인 '비판철학'이요, 무한자의 이념, 타인의 얼굴과의 만남을 통해 나의 삶의 의미를 얻게 해주는 '의미의 철학'이며, 지극히 일상적이고 물질적인 삶의 차원이 지닌 의미를 회복시킨 일상적 '삶의 철학'이다.

레비나스 철학이 어떤 방식으로 세계 철학에 영향을 줄지 아무도 예측하지 못한다. 그러나 이미 생전에 그의 철학은 핑킬크라우트(Alain Finkielkraut)나 필립 네모(Philippe Nemo)뿐만 아니라 이미 독자적 사상가의 자리에 선 데리다와 장뤽 마리옹에게 긍정적인 영향을 미쳤다. 데리다는 한때 가장 혹독한 레비나스 비판가였다. 그의 비판은 『존재와 다르게 또는 존재 사건 저편에』에 충분히 반영되었다. 그러나 데리다는 후기로 갈수록 레비나스를 적극적으로 수용했다. 환대에 대한 사상이나, 비록 비판적이기는 했지만 정치와 윤리의 관계에 대한 이해, 그리고 모든 형이상학적 개념들은 해체 가능하나 오직 '정의' 개념은 해체될 수 없다고 본 입장은 레비나스를 떠나 생각할 수 없다. 마리옹의 철학적 신학과 현상학 연구도 레비나스의 영향을 무시하고는 이해할 수 없다.

　동아시아 전통에서 레비나스가 앞으로 어떻게 수용될지도 우리는 예측할 수 없다. 동일자와 타자를 단순한 상대적 대립 관계의 개념으로 파악하지 않고 절대 타자로 파악한 예는 내가 알기로는 동아시아 전통에는 없다. 유교나 도교, 불교 전통은 '절대 타자'와 레비나스가 말하는 '무한자' 개념이 수용될 여지가 없는 것으로 보인다. 그의 사상은 범신론적이거나 범재신론적인 경향과도 대척점에 서 있다. 그러나 레비나스의 인격적 개별주의와 인격적 다원주의를 받아들인다면 국가나 사회 공동체를 강조하면서도 전체로 환원될 수 없는 개체의 고유성과 그럼에도 타자에 대한 책임을 동시에 강조할 수 있는 이론적 지반을 얻을 수 있다. 그의 사상은 전통 동아시아 사상뿐만 아니라 지금까지의 서양 전통에서도 여전히 낯설다. 낯설기 때문에 쉽게 배척당할 수 있으나 그것이 또한 그를 읽고 그에게 귀 기울이고 그와 더불어 생각해보게 만든다. 인간을 얘기하고 신을 얘기할 때 그를 완전히 무시하기 힘든 면을 우리는 그의 철학에서 발견한다.

| 강영안 |

무한자(infini)

무한자 또는 무한성은 예컨대 칸트와 헤겔의 경우 유한성의 부정으로 이해된
다. 나에게 적극적으로 주어진 것은 언제나 유한한 것이고 이것을 부정할 때 우
리는 무한성 또는 무한자의 개념을 획득한다. 그러나 레비나스는 무한자 또는
무한성을 유한의 한계를 드러내는, 유한에 선행한 개념으로 이해한다. 이때 무
한자 또는 무한성은 나의 힘의 한계를 벗어나 있을 뿐 아니라 나의 자유와 권력
의 폭력성을 폭로하는 윤리적 힘으로 이해된다.

존재와 다르게(autrement qu'être)

무한자로 나타나는 타자는 존재와 다르다. 여기서 중요한 것은 '다르게 존
재함'(être autrement, 영어로 being otherwise)이 아니라 '존재와 다르게'
(autrement qu'être 또는 영어로 otherwise than being) 차원, 다시 말해 '존재가
되는 사건'(essence) 너머, 저편(au-delà)을 뜻한다. '다르게 존재함'은 존재 질
서 안에서의 존재방식인 반면에 '존재와 다르게'는 존재를 초월한다.

타자(autre)

플라톤이 '동일자'와 '타자'를 구별한 이후로 서양철학 전통은 타자를 동일자
또는 자아와 마주한 개념으로 늘 이해해왔다. 세계 안에서 노동하고 거주하는
한에서 나와 마주한 타자들이 존재한다. 그러나 레비나스는 '타자'를 이런 상
대적인 타자 개념과 구별해서 쓴다. 이때 타자는 나와 다를 뿐 아니라 나에게로
환원할 수 없는 존재이다.

뽈
리꾀르

Paul Ricoeur 1913~2005

8장 /

현상학과
해석학

뽈 리꾀르는 연배로 보면 싸르트르나 메를로뽕띠보다는 7~8년 아래고, 데리다나 푸꼬, 들뢰즈 같은 이들보다는 10년 이상 위다. 그는 프랑스에 후설 현상학을 소개하고 수입한 초기 세대에 속한 철학자로서 방법론적으로 이를 자신의 철학에 도입했고, 아주 초기(1947)의 몇몇 저서를 제외하면 당대 압도적인 실존주의의 분위기는 일찍부터 벗어났다. 이후 1960년 이래 프랑스 철학계를 사로잡은 구조주의나 후기구조주의 흐름과도 일정한 거리를 유지한 채, 결코 지배적이지도 않고 또 그러려고 애쓰지도 않았으나 프랑스를 대표하는 해석학(herméneutique) 연구자로 불리는 철학자다. 또한 모태신앙으로 평생 크리스천이었고, 프랑스군 장교로 2차대전에 참전해 포로생활을 했으며, 당시 독일군이 나눠준 담뱃갑 여백에 후설의 주저 『이념들』을 깨알같이 번역하여 나중에 출판한 일화로 유명하다. 68혁명과 관련된 불행한 에피소드들(68혁명 당시 빠리 10대학 학장이던 리꾀르를 시위학생들이 둘러싸고 쓰레기통을 뒤집어씌운 일,

그후 학장직을 사임하고 프랑스를 떠나 미국으로 건너가 시카고 대학에 머문 일, 몇 년 후 아들 올리비에가 자살한 일) 이후로는 1990년대 초반까지 주로 미국과 프랑스를 오가며 대학에서 지도 및 강의 그리고 집필을 했고, 2004년까지 강연과 저술 활동을 게을리하지 않았다. 그는 대화나 토론을 매우 즐겼지만, 비생산적인 논란이나 논쟁은 삼갔으며, 자신이 가장 덜 주관적인 철학자로 평가받기를 원했고, 스스로에게 가장 덜 함몰된 철학자로 남겨지기를 소망한 철학자로 기억된다.

1. 이정표가 되는 몇몇 저서와 개념 들

리꾀르 철학에서 이정표가 되는 시기와 이에 상응하는 몇몇 저서가 있다. 먼저 1950년 자신의 박사학위 논문을 펴낸『의지의 철학 제1권: 의지적인 것과 비의지적인 것』(*Philosophie de la volonté t.1: Le volontaire et l'involontaire*)은 현상학의 시기를 대변한다. 이때는 프랑스 전통의 반성철학 주제들을 후설의 기술현상학 방법을 통해 논하면서 자신만의 독특한 철학을 구축했다.

1960년에 나온 의지의 철학 제2권인『유한성과 허물 1. 잘못할 수 있는 인간 2. 악의 상징』(*Finitude et culpabilité 1. L'homme faillible 2. La symbolique du mal*)으로 서막을 연 해석학의 시기는『해석에 관하여: 프로이트 시론』(*De l'interprétation: Essai sur Freud*, 1965),『살아 있는 은유』(1975)를 거쳐『시간과 이야기』(1983~1985)와『텍스트에서 행동으로』(1986)에서 그 절정에 이르렀다.

마지막으로 1990년 리꾀르 본인은 물론, 여러 사람들이 리꾀르의 모든 생각을 총괄하는 책으로 평가하는『타자로서 자기 자신』(*Soi-même comme un autre*)에서 본격화된 정치 및 사회 철학적 사유를 담은 윤리학의 시기가 있다.

독자의 이해를 돕기 위해 세 시기를 나누었지만 이 시기들 사이에 어떤 인식론적 단절, 다시 말해 그 이전의 철학적 개념 틀이나 설명 틀과 완전히 단절되거나 그것들이 전적으로 포기되는 일은 리꾀르 철학에서 좀처럼 찾아볼 수 없다. 물론 어떤 철학의 불연속성보다는 연속성을 강조한다고 해서 그것 안에 어떤 결정적인 변화나 전환이 없다는 것은 아니다. 다만 그 변화가 누적적이며 확장성을 가진 나선형을 띠고 있다는 것이다. 여기서는 리꾀르 철학의 기점을 대변하는 중요 저작과 그 핵심 아이디어를 중심으로 논의를 진행시켜보고자 한다.

현상학의 시기

『의지의 철학 제1권: 의지적인 것과 비의지적인 것』(1950)은 리꾀르의 현상학의 시기를 대표한다. 하지만 리꾀르 철학의 현상학적 태도나 입장이 이 시기에 국한되는 것은 아니다. 특히 사태(事態)의 본질 기술을 목표로 하는 기술현상학적 의미에서의 방법론적 수용은 거의 학문적 여정 전체를 관통하는 하나의 결정적 태도다. 그것은 리꾀르가 후설 현상학에 대해 중층적인 관점을 지녔음에도 불구하고, 그의 현상학이 철학함의 어떤 본질적 측면을 제시했다고 판단하였기 때문이다. 바로 사태 자체에 육박하고 이를 개념적으로 언표하려고 시도한다는 점이다. 철학자들마다, 특히 현상학자들마다 각자 주목하는 사태가 다르다. 예를 들어 메를로뽕띠 같은 경우, 지각활동이 그가 주목한 사태다. 반면 리꾀르의 경우, 의지활동이 현상학적 기술의 대상이 된다. 다시 말해 그는 인간 의지 활동이 우리 의식에 주어지는 바의 본질과 그 한계를 기술하려고 한다. 다만 여기서 꼭 언급해야 할 점이 있다면, 적어도 이 저서를 쓸 당시 리꾀르는 멘 드 비랑(Maine de Biran), 베르그손, 메를로뽕 띠 같은 철학자들과 마찬가지로 프랑스 고유의 반성철학 전통에 여전히 서 있었던 게 분명하다는 것이다. 리꾀르가 다룬 욕구·동기·습관·정념·자유·신체와 같은 주제는 반성철학의 전통에서가 아니면 그 기원을 찾기 쉽지 않다.

리꾀르는 이 저서의 서론에서 "철학의 사명은 개념들을 통해 실존을 해명하는 것"이라고 밝힌다. 이 한마디는 핵심을 압축하고 있을 뿐만 아니라 리꾀르 사상의 전반적인 텔로스(목적)를 규정한다. 우리의 주목을 끄는 것은 '실존'과 '개념'이라는 용어다.

우선 리꾀르는 실존을 '주체' 개념과도 치환될 수 있는 것으로서, 신체를 가진 구체적인 인간 개별자라는 의미로 사용한다. 사물과 같이 그 본질이 한번 정해지면 더이상 변할 수 없는 것과는 달리, 하이데거에게서 실존(existenz) 개념이 현존재에게 고유한 존재 양식으로서, 현존재가 자신의 존재를 문제시하고 또한 그것을 이루어나갈 수 있는 존재 가능을 뜻하는 개념으로 이해되듯이, 리꾀르의 실존 개념을 그렇게 이해할 수도 있다. 하지만 리꾀르는 인간이 신체를 가졌다는, 더 정확히 말하면 신체라는 부인할 수 없는 사실에서 오는 한계나 극한의 상황에 대한 성찰이 인간 실존에 대한 해명에 포함되어야 한다고 본다. 그래서 하이데거는 '죽음'을 가장 뚜렷한 인간 현존재의 본래적 유한성으로 이해하지만, 리꾀르는 죽음 이외에도 배고픔 같은 신체적 동기, 습관 같은 몸의 일정한 경향성, 그리고 탄생·무의식·성격 등등 인간이 신체인 바에서 유래하는 모든 유한성과 필연성에 대한 고려를 반드시 인간 실존에 대한 성찰에 포함시키고자 한다. 당시의 실존주의가 개인의 기획·결단·행위를 강조한다면, 리꾀르는 애초에 인간 실존이 기획할 수 없고, 결단할 수 없고, 행위할 수 있는 대상에 더이상 포함시킬 수 없는 것들까지 실존의 성찰에 끌어안음으로써, 실존주의 시대에 실존주의적이지 않은 실존론을 펼친 것이다.

두번째로 '개념'에 대한 이야기를 해보자. 1950년에 나온 이 저작의 부제(의지적인 것과 비의지적인 것)와 영역판의 제목(*Freedom and nature: The voluntary and the involuntary*, 1966)을 살펴보자. 영어 freedom은 '의지적인 것'과 짝을 이루고, nature는 '비의지적인 것'과 등가를 이룬다. 영어 nature를 '자연'으로 옮기든, 논란 많은 '본성'으로 옮기든 크게 중요하지 않다. 여기서 핵심은 인간의 자유나 의지는 그 자유나 의지가 좌지우지할 수 없는 것들과의 상호성 속에서 이해되어야 한다는 것이다. 이때 자유 혹은 의지할 수 있는 것이라는 '개념'에 속하는 하위 개념들로서 '결정' '행위' '승복'이라는 세 요소 또는 세 단계가 존재한다. 다시 말해 "내가 자유롭다" 또는 "나는 의지할 수 있다"라는 큰 개념에는 "나는 결정(선택)할 수 있다" "나는 나의 몸을 움직일 수 있다"(즉, 나는 행위할 수 있다) "나는 승복할 수밖에 없다"라는 작은 개념들이 포함되어 있다는 것이 리꾀르 의지철학의 양지(陽地)다.

반면 의지는 더이상 의지할 수 없는 것들에 근거해서만 뭔가를 할 수 있는데, 이 비의지적인 것에도 당연히 세 단계가 각각 상응한다. 내가 나의 신체와 분리되지 않고 느끼는 배고픔은 내가 앞으로 X나 Y라는 행위를 하도록 결정하는 데 어떤 동기나 이유를 제공한다. 배가 고파서, 배가 고프기 때문에 우리가 무언가를 먹는다면, 또는 먹기로 결정하였다면, 이때 신체-의식(의지) 사이의 결속은 결코 표상적이지 않다. 즉, 나는 나의 배고픔이나 고통을 표상하지는 않는다. 단지 그것을 느낄 뿐이며, 그 배고픔이나 고통을 겪을 뿐이다. 이때 느낌이나 겪음은 더이상 의지가 좌지우지할 수 없는 비의지적인 것이다.

의지의 두번째 의미는 우리가 우리의 몸으로 선택이나 결정을 수행한다는 것이다. 이때조차도 우리는 의지의 의식적인 관여나 개입 없이 (즉 비의지적으로), 그리고 의지가 자각하지 못한 채 비(非)반성적 방식으로 "신체적 자발성"(spontanéité corporelle)에 근거해서 의도한 행위를 수행한다. 자전거를 타고 출근하기 위해 매번 새롭게 배우지 않아도 자전거를 탈 줄 안다. 이런 습관(habitude)에 바탕을 둔 신체적 능력을 발휘하여 핸들을 잡고 페달을 밟아 가고자 하는 방향으로 나아가는 것이다. 의지로 수행된 많은 행위들이 실상 더이상 의지할 수 없는 것, 즉 비의지적인 것에 이런 방식으로 의존해서 이루어진다.

의지활동의 마지막 개념은 더이상 배고픔 같은 신체적 동기나 습관 같은 신체적 능력에 상대적으로 의존하는 것이 아니라, 절대적으로 의존할 수밖에 없는 비의지적인 것이 존재함을 인정하고 그에 따르는 것이다. 리꾀르는 비의지적인 것을 신체적 필연성이라 부르며, 그 세가지 형태로서 성격(caractère), 무의식(inconscient), 생명(vie)을 언급한다. 리꾀르가 보기에 가장 근본적인 비의지적인 것은 나의 태어남과 나의 성장, 나의 생명조직이 가지는 비의지적 특성들이다. 자유의지로 원해서 태어난 이는 아무도 없으며, 원하지 않아도 성장하며 늙어간다. 의지와 의식 일반의 필수조건으로서 나의 살아 있음 또는 나의 생명활동 없이는 그 어떤 인간다운 인간의 행위도 불가능하다. 그런 점에서 나의 생명은 가장 비의지적인 것이다. 생명은 의지가 비켜나갈 수 없는 가장 근원적인 필연성이자 비의지이며, 의지는 그것을 승복해야만 하는 것이다. 이런 측면이 의지철학의 음지다.

결론적으로 리꾀르가 인간의 신체적 조건을 성찰하며 궁극적으로 겨냥하는 것은, 데까르뜨 이후 근대적 주체의 본질적 한 특징으로 자리 잡은 자기정립(自己定立, autoposition)적 주체나 코기토다. 자신의 신체를 배제함으로써 스스로 실체임을 내세우는 코기토를 모든 참된 인식의 출발점으로 삼으려는 인식론적 야망에서 벗어나야 한다는 것이다. 리꾀르는 인식의 아르키메데스 점을 찾기 이전에 실존이 이미 놓여 있는 존재의 상황을 발견하고 이해하는 것이 우선이라고 주장한다.

이제 리꾀르는 신체를 가진, 아니 신체인 주체가 이미 그 자신에 앞서 주어져 있는 의미세계, 즉 명증적 세계 인식 이전에 구성된 선(先)의미 세계를 탐색하는 것이 또 하나의 중요한 인간 조건의 과제라고 생각한다. 그 영역이 바로 해석학적 시기의 중요한 연구대상으로 등장하는 상징(symbole), 은유(담화, discours), 이야기(텍스트, texte) 개념이다. 앞으로도 보겠지만 리꾀르에게서 개념들을 통해 인간 실존을 해명하려는 철학적 과제는 또다른 차원에서 계속된다.

해석학의 시기

리꾀르가 현상학자로서 철학에 기여한 것은, 기술적 현상학에 근거해 의지활동의 본질을 세 단계로 나누어 잘 해명한 것이다. 이후에도 그의 현상학은 해석학적 변형을 거듭하기도 하면서 자신이 다룬 여러 철학적 주제들에 접근하는 중요한 태도로서 자리 잡는다. 하지만 여전히 그것은 아카데믹하고 이론적인 면이 강하다. 반면 리꾀르 철학에서 가장 긴 여정을 차지하면서 철학 일반에 가장 창의적으로 기여한 분야와 시기를 꼽는다면 분명 해석학의 시기일 것이다. 그가 철학자는 물론이고 일반 독자, 문학이론가뿐만 아니라 신학자와 사회과학자 들에게까지 큰 주목을 받은 시기와 해석학의 시기는 정확히 일치하는데, 그것은 아카데믹하고 이론적인 측면을 넘어서서 무언가 구체적인 해석의 방법과 대상 그리고 결과물을 제시할 수 있었기 때문이다.

이 시기는 통상 서양철학에서 말하는 '언어적 전회'(linguistic turn)의 시기와도 일치한다. 리꾀르에게 '언어'란 형태의 측면에서 상징·은유·

이야기이며, 언어학적 단위의 측면에서 단어·담화(문장)·텍스트이다. 왜 이런 언어의 독특한 층위에 대한 해석학을 시도하는가? 이 글에서는 상징해석학을 먼저 다루면서 이에 답하고자 할 텐데, 위 물음을 다룬 리꾀르 저서들의 방대함이나 깊이에 비해 여기서 시도하는 논의는 개략적이며 예비적인 성격을 띤다.

상징해석학: 사유를 불러일으키는 상징

리꾀르의 초·중기 철학에 가장 많이 등장하는 핵심 개념어가 있다면 그것은 분명 '상징'이다. 1960년 저작 『악의 상징』에서부터 1965년 『해석에 관하여: 프로이트 시론』을 거쳐, 1969년 『해석의 갈등』에 이르기까지 리꾀르의 철학적 화두는 바로 상징과 그 해석들을 둘러싼 갈등이었다고 해도 과언이 아니다. 상징의 개념, 그 출현 영역, 상징과 사유의 관계에 대한 논의 등이 우리가 주목해야 할 내용이다.

구체적인 사물이나 회화적 이미지로서 지칭되는 상징이 있고, 윤동주의 「서시」를 읽을 때 나오는 "하늘을 우러러"에서 '하늘'과 같이 사물적 차원을 넘어서서 언어적 차원을 가진 시적 상징어도 있다. 이뿐만 아니라 단군신화에 등장하는 '곰', 곰이 먹은 '마늘', 곰이 있었던 '동굴'도 모두 상징 언어로 여겨질 수 있는 것들이다. 성서의 창세기에 등장하는 '아담'과 '이브', 그들을 유혹한 '뱀'의 존재 등 이 모든 것들은 상징 및 상징 언어로 파악될 수 있다. 여기서 리꾀르는 상징을 회화적 상징이나 사물적 상징으로 확장하지 않고 신화나 종교적 고백 언어에 등장하는 상징, 소설이나 시에 등장하는 상징, 그리고 정신분석의 대상이 되는 꿈의 언어 등에 등장하는 언어적 상징으로 제한한다. 우선 개별적인 상징이 가지는 의미의 다양성은 접어두고, 흔히 상징이라고 일컬어지는 것의 개념과 구조에 주목해보도록 하자.

언어로든 사물로서든, 어떤 것이 사람들이 흔히 말하는 바를 넘어서서 다른 무언가를 의미하는 작용이나 기능을 보일 때, 우리는 이를 '상징적'이라고 부른다. 일종의 언어적 기호인 상징은 기본적으로 문자적이며 명백한 의미를 가진 언어다. 리꾀르는 이런 일차적 의미 안에 거주하는 이차적 의미를 가진 언어기호, 다시 말해 이 일차적 의미를 통해 이차적 의미가 관련되는 언어기호를 '상징'으로 규정한다. 따라서 다음 세가지 영역에서 상징이 출현한다고 본다. 종교적 삶과 체험의 영역, 정신분석적 경험의 영역, 문학적 상상력의 영역이 그것이다. 이 열거 순서는 대체로 리꾀르의 연구 순서와 일치한다. 달리 보자면 리꾀르의 연구 순서는 '상징'이 풍부하게 발현되는 영역들의 순서로도 볼 수 있다.

고대 초기 인류를 비롯해 모든 종교인의 정화 제의(祭儀)나 의식(儀式)에 등장하는 모든 물리적 행위(불사르고 씻어내고 추방하고 자르고 땅에 묻는 등)와 그에 대한 언급은 종교적 고백 언어나 신화 속에서 의미가 해명되어야 할 상징적 행위이자 상징적 언어다. 구약성경(신명기 10장)에 등장하는 할례를 보아도 그렇고 세례도 그러하다. 노아의 홍수 이야기에서 왜 하필 '물'로 세상을 멸망시키고 다시 구하는가? 여기서의 물은 우리가 갈증 날 때 마시는 물이 아니다. 그 이상의 뜻을 지니게 될 때 물은 상징이 되는 것이다. 마찬가지로 신화에 등장하고 언급되는 많은 자연적 존재자, 예를 들어 하늘·땅·나무 등도 전부 상징으로 파악되어야 한다. 단적으로 창세기 아담 신화에 등장하는 뱀, 그것도 말로 유혹하는 뱀을 보자. 이 뱀의 등장을 설명하는 구절은 그 어디에도 없다. 하지만 피조된 인간의 유한성을 넘어서서 무한의 욕망을 불러일으키는 선재(先在)한 혼돈과 무질서, 결국 악의 담지자, 악의 상징으로 읽을 수 있다는 것이다.

상징이 나타나는 또다른 중요한 지점은 정신분석적 체험의 영역이다. 이중적 의미를 지닌 표현인 상징이 출현하는 가장 흔한 영역이 주로 꿈과 꿈의 이야기이기 때문이다.

세번째 상징 출현 영역은 시적 상상력의 영역으로서 우리가 흔히 말하는 문학 전반으로 이해하면 된다. 언어 속에서 그리고 언어를 통해 새로운 존재를 만들어내는 능력이 바로 상상력의 본질일 텐데, 시인들은 새로운 의미를 부여함으로써 일상어로부터 시어(詩語)를 길어내고, 이를 상징 언어가 되게 하는 탁월한 능력을 가진 사람들이다.

이제 결론적으로 상징과 사유(반성)의 관계에 대해 살펴보자. 이는 인간 실존을 개념적으로 해명하는 데 왜 해석학적 우회가 필요한지에 대한 답이 될 것이다. 리쾨르의 1960년 저작 『악의 상징』과 1965년 『해석에 관하여: 프로이트 시론』의 중요한 주장은 아래와 같이 정식화될 수 있다.

① 상징은 사유(또는 반성)를 불러일으킨다.

② 반성(또는 사유)은 상징에 의존한다.

역설적으로 보이는 위의 두 주장은 철학적이고 지적인 묘한 긴장과 역설을 느끼게 한다. 실제로 첫번째 주장은 상징이 지닌 이중적 의미의 중층성으로 인해 전(前)철학적 풍부성을 가지고 있다는 뜻이다. 왜 전(前)철학적이라고 말하는가? 아마도 상징은 이미 중층의 의미론적 구조를 가지고 있으면서 그것이 하나의 철학적 해석의 활동을 요구하며, 이를 통해 심지어는 고도의 철학적 반성에 이르게까지 할 수 있기 때문이다. 사실 상징적 언어 표현들은 각종 제의와 감정적 표현들 속에 섞여 있을 뿐 아니라, 처음과 끝에 관한 큰 이야기인 신화와 분리할 수 없을 정도로 그 속에 통합되어 있어서, 이런 상징과 신화는 인간의 조건과 운명을 읽어낼 수 있는 패러다임과 인간 체험을 보편화하는 틀을 철학적 반성에 제공한다고 볼 수 있다. 그것은 그 자체로 온전한 철학적 반성의 표현은 아닐지라도 그 여명이자 서막이다.

반면에 반성(또는 사유)은 상징에 의존한다는 주장은 근대철학이 맞이한 위기와 거기서 탈출하려는 모색을 극적으로 언명한 것이다. 상징이 '언어의 선물'로서 반성을 살찌우고 반성의 방향을 제시하며, 인간의 자기이해에 보편성과 존재론적 중요성을 제공할 잠재성을 지닌 것이라면, 지금까지의 철학적 반성은 상징 언어가 가진 풍부한 의미지평을 간과하고 대상 존재자의 파악과 인식을 근거하는 자, 즉 인식주체의 정립에 몰두해왔다. 하지만 이런 자기정립적 반성은 추상적이고 공허하다는 비판의 목소리를 듣게 된다. 왜 공허한가? 의식이 스스로에 대해 획득하는 직접적인 명증성과 확실성은 심리적이고 직관적인 것에 불과하다는 비판에 직면하기 때문이다. 즉, 그런 자아 존재에 대한 강한 확신에 찬 느낌일 뿐 그것이 나 자신에 대한 진정하고도 내용 있는 인식인지는 분명하지 않다는 것이다. 자아와 의식의 존재는 필증적이지만 그만큼 충전적이지는 않다는 것이다. 오히려 리쾨르는 철학적 담론에 선행하고 이 담론에 뿌리와 바탕을 제공할 수 있는 언어의 선물인 상징에 대한 해석을 통해, 자아와 그것이 주도하는 반성의 공허함을 극복하고 반성이 구체적이어야 한다고 본다. 결국 리쾨르는 상징해석학이 근대 자아론이나 인식론 중심주의에 대한 현대적 대안이라고 판단한다.

은유해석학: 또다른 의미의 보고(寶庫)인 은유

1960년대 상징해석학에서 1980년대 텍스트해석학으로 이행하는 중간 기간인 1970년대에, 리쾨르는 인간의 다양한 언어활동과 그 층위들을 발견하고, 또 은유가 상징과 텍스트와 더불어 의미들의 혁신적인 창조가 일어나는 지점이라는 것을 발견한다. 인간의 신체적 조건에 대한 성찰이 해석학 이전의 중요한 관심사였다면, 인간의 언어적 조건에 대한 성찰이 리쾨르 해석학을 가로지른다고 볼 수 있다. 상징은 이중 또는 다중 의미를 지닌 언어로 규정되었다. 이때 상징은 비록 신화나 다양한 종교적 제의 속에서 언급되지만 그 언어학적 단위(unité)로서는 단어의 수준에 머문다. 리꾀르가 쏘쉬르의 언어기호 개념의 구조주의적 이해를 넘어서기 위해 적극 참조한 언어학자인 벤베니스뜨(Emile Benveniste)는 언어의 본질적 모습이 문장 수준에서 이루어지는 담화라고 주장하는데, 은유는 바로 이 차원에 해당된다. 1975년 저작인 『살아 있는 은유』(*La métaphore vive*)에서 리꾀르는 우선 고전수사학, 현대기호학과 의미론, 그리고 해석학이라는 은유에 대한 방대한 이론 지형을 가로지르며 이 각각의 논의들에서 은유를 담지하는 언어적 요소와 단위들이 단어, 문장, 담화(미니어처 수준의 텍스트)라는 것을 제시한다.

고전주의 수사학에서는 은유를 통한 의미의 생산과정이 주로 단 하나의 명사나 단어, 이름을 바꾸는 것이라고 판단한다. "한강은 서울의 동맥"이라는 은유에서 "대동강은 평양의 동맥"이라는 또다른 은유를 복사해내면서 명사들의 치환으로 은유의 메커니즘을 이해할 수 있다는 것이다. 리꾀르는 이런 접근이 은유를 단지 단어나 명사에서 일어나는 의미론적인 우발적 사건으로 규정하여 단순히 언어를 보기 좋게 치장하는 결과를 낳는다고 말하면서, 이는 결국 실재(réalité)에 대한 어떤 새로운 인지적 발견과 은유를 관계없는 것으로 만들어버린다고 비판한다.

이와 같이 단어들의 대체(代替)에 은유의 핵심이 있는 것이 아니라, 은유적 의미의 효과들이 단어를 넘어 문장이나 언표(言表)에서 발생한다는 의미론적 접근은 사태에 한층 부합하는 은유이론으로 인정된다. 이 경우 은유에는 그동안 발견되지 않았던 유사성이 새롭게 주어짐으로써 새로이 의미작용을 하는 하나의 실험실로서의 은유가 파악된다. 예를 들어 "눈은 마음의 창이다"는 흔한 의미론적 단계를 보여주지만 "피부는 몸의 거울이다"는 새롭게 주목할 만한 의미관계를 창출한다.

하지만 리꾀르에 따르면, 은유의 살아 있는 진정성은 그 자신보다 더 큰 단위인 텍스트라는 맥락에서 은유가 "미니어처 형태의 시"로 나타날 때 드러난다. 이때 은유는 기대하지도 않았던 뜻밖의 유사성이 확인되고 발견되는 의미론적 단계를 넘어선다. 즉, 살아 있는 은유는 언어 내재적 한계를 벗어나 언어 외재적 지시 관계를 가지면서 어떤 새로운 실재나 현실을 지시하며 존재론적 함의를 지니게 된다는 것이다. 일상 언어가 사물을 직접 기술하거나 지시하는 역할을 맡는다면, 은유는 현실과 실재를 '다시' 기술하는 역할을 맡는다는 것이다. 이것은 마치 과학이론에서 '모델'이 보여주는 역할과 같은 것이다. 일정하게 창안된 정합적 개념들과 장치들의 배치물인 모델을 통해 우리는 새로운 현상과 사태에 대한 발견(또는 해명)을 해낼 수 있는 것이다. 만약 은유가 모델과 같은 역할을 해내는 것이라면, 과학적 모델을 통해 진리의 발견을 말할 수 있는 것처럼 은유적 진리를 말할 수 있다는 것이 리꾀르 은유론의 중요한 존재론적 함축이다. 은유도 그동안 무관해 보이고 유사하지 않은 듯한 개념들이 좀더 큰 텍스트 안에서, 서로 근접함으로써 새로운 실재와 현실에 대한 발견과 창안을 주도할 수 있다는 것이다.

예를 들어 "오월은 계절의 여왕이다"라는 표현은 다소 흔한 은유다. 그러나 피천득의 작품 「오월」에서는 "오월은 금방 찬물로 세수를 한 스물한살 청신한 얼굴이다. 하얀 손가락에 끼어 있는 비취반지다"라고 말한다. 더이상 오월은 계절의 절정을 알리는 일상적 맥락을 보여주는 것이 아니라, 한 인간의 가장 순수하고 유별난 시점을 특정한 보석 빛깔로 밝혀준다. 언젠가 리꾀르는 '시간'과 '이야기'의 관계를 두고서 "이야기는 시간의 관리자다"라는 은유를 말한 적이 있다. 의미론적 수준의 은유로 보이긴 하지만, 뜻밖의 유사성을 발견하거나 확인하는 차원을 넘어 다소 혼란스럽고 복잡한 우리의 시간 체험의 실재성에 대한 발견적 진술을 보여준 은유가 아닐 수 없다. 우리는 이 은유를 듣자마자 이야기라는 활동을 통해 우리의 시간 체험이 어떻게 나름의 방식대로 조율되고 갈무리되는지를 새롭게 주목하게 될지도 모른다.

이 은유의 존재론적 함의에 개연성을 더할 덴마크 출신의 여성작가 아이작 디네센(Isak Dinesen, 1885~1962)의 한마디를 들어보자. "모든 슬픔은 당신이 그것을 이야기로 만들거나 그것에 관해 이야기를 할 수 있다면, 견딜 수 있다." 이야기는 우리가 슬픈 체험의 시간을 극복하고 혼란과 방황에서 벗어나도록 해준다는 것이다.

텍스트 해석학: 텍스트의 세계와 텍스트 앞에서의 자기이해

이 텍스트 해석학의 시기는 실상 리꾀르 해석학에서 가장 풍부한 저작들과 내용들로 채워진 시기라 해도 과언이 아니다. 주로 1975년 저작 이후부터 『시간과 이야기』 I·II·III, 『텍스트에서 행동으로』를 포함하여, 1990년 저작 이전까지의 시기를 말한다. 은유가 상징과 텍스트와 더불어 의미들의 혁신적인 창조가 일어나는 지점이라는 지적이 틀린 것은 아니지만, 상징에 대한 연구와 달리 은유에 대한 연구는 인간 주체에 대한 물음이 주제가 아니라는 점에서 분명 리꾀르의 철학적 여정의 목표, 즉 인간 실존에 대한 개념적 해명의 휴지(休止)와 같은 것이다. 이런 휴지는 텍스트(또는 이야기) 개념이 등장하면서 사라진다.

텍스트 개념이 등장하는 맥락을 잠시 환기해보자. 기호 중심의 구조주의 언어학에서 사라졌던 것들이 벤베니스뜨 중심의 담화 언어학에서 복권된다. 즉 말하는 이, 듣는 이, 메시지(의미)의 문제가 그렇다. 일상적 대화가 구어적 담화의 대표적 형태라면, 그 대화의 문자적 기록이 문어적 담화의 대표적 모습이다. 구어적 담화가 문자를 통해 기록되고 고정화됨으로써, 그 구어적 담화는 엄청난 운명의 반전을 겪는다. 먼저 구어가 문자로 기록되면서, 화자(話者)는 의도하건 의도하지 않건 저자(著者)가 된다. 대화의 구어적 상황 속에서 화자는 자신의 의도나 말하려는 바를 청자(聽者)에게 전하고, 청자의 오해가 있을 경우 즉각적으로 그리고 현장에서 교정할 수 있다. 하지만 화자의 의도는 글자로 고정되면서 저자의 의도가 되며 독자가 반드시 현전하지 않기에, 그 기록은 저자의 의도대로 독해되지만은 않는다. 이것이 바로 문어적 담화의 의미론적 자율성이다. 저자의 의도가 무엇인지도 분명치 않은 경우가 있을 뿐만 아니라, 텍스트를 저자의 의도대로 읽었다고 하더라도 우리가 그 책을 잘 읽고 해석했다고는 볼 수 없다. 문어적 담화, 즉 텍스트 개념으로 등장하면서 쓰는 주체(저자), 읽는 주체(독자), 텍스트의 세계 등 중요한 철학적 개념들과 문제 지형들이 복원된다. 말하는 화자가 더이상 중요한 게 아니라 이야기, 텍스트를 읽는 독자가 문제시된다. 상징이 사유를 불러일으킨다면 텍스트는 독자와 어떤 관계를 가지는가?

아직은 다소 혼란스럽고 지리멸렬한, 그리고 아직 명료하게 언표 불가능한 삶이 한편에 존재한다. 하지만 텍스트 속으로, 더 넓게 말해 언어 속으로 가져오지 않은 이런 일상적 삶과 경험은 여전히 소통 불가능한 것이고 맹목적인 것이다. 작가(쓰는 주체)는 이때 개입한다. 그리고 독자인 우리는 텍스트에 몰입해 읽는다. 그 속에서 우리는 산발적이고 혼란된 일상과 흐트러진 생활의 조각에 전혀 다른 형태와 모습을 부여함으로써 이를 재조직화하면서 비(非)일상성과 유의미성을 일구어낸다. 우리는 흔히 책에 빠진다거나 영화에 빠진다고 말한다. 혹은 좀더 점잖게 그 세계에 입문한다고 말한다. 그 속에 빠질 만하다거나 그 문 안으로 들어갈 만큼의 가치가 있는 세계가 버티고 있기 때문이다. 텍스트의 세계란 바로 이런 것이다.

마지막으로 독자로서의 주체에 대해 말해보자. 구어적 상황의 청자는 문어적 담화의 등장과 더불어 독자가 된다. 사실 독자와 그의 읽기 행위는 텍스트 해석의 대미를 장식하는 중요한 요소다. 청자가 나와 대화하는 '너'라면, 독자는 '텍스트를 읽을 수 있는 누구나'이다. 바울이 고린도전서를 고린도인에게만, 또 그들만을 위해 썼다고 믿는 기독교인은 없을 것이다. 그 편지는 비기독교인에게도 열려 있다. 그것을 읽을 수 있는 모두를 위한 것이라고 봐야 한다. 독자의 존재 자체만큼이나 그의 읽기행위가 중요해진다. 구어적 담화에서 화자와 청자가 공유하는 세계는 가시적 세계이기에 현실태적인 것이라면, 텍스트의 세계는 독자의 읽기가 개입되기 전에는 가능태적이기 때문이다.

상징이 우리에게 어떤 독특한 자기이해의 사유를 불러일으키듯이 텍스트와의 만남과 그 세계의 전수(傳受)는 독자가 그동안 가졌던 것과는 다른, 그리고 우리가 소박하게 기대하던 것과는 다른 새로운 행동관계와 존재방식을 제시할 수도 있다. 이때 독자는 텍스트의 의미와 세계에 대한 지배자나 주인의 역할을 하는 독자가 아니라, 오히려 텍스트 앞에서 텍스트에 비추어보아 자기 자신의 이해를 구하는 독자로 초대받는다. 더 근본적으로는 직접적이고 직관적인 자기파악이나 자기인식을 더이상 신뢰하지 않는 주체로서의 독자이다. 자기이해가 텍스트를 매개로 하지 않고서는 이루어질 수 없다고 고백하는 주체이다. 이 점이 독자로 하여금 텍스트를 통해 자신의 삶을 음미하고 검토하도록 초대할 것이다. 소크라테스가 이렇게 말하지 않았던가. "음미(검토)되지 않는 삶은 인간의 삶이라고 불릴 만한 가치가 없다."

윤리학의 시기: '정의로운 제도 속에서 타인과 더불어 그리고 타인을 위하여 좋은 삶을 지향하는 것'

실존의 매개항이 여럿인 만큼이나 그 해명은 종결되거나 총체적이지는 않다. 리꾀르가 마지막으로 시도한 인간 실존의 해명에 중요한 매개자들은 나의 좋은 삶에 근본적으로 요구되는 타자(들), 나와 타자 둘을 묶어주는 제도(institution)일 것이다. 철학자들의 마지막을 장식하는 사유가 윤리학이나 정치철학인 것은 전혀 놀랄 일이 아니다. 윤리학이나 정치철학이 그냥 근거 없이 그의 철학 말미에 덧붙여진 것은 아니기 때문이다. 다소 전통적인 철학 나무의 도식을 빌리면, 뿌리에 현상학이, 몸통에 해석학이, 열매에 윤리학이 배치된 형국이다. '좋은 삶'(vie bonne)을 지향하는 리꾀르의 정치철학적 관심은 타자와 제도에 대한 관심으로 압축된다.

타자에 대한 관심

'정의로운 제도들 속에서 타인과 더불어 그리고 타인을 위하여 좋은 삶을 지향하는 것'은 리꾀르 윤리학의 모토와 같다. 논의를 진전시키기에 앞서 중요하게 짚고 넘어갈 것이 있다. 이 모토에는 나의 좋은 삶, 더 정확히 말하자면 우리 각자의 좋은 삶을 지향하는 데에서 출발점과 통과점, 그리고 종착점을 잘 담고 있다. 출발·통과·종착이라는 말이 시간적 흐름에 따른 것이긴 하지만, 이 세가지 요소들은 본질적으로 순환적·상호적 관계에 있다. 좋은 삶을 지향하는 열망의 출발점은 바로 나 자신 또는 우리 각자이다. 그곳에는 인간 각자가 갖는 자기 자신에 대한 관심이 존재한다. 한 인간의 자기 관심이 또다른 한 인간, 즉 그 한 인간을 제외한 타인이나 제3자의 자기 관심보다 철학적으로 우월하다거나, 근본이나 토대의 자리를 점할 이유는 없으며, 그 자기 관심들은 모두 동등한 권리, 대등한 가치와 중요성을 지닌다. 이런 의미에서 좋은 삶을 살고자 하는 "자기에 대한 관심"(souci de soi)이 중요하다. 하지만 이것은 타자 및 제도와의 관계를 벗어난다면 공허하고 맹목적이게 된다.

아리스토텔레스는 이미 오래전에 『니코마코스 윤리학』에서 "행복한 사람은 친구들이 필요하며", 행복은 "다른 사람과 함께 살아가는 것"(제9권 9장, 1169b)이라고 말한 바 있다. 그 이유는 무엇일까? 친구나 타자는 한 인간이 "자기 자신의 힘으로 얻을 수 없는 것을 제공하기"(제9권 9장, 1169b) 때문이다. 또한 아리스토텔레스는 친구란 "또다른 자기"(autre soi)라고 말한다. 리꾀르는 여기서 "또다른 자기"의 타자성(altérité)에 주목한다. 타자성이란 다름 아니라, 그 친구만이 내게 줄 수 있는 그 무엇으로, 그것은 그 친구의 대체불가능성이다. 역으로 나 또한 그의 친구가 된다면, 나 역시 그에게 대체 불가능한 존재가 된다. 그래서 리꾀르는 "결핍이 가장 돈독한 우정의 핵심에 자리 잡는다"고 말한다. 결국 나의 '좋은 삶'에는 자기에 대한 관심에서 나온 어떤 행위가 관련되지 않을 수 없는 "타자와 더불어"라는 타자에 대한 관심이 요구될 뿐만 아니라, 자기의 이런 행위능력의 실현을 통해, 결국 나에게 고유하고 대체 불가능한 그 무엇으로 인해 "타자를 위하는" 상호적 배려가 요구되는 것이다. 거꾸로 말해보면 타자의 '좋은 삶'에는 타자 역시 나처럼, 그의 자기에 대한 관심에서 나온 행위가 매개될 "나와 더불어"가 필요할 뿐만 아니라, 그의 행위능력의 실현을 통해 그에게 고유하고 대체 불가능한 그 무엇이 나를 위하는 그런 배려가 요구된다.

우리는 여기서 자기에 대한 관심, 그리고 타자에 대한 관심이 어느 한쪽 없이는 서로가 제대로 성립할 수 없음을 확인하며, 한쪽이 온전한 의미를 지니기 위해서는 다른 한쪽을 요청할 수밖에 없다는 점에 주목해야 한다. '나'와 '너', '자기'와 '또다른 자기' 사이의 근본적인 상호성(réciprocité)이야말로 리꾀르 윤리학의 주도적 이념이라 할 수 있기 때문이다.

제도에 대한 관심

아리스토텔레스는 문제의 책 서두에서 선(善)이 개인을 위해서뿐만 아니라, 민족이나 도시국가를 위해 실현되는 것이 더 훌륭한 일이라고 말한 바 있다(제1권 2장, 1094b). 하지만 리꾀르는 훨씬 더 나아간다. 자기가 타인과 더불어, 그리고 타인을 위하여 '좋은 삶'을 지향하는 장소, 더 정확히 말하자면 그러기 위한 조건이 바로 '정의로운 제도들'이다. 오히려 우리가 이 조건의 의미를, '정의로운 제도들' 속에서가 아니라면 자기가 타인과 더불어, 그리고 타인을 위하여 '좋은 삶'을 소망하는 것이 불가능하다고 해석할 때 제도에 대한 관심은 자기에 대한 관심, 타자에 대한 관심과 동근원(同根源)적이다. 어떻게 보면 리꾀르의 철학적 여정에서도 제도에 대한 관심은 결코 뒤서지 않는다. 1954년 『역사와 진리』라는 저서의 한 논문 「개인과 이웃」(Le socius et le prochain)에서 리꾀르는 이미 제도에 대한 관심을 이렇게 피력하고 있다. "상호 개인적 또는 상호 주관적 만남의 사건은 일시적이고 견고하지 못하다. 그 만남의 사건이 지속적이고 견고한 관계 속에서 공고화된다면, 그것은 이미 하나의 제도이다. 순수한 만남의 사건들은 아주 드물며, 이 사건들은 최소한의 제도 없이는 유지될 수도 없으며, 심지어는 예측되고 조직화될 수 없다."

말년의 글(1995)에서는 한결 분명하고 진전된 입장이 제시된다. "제도의 매개가 없다면, 개인은 초벌상태의 인간에 불과하다. 그 개인이 한 정치적 단체에 소속된다는 것은 그의 인간적 성숙에 필수적이며, 이런 의미에서 그 정치적 단체에 소속됨은 철회될 수 있는 것이 아니다."

사실 이 글에서 그동안 리꾀르가 '제도'라는 개념으로 무엇을 의미하고자 하는지 분명히 밝히지 않았다. 리꾀르는 그것을 "조직화된 공동(체)적 삶"(vivre-ensemble organisé) 또는 "한 역사적 공동체의 공동적 삶의 조직 —— 국민, 민족, 지역 등"의 의미로 사용한다. 이 개념은 한나 아렌트(Hannah Arendt, 1906~1975)가 『인간의 조건』에서 노동과 작업과 달리 인간 행위의 조건으로서 제시한 다원성(pluralité), 즉 복수의 인간들의 삶이 모든 정치적 삶의 필수조건 및 가능조건이 된다는 사실과 유사한 것이다. 아렌트의 다원성 개념이 '나'와 '너'라는 상호 주관적 관계를 넘어서는, 그리고 '하나의 자기'와 '또다른 자기(타자)' 사이의 상호 대면적 관계를 넘어서는, 결국 이들 관계로 환원되지 않는 다른 다수의 사람을 포함한다는 점에서 리꾀르의 '제도' 개념과 외연을 같이하고 있다.

그 복수의 사람, 그 다수의 사람들 역시 서로에게 안면(顔面)이 없는 타자(들)이다. 즉 '제도'에서 만나는 타자는 '나'나 '너'가 얼굴을 알지 못하는 제3자(tiers)로서의 타자다. 그래서 이 글 앞에서 뚜렷한 구분 없이 사용해온 타자(autre) 개념을, 제도 속에서 마주하게 되는 "얼굴 없는"(sans visage) 타자를 감안해 다음과 같이 구별해야 할 것 같다. 1) 상호 주관적 관심의 차원에서 만나게 되는 타자, 즉 얼굴을 서로 알아보는 타자로서의 타인(autrui). 2) 제도 속에서 만나는 얼굴 없는 타자로서의 제3자 또는 각자(各自, chacun).

그렇다면 "얼굴 없는" 타자가 구성하는 제도와 다원성이 가져야 할 본질적 덕목이란 무엇일까? 우리가 제도 속에서 만나는 타자인 이 제3자를 배려의 대상으로서의 타자인 타인이나 '너'를 대하듯 할 수 있는가? 이 중요한 물음에 대한 답이 바로 '정의'다. 얼굴을 알거나 모르거나 그들을 공정하게 대하는 것이 정의이며, 특히 안면이 없는 사람들이 모인 질서의 영역, 즉 제도에서 찾아야 할 윤리적 지향의 형태가 바로 정의이며, 공정으로서의 정의다.

리꾀르의 제도 개념은 자기 및 타자에 대한 관심과 분리해서 규정하지 않고 자기 및 타자의 공동적 삶이라고 규정한다. 그리하여 사회 내지 제도 속에서 개인들 간의 지배-복종이라는 위계적 질서를 뜻하는 '정치(政治)'에 우선하는 것이 개인들 간의 권리와 의무를 유기적으로 결합하는 "공동적 삶"이라는 근본적 신념에 기초를 제공한다.

어쨌든 서로가 서로에게 타자인 사회와 제도 속에서 합당한 윤리적 지향의 형태로서 정의가 제시되었다. 공동체적 삶의 골격을 준수하고 그 공동체의 의지에 따르는 다원적·복수적 삶이 가능해지려면, 정의의 덕목 이외에 다른 덕목은 없다. 물론 "조직화된 공동(체)적 삶" 속에서의 윤리적 지향·이상·덕목이 정의임은 분명하지만, 현실적 맥락에서 그 공동의 삶에서는 경우에 따라 다소간 각종 의무와 권리 수혜를 놓고 갈등과 논쟁, 그리고 분쟁이 생기는 법이다. 바로 그 대목에서 윤리적 지향으로서의 정의가 아니라, 롤즈(John Rawls)가 말하는 도덕적 규범으로서 "정의의 원칙들"이 개입해야 할 것이다.

2. 영향과 의미

리꾀르 철학을 특징짓는 여러가지 형용이 가능하다. 그가 지나온 긴 철학적 여정의 관점에서 "긴 우회의 철학"이라는 말을 듣기도 하고, "(기존 담론들의) 경계를 허무는 철학"이라는 평을 듣기도 한다. 과연 어떤 꼬리표를 달아서 그의 철학에 대한 구획정리를 할 수 있을까? 리꾀르는 『텍스트에서 행동으로』에서 자신의 철학적 계보를 밝히는 말을 한 적이 있다. "나는 내가 준거하고 있는 철학적 전통을 다음의 세 줄기로 특징짓고자 한다. 그 전통은 반성철학(philosophie réflexive)의 가계(ligne) 속에 존재한다. 그 전통은 후설 현상학의 운동적 흐름(mouvance)

속에 머물러 있다. 그 전통은 이 현상학의 해석학적 한 변형(variante)이 되기를 원한다." 여기 등장하는 모든 용어들이 자세한 설명이 필요한 핵심어들이지만, 특히 가계 속에 존재함, 흐름 속에 머무름, 변형을 원함 등은 리꾀르 철학의 출발점과 현재성, 그리고 방향성을 연대기적으로 적절히 묘사하는 표현들이다.

리꾀르가 이런 전통을 거치면서 도대체 무엇을 말하고자 했는지 한 번 더 물어보자. 앞서 "인간 실존에 대한 개념적 해명"이라고 말한 바 있는데, 여전히 유효한 답이다. 여기서 '개념'은 이미 자신이 속한다고 밝힌 세 종류의 철학적 전통과 분리될 수 없는 부분이다. 또한 '실존'은 신체인 주체(sujet), 상징의 의미를 독해하는 해석자, 대화 상황에서 화자와 청자, 텍스트 앞에서 자기이해를 추구하는 독자, 자기(soi)로서의 주체, 그리고 타자와 더불어 정의로운 제도를 추구하는 시민 등 다양한 얼굴을 하고 등장하게 된다. 어떤 하나의 얼굴로 귀결되거나, 다른 것들이 총체화되어 하나로 수렴되는 얼굴은 없다. 하나가 아닌 만큼 다양하고, 총체화될 수 없는 만큼 개방적이다. 모든 철학은 그 나름의 물음의 지평을 연다. 리꾀르가 2005년에 타계했다고 그의 지평이 종결되는 것은 아니다. 다만 그것을 어떻게 새롭게 열지가 우리에게, 적어도 나에게 하나의 과제로 주어진다.

| 윤성우 |

상징(symbole)

이중 또는 다중의 의미를 가진 언어를 지칭하는 용어로, 일차적이고 명백한 의
미와는 다른 이차적이고 덜 명백한 의미를 담지한 언어적 기호 또는 표현을 가
리킨다.

텍스트 세계(monde du texte)

흔히들 플라톤의 세계라고 할 때, 이는 좀더 정확히 말해 플라톤 텍스트가 독자
인 우리에게 제안하고 펼치는 가능적 세계를 가리킨다. 해석학이 최종적으로
밝혀야 할 해석의 대상이 바로 이것이며, 리꾀르는 "텍스트에 의해 펼쳐진 의
미있는 제안들"(propositions de sens) 또는 "거기에서 나의 가장 고유한 (존재)
가능들 중의 하나가 기획 투사할 수 있기 위해 내가 살 수 있는 그런 세계" 또는
"가장 고유한 우리의 (존재) 가능들인 가능성들에 부합하는, 다르게 실존할 수
있는 가능성들에 부합하는 또다른 세계"로 규정한다.

텍스트 앞에서의 자기이해(se comprendre devant le texte)

근대 해석학의 모토 가운데 하나가 텍스트 뒤에(derrière le texte) 숨어 있다고
믿는 저자의 의도를 읽어내는 것이다. 현대 해석학에 대한 리꾀르의 기여 중 하
나는 주체의 자기이해 방식에 대해 새로운 제안을 한 것이다. 바로 그것이 텍스
트 앞에서의 자기이해다. 독자는 이제 텍스트 뒤에 숨은 의도를 찾는 것이 아
니라, 텍스트가 전개시키고 발견해내고 드러내주는 것으로서의 텍스트 세계와
마주한다. 즉 이해한다는 것은 텍스트 앞에서 자기를 이해한다는 것이다. 종래
처럼 텍스트에 독자 자신의 제한된 이해 능력을 강요하는 것이 아니라, 텍스트
에 독자 자신을 노출하고 개방하며, 그로부터 더 폭넓은 자기를 수용하는 것이
다. 결국 텍스트에 대한 이해는 독자인 주체가 열쇠를 쥐고 모종의 능동적 구성
의 역할을 하는 것이라기보다는 오히려 텍스트의 세계에 의해 독자의 주체성
이 구성되는 것이라고 볼 수 있다.

들어가며

　구조주의 운동은 2차대전 이후 프랑스 사상계에 가장 깊고 넓은 파장을 불러일으킨 사상혁명이었다. 더욱이 구조주의 운동은 프랑스 국경 내에 국한되지 않고 대서양을 건너 영미 인문학계에도 큰 반향을 일으켰으며, 그 바람을 타고 세계 각국의 학계와 문화계로 번져나갔다. 따라서 구조주의 운동은 20세기 후반 프랑스 사상계가 국제적인 영향력을 획득하게 된 결정적인 계기를 마련해주었다고 할 수 있다.

　구조주의 운동의 기원을 보통 쏘쉬르의 구조언어학에서 찾는다. 이것은 상당히 특이한 기원이라고 할 수 있다. 구조주의의 여러 사상가들이 구조언어학의 몇몇 개념들, 가령 기표와 기의, 공시태와 통시태, 통합체와 연합체, 차이의 체계로서 언어 같은 개념들을 자신의 주요 방법론적 원칙으로 삼고 있다는 점에서 보면 쏘쉬르는 구조주의의 아버지라고 할 수 있다. 하지만 다른 한편으로 보면 구조주의의 쏘쉬르 수용은 엄밀한 독해에 근거를 둔 수용이 아니라 선택적 수용이었다는 점에서 보면, 오해에 기반을 둔 수용이라고 할 수도 있다.

이 책에서는 구조주의를 통해 우리에게 알려진 통속적 쏘쉬르와 다른, 쏘쉬르 사상의 진면목을 밝힌다. 쏘쉬르 사상의 핵심은 기하학과 비견될 만한 과학적 사유체계로서 언어학을 지향했다는 점에서 찾을 수 있다. 이런 관점에서 보면 랑그와 빠롤, 공시태와 통시태, 자의성과 가치 개념은 쏘쉬르의 내재적인 언어학적 체계 속에서 좀더 면밀하게 해명되어야 할 필요가 있다.

구조주의를 인문사회과학의 보편적인 방법론으로 확장시킨 공적은 레비스트로스에게 돌리는 것이 마땅할 것이다. 레비스트로스는 음운체계를 무의식적인 체계로 이해하는 현대 음운론의 통찰에 기대어 친족체계를 분석하는 새로운 방법론을 확립함으로써 구조언어학을 좁은 의미의 언어학을 넘어 보편적인 방법론으로 확장시켰다. 더 나아가 마르셀 모스(Marcel Mauss)와 프로이트의 영향 아래 문화를 상징체계의 총합으로 규정함으로써, 친족체계만이 아니라 신화·예술·경제 등을 아우르는 폭넓은 사회현상의 보편법칙을 탐구하려고 시도했다. 이 책에서는 친족체계 및 신화 분석, 그리고 야생의 사고에 대한 간명한 소개를 통해 레비스트로스 구조주의의 진면목을 볼 것이다.

레비스트로스가 구조주의라는 이름에 가장 잘 들어맞는 사상가라면, 라깡은 구조주의로 분류하기에는 다소 어려운 사상가다. 레비스트로스의 영향을 받아 상징적 질서 내지 상징계의 중요성을 강조한 점에서 보면 구조주의의 흔적을 무시하기 어렵지만, 라깡의 사상에는 구조주의로 한정할 수 없는 여러 요소가 존재한다. 주체에 대한 강조나 실재 개념 등이 그러하다. 더욱이 라깡은 정신분석가로서 자아심리학에 맞서 프로이트 사상의 진정한 통찰을 복원하고 그것을 한걸음 더 진전시키기 위해 노력한 사상가였다. 이 책에서는 전기 라깡과 후기 라깡의 동일성과 차이라는 문제를 중심으로 프로이트와 라깡의 관계, 상상계, 상징계, 실재의 의미 등을 체계적으로 설명한다. 더 나아가 실재 개념을 중심으로 한 후기 라깡을 진정한 라깡으로 이해하는 여러 해석에 대해 의문을 제기한다.

알뛰세르는 과연 구조주의 사상가로 분류될 수 있는가? 라깡의 경우도 마찬가지이지만 알뛰세르를 구조주의 사상가로 분류하는 것에도 어려움이 따른다. 그 이유는 무엇보다 알뛰세르가 구조언어학의 중심 개념인 랑그-빠롤, 기표-기의, 공시태-통시태 같은 개념들을 전혀 사용하지 않기 때문이다. 그 대신 그는 프로이트와 스피노자의 통찰에 기반을 둔 구조 개념을 도입한다. 또한 다른 구조주의자들과 달리 알뛰세르는 맑스주의 사상의 핵심을 역사유물론으로 파악하고, 역사에 대한 새로운 설명을 위해 구조 개념을 도입했다. 더욱이 잘 알려진 그의 이데올로기론에서 알뛰세르가 보여주려고 했던 것은 주체 생산의 메커니즘이었다. 이데올로기적 호명이 예속적 주체화 양식을 보여준다면, 그것과 다른 해방적 주체화 양식이 존재하리라는 것이 그의 생각이었다. 이 책에서는 『맑스를 위하여』와 『자본을 읽자』 같은 초기 저작부터 「이데올로기와 이데올로기 국가장치들」 같은 중기의 작업을 거쳐 우발성의 유물론에 관한 말년의 작업까지 알뛰세르 사상을 통시적으로 살펴보면서 그의 사상의 여러 쟁점들을 해명한다.

페르디낭
드 쏘쉬르

Ferdinand de Saussure 1857~1913

9장 /

언어이론의
기호학적 토대

페르디낭 드 쏘쉬르는 여러 세대에 걸쳐 식물학·물리학·화학 등 자연과학 분야에서 탁월한 학자들을 배출한 스위스 최고의 명문 가문에서 1857년 11월 26일 9남매의 장남으로 태어났다. 그의 집안은 16세기 종교박해를 피해 프랑스에서 이주한 신교도 가문으로서, 근대지질학에 한 획을 그은 증조부 오라스 드 쏘쉬르를 필두로 중국 고대 천문학의 권위자로 이름을 날린 큰아들과 프로이트의 수제자로 정신분석학의 전문가가 된 둘째 아들에 이르기까지 다섯 세대에 걸쳐 걸출한 학자들을 길러냈다.

　10대 초반부터 언어연구에 천부적 능력을 보인 소년 쏘쉬르는 중학교 시절 이미 그리스어·라틴어·독일어·프랑스어를 비교하면서 태초상태 언어의 기본 어근을 가설적으로 연역하는 소논문을 썼고, 평소 흠모하던 당대 선사언어학의 태두인 픽테(Adolphe Pictet) 교수에게 헌정했다. 고등학교 시절에는 인도유럽어족에 존재한 비음(nasal sound)을 밝혀내기도 했다. 이는 19세기 역사언어학의 대가 독일의 브루크만(Karl Brugmann)에 의해 몇년 후에 다시 조명되는데, 당시 브루크만이 마치 새로운 과학적 사실을 발견한 양 자신의 학문적 공적 중 하나로 여겼다는 웃지 못할 일화도 있다. 스위스 최고의 자연과학자들을 배출한 가문의 전통과 부친의 강력한 권고로 쏘쉬르는 19세가 되는 1876년 제네바 대학에서 화학과 물리학을 공부했으나 적성이 맞지 않아 1년이 채 안 되어 자신이 갈망해온 언어학 연구를 위해 당시 비교역사언어학의 메카 라이프치히로 갔다. 그리고 당대 언어학의 패러다임을 주도하던 독일의 소장문법학파 학자들(Junger Grammatiker)에게 사사했다.

쏘쉬르는 약관 21세가 되는 1878년에 이미 19세기 비교역사언어학의 기념비적 저술로 남을 석사논문 『인도유럽어족 원시 모음체계에 관한 논고』(*Mémoire sur le système primitif des voyelles dans les langues indo-européennes*)를 제출하여 당시 학계에서 상상을 초월하는 명성을 일찌감치 쌓았으나, 일부 독일 언어학자들로부터 시기 섞인 냉대를 받아 정신적 고립과 소외감에 휩싸이기도 했다. 인도유럽어 공통의 모음체계를 추출하기 위해 청년 쏘쉬르는 역사에서 사라진 '유음 계수'(coéfficient consonantique)를 상정함으로써, 그의 사후 다음 세대의 인도유럽어학자들에 의해 후두음이론으로 발전하는 이론적 토대를 마련했다. 그 같은 가설 연역적 방법을 동원해 이미 사라진 원시 언어의 정확한 모음체계를 밝혀낸 것은 언어학사에서 전무후무한 일이다. 실제로 청년 쏘쉬르는 존재하는 물리적 소리들에 기초하지 않고 언어 요소들의 대립적·관계적 단위들을 통해 작업하면서 일종의 대수학적 방법으로 언어 재구(再構)에 도달하는 데 성공했다. 석사학위를 취득한 지 3년도 채 지나지 않은 1881년 쏘쉬르는 『산스크리트어의 절대 속격』(*De l'emploi du génitif absolu en Sanscrit*)으로 박사학위를 받았다.

이처럼 당대 언어학의 심장부 독일에서 거둔 빛나는 성과에도 불구하고 독일 언어학계로부터 받은 정신적 상처 때문에 쏘쉬르는 1881년 학문활동의 거처를 빠리로 옮겼다. 그는 당시 프랑스 언어학의 본산지 고등학술연구원(Ecole Pratique des Hautes Etudes)에서 10년 동안 고트어·고독일어·산스크리트어를 비롯해 비교문법을 강의하면서 유럽 전역에서 몰려든 젊은 학자들을 20세기 최고의 언어학자로 길러냈다. 교육자로서 쏘쉬르가 지닌 천부적 능력은 그의 수제자 메이예(Antoine Meillet)가 남긴 다음과 같은 회고에서 어느정도 짐작할 수 있다. "마치 시인의 영감과도 같은 선생의 사상은 강의하는 내용에 대해 생생한 이미지의 형식을 마련함으로써, 그의 강의를 한번이라도 경청한 사람이라면 결코 잊을 수 없었다."

빠리 체류 기간에 쏘쉬르는 세계 최초의 언어학회인 '빠리 언어학회'의 총무를 맡아 논문 발표를 비롯해 학술지 편집 등 활발한 활동을 했다. 그는 1891년 프랑스 인문학의 최고 전당인 꼴레주 드 프랑스의 석좌교수직이라는 파격적인 제안을 마다하고 고향인 제네바로 돌아가, 1913년 2월 타계하기 전까지 제네바 대학의 언어학과에서 인도유럽어와 비교언어학을 비롯해 라틴어 시조, 프랑스어 작시법 등 다양한 주제를 다루는 명강의를 했다. 하지만 얼마 지나지 않아 일체의 저술을 중단한 채 점차 칩거에 들어간다. 15년 이상 공들여 니벨룽겐 전설과 고대 라틴어 시조의 작시법 원칙(아나그람, anagrammes) 등 다양한 분야에서 남몰래 연구를 진행했으나 관련된 학술적 출판은 전혀 하지 않았다. 그가 모교에서 보낸 21년에 대해서는 알려진 바가 거의 없다. 뿐만 아니라 그가 살아 있을 때 작성한 육필원고의 전모도 아직 정확히 파악되지 못한 상황이다. 그의 사후 1922년에 출간된 599면 분량의 『쏘쉬르의 저술모음집』에는 268면 분량의 석사논문과 70면 분량의 박사논문을 포함해

지극히 전문적인 소논문들이 실려 있을 뿐이다. 더구나 그의 출판물은 1893년 이후로는 거의 나오지 않았으며, 1900년과 1912년 사이에는 전문적인 소논문이 다섯편에 그쳤는데, 그것 역시 언어이론과는 무관한 몇개의 실증적 언어사 연구에 지나지 않는다. 생전에 쏘쉬르는 제자 메이예에 보낸 편지에 자신이 저술 공포증에 걸린 듯한 묘한 암시를 남기기도 했다. 쏘쉬르라는 이름이 20세기 언어학세와 인문사회과학 분야에서 널리 알려진 것은 그가 직접 집필하지도 않았고 출판할 의도는 더더욱 없었던 『일반언어학 강의』(*Cours de linguistique générale*)를 통해서다. 이 책은 쏘쉬르가 1907년, 1908~1909년, 1910~1911년, 세차례에 걸쳐 행한 "일반 언어학 강의"를 기록한 제자들의 노트를 그의 사후에 모자이크 형식으로 편집하여 출간한 것이다. 이 유고집은 현재 약 20여개 언어로 번역된 현대 인문학의 최고 작품 가운데 하나로 인정받고 있으며 현대언어학의 '바이블'로서 지배적 영향력을 행사했다.

1. 쏘쉬르 언어이론의 주요 요소

쏘쉬르 언어이론의 성격과 주요 이론소들의 순서 문제

쏘쉬르의 언어이론과 기호학이 현대 인문학에서 맡은 역사적 사명은 아직 완수되지 않았다. 특히 그의 육필 원고가 최근 몇년 동안 새롭게 발견되면서 여전히 쏘쉬르의 언어사상은 미지의 세계로 남아 있다고 해도 과언이 아니다. 쏘쉬르 언어사상의 수미일관성과 인식론적 연속성을 파악하는 과제 역시 간단치 않다. 특히 쏘쉬르 사상의 근본적 원리를 독창적 사유체계로 이끌어내는 작업 또한 계속 진행해야 할 숙제다. 아울러 쏘쉬르는 언어이론의 다양한 개념들을 제공했다는 점에서 그 개념들의 관계와 제시 순서를 파악하는 것은 난제라 할 수 있다.

쏘쉬르 언어학은 엄밀한 의미에서 과학적 사유체계를 지향한다는 것이 중론이다. 질서정연하게 논리적으로 정돈된 합리적 추론에 따라 가설적·연역적 성격을 띠는 이론적 체계의 내부에서 개념들의 총합을 조직화하고 있다는 점에서 더욱 그렇다. 특히 쏘쉬르 자신이 일반언어학의 기획을 하나의 기하학으로서 구상한 점을 기억해야 할 것이다. 아마 케르(René Amacker)를 비롯한 몇몇 주석가들에 따르면 쏘쉬르 언어학은 촘스키 언어학에 비하면 약한 형식화로서 제시되기도 하나, 제2차 강의에서부터 쏘쉬르는 강한 형식화의 가능성을 내비쳤다. 이를테면 기하학의 씨스템으로 정의하거나 언어 현상에 존재하는 수량들의 필연적인 수학적 표현을 구상하는 등 대수학의 모델을 암시하기도 했다.

쏘쉬르가 자신의 언어이론을 구축하는 과정에서 시종일관 번민을 거듭한 문제는 이론체계의 구성 순서, 특히 관점의 문제와 최초의 개념을 무엇으로 정할 것인가였다. 이 점에 대해서는 쏘쉬르 자신의 육성 증언을 경청하는 것보다 더 효과적인 방법이 없을 것이다.

우리가 하나의 진리로 간주하는 각각에 대해서 우리는 수많은 상이한 노선들을 통하여 도달했다. 고백컨대 이 가운데 어느 것을 선호해야 할지 나는 알지 못한다. 나의 제안들 전체를 적절하게 제시하기 위해서는 고정되고 완결된 하나의 관점을 채택해야 할 것이다. 하지만 우리가 수립하려고 하는 사실은 언어학에서는 그 자체로 정의된 단 하나의 사실을 수용하는 것이 그릇되었다는 점이다. 따라서 진정한 의미에서 필연적으로 출발점의 부재에 직면한다. 아울러 어떤 독자가 주의 깊게 우리의 사고를 이 책의 한쪽 끝에서 다른 쪽 끝까지 추적하기를 원한다면, 확실히 그는 매우 엄밀한 순서를 추적하는 것이 불가능하다는 점을 인지하게 될

것이다. (쏘쉬르의 자필원고 일부분)

실제로 쏘쉬르의 언어이론 체계를 제시할 때 겪는 첫번째 문제는 그가 제시한 언어이론 요소들의 순서 문제다. 가장 많이 알려진 보급본 『일반언어학 강의』는 혼란스럽고 모순적인 양상을 비롯해 회의와 번민의 모습을 말끔히 지웠다. 제자들의 강의노트를 편집하며 무엇보다 수미일관성을 확보하려는 편집자들의 고심을 짐작할 수 있지만, 오히려 현재의 쏘쉬르 연구에서는 일반언어학이라는 방대한 기획이 쏘쉬르에게 근원적 물음을 안긴 연원과 그로 말미암은 그의 고뇌에 대해서 더 많은 관심을 기울이고 있다. 쏘쉬르는 일반언어학 저서 출판을 갈망하는 자신의 제자들에게 다음과 같이 말한 바 있다. "이런 주제를 다루는 책에 관한 한, 생각조차 못한다. 그 저자의 결정적 사고를 제시해야 하기 때문이다."

쏘쉬르는 언어를 하나의 촘촘한 씨스템으로서 분석한 후에, 언어이론에 대해서도 마찬가지로 촘촘한 형식을 부여하기를 원했다. 그가 착안한 것은 기하학과의 비교다. 그런데 언어이론과 기하학과의 평행성은 한가지 결정적 문제를 밝혀준다. 바로 언어이론을 제시할 수 있는 순서의 어려움이다. 쏘쉬르 자신이 그 점을 강조했다. "그 주제의 어려움은 기하학의 몇몇 정리들로 여러 측면에서 취할 수 있다. 모든 경우에 정태 언어학에서 하나의 이론소는 다른 이론소의 논리적 추론물이다. 단위에 대해서 말하건, 차이에 대해서 말하건, 대립에 대해서 말하건, 모두 동일한 것으로 귀결된다." 그에 따르면 순서라는 항구적 문제는 방법이 아니라 연구대상 자체에서 비롯한다.

쏘쉬르는 동일한 언어 개념을 4개 또는 5개의 상이한 형식을 통해 전개시켜야 하며, 언어이론의 핵심적 진리에 도달하기 위해서는 여러개의 대립적 노선에 의탁해야 한다는 점을 간파했다. 언어의 철학적 문제들이 내포하는 그 같은 복잡성을 파악하기 위해 사용해야 할 사유양식을 가리켜 쏘쉬르는 '아포리즘'(aphorism)이라 불렀다.

랑그와 빠롤

모든 정상적 인간은 최소한 한개 이상의 언어를 구사할 수 있는 천부적 능력을 갖고 있으며, 세계에는 수천개의 다양한 언어가 존재하고, 모든 언어는 시간 속에서 변화한다는 사실은 이론의 여지가 없는 언어학의 진리다. 이 점에서 인간의 생물학적 보편적 능력인 언어활동(langage)과 역사적·사회적으로 수립된 우발적 제도로서의 랑그(langue), 그리고 개인의 발화 행위인 빠롤(parole)을 구별할 필요성이 정당화된다. 광개토대왕의 고구려어, 부처가 설법한 프라크리트어, 루터가 종교개혁을 외칠 때 사용한 독일어는 모두 예외없이 보편적 언어능력을 실현한 사회적 제도의 산물이다. 바로 쏘쉬르는 "랑그는 개인들이 언어활동을 할 수 있게 사회조직이 채택한 규약들의 집합이다"라고 설파했다.

언어활동은 크게 랑그와 빠롤로 이루어져 있다. 먼저 랑그는 기호들로 이루어지며 하나의 씨스템을 이룬다. 마치 모든 사람이 동일한 언어사전 하나를 머리에 넣고 있는 것처럼 랑그는 모든 사람의 두뇌에 각인된 공통적 언어지식의 총체성을 취한다.

한편 빠롤은 사람들이 능동적으로 수행하는 발화의 총합으로서 단어들의 개별적 조합을 포함하고 화자의 의지에 좌우된다. 빠롤은 개인의 구체적이며 이질적인 발성 행위로 이루어지는데, 이 행위는 자발적이며 화자가 단어 조합하기 위해 필요하다. 쏘쉬르는 빠롤에서는 그 어떤 집단적인 것도 없음을 강조한다. 반면 랑그는 집단성의 문제이며, 모든 화자가 공유하는 차이들의 체계다. 인간의 모든 발화의 기저에 존재한다고 가정되는 하나의 체계가 바로 랑그다. 하지만 화자의 기호에 대한 선택이 언어 씨스템에 종속된다는 것으로 해석해서는 곤란하다. 화자는 언어기호를 무한한 수의 통합체 씨퀀스들로 조합할 수 있으며, 이는 개인이 누릴 수 있는 일정한 자유를 뜻한다. 그 같은 씨퀀스들을 쏘쒸르는 통합체(syntagme)라고 불렀으며, 그 씨퀀스들은 조합관계에 의해 결속된다. 이 관계는 단어들 내부에서 그리고 단어 무리들 사이에서의 조합을 가능케 한다. 이를테면 한국어 어휘에서 밥이라는 단어와 밥상, 밥투정, 밥맛 사이의 관계가 그 같은 통합체의 관계에 속한다. 또한 정신에는 연합관계도 존재한다. 이를테면 밥이라는 단어를 들었을 때 그와 유사한 음절인 '납' '삽' '답'이 머리에 떠오를 수 있으며, 유사한 개념들을 연결시키는 연합관계에서 '쌀' '식량' '집' 등의 어휘를 연상할 수 있다.

'랑그'와 '빠롤(발화)'의 대립은 쏘쒸르 언어학 이론에서 중추적인 대립이다. 이는 사회적인 것과 개인적인 것, 그리고 잠재적인 것과 실현된 것, 수동적인 것과 능동적인 것의 대립으로 이해될 수 있다. 랑그로 거슬러올라가기 위해서는 빠롤의 물리적 증언과 증거, 즉 가시적 발현을 필요로 한다. 그것은 언어분석의 대원칙이다. 쏘쒸르의 표현에 의하면 최상의 방법은 빠롤을 취하는 것이다. 빠롤은 랑그의 자료로서 그 모습을 드러낸다. 더욱이 빠롤의 실질을 아무리 연구해봐도 랑그의 형식적 단위들로 거슬러올라갈 수 없다. 언어의 형식적 단위들은 실제로 하나의 언어지식을 성립하며, 이것은 오직 정체성의 판단을 통해서만 발현될 수 있다.

그렇다면 사회구성원들이 맺은 이 같은 약속의 본질은 무엇이고 어떻게 언어학자의 의식적 분석을 통해 파악될 수 있으며, 유아들은 어떤 원리에 의해 즉흥적이면서도 무의식적으로 모국어를 습득할 수 있을까? 이해를 돕기 위해 쏘쉬르는 의사소통 회로 모델을 제시하여 설명한다. 최소한 두명 이상의 대화 상대자를 포함하는 이 화언(話言)의 회로는 양면을 지닌다. 첫번째 면은 심적이다. 즉, 선택된 언어도구는 발신자의 두뇌 속에 존재하며 수신자의 두뇌 속에서 발신자가 발송한 메시지의 약호는 해독된다. 의사소통 회로의 두번째 부분은 물리적이며 생리적이다. 그것은 음파의 플럭스를 생산하는 발신자의 발성기관이며, 대화 상대자의 귀는 그 음파를 수신한다. 끝으로 이 화언의 회로에서 순전히 심적인 연합중심부에는 언어개념과 언어 이미지의 접촉이 이루어진다. 언어주체들의 활동을 설명해주는 이 같은 도식은 비록 단순화되기는 했으나 랑그라는 제도 속에서, 즉 필요한 규정들의 집합 속에서 언어형식과 언어실질의 자리와 각각의 역할을 규정하도록 해주며, 아울러 빠롤과 랑그를 대립시키는 것을 가능케 한다. 쏘쉬르 언어이론에서 빠롤은 랑그라는 사회적 규약을 매개로 하여 자신의 선천적 언어능력을 실현하는 개인의 행위를 지칭한다. 랑그가 형식의 영역에 속한다면, 빠롤은 물리적 실현으로서 실질의 영역에 속한다. 돌려 말해 빠롤은 랑그가 구체적 행위로 옮겨지는 것을 말한다.

형식적인 것, 즉 랑그가 두뇌 속에 위치하는 것이 분명하다면, 실질적인 것, 즉 빠롤은 물리적 양상과 아울러 심리적 양상을 지니며 상이한 의미론적 인상들을 갖는다. 음성의 파동은 정상인을 비롯해 말더듬이에서 정신질환자의 발화에 이르기까지 물리적으로 매우 이질적이다. 마찬가지로 의미론적 인상들도 개인마다 상이하며 사회언어학적으로 사회계층마다 변이가 나타난다. 예컨대 '자본'과 '노동'이라는 단어는 대기업 회장과 공장 노동자에게서 상이한 함축의미를 가질 것이며, 젓가락이라는 단어의 의미는 미국인과 중국인에게 미묘한 뉘앙스의 차이가 생겨날 것이다.

언어활동, 랑그, 빠롤의 삼분할에서 도출할 수 있는 중요한 함의는 다음과 같다. 무엇보다 오직 빠롤만이 곧바로 지각되며, 랑그는 결코 직접적으로 관찰될 수 없고 잠재력을 갖춘 형식이다. 그 점에서 랑그는 본질적으로 추상적이다. 하지만 쏘쉬르 자신은 랑그의 단위에 대해 추상화라는 표현을 부여하는 것을 주저했다. 그 누구보다도 사회적으로 규정된 랑그의 양상을 의식한 쏘쉬르로서는 랑그의 형식에 추상화의 위상을 부여하는 일이 내키지 않았던 것이다. 그것은 마치 언어기호가 수학의 초월적 형식과 유사하다는 잘못된 인상을 줄 소지가 있었고, 특히 언어기호의 철학적 본질을 떠오르게 할 여지가 있었다.

공시태와 통시태

쏘쉬르의 언어이론이 현대 인문학에 제공한 중요한 개념으로 공시태와 통시태를 들 수 있다. 물론 이 두 개념은 언어를 바라보는 관점이며 결코 언어 현실 그 자체의 속성은 아니다. 이 두개의 관점은 각각 현 시점에서 의사소통 도구로서 언어의 기능 작동에 대한 체계적 연구의 기틀을 마련해주고, 동시에 언어적 진화가 제기하는 문제를 별도로 인식할 수 있게 해주었다. 공시태와 통시태 차원의 방법은 근본적으로 다르다.

첫째, 공시태는 하나의 관점, 즉 화자들의 관점만을 인정하며, 그 방법은 전적으로 화자들의 증언을 수집하는 데 있다. 언어체계에서 하나의 구성 항(terme)이 얼마나 실재적인 것인지를 알기 위해서는, 그것이 화자들의 의식에 어느 정도 존재하고 있는가를 확인해보아야 한다. 이에 반해 통시언어학에서는 두개의 관점, 즉 시간의 흐름을 따르는 미래 전망적 관점과 시간의 흐름을 거슬러올라가는 회고적 관점을 구별해야 한다.

둘째, 공시태와 통시태의 차이는 두 관점이 각각 다루는 연구분야의 범위 차에서 비롯한다. 공시태 연구는 동시적인 것을 모두 대상으로 삼지 않고 단지 각 언어에 해당되는 현상들의 총체만 다루며, 그러한 분리는 방언과 하위 방언까지 포함할 수 있다. 쏘쉬르의 설명에 의하면 공시적 현상은 동시적 요소 간의 관계인 반면, 통시적 현상은 시간 속에서 한 요소가 다른 요소를 대체하는 것, 즉 하나의 사건이다.

공시태라는 일차적 관점은 오직 동시대 언어의 상태만을 인식하는 평범한 화자의 관점으로서 언어분석은 오직 이 화자의 지식을 명시화하는 것을 겨냥할 뿐이다. 반면, 통시태의 관점은 언어학자의 관점이다. 풀어 말해, 선행하는 언어 상태들의 연구, 그리고 그것들이 현재의 상태와 맺는 관계들의 법칙을 추구하는 언어학자의 관점을 말한다.

이때 제 언어의 발생 및 생동성과 관련된 복잡한 문제에서 야기되는 혼란은 언어들이 시간 속에서 진화한다는 자명한 사실과 일맥상통한다. 그런데 그 같은 중대한 사실은 쏘쉬르 당대의 언어학이 봉착한 여러 방법론적 조건에서 진중하게 받아들여지지 않았다. 쏘쉬르의 비판에 의하면 오직 일부 언어학자들만이 시간의 문제가 언어학에 대해서 특수한 조건, 특별한 어려움, 특별한 물음을 창조한다는 점을 염두에 두고 있었다. 원칙에서부터 심오하게 구별되는 이 두 과학은 한쪽이 기술 언어학 또는 공시태 언어학이며, 다른 한쪽이 역사 언어학 또는 통시태 언어학이다.

여기서 유념해야 할 중요한 사실은 통시태-공시태의 구별은 언어학자의 방법론적 관점의 구별이며 결코 언어 속에 뿌리를 둔 대립이 아니라는 점이다. 이 같은 두개의 연구시각은 일반기호학적 사실에서 나온다. 즉 시간 속에서의 연속성은 동시에 시간 속에서의 변질과 결부된다는 사실을 말한다. 제 언어의 연속성과 변질의 이 같은 이중적 성격은 너무나 자명하다. 즉 사람들은 어쩔 도리 없이 늘 똑같은 언어를 말하도록 설득당한다. 그렇지만 바로 이 똑같은 언어는 수세기가 흘러가면 도저히 알아들을 수 없을 정도로 변한다. 요컨대 연속성은 언어주체들이 받아들이는 동일성들의 보존과 결부된다. 반면 변질은 분석을 할 경우 회고적으로 목격되며 오직 시간의 인지된 개입에서만 그 결과가 나타난다. 연속성을 가리고 있는 동일성은 시간을 배제한다. 아울러 언어주체들에 의해서 무의식적으로 발음된 동일성의 판단은 그 정의상 하나의 언어로 한정된다.

일반적으로 통시태의 법칙들은 마치 모든 역사적 사건들이 그런 것처럼 돌이킬 수 없는 요소들을 서로 연결시킨다. 반면 공시태의 법칙들은 오직 동일성 또는 차이의 판단들을 물질화할 뿐이다. 그 판단들은 언어주체들의 두뇌 속에서 진행된다. 공시태의 영토에서 법칙은 오직 하나의 기존 질서만을 표현하게 만들 뿐이다. 그것은 강제적이지 않고 역동적이지도 않으며 사물의 한 상태를 목격한다. 하지만 통시태의 영토에서 법칙은 강제적이거나 역동적이다. 그것은 하나의 사물을 사라지게 만들고 다른 하나를 출현시키며 하나의 효과를 통해서 반영된다. 통시태에는 하나의 힘이 존재하며 통시태의 법칙은 모든 저항에 맞서 실행되는 강제적인 사물을 표현한다.

반면 통시태 법칙의 강제적 힘에 맞서 공시태 법칙에는 권력이 없다. 공시태 법칙은 하나의 변화에 맞서 사물의 상태를 방어하지 않는다. 공시태 법칙은 모든 통시태 법칙의 자비에 달려 있으며 따라서 특이하며, 이질적인 공시태의 상태는 일시적이고 불안정한 균형이며, 비시간적인 경향을 갖는 하나의 질서의 결과다. 그것은 언어주체들에 의해서 부과된 질서이며, 시간의 침투에 의해서 연속적으로 위협받는다.

쏘쉬르는 통시태적인 것과 공시태적인 것은 그 현상들 속에서 서로 환원될 수 없다고 분명히 선을 긋는다. 언어의 역사와 언어의 씨스템 사이에 풀기 어려운 실타래가 존재하며 얽히고설킨 것을 구별하기 위해서는 그 두개의 측면을 구별해야 한다. 바로 시간 속에서 진행하는 것과 순간 속에서 진행하는 것이다. 언어를 제대로 연구하고 언어적 사실들을 이해하기 위해서는 두 질서의 대립, 진화적인 것과 정태적인 것의 대립에 기초하여야 한다.

2. 쏘쉬르의 기호이론: 자의성과 가치론

자의성 이론

쏘쉬르 언어이론은 자연언어의 문제를 좀더 넓은 관점에서 조망했다는 점에서 차별화된다. 그는 언어학을 언어 이외의 다른 기호체계들을 다루는 한층 포괄적인 학문인 기호학의 핵심적 부분집합으로 파악했다. 그는 기호학적 토대를 갖춘 언어기호의 주요 원칙들로 철저한 자의성과 선조성(線條性)을 제시했다. 기호의 양면을 이루는 기표(signifié)와 기의(signifiant)는 전혀 다른 속성을 지니며 종이의 앞면과 뒷면처럼 서로 분리될 수 없는 것으로, 각각 개념과 청각 이미지로 명명되었다. 기표와 기의 사이에는 그 어떤 자연적 관계도 존재하지 않으며 이 같은 자의성은 바로 언어적 사실들의 사회적 성격을 드러낸다. 기호의 자의성 원리는 바로 기의들의 선택과 한계 설정을 함의하는 자율적 언어학의 양상 가운데 하나다.

일반기호학의 발전을 예상하면서, 쏘쉬르는 사회적 실천이 단지 그것을 지시하는 대상과 관련하여 자율적일 뿐만 아니라 모든 자연성에 대해서 자율적이게 되는 커뮤니케이션 씨스템 과학의 선구자로서 자리매김한다. 이것은 곧 자의성의 테제다. 청각 이미지와 그 이미지가 언어 속에서 생산하는 개념 사이에는 그 어떤 내재적 통일성도 존재하지 않는다. 이 같은 직관은 제 기호와 기능 차원에서 파악된 문화인류학의 비약적 발전에 엄청난 공헌을 했다.

쏘쉬르가 언어기호에 대한 인식의 철저함을 드러내는 부분은 바로 그가 언어기호를 사유하는 방식이다. 그에 따르면 기호(signe)는 집단적이거나 사회적이며 따라서 한 사회구성원들 사이에서 서로 소통될 수 있다. 이것은 기호가 자의적이면서 동시에 시차적 씨스템이라는 점을 함의한다. 언어기호의 집단성, 의사소통 가능성, 자의성, 차이성 등의 특질은 쏘쉬르 언어이론의 중핵이라 할 수 있다. 최근에 쏘쉬르의 음성 철학이라는 흥미로운 연구를 내놓은 바 있는 노르웨이 베르겐(Bergen) 대학의 우타케르(Arild Utaker) 교수는 바로 기호의 이 같은 성격 덕분에 쏘쉬르가 언어에 대한 외재적 설명을 배제할 수 있었다는 점을 강조한다. 즉 언어는 실재에도, 사유나 논리에도, 그리고 구조적 무의식에도 토대를 두고 있지 않다. 그리고 바로 이 같은 방식으로 쏘쉬르는 언어를 현실의 재현으로 보거나 사물에 대한 일대일의 목록체로 보는 전통적 언어관을 철저하게 비판할 수 있었다. 전통적으로 철학자의 관심을 끈 문제는 바로 언어와 실재의 관계, 그리고 그 관계에 결부된 지시, 진리 등의 문제들이었다. 쏘쉬르는 다음과 같은 진술을 하고 있다. "언어철학자들이 만들어온 개념화의 대부분은 자기 주변에서 동물들을 불러내 각각 이름을 부여하는 우리 최초의 아버지, 아담을 생각하게 만든다."

이 같은 성서적 언어관과 달리, 쏘쉬르에 의하면 기호는 하나의 관념과 하나의 사물을 결합시키는 것이 아니라, 하나의 청각 이미지와 개념, 즉 하나의 기표와 기의를 결합시킨다. 재현으로서의 언어개념화 방식과 철두철미하게 단절하면서 그는 언어를 의사소통과 해석으로서 사유한다. 기호가 존재하기 위해서는 집단성을 전제로 하며, 메시지가 존재하기 위해서는 최소한 발화 회로의 도식에서 나타나듯 두명 이상의 사람이 필요하다. 그 결과 언어는 언중의 내부에서 개인들 사이에서 사회적 관계를 제시한다. 아울러 사회적인 차원은 언어의 내재적 특징이다. 랑그, 즉 사회적 언어는 오직 집단성에 의해서 말해질 때 비로소 생명력을 갖는다. 또한 언어는 현실이나 사유 속에서 그 어떤 독립적 매체를 갖지 않으며 언어기호의 정체성은 오직 스스로 획득되는 것이다. 바로 이 지점에서 기호의 자의성의 참된 의미가 도출된다. 즉 기호는 언어 이외의 다른 어떤 정체성에도 토대를 두지 않으며 기표와 기의의 관계는 동기 부여가 없는 무근거성에 기초한다.

기표와 기의의 관계는 어떤 특정 기준에 근거하여 코드화된 것이 결코 아니다. 누가 한국어로 '땅'이라는 단어를 만들어 대지를 지칭하기 위해 약호를 발명했는가에 답할 수 있는 사람은 아무도 없다. 쏘쉬르의 기호이론에서는 그 어떤 초월적 기의도 초월적 기표도 존재하지 않는다. 기호는 자신보다 미리 존재하는 소리와 의미라는 두개의 현실에 토대를 두지 않는다. 기표와 기의의 관계는 자연적인 것도 아니며 코드화된 것도 아니다. 기호는 오직 그것이 속하는 기호체계에 의해서 유지될 뿐이다. 예컨대 생물학에 기초한 가족이 해체되고, 정자와 난자의 상업적 판매에 의해서 아이들이 만들어지는 세상에서 '어머니'와 '아버지'라는 전통적 의미의 기호들의 가치는 더이상 유지될 수 없을 것이다.

언어기호들은 자의적이기 때문에, 기호들은 화자의 의식을 벗어나서 외부로부터 화자에게 부과되는 것이며, 화자는 언어기호들을 변경시킬 수 없다. 이것이 기호의 불가역성의 원리이다. 같은 이유에서 언어 기호들은 화자의 의지에서 벗어나는 법칙에 따라 끊임없이 변화한다.

언어는 전통으로부터 물려받은 유산이면서 동시에 사회적 보물이라는 점에서 화자는 이에 어떤 장악력도 갖지 못한다. 언어는 자의적인 제약들로 이루어진 가상적 씨스템으로서 누구도 그 진성성과 적법성에 대해서 논의하지 않는다.

기호의 자의성은 그것이 규약적이라는 의미에서 집단적이면서 사회적이라는 것을 함의한다. 하지만 쏘쒸르는 하나의 인위적 결단이나 계약과 같은 전통적 의미에서 언어의 규약성을 파악하려 하지 않았다. 기호는 개인의 의지에도 사회적 의지에도 종속되지 않는다는 사실을 누차 강조한 바 있다. 아울러 다음과 같은 진술을 통속본에 남기고 있다는 점에서 그는 종래의 계약주의와 차별화된다. "하나의 집단성 속에서 수용된 법이 자유롭게 동의한 규칙이 아니라 사람들이 그저 감수하는 것이라는 사실을 증명하려 한다면, 언어는 그 점에 대해서 가장 분명한 증거를 제공할 것이다."

언어기호의 가치론

쏘쒸르의 언어기호이론에서 가치(valeur) 개념은 19세기 비교역사언어학에 견주었을 때 가장 혁신적인 공헌 가운데 하나라 할 수 있다. 언어가치이론의 본질적 성격은 언어기호의 물질적 정체성의 부재 또는 물질적 정체성의 우발적 양상을 예리하게 포착했다는 데 있다. 랑그는 구성 항들을 조직화하는 하나의 씨스템으로서 그 항들이 맺는 관계에 따라 형성된다. 랑그라는 씨스템을 이루는 구성 항들은 의미를 생산할 수 있는 질료의 집합을 공유하고, 그 결과 가치들을 창조하며 그 가치들을 통해서 비로소 의미작용이 수립된다. 따라서 언어학적 실재들은 하나의 씨스템의 구성 항들이라는 점에서 가치들이다. 쏘쒸르는 기호를 그 자체로 닫혀 있는 고립적 단위로 보려는 전통적 언어 개념을 거부했다. 랑그는 그것의 모든 구성 항들이 서로 연대를 이루는 씨스템이며,

거기서 하나의 구성 항의 가치는 다른 구성 항들의 동시적 현존으로부터 비롯된다. 영어 단어 'rice'와 한국어 단어 '밥'은 동일한 의미작용을 가지나 그 가치는 다르다.

가치는 의미작용에서 결정적이다. 무엇보다 가치는 랑그의 잠재력이며 의미작용은 빠롤의 실현이다. 또한 가치와 의미작용은 완전히 포개어지지 않는다. 가치에서는 의미작용에서는 포착될 수 없는 그 이상의 의미적 잉여가 존재한다는 점에서 그렇다.

요컨대 언어기호는 동일 씨스템에 속하는 다른 언어기호들과 맺는 관계에 의해서 정의된다. 이것은 체스의 말이 오직 다른 말들과의 관계를 통해서만 가치를 갖는 것과 흡사한 원리다. 기표 차원에서건 기의차원에서건, 랑그 즉 언어체계 속에는 오직 차이들만이 존재한다. 언어 씨스템은 일련의 차이들로서 일련의 관념들과 결합된 일련의 소리들의 차이들이다. 차이는 하나의 언어 단위에 부차적으로 부여된 성격이 아니라 오히려 이 같은 단위를 구성하는 원리이다. 쏘쉬르의 언어가치이론에서 a라는 단위의 의미작용을 설정하기 위해서는 일체의 실증적 성질을 비우면서 non-b, non-a와 같은 방식으로 파악해야 한다.

하나의 기호, 기표 또는 기의는 그것들이 다른 것들과 혼동될 위험성이 없는 한 다양한 변이를 보여준다. 다른 단위들의 저항만이 하나의 단위에 한계선을 긋는다는 점에서 그것은 부정적 한계화다. 그처럼 배치된 언어 단위의 원리는 언어학자의 실천에 대해서 중대한 파급 결과를 갖는다. 가치들의 씨스템은 음성적·음향적·의미론적 재료들로 형성되지 않는다. 순수한 소리의 실질과 순수한 생각의 실질, 두개의 무정형 매스에 의해서는 언어가치가 만들어지지 않는 것이다.

쏘쉬르는 랑그의 내재적 정합성과 수미일관성을 주목하기 위해서 씨스템이라는 용어를 사용했으며 구조라는 단어를 사용한 적은 없다. 언어의 체계성에 대한 쏘쉬르의 입장은 일관적이다. 언어 단위는 근본적으로 대립적이며 각각의 언어요소는 다른 요소들이 아닌 것, 즉 언어 씨스템 속에서의 차이에 해당된다. '아버지'라는 언어단위는 '어머니' '할아버지' '아들'이 아닌 것에 의해서 가치를 얻는다. 쏘쉬르는 자필 노트에 이렇게 적고 있다. "언어 속에 존재하는 모든 종류의 기호는 (…) 따라서 순전히 비실증적인 가치를 갖는다. 정반대로 본질적으로 영원히 부정적인 가치를 갖는다."

랑그는 순전히 상대적·부정적 가치들의 놀이로서 그 어떤 물리적 성격의 실질을 갖지 않는다. 예컨대 한국어 소리 체계에서 'ㅍ' 음가의 그 어떤 내재적 가치는 존재하지 않는다. 만약 이 음소가 '파다'/'바다'라는 음운 교체에서 땅을 판다는 동사형의 표시로서 작동한다면, 이것은 한국어에서 'ㅍ' 'ㅂ' 'ㅃ'라는 세 음운의 차이가 계열체적인 대조 속에서 나타나기 때문이다. 이와 마찬가지로 하나의 구성 항의 의미는 오직 체계에서 더불어 나타날 수 있는 다른 구성 항들과의 차이를 통해서만 정의될 수 있다. 예컨대 '웃다'라는 동사는 '울다' '찡그리다' '화난 얼굴을 하다' 등의 동사들과 관련하여 그 가치를 갖는다. 따라서 고립된 요소의 관찰은 그 어떤 쓸모도 없다. 오직 그 요소를 규정하는 대립들의 다발만이 중요하다.

기호의 가치의 역할은 중요하다. 쏘쉬르의 기호이론에서 개별 기호들은 의미 또는 내재적 정체성을 갖고 있지 않으며 랑그는 가치들의 체계다. 하나의 언어는 모든 요소들이 촘촘한 관계를 맺고 있는 씨스템이라는 점을 쏘쉬르는 누차 강조한다. 그 씨스템 안에서 한 요소의 가치는 다른 요소들의 동시적 공존에 달려 있다. 가치들은 전체 기호들 사이에서의 관계로부터 도래한다. 이 관계들은 두가지 종류의 가치에 기초한다. 첫번째 종류는 교환될 수 있으나 닮지 않은 그 무엇이며 두번째 종류의 가치는 다른 항목들과 비교될 수 있는 유사한 것들이다. 이 두가지 특질은 모든 가치의 존재를 위해서 필요하다. 1만원의 가치를 규정하기 위해서 우리는 그 지폐가 일정 수량의 식량 또는 일정 수의 상품과 교환될 수 있다는 것을 알아야 하며, 그것의 가치는 동일 체계 안에서 1천원, 5만원 등 다른 가치와 비교될 수 있다.

이 같은 경제학적 가치 원리는 언어가치에도 그대로 적용될 수 있다. 하나의 단어는 닮지 않은 무엇, 즉 관념과 대체될 수 있으며, 이와 동시에 닮은 비슷한 것, 즉 다른 단어와 비교될 수 있다. 다시 말해 기호는 관념과 소리라는 두개의 상이한 본질에 속하는 것들과 관련된다. 이때 두개의 유사한 기호, 즉 하나의 기호와 다른 기호를 비교할 때 그 관계는 하나의 가치를 탄생시킨다. 가치는 어휘 차원과 문법적 차원에서 바로 의미작용을 가능케 하는 그 무엇이다. 어휘 차원에서 의미작용은 상호 한계설정의 산물이라는 점을 수긍하는 것은 어렵지 않다. 절대적 동의어는 없으며 각각의 구성 항은 다른 것들이 부과하는 한계설정에서 자신의 외연을 취한다. 예컨대 한국어 단어 '무섭다' '두렵다' '겁나다'라는 세 동의어에서 하나의 단어는 다른 단어가 아닌 것에 의해서 차별화된다. 문법 차원에서도 마찬가지다.

바로 이런 맥락에서 쏘쉬르는 이렇게 말한다. "랑그에서 하나의 기호를 증가시키면, 다른 기호들의 의미작용은 줄어들 것이다." "그와 마찬가지로 처음에 어쩔 수 없이 두개의 기호만을 갖고 있었다면, 모든 의미작용은 이 두개의 기호들로 분배될 것이다. 하나는 대상들의 절반을 지칭할 것이며, 다른 하나는 나머지 절반을 지칭할 것이다."

3. 쏘쉬르와 현대 프랑스 지성사의 계보

　구조주의의 역사에서 빈번하게 제시되는 쏘쉬르와 현대 프랑스 철학의 관계는 실증적 연구를 통해 공인된 사실이라기보다는 몇가지 대표적 사례에 기초하여 고착된 가설에 가깝다고 보는 것이 신중한 태도일 것이다. 요컨대 쏘쉬르를 현대 프랑스 철학의 형성에 기여한 사상적 원류 가운데 하나로 기정사실화하는 것은 합당치 않다.

　더구나 이미 1970년대부터 일군의 비평가들은 '언어(학)의 인플레이션' 또는 '언어적 환영'(mirage linguistique)이라는 다소 심한 은유적 표현을 사용하면서, 현대 프랑스 철학과 인문학이 쏘쉬르의 언어학 모델에 정신없이 도취하여 마구잡이식으로 언어학 모델을 인류학·문학·정신분석학 등의 영역에 무리하게 적용한 것을 문제 삼기도 했다. 이 가운데서도 쏘쉬르의 기호학 프로그램에서 사회인류학의 탄생을 목격할 수 있다는 주장을 펼친 레비스트로스가 친족관계 분석에 사용한 음운론 모델은 방법론적 외삽이라는 이유로 호된 치도곤을 맞았다. 이를테면 쏘쉬르가 레비스트로스와 라깡 등의 구조주의 사상가들에 앞서 이미 '주체의 죽음'을 선언한 장본인이라는 주장이 대표적 사례다. 하지만 여전히 쏘쉬르를 언어의 본질과 원리를 밝혀내면서 근대언어학에 '코페르니쿠스적 혁명'을 가져온 창조적 언어사상가이자 기호학의 창시자로 추앙하는 열광적 입장이 쏘쉬르의 중요성에 대한 절제된 입장과 맞서고 있다.

　그럼에도 쏘쉬르의 텍스트를 어느정도 통독한 경험에 비추어보면, 쏘쉬르는 예상외로 프랑스 철학사로부터 적지 않은 사유의 영향을 받은 것으로 짐작된다. 이를테면 쏘쉬르의 자필 수고에 나타나는 일체의 언어적 사실과 인식에 대한 철저한 회의(doute)는 쏘쉬르 자신이 데까르뜨를 명시적으로 호명하고 있다는 문헌적 증거를 넘어서서, 사유의 '스타일'이라는 차원에서 분명한 상동성을 발견하는 것이 가능하다. 더 나아가 르낭(Ernest Renan), 루소, 뗀(Hippolyte Taine) 등 프랑스 근대 사상사와 쏘쒸르의 계보적 친화성에 대한 논의는 장편의 연구를 요구하는 사안이다. 쏘쒸르의 기호이론에서 프랑스 계몽주의 철학의 사상적 유산을 읽어내고, 그 이론적 원천을 백과전서파와 이데올로그의 전통으로 소급하는 학자도 있다.

쏘쒸르가 19세기 당대의 비교역사언어학자들과 견주어 가장 두드러지는 특징 가운데 하나는 무엇보다 철학이라는 용어를 빈번하게 사용하고, 특히 언어학의 이론적 토대에 대한 철학적 탐구를 본격적으로 시도했다는 점일 것이다. 실제로 쏘쒸르는 철학적 어휘를 빈번하게 구사하고 있으며, 그의 제자와 나눈 여러 대담에서 자신이 앞으로 개설할 과목 가운데 하나로서 '언어학의 철학'(philosophie de la linguistique)을 손꼽았다. 쏘쒸르가 사용한 철학적 어휘들을 골라내어 그 의미를 풀이하는 작업 자체가 흥미로운 과제가 될 터인데, 그렇다면 일반언어학으로 국한시킬 때에 그의 언어학 담론을 철학사라는 관점에서 어떻게 읽어낼 것이며, 쏘쒸르가 철학에 대해서 취한 입장은 무엇인지에 대한 답변을 마련해야 할 것이다.

『일반언어학 강의』의 여러 문헌을 보면 쏘쒸르의 철학적 관점은 그의 필사 원고 곳곳에 산재해 있다. 그가 철학적 성찰을 할 수밖에 없었던 이유는 무엇보다 '랑그'라는 새로운 연구대상의 과학을 정초하기 위한 고민에 기인한다. 쏘쒸르는 철학의 외부자로서 그리고 동시에 철학의 내부에서 언어학의 철학적 토대에 대한 성찰을 진행하였다. 즉 비철학자로서의 외부적 관점은 자신이 구축하려 하는 일반언어학 담론의 진리를 철학이라는 반석 위에 올려놓기 위한 전략으로 풀이할 수 있다.

물론 쏘쉬르는 언어과학의 이름으로 전통 철학자들과 철학을 비판하기도 한다. 이를테면 체계로서의 언어와 언어활동에 대한 철학적 인식의 문제점을 비판하고 있는 것이다. 다른 한편 내부적 관점에서 쏘쉬르는 스스로 철학자의 입장을 취하면서 언어에 대한 철학적 관념을 제시하는 동시에 과학적 방법의 재정의와 언어에 대한 보편적 진리를 추구하였다. 쏘쉬르는 이 같은 철학적 비판을 통하여 언어라는 대상을 정초하기 위해서 언어학의 이론적 토대(방법론·인식론·존재론)를 자연과학도 역사과학도 아닌 또다른 자율적 학문인 기호학과 더불어 수립할 것을 착상했다. 쏘쉬르가 왜 언어학의 근본적 토대를 수립하기 위해서 철학에 의탁했는가는 한 노트 일부에 나오는 그의 다음과 같은 진술에서 고스란히 드러난다.

　언어학을 건강하게 다루기 위해서는 그것을 밖에서 접근해야 한다. (…) 오직 언어학자의 틀에 머무르는 언어학자는, 내 생각으론 제 사실들을 분류할 수 있도록 해줄 길을 찾을 수 없는 불가능성에 놓이고 만다.

| 김성도 |

가치(valeur)

언어는 구성 항들이 맺는 관계에 따라 구성 항들을 조직화하는 씨스템이다. 이때 구성 항들은 의미할 수 있는 질료의 집합을 공유하며, 그 결과 다양한 가치들을 창조한다. 언어적 실재들은 하나의 씨스템의 구성 항들이라는 점에서 가치들이다. 언어는 모든 구성 항들이 연대를 이루는 하나의 씨스템이며 그 가치는 오직 다른 구성 항들의 동시적 현존을 통해서 비로소 도출된다. 제 가치들은 완벽하게 상대적인데, 그것은 소리와 관념의 관계가 자의적이기 때문이다.

기호의 자의성(arbitraire du signe)

언어기호는 청각이미지인 기표와 개념인 기의로 이루어진 심적 실재(entité psychique)다. 기표와 기의를 결합하는 관계는 자의적이며 양자 사이에 어떤 근거도 없다(immotivé). 개별 언어마다 현실을 지칭하는 기호의 양면, 즉 기표와 기의의 재단방식이 상이한 점에서도 언어기호의 자의성은 입증된다.

기호학(sémiologie)

쏘쉬르에 따르면 언어학은 기호학의 부분을 이룬다. 언어는 관념을 표현하는 기호체계로서 문자, 농아들의 알파벳, 상징 의례 등에 견주어진다. 쏘쉬르는 기호학을 사회생활 한복판에서 기호들의 삶을 연구하는 학문으로 정의한다.

씨스템(système)

쏘쉬르의 언어이론에서 씨스템 개념은 가장 빈번하게 사용되는 용어다. 언어는 그 구체적 단위들의 대립에 전적으로 기초하는 씨스템의 성격을 갖는다. 씨스템 이론에 따르면 언어는 하나의 조직화를 갖고 있으며 그 같은 조직화는 개별 언어 속에서, 언어 외부에 존재하는 그 어떤 것에도 토대를 두지 않는 자기조직된 특수한 형식을 갖는다. 이 같은 조직화는 하나의 씨스템 형식을 취한다. 감각적 경험들로 접근될 수 있는 요소들의 현실보다 더 강력한 현실을 소유하는 음성적 의미론적 재료들로부터 하나의 형식을 성립하는 네트워크이다.

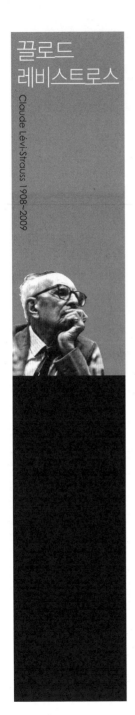

끌로드
레비스트로스

Claude Lévi-Strauss 1908~2009

10장 /

구조적 무의식에 대한
인류학적 탐험

구조주의 인류학의 혁신적인 방법론, 기존의 이론을 넘어선 새로운 이론의 정립 등 레비스트로스가 이루어놓은 모든 것을 이야기하기에는 지면이 한정적이다. 여기서는 그가 궁극적으로 추구하려던 인간정신 속 문화창출의 모델이며 기본 원리인 무의식 구조에 대해 간략하게 더 듣어보려 한다.

　레비스트로스는 1927년부터 1932년까지 쏘르본 대학에서 철학수업을 들었다. 이곳에서 그는 프랑스 사회학의 대가인 꽁뜨와 뒤르켐(Emile Durkheim)을 알게 되었으나 사회학을 형이상학적 목적에 이용하려는 당시의 모든 경향에 곧 싫증을 느낀다. 그러던 중 큰 영향을 받게 된 스승 마르셀 모스를 만난다. 졸업 후에는 대학교수 자격시험인 아그레가시옹(agrégation)에 우수한 성적으로 합격하여 몽 드 마르상(Mont de Marsan) 고등학교에 일년을 재직하고 다음해 라옹(Laon) 고등학교에 임명되지만, 같은 일을 계속 반복하는 데 회의를 느껴 사임한다.

학문적으로 레비스트로스는 당시 모든 학문 분야를 지배하던 헤겔 영향의 변증법적인 사고방식에 비판적이었다. 더불어 형이상학적 사색의 새로운 경향에 대해서도 반기를 들었다. 특히 현상학이 경험과 현실의 연속성을 전제하는 점에서, 그리고 실존주의가 주관성의 환상을 배려한다는 이유로 비판적이었다. 레비스트로스는 자신이 받은 대부분의 철학적인 교육에 반기를 들었다. 반면에 그는 지질학, 맑스주의 그리고 정신분석학이 자신의 세 스승이었다고 『슬픈 열대』(*Tristes tropiques*, 이하 TT, 1955)에서 술회하고 있다. 세 학문은 어떤 사실의 인과관계나 현상 자체를 설명하기보다 이러한 현상과 사실 뒤에 숨어 있는 '구조적'인 것을 찾아 이해하려는 점에서 공통점을 가진다. 이러한 사실에 비추어 우리는 레비스트로스가 정초한 구조주의 인류학이 무엇을 찾으려 하는가를 간접적으로 알 수 있다.

구조주의는 시간적인 우연성, 주관적인 접근의 한계를 넘어 존재하는 명료성(intelligibilité)을 정신분석학에서 찾으려 한다. 무의식(inconscience)은 레비스트로스의 저작에서 일차적인 중요성을 갖는다. 다만 프로이트의 무의식과는 차이가 있다. 레비스트로스가 상정하는 무의식은 충동욕구로 나타나는 프로이트의 무의식과 달리 강력한 '상징화의 원칙'이다. 레비스트로스의 무의식은 범주적(catégoriel)이며 조합적(combinatoire)이고 비(非)개성적(anonyme)인 칸트의 무의식으로 대체된다. 이런 무의식은 우주·사회·개인·사고·언어·신화 등에 내재하는 구조법칙으로 나타난다. 레비스트로스는 합리적/비합리적, 야생적 사고/과학적 사고, 감성/이성이라는 정태적 대립 개념을 넘어 인간의식의 심층(무의식)에 존재하는 '새로운 합리성' 즉 초(超)합리성을 찾으려 한다.

1. 언어학 모델과 문화적 사실

1941년 레비스트로스는 뉴욕의 사회연구학교(New School for Social Research) 교수로 임명된다. 그는 여기서 몇년 동안 구조주의 언어학자인 로만 야콥슨(Roman Jakobson)과 관계를 맺으며, 1945년에는 『워드』(*Word*) 지에 사회문화 현상의 연구에 언어학 방법론을 응용할 것을 시사하는 논문을 싣는다. 레비스트로스의 구조주의 방법론에 직접적인 영향을 끼친 것은 현대 음운론이다. 현대 음운론이 제시한 방법론은 먼저 의식 수준의 연구에서 무의식적 하부구조의 음운 연구로 이전하며, 둘째로 용어를 독립된 개체로 보는 것을 거부하고 용어(또는 항목) 사이에 존재하는 관계를 기초로 분석하며, 셋째로 체계의 개념을 도입하고, 넷째로 일반적 법칙을 찾으려 한다. 전통적 음운론(인문사회과학 역시)이 역사 속에서 그 설명의 원리를 찾으려 했다면, 현대 음운론(구조주의 인류학 방법론 역시)은 이러한 원리를 체계의 공시적 서열, 다시 말하면 체계 자체의 내재적 논리 속에서 찾으려 하는 것이다.

특히 언어는 문화의 산물이며, 동시에 문화의 한 부분으로서 문화를 만드는 조건이다. 먼저 개인이 문화를 습득하는 것은 언어를 통해서이며, 다른 한편 문화는 언어와 유사한 구조를 갖는다. 언어와 문화 모두 상관과 대립, 즉 논리적 관계를 바탕으로 구성되기 때문이다. 레비스트로스는 문화와 자연의 경계를 가르는 것은 흔히 학자들이 생각하듯 도구의 사용이 아니라 분절언어의 사용이라고 말한다. 동물은 분절언어를 사용하지 못하며 오직 인간만이 분절언어를 사용할 수 있다. 두뇌와 구강의 발달로 인간은 몇 안 되는 소리(의미가 없는 음소)를 조합하여 수십만개의 (의미가 있는) 단소(moneme)를 만들고 이를 결합하여 문장을 구성해 소통할 수 있기 때문이다. 마르셀 모스와 프로이트 그리고 언어학자들의 저술에 영향을 받은 레비스트로스는 인간을 상징기능을 사용하는 존재로 정의하며, 언어·친족·신화·예술·경제 등 문화(자연에 대비한 문화)를 상징체계의 총합으로 정의한다. 이들 문화적 총합에는 여러 다양한 층위에서 소통(교환)이 존재한다.

2. 교환과 통합

사실 언어학 모델을 인문과학 전체에 적용할 수 있는 것은 무엇보다도 '교환의 통합' 개념 덕분이다. 교환이론의 기능으로 사회를 총합으로 해석하는 것은 진정한 코페르니쿠스적 혁명이라고 할 수 있다. 이러한 혁명은 세 층위에서 이루어지는데, 먼저 친족체계의 층위에서다. 친족체계의 규칙(규율)은 집단 간 여자의 교환을 보장하며 동시에 유전자와 현상형(phénotypes)의 교환을 보장한다. 두번째는 경제의 층위로 재화와 서비스(용역)의 교환을 보장한다. 마지막으로 언어체계의 층위에서 소통은 메시지의 교환을 보장한다. 이 세 형태의 소통은 역시 교환(échange) 형식이며, 서로 연관되어 있다. 왜냐하면 혼인관계는 경제적 증여를 동반하고, 언어는 세 층위 모두에서 나타나기 때문이다. 그러므로 이 세 층위가 어떤 상관관계에 있는지를 찾고, 각 층위의 소통이 독립적으로 어떤 형식적 특성을 지니며, 한 층위에서 다른 층위로 이전할 수 있는지 알아보려는 수순으로 나아갈 수 있다.

결국 레비스트로스는 음운체계와 가장 유사성을 갖는 체계는 친족체계라는 사실을 알게 된다. 친족체계는 일종의 언어를 구성한다. 즉, 개인과 집단 간의 어떤 유형의 교환을 보장하도록 운명지어진 활용의 총체를 구성한다고 볼 수 있다. 친족용어들은 의미를 갖고 있지만 음소처럼 새로운 의미를 만드는 요소들이다. 음소의 조합으로 단소(의미소)라는 기호가 만들어지듯 친족용어들은 체계로 통합되는 조건에서만 용어 자체의 의미를 넘어 또다른 의미를 갖게 된다. 레비스트로스는 이런 '초의미'를 '메타언어'라고 한다. 음운체계처럼 친족체계는 무의식적 사고의 층위에 있는 정신에 의해 형성되며, 근본적으로 다른 신화나 대단히 멀리 떨어진 세계 여러 지역에서도 반복되어 나타나는데, 이는 숨겨져 있는 '일반법칙'의 결과라는 것이다(『구조인류학』*Anthropologie structurale*, 이하 AS, 1958, 40~41면).

레비스트로스의 연구를 이끈 가장 중요한 가설은 자연에 대한 문화를 '규칙의 세계'로 정의한다는 점이다. 이때 규칙의 세계는 사회제도의 층위에서 나타나는 법칙을 말한다. 그가 문화의 일반적 조건이라고 본 것은 근친상간 금제(禁制)의 법칙이다. 이 법칙은 근친 간의 혼인을 금하는 것이지만, 아직 자연과 연관되어 있다. 혼인은 성(자연)적인 접촉을 수반하며 이런 형식적인 법칙은 일반적 법칙의 성격을 띤다(『친족의 기본 구조』*Les structures élémentaires de la parenté*, 이하 SEP, 1949, 29면). 그는 이런 일반적 법칙을 순수한 사회학적 원인으로 설명한다. 생물학적인 요인으로는 이 법칙을 설명할 수 없다. 왜냐하면 어떤 사회에서는 평행사촌(친사촌과 이종사촌) 간의 혼인을 금하지만, 다른 사회에서는 교차사촌(고종사촌과 외사촌) 간의 혼인은 인정하기 때문이다. 생물학적인 측면에서 모든 사촌은 같은 거리의 혈연관계를 갖는다. 아주 넓은 일반적인 관점으로 보아 이 법칙은 혈연관계라는 자연적 사실에서 동맹관계라는 문화적 사실로의 이전을 표현한다. 사실상 자연은 접촉의 종류를 제한하지 않고 동맹(성적인 접촉)을 요구한다. 반면 문화는 동맹의 양상을 제한하는 데 집착한다.

근친상간 금제는 단지 금지만을 의미하지 않는다. 이 법칙은 집단 내의 개인들을 보호함과 동시에 개인들에게 명령한다. 자신의 어머니, 누이 혹은 딸과 혼인하지 못하게 할 뿐 아니라, 어머니, 누이 혹은 딸을 타인에게 주도록 명령하기 때문이다. 이것은 대표적인 선물(don)의 법칙이다. 금지는 직접적으로나 간접적으로 즉시 혹은 후에 교환을 일어나게 하고 확립하기 위한 법칙이다. 확장된 사회적 법칙인 외혼제처럼 상호성(réciprocité)의 법칙이다. 내 것을 타인에게 주고, 나는 타인의 것을 받는다. 선물을 주면 받아야 하고, 받으면 되돌려주어야 하는 것은 모든 사회에 공통적이다. 주는 것을 거부하면 두 개인 혹은 집단 간의 통합관계는 이루어질 수 없으므로 주는 것은 반드시 받아야 한다. 나와 타인, 내 집단과 타 집단을 연결하고 통합하는 상호성의 법칙인 것이다. 이 법칙은 상호성을 바탕으로 이루어지는 다른 모든 사실들의 원형(archétype)이다. 상호성과 교환은 가장 근본적인 논리적(이원적) 속성을 갖는 구조의 표현으로 봐야 한다. 이제 혼인 관습의 근본적인 토대를 구성하는 논리적 구조를 이해할 수 있게 된다.

3. 인간정신과 이원적 논리

상호성과 교환현상으로 본 혼인제도는 결국 인간정신의 근본적 구조를 구성하는 이원적 논리의 표현으로 간주된다. 이때부터 레비스트로스는 친족체계와 언어체계가 교환형식을 구성한다는 점에서 서로 접근시킬 수 있었다.

레비스트로스는 다음과 같은 물음을 던진다. 여성의 교환과 마찬가지로 남성에게 말(언어)을 교환하도록 강요했던 원초적인 충동이 최초의 언어를 나타나게 한 것이라면, 상징적 기능에서 이를 찾아야 하지 않을까? 사회생활은 언어와 동시에 상징적 사고의 집단적 형식으로 나타났다. 레비스트로스는 이원적인 대립을 바탕으로 한 논리의 생성이 최초 상징의 출현과 자연에서 문화로의 이동을 가져왔다고 본다. 이원적 논리로 축소된 상징적 기능은 '일반적 구조적 무의식'(l'inconscient structural universel)과 동일시된다. 즉 무의식은 하나의 항(용어)으로 축소되고, 이 항은 기능을 지칭하는데, 틀림없이 인간적인(동물적인 것이 아닌) 상징적 기능은 모든 인간에게 같은 법칙으로 나타난다. 고유한 상징적 기능과 관련된 원초적 무의식은 아마도 '물질(matière)의 특성'으로 간주될 수 있을 것이다. 무의식은 세계의 법칙뿐만 아니라 사고의 법칙을 지배할 것이다(SEP, 250면).

『야생의 사고』(La pensée sauvage, 이하 PS, 1962)에서 레비스트로스가 강조한 자연과 문화의 대립은 이제 무엇보다 방법론적인 가치를 제시하는 것처럼 보인다. 그는 여기에서 특수한 인간들을 일반화한 후 문화를 자연 속으로, 생명을 물리화학적 조건의 총합 속으로 재통합하는 그림을 그린다(PS, 327면). 『신화학』(Mythologique, 1964~1971) 씨리즈 제4권인 『벌거벗은 인간』(L'homme nu, 1971)의 결론 부분에서 그는 유전자 코드를 절대적 원형으로 간주한다. 분절언어의 기능 법칙을 찾으려는 구조언어학은 단지 이 원형의 모델을 반영할 뿐이다. 구조적 방법으로 (문화의) 자연적 기반을 찾는 것은 동시에 이를 정당화하는 것이다. 구조분석은 문화의 모델이 신체 안에 이미 존재할 때만 정신 속에 생성될 수 있기 때문이다. 그렇지만 레비스트로스는 자연주의 방향으로 진화해왔다는 점을 부인한다. 결국 그가 문화의 자연적 토대를 밝히고 있다면, 이것은 동시에 문화가 이미 자연 속에 있다는 것을 강조하는 것이다. 그는 순수하게 문화적이라고 생각하는 모델들이 이미 자연의 장(場) 속에 존재한다고 보며, 게임이론에서 현대물리학 이론으로 확장할 수 있는 것은 또

다른 예라고 생각한다. 그는 사회문화적 사실들을 분석하는 데 게임이론, 현대 수학 및 물리학 이론을 도입하고 있다. 이들 사이의 경계가 불분명하다면, 우리가 생각하는 것보다 자연 속에 더욱 많은 문화가 존재하기 때문이며, 그 반대의 경우는 아니다.

　뇌 구조의 생성으로 문화를 설명하거나 물리화학적 조건들로 생명을 설명하는 것은 정신의 속성이 물질의 속성과 구별되지 않음을 전제하는 것이다. 이미 레비스트로스는 『슬픈 열대』에서 "나의 사고는 그 자체가 사물이다. 이 세상에 존재하는 내 생각은 사물과 같은 속성을 띤다"(TT, 60면)고 했다. 『야생의 사고』에서도 "나는 인간이 세상에 대립하는 것 이상으로 다른 것과 대립하지 않는다. 인간을 통해 얻은 진리는 '세계적'이다. 이 진실은 이런 사실 때문에 중요하다"라고 말한다. 더욱이 정신은 하나의 사물이며, 이 사물의 작용(기능)은 우리에게 사물의 속성에 대해 알려준다. 심지어 순수한 사색은 우주의 내재화로 축약된다. 상징적인 형식 아래에서 이러한 사색은 내부의 구조를 명료하게 한다(PS, 328면). 『신화학』 제1권인 『날것과 익힌 것』(Le cru et le cuit, 이하 CC, 1964) 서문에서 그는 "정신은 사물 중의 사물이다. 신화학은 객관적 사고의 실제를 설명하고 이를 증명할 수 있다"(18, 19, 22면)라고 했다. 그러나 앞서 물질적이고 기계적인 용어로 정신을 해석했던 그는 『신화학』에서 정신적 특성들을 물질에서 찾는다. 그는 감각적 질의 논리(logique des qualité sensibles)의 존재를 증명할 수 있고, 논리적 특성이 사물의 속성으로 나타나는 층위에 다다를 수 있고, 지각의 활용은 이미 지적인 측면을 갖고 있다는 것을 증명할 수 있다고 주장한다. 이 모든 것은 『신화학』을 통해 방법론으로 제시된다. 레비스트로스는 질의 논리와 형식의 논리, 그리고 명제의 논리를 사용해 신화를 분석함으로써 신화를 만드는 인간정신이 신화의 논리와 다르지 않다는 점을 보여준다.

4. 신화의 논리와 구조적 분석

레비스트로스에게 신화는 '논리적 체계'다. 그는 신화가 자체 논리를 갖고 있다고 생각한다. 인간이 신화를 통해 사고하는 게 아니라 '신화가 인간 속에서 사고한다'고 여긴다. 그래서 그는 인류학자가 신화를 자신의 논리로 분석한다기보다는 신화의 논리를 그대로 따라가는 역할을 한다고 보는 것이다. 자신은 신화의 논리에 따라 분석할 뿐이라고 『신화학』 여러 곳에서 반복하여 말한다. 신화의 논리는 신화의 구성과 관련된다. 신화는 개인의 작품이 아니다. 의식적인 층위에서 계획을 세워 만든 것이 아니라 무의식이 반영된 집단의 산물이다. 그래서 토착민들은 신화를 초자연적인 산물로 간주한다. 레비스트로스는 의식이 반영된, 즉 의식적으로 조작될 가능성이 많은 고대국가의 신화는 신화학에서 다루지 않았다.

"인간의 정신이나 신화체계는 같은 구조를 가졌다고 볼 수밖에 없다. 인간정신은 어디에서나 같게 나타나기 때문이다." 그래서 『친족의 기본 구조』를 통해 "신화는 하나다"라는 명제를 설명했다. 그는 인간정신이 가장 자유분방하게 활용되는 신화에서도 같은 구조가 나타난다면 인간 정신의 기본구조를 확인할 수 있다고 생각했다. 언어체계와 친족체계 그리고 신화체계에서도 동일한 토대(구조)가 발견된다면, 결국 인간의 사고의 근저는 같은 것일 수밖에 없다.

레비스트로스는 신화에 대한 전통적 이론을 철학적인 투기일 뿐이라고 비판한다. 전통적 신화학자들은 신화를 집단의식을 표상하는 꿈으로 혹은 인간 공통의 기본적 감정인 사랑이나 미움 또는 복수 등을 나타내는 것으로 해석하거나, 이해할 수 없는 자연현상에 대한 설명으로 취급했다. 정신분석학자나 몇몇 민족학자는 신화를 사회구조의 반사 혹은 사회적 관계의 표현으로 보거나, 실제적 감정의 왜곡 혹은 억압의 표현으로 취급했다.

그러나 레비스트로스는 자연현상이나 천체·사랑·미움·복수·역사적 사건 등은 단지 신화라는 '적합한 체계(논리체계)'를 구성하는 재료로서 신화의 논리에 따라 선택될 뿐이라고 하며 사용되는 용어 자체에 의미를 부여하지 않는다. 그는 재료들 사이에 나타나는 상관·대립관계가 중요하다고 본다. 『야생의 사고』에서는 잡다한 물건을 가지고 새로운 물건을 만드는 사람을 브리꼴뢰르(bricoleur)라고 하는데, 신화란 바로 이들이 만든 작품이라고 할 수 있다. 버려진 기둥, 깨진 가구, 창틀, 나무토막, 유리조각 등으로 새로운 책상이나 탁자를 만들었다면 창틀의 한 부분은 책상의 한 부분으로, 가구조각은 책상을 유지하는 다리로 사용되어 책상이라는 체계(신화) 속에서 새로운 역할을 하게 된다. 이처럼 신화는 과거의 사건이나 잡다한 사실, 자연적·우주적 현상, 사회제도, 인간의 애증은 물론 여기에 상상의 것들과 상징적인 것들을 엮어서 새로이 만든 가구(신화)와 같은 것이다.

이렇게 구성된 신화의 의미와 구조를 알아내기 위해 레비스트로스는 신화의 기능을 탐색한다. 그 기능이 만일 신화의 모순을 해결하는 데 논리적 모델을 제공하는 것이라면, 이런 임무는 모순이 실제일 때 해결이 불가능하다(AS, 254면). 그래서 신화적 사고는 실제적이고 해결 불가능한 모순에 대해 상상의 해결책을 찾으려 한다. 그런 점에서 신화적 사고는 분명한 실용적 기능을 갖고 있지 않다(CC, 18면). 단지 논리적 기능이 있을 뿐이다. 신화 생성의 원천(원동력)이 되는 이런 모순들은 결국 항상 같다. 그러나 모순을 해결하기 위해 상상한 해결방법은 아주 다양하다.

사실 한편으로 신화는 다양한 코드를 사용하여 같은 메시지를 전달하며, 다른 한편 대립을 매개하는 모든 논리적 가능성이 고갈될 때까지 계속 발전하고 다양화된다. 다시 말해서 신화는 계속 변형된 판본이 나타난다. 레비스트로스가 『구조인류학』에서 분석한 오이디푸스 신화는 인간이 흙에서 태어난다는 이론과 실제로 인간은 남자와 여자의 결합으로 태어난다는 모순을 조정하려는 일종의 논리적 도구로서의 기능을 보여준다. "아스디왈의 이야기"에서도 사회적·지리적·기후적 모순을 극복하려는 신화의 기능을 볼 수 있다(AS 2, 75면). 이러한 모순을 매개하는 기능은 신화와 신화 사이에는 물론 한 신화 내에서도 나타난다.

레비스트로스는 먼저 신화를 의미가 있는 부분들을 잘라내 대립관계에 따라 재구성하는 방법으로 논리적 기능을 찾는다. 신화적 언어는 일상의 언어가 아니라 메타언어(méta-langage)다. 즉 신화를 기술하는 단어와 문장의 의미와는 다른 의미를 가진다. 이 다른 의미를 찾기 위해 레비스트로스는 신화를 해체하고 의미있는 단위 즉 구성적 단위(신화소)로 재구성하는 과정을 거친다. 이미 의미를 갖고 있는 신화소를 의미가 없는 음소처럼 만들고, 대립관계를 통해 논리적 기능을 찾아내는 것이다. 그러니까 신화소는 다른 신화소와의 관계에서가 아니면 독자적인 의미를 갖지 못하며, 단지 신화소들 사이의 관계에 의해서만 의미를 갖는다(즉 의미가 생겨난다).

신화로부터 해체된 신화소들은 관계군을 형성하도록 재배치해야 하는데, 먼저 떼어낸 신화소들은 이야기의 전개 순서에 따라 수평축 위에 왼쪽에서 오른쪽으로 배치시키고, 다음 수직축 위에 위에서 아래로 수평축을 따라 수직축이 기둥(欄)을 이루도록 같은 의미 혹은 같은 관계를 지니는 신화소를 배치한다. 수평축은 통합적 연쇄를 나타낸다. 즉 신화의 통시적 구조를 나타내는 것이다. 수직축은 계열적 집합을 구성한다. 즉 신화의 공시적 구조 혹은 논리적 구조를 나타내는 것이다. 신화는 한 줄 한 줄 혹은 한 페이지 한 페이지를 통시적으로 읽어서는 의미

(전체 화음)를 찾을 수 없으며, 축을 따라 공시적으로 위에서 아래로, 왼쪽에서 오른쪽으로 오케스트라의 악보처럼 동시에 읽어나가야 한다.

연구하는 첫 신화들의 메시지를 해석하기 위해 무엇보다 분석 초기에 인류학적 조사는 아주 중요하다. 그러나 조사가 진행됨에 따라 각 신화의 맥락(contexte)은 점점 더 다른 신화들로 이어지고, 신화가 유래하는 특정 주민들의 관습·신앙·의례와는 점점 덜 이어지는 것을 알 수 있다. 이처럼 신화들은 서로서로 끝없이 연결됨을 알 수 있다. 신화의 층상 구조에 따라 각 층위의 장(場)은 항상 다른 장을 참조하게 한다. 같은 방식으로 의미있는 각 행렬은 다른 행렬과 연결되고, 각 신화는 또다른 신화들을 참조하게 만든다. 그리고 만일 하나가 다른 하나를 의미있게 하는 이런 의미작용이 어떤 궁극적인 기의(signifié)와 연관되는지를 묻는다면, 결국 이 전체가 어떤 사물과 관련되는 것이 틀림없으며, 유일한 대답은 (정신이 소속된 세계의 도움으로) 신화를 만든 정신이다. 이처럼 신화들의 원인인 정신에 의해 만들어진 신화와 신화를 통해 정신구조에 각인된 세계의 이미지는 동시에 생성될 수 있다.

그런데 이런 정신구조는 과거와 현재, 미개와 문명의 모든 정신들에 근본적으로 같다(AS, 28면). 레비스트로스는 남북 아메리카 대륙의 신화를 분석한 후 아주 다양한 곳에서 유래하는 신화들을 비교하고, 또 이 신화들을 고대 그리스·로마와 현대의 철학적 개념들에 대비한 결과 이러한 믿음을 더욱 확고히 갖게 되었다.

5. 결론

레비스트로스가 자신의 인류학 작업을 통해 궁극적으로 보여주고자 한 것은 사유의 원초적 양식들이었다. 이 사유양식들은 문명사회의 다양성에도 불구하고 어디서나 동일한 모습으로 나타난다는 점에서 원초적이다. 다시 말하면, 그것은 원시사회의 사유양식이 아니라 인간사회 어디서나 볼 수 있는 '근원적인' 사유양식인 것이다. 레비스트로스는 이것을 드러내기 위해 구조언어학의 방법론에 의지했다. 그렇게 그의 구조인류학이 탄생하게 된다.

레비스트로스가 정초한 구조인류학은 이후 인류학의 테두리를 벗어나 철학에 상당한 영향을 끼친다. 그 대표적인 예로 바르뜨와 라깡을 들 수 있다. 바르뜨는 레비스트로스의 구조주의적 통찰을 문학·영화·패션 등 문화적 현상을 분석하는 데 적용했으며, 라깡은 레비스트로스의 '야생의 사유'와 정신분석학의 '무의식' 개념 사이의 연관성을 탐구했다. 그밖에도 레비스트로스의 사상은 리꾀르, 데리다 같은 철학자들에게 중요한 준거가 되었다.

| 임봉길 |

교환(échange)

마르셀 모스는 『증여론』(*Essai sur ledon*)에서 흔히 미개사회라고 부르는 남태평양 원주민이나 북아메리카 인디언들 사이에서 이루어지는 교환관계(특히 포틀래치potlatch)에는 단지 재화와 부의 분배만이 아니라 예절·의례·여자 등 포괄적인 교환이 결부되어 있음을 발견했다. 레비스트로스는 모스의 이러한 통찰을 이어받아 친족관계를 재해석하려고 했다. 단, 그는 모스와 달리 이러한 교환관계를 직접적이고 의식적인 차원에서 이해하지 않고 구조적이고 무의식적인 차원에서 이해한다. 특히 그는 근친상간 금기를 생물학적이고 부정적인 것으로 보는 관점(같은 친족 사이의 성적 관계를 금지하는 것)을 비판하면서 이 금기가 한 부족과 다른 부족 사이에 재화와 상징, 여성을 교환함으로써 동맹관계를 확립하려는 일반화된 교환관계의 표현이라고 재해석한다. 그에 따르면 근친상간 금기는 인간이 자연에서 문화로 이행하는 것을 표시하는 최초의 법칙이 된다.

메타언어(métalangage)

레비스트로스는 친족용어나 신화를 메타언어로 간주한다. 그런데 이때 메타언어는 논리학에서 말하는 대상언어와 구별되는 메타언어와는 다른 뜻을 갖는 용어다. 음운론에 따르면 각각의 개별적인 음소는 아무런 의미를 갖지 않는다. 가령 'money'라는 기호는 m/o/n/e/y라는 5개 음소로 구성되고 '말'이라는 기호는 ㅁ/ㅏ/ㄹ이라는 3개 음소로 구성되어 있다. 따라서 그 자체로는 아무런 의미도 갖지 않는 음소들의 결합을 통해 의미를 지닌 형태소가 생겨난다. 레비스트로스는 친족용어나 신화 역시 이와 같은 메타언어로 이해할 수 있다고 본다. 가령 친족관계에서 '형제' '자매' '아버지' '어머니'는 각각 음소에 해당하며, 이것들이 결합되어 언어의 형태소와 같은 위상을 지닌 친족소를 구성하게 된다.

브리꼴라주(bricolage)

레비스트로스는 『야생의 사고』에서 브리꼴라주라는 용어를 사용해 신화적 사고가 작동하는 방식을 설명하려고 했다. 브리꼴라주는 원래 여러가지 잡다한 재료를 통해 새로운 대상을 만들어내는 작용을 의미한다. 그는 이 용어를 통해 근대 과학적 사고와 원시인들의 야생의 사고를 대비시킨다. 근대 과학적 사고를 대표하는 기술자는 어떤 목적을 수행하기 위한 수단으로서 여러가지 재료를 사용하는 반면, 브리꼴라주 작용을 수행하는 브리꼴뢰르(bricoleur)는 주어진 재료를 결코 특정 목적을 위한 수단으로 사용하지 않는다. 브리꼴뢰르에게 주어진 재료나 도구는 서로 이질적이고 유한한 것이어서 어떤 정해진 목적을 위한 단일한 도구로 환원될 수 없다. 따라서 브리꼴뢰르는 각각의 재료가 지금까지 지녀온 역사 및 용법을 존중하며, 재료들이 지닌 이러한 한계 내에서 자신에게 제시된 문제를 해결하기 위해 이들을 활용한다. 마찬가지로 원시인들의 신화적 사고 역시 주어져 있는 이질적이고 제한된 자료들을 사용하여 자신들이 제기한 문제를 해결하려는 것이다.

자끄
라깡

Jacques Lacan 1901~1981

11장 /

'프로이트로의 복귀'는
얼마나 성공적이었는가?

자끄 라깡은 프로이트 정신분석 이론과 (임상)실천을 현대적 관점에서 재해석한 프랑스의 정신분석가이며 사상가다. 그는 20세기 후반의 지성사에 '프로이트 혁명'을 도입함으로써 철학·사상·문화·사회·예술 등 다양한 분야에 걸쳐 심대한 영향을 끼쳤다. 생애 말년에 까라까스(Caracas)에서 열린 세미나에서 라깡은 "원하신다면 여러분은 라깡주의자가 될 수 있습니다. 그러나 나는 프로이트주의자입니다"라는 말을 남긴 후 얼마 지나지 않아 사망했다. 이 말에서도 드러나듯이 라깡의 필생의 작업은 '프로이트로의 복귀'였다. 그는 평생에 걸친 영웅적인 노력을 통해 프랑스 현대정신분석과 프랑스 현대사상의 형성 및 발전에 지대한 영향을 미쳤으며, 그의 영향력은 프랑스를 넘어 전세계로 확대되었다.

라깡은 우선 정신의학자로서 자신의 학문적 생애를 시작했다. 그는 『망상증과 그것의 인성과의 관계』(*De la psychose paranoïaque dans ses rapports avec la personalité*)라는 논문으로 1932년에 박사학위를 받았다. 박사학위 논문에서부터 이미 라깡은 프로이트 이론을 자기 작업의 핵심적인 논제로 수용함으로써 생물학에 기반을 둔 체질주의적 의학이 지배하던 프랑스 정신의학계에 정면으로 도전했다. 정신병, 특히 망상증에 관한 이 논문은 당시 프로이트 정신분석학을 수용하면서 인간의 무의식과 욕망, 그리고 그것의 전복적 의미에 깊은 관심을 갖고 있던 초현실주의 미학 형성에 깊은 영향을 끼쳤다. 프로이트와 라깡 정신분석학이 지닌 이러한 전복적 성격은 비록 실패로 끝났지만 1968년 빠리에서 중요한 정신적 지주의 역할을 했다. 프랑스에서 정신분석은 보수적이고 부르주아적인 학문으로 간주되었으나 라깡, 그리고 라깡과 프로이트 이론을 진보적 관점에서 수용한 알뛰세르, 그리고 68학생운동의 영향으로 정신분석학은 진보적 사상으로 받아들여질 수 있게 되었다. 그것은 다른 한편으로는 욕망과 심리적 문제를 무시하는 교조적인 급진운동에 대한 강한 반감의 표현이기도 했다.

프랑스에서의 정신분석학 수용의 특징이 바로 거기에 있다. 대부분의 나라에서 정신분석학은 임상이론으로 수용되었지만 프랑스에서 정신분석은 임상이론은 물론 문화·정치·사상·예술을 아우르는 보편적인 사회적 현상으로 자리 잡았으며, 철학 분야에서도 예외는 아니다. 오늘날 현대 프랑스 철학에서 정신분석학은 좋든 싫든 반드시 사유해야 할 중요한 철학적 참조점이 되었다. 알뛰세르, 메를로뽕띠, 푸꼬, 들뢰즈, 바디우, 지젝(Slavoj Žižek), 크리스떼바(Julia Cristeva) 등 현대철학자의 사상은 수용적 관점을 취하든 비판적 태도를 취하든 상관없이 프로이트, 라깡 정신분석학과의 직접 혹은 간접적인 대결을 통해서 형성되었다는 것만은 틀림없는 사실이다.

박사학위 논문에서 드러났듯이 라깡은 그의 학문 초기부터 프로이트에 깊은 관심을 갖고 있었지만, 라깡이 프로이트로의 복귀를 공식적으로 선언한 것은 1953년 "상징계, 상상계, 실재"라는 제목으로 행한 강연에서다. 이 강연은 라깡이 빠리정신분석학회(SPP)를 탈퇴한 후, 당시 막 창립된 프랑스정신분석학회(SFP)에 가입하면서 행한 강연이라는 점에서도 매우 중요하다. 라깡이 역설한 '프로이트로의 복귀'는 당시 국제정신분석학회(IPA) 소속이었던 빠리정신분석학회에 대한 정면 도전을 의미하기 때문이다. 라깡은 프로이트 이후의 시대를 정신분석학의 창립자의 진정한 의도를 오해 혹은 왜곡한 시대로 간주했으며, 그 중심에는 국제정신분석학회, 그리고 빠리정신분석학회가 있다고 보았던 것이다.

라깡과 그의 동료들이 국제정신분석학회의 이론적 흐름에 도전하는 새로운 학회인 프랑스정신분석학회를 창설했지만, 시간이 흐른 후 이 프랑스정신분석학회는 라깡과 몇몇 분석가를 제명한다는 조건을 받아들임으로써 국제정신분석학회에 다시 편입했다. 이러한 일련의 사건을 거친 후 라깡은 마침내 자신의 학회인 빠리프로이트학회(EFP)를 창립함으로써 마침내 라깡 자신만의 독자적인 길을 걷게 된다.

라깡의 저작 중 가장 중요한 것으로 『에크리』(*Ecrits*)와 『세미나』(*Seminar*)가 있다. 『에크리』는 라깡이 직접 작성한 논문으로 이루어진 논문 모음집이며 1966년 출간되어 세간의 큰 주목을 받았다. 2001년에는 사위인 밀레르(Miller)가 후기 라깡의 논문을 수록한 『다른 에크리』(*Autres écrits*)를 편집, 출간했다. 그밖에도 라깡의 크고 작은 논문이나 발표문이 많이 있다. 라깡의 저작이나 논문은 이해하기 어렵다고 정평이 나 있는데, 이는 라깡 자신의 저술 방식 때문이기도 하겠지만, 아직 출간되지 않은 세미나와 논문이 많기 때문이기도 하다. 하지만 『다른 에크리』가 출간됨으로써 후기 라깡의 문헌에 대한 접근상 어려움이 많이 해소되었고, 라깡 이론 연구에서 중요한 쟁점 중 하나인 전기 라깡과 후기 라깡 이론에 대한 비교가 더욱 용이해졌다.

『에크리』나 『다른 에크리』와 달리 『세미나』는 라깡이 행한 세미나 강의의 필사본을 사후적으로 출간한 것이다. 라깡의 가장 중요한 학문적 활동은 세미나 강의였다. 그것은 1953년에 시작되어 사망하기 직전까지 약 30년에 걸쳐 행해진 라깡 필생의 작업이었다. 라깡은 매주 혹은 격주로 행한 이 세미나를 통해 자신의 이론을 창조하고 발전시켰다. 그의 세미나는 글자 그대로 프랑스 '학문의 메카'였으며 '빠리의 명소'였다. 싸르트르, 레비스트로스, 로만 야콥슨 등 저명한 학자, 이론가는 물론 장차 프랑스 철학자, 사상가로 이름을 떨치게 될 수많은 영민한 학생들이 라깡의 세미나를 경청했다. 첫 세미나는 『세미나 제1권: 프로이트의 기술적(技術的) 저작』(1953~1954)이었으며, 아직 출간되지 않은 『세미나 제26권: 토폴로지와 시간』(1980)으로 약 30년에 걸친 오랜 세미나 강연의 막을 내린다. 그의 긴 연작 세미나 강의 중에서 많이 읽히는 것은 다음과 같다. 『세미나 제1권: 프로이트의 기술적 저작』, 『세미나 제3권: 정신병』(1955~1956), 『세미나 제4권: 대상관계』(1956~1957), 『세미나 제6권: 욕망과 그것의 해석』(1958~1959), 『세미나 제7권: 정신분석의 윤리』(1959~1960), 『세미나 제10권: 불안』(1962~1963), 『세미나 제11권: 정신분석의 네가지 근본 개념』(1964), 『세미나 제17권: 정신분석의 이면』(1969~1970), 『세미나 제20권: 앙코르』(1972~1973), 『세미나 제22권: 실재, 상징계, 상상계』(1974~1975), 『세미나 제23권: 증환(sinthome)』(1975).

1. 라깡의 '프로이트로의 복귀'의 의미(1): 정신분석의 목표, 거울단계, 자아와 주체

라깡 정신분석학의 의미를 명확히 파악하기 위해서는 왜 라깡이 프로이트 이후의 시대를 정신분석학 창립자의 텍스트와 임상실천을 왜곡하고 은폐한 시기로 간주했는지 파악하는 것이 필요하다. 라깡의 비판은 무엇보다도 프로이트 정신분석의 이론과 실천을 생물학주의, 발달심리학, 사회순응주의로 축소 혹은 왜곡한 미국 정신분석의 대표적 조류인 자아심리학을 향해 있다. 자아심리학의 대표적인 학자는 하르트만(Heinz Hartmann), 크리스(Ernst Kris), 뢰벤슈타인(Rudolph Loewenstein)이다. 라깡에 따르면 이들은 자아(Ich)의 통합 능력과 자율성을 강조하며 프로이트 정신분석을 "미국적 생활양식"(American style of life)에 적용시켰다. 또한 자아심리학자들은 프로이트 이론을 발달심리학으로 축소시켰다. 그들은 인간의 충동이 구순기에서 생식기기로 '자연스럽게' 발달하며 미숙하고 분열된 전생식기적 충동이 생식기기에 들어와 자연스럽게 통합되어 성숙한 자아로 성장한다고 보았다. 따라서 이들은 성숙하고 행복한 자아의 획득을 정신분석치료의 목표로 간주했다. 국제정신분석학회의 '자아심리학화'는 정신분석학의 '정신의학화'와 무관하지 않다. 1927년 국제정신분석학회는 의사들만 정신분석치료를 할 수 있도록 하는 규정을 제정함으로써 프로이트가 정신분석학을 통해 보여주고자 했던 지적 생동감과 사회적 의미를 상실했다. 이러한 흐름에 또한 정신분석학의 '심리학화' 혹은 '심리주의화'가 덧붙여졌다. 정신분석은 라깡이 말하듯이 '미국적 생활양식'과 '행복'을 위한 도구적 이론으로 전락하고 만 것이다.

이러한 이론적·역사적 맥락에서 라깡은 프로이트의 본래적 모습을 되찾기 위한 이론작업을 본격적으로 시작했다. 우선 라깡은 프로이트 텍스트를 꼼꼼히 재독해하여 주체(sujet)와 자아(moi)를 구분했다. 라깡에 따르면 자아는 나르시시즘의 장소다. 자아는 본질적으로 분열된 존재인 주체의 분열을 은폐하고 봉합하는 상상적 역할을 행한다. 라깡에 따르면 자아심리학자들은 자아와 주체를 구분하지 못했기 때문에 자아의 강화라는 잘못된 치료 목표를 설정했던 것이다.

라깡이 프로이트로의 복귀를 선언한 것은 1953년이지만, 이미 1949년에 발표한 「거울단계」를 통해 자아는 나르시시즘의 장소임을 보여주었다. 거울단계란 다름 아닌 상상적·나르시시즘적인 자아가 형성되는 단계를 말한다. 볼드윈(James Baldwin)이라는 한 심리학자는 거울에 비친 자신의 모습에 반응하는 양식에서 동물과 사람이 근본적으로 차이가 난다는 것을 발견했다. 즉 발달한 포유동물 중 하나인 침팬지와 달리 6~18개월 되는 아이는 거울에 비친 자기 모습을 보고 환호하는 현상을 관찰한 것이다. 라깡은 이러한 일반적인 현상으로부터 주체와 자아의 차이를 도출해낸다. 침팬지는 거울에 비친 모습이 자신의 모습임을 알고 난 후 거울을 쳐다보는 것에 쉽게 흥미를 잃어버리지만 어린아이는 이 거울의 이미지가 자신의 것임을 알고 환호하는 반응을 보인다. 라깡은 바로 이 순간을 인간의 자아가 탄생하는 순간으로 간주한다.

인간은 생물학적으로는 물론 정신적·심리적으로 분열된 존재다. 인간은 독립적으로 생존하기 위해 다른 동물들보다 훨씬 더 긴 시간을 부모에 의존해야 한다. 인간은 동물에 비해 '본능이 결핍되어 있고', '너무 빨리 태어난다'는 것이다. 하지만 놀랍게도 인간에게는 이러한 본능의 결핍을 봉합해줄 거울단계라는 계기가 존재한다. 운동감각은 물론 사고나 심리작용 등 모든 면에서 미성숙하고 극단적으로 분열되어 있는 어린아이는 거울이미지를 받아들임으로써 자신의 미성숙과 분열을 봉합한다. 라깡에 따르면 바로 이 순간이 자아가 탄생하는 순간이며, 주체의 분열을 은폐하고 봉합하는 거울이미지의 기능을 "정형외과적 기능"이라고 부른다.

라깡에 따르면 거울이미지의 수용은 인간에게 항구적으로 지속될 심원한 영향을 남긴다. 아직 주체는 미숙하지만 자아는 자신을 이상화하고 통합된 존재가 되었다고 미리 확신/착각한다. 영원히 존재하지 않는 통일성, 혹은 존재한다고 하더라도 부분적으로만 존재하게 될 통일성에 대한 '선취'(anticipation)가 발생한다.

자아심리학자들은 프로이트의 후기 텍스트인 「자아와 이드」를 중시하며, 이 텍스트에서 자아의 통일성을 읽어낸다. 이들은 자아의 통일화하는 기능을 자아의 본원적 속성으로 간주하고 자아의 강화와 이를 바탕으로 한 사회적응을 치료 목표로 간주한다. 반대로 라깡은 자아는 주체의 근원적인 분열을 은폐하는 상상적 기관에 불과하며, 주체의 분열은 영원히 치유될 수 없음을 강조한다.

라깡은 프로이트적 의미의 주체는 분열된 무의식의 주체임을 역설하며 데까르뜨의 통일적인 의식적 코기토를 전복한다. 「문자의 심급」에서 라깡은 "나는 생각한다. 그러므로 나는 존재한다"라는 데까르뜨의 코기토를 뒤집으며 "나는 내가 생각하는 곳에 존재하지 않으며 내가 존재하지 않는 곳에서 나는 생각한다"라는 '무의식의 주체'에 관한 파격적인 명제를 제시한다. 라깡에게 자아란 의식의 자리로서 그것은 스스로 통일적이고 자족적이며 자신과 세계에 대한 인식의 중심이라고 믿지만 그것은 오인(오해, méconnaissance)에 지나지 않는다. 자아는 인식(connaissance)이 아니라 오인에 근거한 상상적 심급에 지나지 않는다. 거울 앞에 서 있는 어린아이는 거울이미지와 거울에 비친 아이를 미소 지으며 바라보는 어머니의 따뜻한 시선 덕택에 자신의 본래 모습을 망각할 수 있다. 아이는 여전히 철저하게 분열되어 있으며, 그리하여 꿈속에서 '조각난 육체'(라깡, 클라인)라는 자신의 본래 모습, 즉 '실재'(le réel)에 직면하지만 거울은 그러한 본래 모습을 봉합하고 은폐해준다. 라깡에 따르면 자아가 바로 이러한 오인의 역할을 한다.

그러므로 라깡은 자아의 강화는 치료의 목표가 아니라 오히려 반대로 신경증의 원인이 된다고 자아심리학자들을 비판한다. 자신의 분열을 은폐하기 위해 자아를 강화하는 과정에서 분열은 더욱 심화되고 억압도 더욱 심해진다. 이것의 극단적 형태가 정신병(망상증)이다. 라깡에 따르면 치료는 자아를 강화함으로써 되는 것이 아니라 자아가 은폐한 무의식, 즉 주체의 분열을 드러내고 이를 수용함으로써 억압을 완화시킬 때 오히려 가능해진다.

2. 라깡의 프로이트로의 복귀의 의미(2): 무의식은 언어처럼 구조지어져 있다

언급했듯이 프로이트 이후의 시대가 행한 프로이트에 대한 오해와 은폐 혹은 왜곡의 역사를 바로잡기 위해 초기에 라깡은 특히 프로이트의 초기 텍스트로 돌아갈 것을 역설한다. 왜 라깡은 프로이트의 초기 텍스트를 강조했을까? 이는 '무의식은 언어처럼 구조지어져 있다'는 라깡의 또다른 중요한 명제와 관련 있다. 곧 무의식을 생물학적 '본능'(instinct)의 집합체로 간주해서는 안 된다는 것을 의미한다.

자아심리학자 혹은 일반심리학자들은 프로이트가 말하는 '충동'(Trieb)을 '본능'(instinct) 개념으로 해석해왔다. 이들이 '구순기에서 생식기기로의 자연스러운 발달'이라는 관점에서 프로이트를 해석한 것도 무의식을 본능과 관련시켜 해석했기 때문이다. 라깡은 프로이트를 따라 정신분석에서 가장 중요한 개념 중 하나인 충동은 본능과 다르다는 점을 강조한다. 많은 사람들이 간과하고 있지만 「충동과 충동의 운명」이라는 논문에서 프로이트가 독일어에 본능(Instinkt)라는 단어가 있음에도 불구하고 의도적으로 충동(Trieb)이라는 단어를 사용했다는 점은 매우 중요하다. 본능이 순수한 생물학적 개념이라면 프로이트에 따르면 충동은 순수하게 생물학적으로 정의될 수 있는 본능과는 근본적으로 다른 것이다. 프로이트는 충동을 "육체적인 것과 심리적인 것의 한계 개념"이라고 정의한다. 본능은 생물학적으로 정해진 방향으로 표출되는 생물학적 사실로서 예외와 일탈을 허용하지 않는다면, 충동은 순수하게 생물학적인 것도, 순수하게 심리적인 것도 아니므로 예외와 일탈을 허용한다는 점에서 본능과 충동은 근본적으로 구분된다.

예컨대 배가 고프면 딱딱한 음식을 먹어야 만족감을 느낄 수 있다. 본능과 대상의 관계는 매우 고정적이다. 하지만 충동은 다른 대상을 통해서도 만족에 도달할 수 있으며, 심지어 대상이 없어도 만족에 도달할 수 있다. 라깡은 세미나 강의를 하면서 "나는 지금 말을 하고 있지 성행위를 하고 있지 않습니다. 하지만 나는 훨씬 더 큰 만족을 느끼고 있습니다"라고 종종 말하기도 했는데, 이러한 농담을 통해 라깡은 프로이트적 의미의 충동은 본능과는 다르며, 언어적 현상과 무관하지 않다는 것을 보여주고자 했다. 즉 본능과 달리 충동에서는 대상이 가변적이다. 반드시 특정한 대상이 아니더라도 충동은 만족에 도달할 수 있으며, 심지어 충동은 경우에 따라서는 승화의 방향으로 나아갈 수 있다. 사회적으로 바람직한 방향이든 그 반대 방향이든 충동은 이미 생물학적으로 정해진 길을 가는 것이 아니라 예외와 일탈을 허용한다. 동물과 달리 인간 주체가 변화 가능한 것도 인간은 본능만을 가진 주체가 아니라 충동을 가진 존재이기 때문이다. 라깡이 많이 강조하지는 않았지만 인간은 본능적으로 움직이는 동물, 혹은 언어를 갖고 있더라도 초보적인 수준의 언어를 구사하는 동물과 달리, 선과 악을 선택할 수 있는 (비)윤리적 존재다. 인간은 본능을 초월하여 언어 속에서 살며, 의미와 무의미, 윤리와 비윤리, 자기이익과 공공선 등에 대해 성찰할 수 있는(혹은 성찰하기를 거부하는) 존재다.

그런데 프로이트로의 복귀를 수행하는 과정에서 초기 라깡은 프로이트의 충동 개념을 강조한 것이 아니라 '언어'에 초점을 맞춘다. 라깡이 충동을 강조하는 것은 후기에 와서다. 어쨌든 무의식을 언어적 관점에서 재해석하는 것이 프로이트가 도입한 핵심적인 이론적 공헌이라는 라깡의 지적은 적확하다. 실제로 프로이트의 저작을 살펴보면 우리는 이를 명확히 파악할 수 있다. 프로이트가 저술한 「쥐인간 사례」에서 흥미로운 예를 하나 들어보자. 쥐인간은 어느날 갑자기 자신이 너무 뚱뚱하므로 살을 빼야겠다는 생각이 들었고, 살을 빼려고 노력하면서 자살충동을 느낀 적이 있었다. 그 이유는 쥐인간이 사랑하는 여자가 있었는데 영국에서 온 그녀의 사촌이 그녀에게 관심을 쏟고 있어서 이 사촌에 대해 죽이고 싶을 정도로 강한 질투심이 생겼기 때문이었다. 자기가 사랑하는 여자에게 관심을 보이고 있었던 그 사촌의 이름은 딕(Dick)이었다. 독일어로 딕은 '살쪘다' '뚱뚱하다'는 뜻이다. 쥐인간은 여자의 사촌에게 적대감을 가진 것에 대한 자기처벌로서 자신에게 살을 빼라고 무의식적으로 명령했던 것이다.

필자가 분석 치료한 사례를 들어보자. 한 아동이 어느날 꿈을 꾸었다면서 먼저 '벌' 이야기를 꺼냈다. 이야기의 초점은 벌의 공격을 어떻게 막을 수 있는가로 집중되었다. 아이는 벌에 대해 자기가 아는 모든 지식을 총동원해 이야기하거나, 또 궁금한 것에 대해 모두 물어본 후 꿈 이야기를 꺼냈다. "며칠 전에 산 속을 걷고 있는데 벌이 덤벼드는 꿈을 꾸었어요. 그때 배를 먹고 있었거든요. 벌이 그 배 때문에 나를 공격한다고 생각하고 배를 버렸더니 벌이 나를 떠났어요." 이 아이는 꿈 이야기를 꺼내기 전에 벌이 공격하는 이유와 이에 대한 방어책이 무엇인지 필자를 통해 먼저 확인하고 싶었고, 이야기를 통해 자신의 행동방식이 옳았음이 확인되자 편안한 마음으로 꿈 이야기를 꺼낸 것이다. 이 아이의 꿈에서 '벌'과 '배'가 갖는 의미는 너무 명백해서 오해의 여지가 없다. 배는 어머니의 가슴 혹은 육체, 자궁을 상징한다. 그리고 우리는 여기에서 벌이라는 말이 갖는 이중적 의미를 간과할 수 없다. 벌은 '처벌'이라는 의미도 갖는다. 아이는 언어를 매개로 자신의 오이디푸스 콤플렉스를 꿈으로 표출했던 것이다.

　프로이트의 초기 저작 중 대표적인 것으로 『히스테리 연구』『꿈의 해석』『농담과 무의식의 관계』 등이 있다. 이들 저작에는 무의식을 본능의 소재지가 아니라 '언어', 즉 '의미'의 장소로 간주하려는 의도가 함축돼 있다. 우리는 우리가 꾸는 꿈을 완전히 다 파악할 수는 없을지라도, 그 꿈은 어떤 의미를 갖고 있다. 물론 프로이트는 꿈에 등장한 지팡이가 남근을 의미한다는 식으로 꿈의 내용과 그 의미가 일대일로 대응한다고 말할 수 없다는 것을 잘 알고 있었다. 프로이트에 따르면 꿈 혹은 무의식의 구성물들은 본능적 현상이 아니라 의미의 담지자다. 하지만 프로이트는 꿈·증상·말실수·농담 등 무의식이 만들어낸 구성물들이 갖고 있는 의미는 단순히 꿈풀이 사전식으로 단순하고 기계적으로 해명될 수 없다는 점을 명확히 알고 있었다.

　예를 들면 『꿈의 해석』에서 프로이트는 '꿈 이미지'의 내용을 하나의 '언어적 현상'으로 다루어야 한다고 말한다. 언어는 그것이 사용되는 맥락에 따라 의미가 달라지듯이 꿈 이미지 역시 그러하다는 것이다. 그러한 의미에서 프로이트는 쏘쉬르 이전의 쏘쉬르라고 할 수 있다. 그는 쏘쉬르의 언어학을 선취했다.

라깡은 쏘쉬르 이후의 세대에 속하므로 프로이트를 재해석하기 위해 특히 「문자의 심급」 등에서 명시적으로 쏘쉬르를 인용한다. 쏘쉬르 언어학에서 단어의 의미는 그 단어가 놓여 있는 위치, 즉 다른 단어와의 관계 속에서 결정된다. 쏘쉬르는 이를 '기표와 기의의 결합의 자의성'이라고 한다. 라깡이 프로이트 정신분석학에서 발견한 또 하나의 언어학적 사실은 언어는 궁극적으로 아무런 의미를 지니지 않을 수 있다는 것이다. 『꿈의 해석』에서 프로이트는 꿈은 궁극적으로 해독될 수 없는 '배꼽'을 갖고 있다고 말한 바 있다. 그런 의미에서 우리는 프로이트가 무의식의 의미를 말하지만, 그 의미가 모두 손쉽게 해독될 수 있다거나 어떤 신비적인 의미를 갖고 있다는 식으로 관념적 혹은 미신적인 접근을 취하지 않는다는 점을 잊지 않는 것이 중요하다. 꿈은 분석적이고 학문적인 과정을 거치고 저항을 극복함으로써 그 의미가 드러나는 억압된 무의식적 욕망의 표현이라는 것이다. 그리하여 꿈의 신비적인 의미에 관심을 갖는 사람은 종종, 그리고 자연스럽게 융 이론에 지대한 관심을 갖게 된다. 우리는 꿈이 갖는 신비적 의미, 예언적 의미에 종종 더 많은 관심을 갖지만 프로이트에 따르면 꿈은 미래에 대한 예언적 의미를 갖는 것이 아니라 주체의 현재와 과거의 욕망, 그리고 미래에 대한 욕망과 희망·기대·불안 등에 대한 언어적 표출인 것이다.

프로이트와 쏘쉬르의 언어이론에 따르면, 문맥과 상황에 따라 언어적 표현 전체 혹은 단어 하나하나가 다양한 의미를 가질 수 있듯이 언어적으로 구성된 무의식의 내용들은 정해진 규칙이나 고정된 목표를 향해 가는 것이 아니라 다양한 방식으로 표출되며 예외와 일탈을 허용한다. 뿐만 아니라 꿈이 해독될 수 없는 '배꼽'을 지니듯이 꿈을 포함한 무의식의 구성물들은 궁극적으로 표현될 수 없는 빈곳을 중심으로 움직이고 있다.

'무의식은 언어처럼 구조지어져 있다'는 라깡의 명제는 인간의 욕망이 일의적이지 않으며, 생물학적으로 정해진 길을 따라가지 않을 뿐만 아니라, 궁극적으로 채워질 수 없는 빈곳을 갖고 있다는 것을 의미한다. 라깡은 이를 분열된 주체, 존재 결여(manque-à-être)에 시달리는 주체라고 부른다. 그리하여 라깡은 '증상'이란 궁극적으로 채워질 수 없는 결여를 나르시시즘적으로, 상상적으로 메우고자 하기 때문에 생겨나는 것으로 설명한다. 프로이트가 말하는 꿈의 배꼽처럼 쏘쉬르 혹은 라깡에게서 단어나 상징의 의미는 궁극적으로 의미화를 거부하는 무의미를 마주하고 있다. 바로 이를 라깡은 상징계(le symbolique)의 본질적 속성으로 간주한다. 언어는 의미를 알 수 없는 빈곳을 중심으로 구조지어져 있으며, 이와 마찬가지로 무의식 혹은 무의식의 주체 역시 궁극적으로 채워질 수 없는 결여를 중심으로 구조지어져 있다. 바로 이 점에서 라깡은 프로이트를 따르고 있다. 프로이트에 따르면 증상은 하나의 상징이며 언어적 현상이기 때문이다. 예를 들면 『히스테리 연구』에 나오는 「엘리자베트 사례」에서 프로이트는 이 점을 아주 명확하게 설명한다. 엘리자베트는 아버지의 죽음에 대한 슬픔과 그로 말미암은 삶의 행로에 대한 불안으로 서 있거나 걸을 수 없는 증상을 얻었다. 프로이트는 이러한 증상이 갖는 언어적 의미에 주목한다. 아버지의 죽음이라는 고통스러운 트라우마가 '아버지가 계시지 않으므로 나는 한걸음도 앞으로 나아갈 수 없을 거야'라는 언어적 매개를 거쳐 서 있거나 걸을 수 없는 육체적 증상으로 등장한다. 이러한 히스테리적인 육체적 증상은 육체에서 나타난 증상이지만 프로이트는 이를 언어에 의해 매개된 언어적 현상으로 파악했다. 그리하여 프로이트는 엘리자베트가 자신의 병을 악화시키는 데에서 "고통스러운 사고에 대한 상징적 표현"을 찾았다고 말할 수 있었다. 라깡은 그리하여 증상은 곧 '은유'라는, 증상에 대한 언어적 해석을 또한 제시할 수 있었던 것이다.

3. 라깡 정신분석 이론의 핵심 개념: 상징계, 상상계, 실재

라깡 정신분석을 파악하기 위해서 반드시 이해해야 할 핵심적 개념은 '유명한' 상징계(le symbolique), 상상계(le imaginaire), 실재(réel)다. 앞서 우리는 거울단계, 언어를 이야기하면서 상징계, 상상계, 실재에 대해 이미 간략하게 언급한 바 있다. 실재는 인간 혹은 세계의 본래적 모습을 의미한다. 완벽한, 더 정확히 말하면 완벽해 보이는 거울이미지(그리고 그것을 받아들여 형성된 자아 혹은 자아의 완전성)는 상상계에 속하며, 상상계는 주체의 분열이라는 실재를 은폐하는 역할을 한다. 그러므로 라깡은 현실과 실재를 구분한다. 라깡에게 현실은 주체에게 고통을 가하는 실재를 배제하고 '행복' 혹은 '쾌락'을 주는 순화된 현실을 의미한다는 점에서, 상상계에 속하는 것으로 간주된다. 상징계란 언어적 질서를 의미하는 것으로서 그것은 궁극적으로 표현할 수 없는 빈곳, 의미의 한계, 결여를 뜻한다. 그러나 반드시 상징계가 빈곳, 혹은 의미의 한계, 혹은 무의미만을 뜻하는 것은 아니다. 상징계라는 표현이 말해주듯이 상징은 자연과 대비를 이루는 말이기도 하다. 즉 순수한 생물학적 본능이 자연에 속한다면, 상징 즉 언어는 문화적 현상이다. 따라서 라깡에게 상징계라는 것은 자연과는 구분되는 문화적 실체, 상징적·문화적 의미라는 뜻도 갖는다. 예컨대 물리적 힘이 부족해서 제압을 당하지는 않지만 문화적 존재로서 인간은 스스로 자신의 욕망을 억제할 수 있다. 인간은 상징적 동물이기 때문에 문화적·사회적 의미를 존중할 뿐만 아니라 더 나아가 예술작품, 학문활동과 같은 인간만이 수행할 수 있는 상징적 행위를 하며 작품을 창조할 수 있다.

이렇게 본다면 라깡이 말하는 세 범주(삼위체)는 라깡을 따르는 사람들만 이해할 수 있는 어떤 특수한 개념도 아니며, 밀교집단에 속한 사람만이 파악할 수 있는 어떤 신비적인 것도 아님을 알 수 있다. 그것은 인간 주체와 세계를 파악하기 위해 필요한 가장 근본적인 범주다. '말하는 존재'인 우리 인간이 인간과 세계를 파악하기 위해서 가장 필요한 최소한의 범주가 다름 아닌 상징계, 상상계, 실재라는 것이다. 우리가 무언가를 파악한다는 것은 그것에 대해 말(언어)로 표현할 수 있다는 것인데, 이를 위해서는 최소한 다음 세가지가 필요하다. 말, 대상, 의미가 그것이다. 무언가에 대해 파악하기 위해서는 그것을 말로 표현할 수 있어야 하며, 파악하고자 하는 대상, 말의 대상이 있어야 하고, 표현된 말의 의미를 이해할 수 있어야 한다. 표현 혹은 파악하고자 하는 대상이 다름 아닌 실재이고, 말이 상징계, 그리고 파악된 의미가 다름 아닌 상상계다.

이제 여기서 중요한 것은 라깡에게 실재는 존재하는 것, 대상, 사물 등을 의미하지만, 그럼에도 그러한 대상이 일의적으로 파악될 수 없다는 것을 라깡이 강조한다는 점이다. 라깡의 실재 개념은 모호하고 애매하다는 이야기를 많이 하지만 사실 우리가 일반적으로 이해하고 있는 실재, 즉 있는 그대로의 실체라는 일상적 개념을 잠시 괄호에 넣는다면, 라깡의 실재 개념은 사실 결코 그렇게 어려운 개념이 아니다. 라깡의 실재 개념을 이해하기 위해서는 우선 완전하게 파악될 수 있는 실재라는 개념과 '충만한 실재'라는 개념으로부터 거리를 둘 필요가 있다. 라깡에게 실재는 완전한 파악이나 통제를 벗어나는 그 무엇이다. 실재는 말(상징계)을 통해서만 접근될 수 있기 때문이다. 쏘쉬르 언어학을 통해서 잘 알고 있듯이 언어는 그것이 지시하는 대상 혹은 의미를 일의적으로 고정시키지 않는다. 언어로 아무리 표현해도 그 표현으로 완전히 포착할 수 없는 벗어나는 '나머지', 즉 '여분의 의미'가 항상 존재한다. 언어의 의미가 일의적으로 영구히 고정될 수 없다는 것은 그 언어(말)가 지칭하는 대상(즉 실재)을 명확히 파악할 수 없다는 것을 동시에 의미한다. 말하는 존재인 인간은 대상, 즉 실재를 완벽하게 파악할 수 없다는 것이다.

좀더 이론적으로 말하면 특히 후기 라깡에 따르면 상징계가 실재를 산출한다. 보통 상식적인 사고에 따르면 대상(실재)이 우선하고 상징계는 그것을 반영 혹은 표현한다. 실재가 상징계에 대해 존재론적으로 우선한다는 것인데, 반대로 (많은 언어철학자들과 마찬가지로) 라깡에 따르면 오히려 상징계가 실재에 우선하며 심지어 그것은 실재를 생산한다. 언어가 존재하지 않는다면 실재는 파악할 수도 없으며 따라서 존재한다고 생각할 수조차 없다는 것이다. 그러나 상징계는 이렇듯 실재를 산출하지만 동시에 그 산출된 실재를 파편화되고 조각난 실재로 만든다. 말을 통해 실재가 파악되지만 그와 더불어 우리는 말로 표현할 수 없는 다른 실재가 있다는 것을 알게 되며, 그리하여 말을 하는 순간 인간 주체는 말로 표현할 수 없는 어떤 대상이 있다는 것을 깨닫는다. 즉 말을 하는 순간 실재는 말로 표현할 수 있는 실재와 말로 표현할 수 없는 실재로 분열된다. 언어를 통해 실재는 조각나고 '파편화'된다는 것이다.

여기서 '결여'라는 개념이 중요해진다. 라깡에 따르면 말, 즉 '상징계'가 실재에 결여(manque) 혹은 틈(béance)을 도입한다. 언어를 사용한다는 것은 거리두기, 즉 '분리'가 일어났다는 것을 함축한다. 말을 할 때 우리는 우리가 사용하는 말과 대상 사이에 분리가 이미 존재하고 있다는 것을 깨닫게 된다. 대상이 우리로부터 분리되지 않았다면 왜 말을 통해 그것을 계속 표현하고자 노력하겠는가. 분리는 말과 대상 사이에만 존재하는 것이 아니라, 말이 표현하는 의미(쏘쉬르는 그것을 기의라고 불렀다)와 그 말(기표) 사이에도 존재한다. 뿐만 아니라 말과 말 사이에도 분리가 존재한다. 쏘쉬르 언어학에 따르면 한 단어의 의미는 다른 단어와의 관계 속에서 주어진다. 바로 이러한 점에서 모든 단어는 쏘쉬르적 의미의 기표다. 궁극적으로 단어, 즉 기표는 고정된 의미를 갖지 않으며, 무(無) 즉 결여를 지칭한다.

라깡에게 실재가 항상 파편화된, 틈을 가진, 조각난 실재로 존재하는 것도 상징계의 작용 때문이다. 그러므로 라깡에 따르면 충만한 실재란 신화적인 것이다. 실제로 그러한 충만한 실재가 존재한다고 하더라도 그러한 실재는 파악할 수도 접근할 수도 없다.

하지만 인간이 언어를 통해 무언가를 표현하고자 할 때 적어도 최소한의 의미도 주어지지 않는다면 의사소통도 이해도 불가능해질 것이다. 바로 이러한 '고정된 의미'가 상상계이다. 그러나 그 의미는 결코 영구불변한 것이 아니다. 그것은 궁극적으로 변화할 수밖에 없는 의미를 일시적으로 고정시킨 것에 불과하며, 표현될 수 없는 틈, 결여를 은폐하는 역할을 한다는 점에서 의미는 상상계에 속한다.

좁은 의미의 정신분석적 차원에서 이야기한다면 나르시시즘, 자신의 자족성을 믿는 의식(적 자아), 특정한 대상에 대한 고착, 과도한 신념이나 믿음 등이 상상계에 속한다. 말(언어)은 상징계에 속하는데, 언급했듯이 여기에서 중요한 점은 상징계가 실재와 상상계에 '결여'를 도입한다는 것이다. 라깡에게 결여라는 개념은 매우 중요하다. 많은 철학자들이 라깡의 결여 개념을 잘못 이해하면서 비판하고 있지만, 사실 라깡에게 결여란 '무언가 만족을 포기하고 궁핍 속에서 살아간다'라는 부정적 의미만을 갖고 있는 개념이 결코 아니다. '결여'는 주체가 대상에 상상적으로 흡수되는 것, 혹은 '충만한 실재' 속에 흡수되어 자신을 상실하고 정신병적 불안에 빠지거나 타자에게 완전히 종속되는 것으로부터 벗어나게 해주는 '최후의' 심급이다. 그것은 주체의 '자유의 공간'이라고도 표현할 수 있다. 그러한 결여의 공간, 즉 자유의 공간을 확보함으로써만 주체는 타자에게 종속되는 병리적 상태로부터 벗어나 자신의 주체성을 유지할 수 있다. 라깡에 따르면 이 자유의 공간은 개인적 차원, 즉 병리적 의미에서뿐만 아니라 사회적·정치적 차원에서도 필요하다. 라깡 정신분석은 개인주의적이고 사회적 차원에는 적용되지 않는 보수적인 이론이라는 비판을 하는 사람들을 종종 발견할 수 있는데, 이러한 비판은 라깡 이론에 대한 무지와 오해, 편견에 근거한 것이다.

실재에 속하는 것으로는 충동(만족), 육체 등을 들 수 있다. 프로이트에 따르면 충동은 파편화된 충동, 부분충동으로 존재한다. 라깡의 실재 개념은 이렇듯 프로이트의 부분충동, 혹은 파편화된 충동 개념을 설명하는 데도 적절한 개념으로 구상되었음을 알 수 있다.

라깡은 타자와의 상상적인 합일에 빠져 나르시시즘적 만족을 누리거나 타자나 실재에 완전히 흡수되어 자신을 상실한 상태로부터 벗어나 '자유로운' 주체로 탄생해야 함을 역설한다. 바로 이것이 욕망(désir)이다. 욕구(besoin, need)가 생물학적 차원에서의 갈망이라면, 욕망은 영원히 채워질 수 없는 결여를 포함하고 있으며, 욕망은 이 결여를 메우기 위해 끊임없이 새로운 것을 찾고 방황한다. 요구(demande)는 이자관계에서 발생하는 상상적인 소망, 즉 완전한, 나르시시즘적인 사랑의 요구다. 라깡에 따르면 욕망은 '생물학적' 아이가 언어적 질서로 들어갈 때, 즉 나르시시즘적인 완벽한 사랑의 요구로부터 벗어나 결여와 금지를 받아들일 때 생겨난다.

4. 오이디푸스 콤플렉스에 대한 구조적 해석

라깡의 작업에서 핵심적인 것 중의 하나가 프로이트의 오이디푸스 콤플렉스 개념에 대한 재해석이다. 프로이트의 오이디푸스 콤플렉스 개념은 생물학주의, 폐쇄적이고 보수적인 이론, 가부장주의에 매몰된 이론이라는 등 많은 오해를 받아왔다. 여기서는 이러한 비판에 대해 상세히 검토할 여유가 없으므로 프로이트가 말하는 오이디푸스 콤플렉스 개념을 다음과 같은 방식으로 이해해야 한다는 점을 지적하고 넘어가기로 하자. 오이디푸스 콤플렉스는 인간적 의미의 성과 욕망이 '탄생되는 장소'이다. 인간적 의미의 성은 반드시 어떤 규범과 더불어 실천된다는 특징을 갖는다. 그 규범이 사회에 따라 엄격할 수도 있고 그렇지 않을 수도 있지만 말이다. 오이디푸스 콤플렉스는 어떤 성적 실천이 허용되고 금지되는지를 배우게 되는 구조적인 장소라는 것이다. 그러한 의미에서 오이디푸스 콤플렉스는 보편적이라고 할 수 있다. 라깡이 상징계로의 진입, 즉 언어적 질서로의 진입과 오이디푸스 콤플렉스로의 진입을 같은 것으로 간주한 이유도 바로 거기에 있다. 언어의 세계에 진입한다는 것은 언어가 표현할 수 없는 빈곳, 결여를 받아들인다는 것을 의미한다.

라깡은 이를 '욕망의 주체'로 설명한다. 욕망의 주체란 결여, 즉 '자유의 빈 공간'(알뛰세르)을 확보하는 데 성공한 주체다. 라깡은 이를 상상계에서 상징계로의 이행, 이자관계에서 삼자관계로의 이행, 언어세계로의 진입 등의 개념으로 설명한다. 라깡은 프로이트의 오이디푸스 콤플렉스 개념을 언어적 질서로의 진입이라는 관점에서 재해석하는 것이다. 언어의 세계에 들어간다는 것은 어린아이가 어머니 혹은 아버지와 거리를 유지한다는 것, 즉 결여를 받아들인다는 것을 의미한다. 근친상간적인 이자관계를 포기하고 결여가 존재하는 삼자관계로 들어간다. 이때 근친상간 금지와 결여를 도입하는 심급이 아버지다. 따라서 라깡에게 아버지는 생물학적 아버지가 아니라 언어적 현상, 즉 기표, 상징적 아버지를 의미한다. 결여와 금지를 도입하는 이 상징적 심급을 라깡은 '아버지 이름'(nom du père)이라고 부른다. 이 아버지의 이름이 아이와 어머니 사이의 근친상간 '금지'(non)를 도입한다. 라깡은 프랑스어에서 이름과 금지가 동음이의어라는 것에 착안해 아버지 이름을 받아들인 것은 곧 근친상간금지를 수용한 것과 같은 의미라고 해석한다. 그리고 오이디푸스 콤플렉스에 진입한 것은 언어, 금지, 결여와 욕망의 세계로 주체가 진입한다는 것을 의미한다. 이렇듯 라깡은 프로이트 정신분석 이론에서 가장 격렬한 비판의 대상이 되었던 오이디푸스 콤플렉스 개념을 상징계 개념을 통해 재해석함으로써 자연주의적 혹은 가부장주의적 이론으로 잘못 오해된 오이디푸스 콤플렉스 개념을 구출한다.

물론 이는 프로이트가 오이디푸스 콤플렉스를 주로 자연주의적 관점에서 설명했다는 의미는 아니다. 프로이트의 오이디푸스 콤플렉스 개념은 매우 풍부한 개념으로 그 자체로도 매우 풍부한 임상적·이론적 함의를 갖고 있지만 라깡은 이러한 오이디푸스 개념에 언어적 해석을 도입함으로써 프로이트의 오이디푸스 이론을 더욱 풍부하게 해주었다.

라깡에 따르면 오이디푸스 콤플렉스에 들어간다는 것은 어머니와의 나르시즘적 이자관계인 상상계에서 벗어나 삼자관계인 상징계로 들어간다는 것을 의미한다. 다시 말해 충동만족을 일정정도 포기하고 결여를 받아들인다는 것, 즉 아버지의 이름(nom du père)과 그의 금지(non)를 받아들인다는 것이다. 이는 근친상간 대상으로서의 어머니를 포기함으로써 '완전한' 충동만족을 '상당부분' 포기한다는 의미다.

임상적 관점에서 이를 다시 설명하면, 오이디푸스 콤플렉스로 진입

함으로써 결여를 받아들인 주체는 '보통의' 신경증적 주체로 탄생한
다. 반면 결여를 받아들일 수 없어 상상적 이자관계에 머물러 있는 주체
는 정신병적 주체다. 정신병적 주체는 그러므로 결여를 '배척'한 주체
다. 라깡에 따르면 결여를 받아들이지 못하고 배척한 상태, 즉 이자관계
에 머물러 있는 상태에서 주체는 모든 것이 충족되는 유토피아를 경험
하는 것이 아니라 오히려 타자에게 흡수되어버릴지도 모른다는 최악의
불안을 경험한다. 그러므로 라깡은 오이디푸스 콤플렉스 속에 존재하
는 아버지의 거세위협이란, 이자관계에서 어머니가 발하는 거세위협을
완화하고 대체하는 기능을 하는 것으로 해석한다. 바로 이 점에서 라깡
은 프로이트뿐만 아니라 멜라니 클라인 정신분석 이론을 따르고 있음
을 알 수 있다.

> 만약 거세라는 것이 존재한다면 그것은 오이디푸스 콤플렉스가 거세
> 인 한에서다. 거세는 (…) 아버지와 관련이 있는 것만큼이나 어머니와도
> 관련이 있다. 어머니의 거세는 아이에게 삼켜짐과 물어뜯김의 가능성을
> 의미한다. 어머니의 거세가 선행하며 아버지의 거세는 그 대체물이다.
> (『세미나 제4권: 대상관계』Le seminaire IV: La relation d'object, 1994, 367면)

5. 결론을 대신하여: 전기 라깡과 후기 라깡

지금까지 보아왔듯이 라깡은 프로이트의 오이디푸스 콤플렉스 개념
을 구조적·언어적 관점에서 재해석했다. 하지만 이것만으로는 충분하
지 않다. 오이디푸스 콤플렉스 상황은 주체를 상상계에서 상징계로 이
행시킴으로써 그에게 '해방'의 차원을 열어주지만 그럼에도 주체는 여

전히 아버지가 발하는 금지명령에 종속해 있다. 그러므로 우리는 여기에서 오이디푸스 콤플렉스 너머라는 개념에 대해 질문을 던질 수 있다. 전기에서 라깡은 오이디푸스 콤플렉스로 들어오는 것, 즉 상징계로 들어오는 것을 강조했다면, 후기에서는 오이디푸스 콤플렉스를 넘어서는 것의 중요성을 강조한다. 오이디푸스 콤플렉스를 넘어서기 위해 필요한 개념이 다름 아닌 실재, 즉 충동 개념이다. 아버지 이름은 주체를 이자관계로부터 해방시키지만 여전히 주체는 상징적 질서의 주인인 아버지에게 종속되어 있다. 그러므로 라깡은 후기에 들어와 상징계 너머인 실재를 강조한다. 결여의 수용이 아니라 충동의 만족, 즉 주이상스(jouissance, 향유), 달리 말하면 실재에 도달해야 함을 역설한다.

라깡 이론에 접근하는 다양한 방법이 있지만 현재의 논쟁 상황과 관련해 라깡 이론을 이해할 수 있는 중요한 접근법 중 하나가 전기 라깡과 후기 라깡을 비교하는 것이다. 현재 라깡에 대해 설명하고 논의할 때 많은 사람들이 전기 라깡과 후기 라깡을 대비하여 설명하고 있다는 것을 어렵지 않게 발견할 수 있다. 여기에서 쟁점이 되는 개념이 이미 설명한 바 있는 상징계, 상상계, 실재라는 삼위체다. 현재 우리나라에서도 라깡에 대해 논의할 때 전기 라깡과 후기 라깡을 나누는 것이 라깡 연구자들 사이에서 상식처럼 여겨지고 있다. 이에 따르면 전기 라깡은 상징계를 강조했으며 후기 라깡은 실재를 강조했다는 것이 전기 라깡과 후기 라깡을 나누는 기준이다.

후기 라깡이 실재를 강조한 까닭은 무엇인가? 상징계와 그것이 도입하는 욕망은 양면성을 갖기 때문이다. 상징계는 결여를 도입함으로써 주체를 이자관계로부터 분리시키지만, 동시에 그것은 주체를 사회적·정치적 규범에 종속시키는 역할을 한다. 결여를 받아들임으로써 주체는 상상계로부터 상징계로 이행해야 하는데 이때 주체가 이자관계로부터 벗어난다는 의미에서 결여는 긍정적 역할을 하지만, 동시에 완벽한 만족을 일정정도 포기해야 한다는 의미에서 주체를 또한 '불만족' 속으로 소외시키는 역할을 한다. 그러나 그렇다고 해서 다시 이자관계로 퇴행하는 것이 진정한 해결책일 수는 없다. 이러한 딜레마에서 벗어나는 것은 불가능한 일인가? 프로이트는 오이디푸스 콤플렉스의 '너머'라는 개념을 명확하게 설명하지 못했지만 라깡은 프로이트의 작업을 이어받아 특히 후기에 들어와서 이에 대해 많은 성찰을 남겼다. 한마디로 요약하면 상징계를 넘어서기 위해서는 실재의 차원을 받아들여야 한다는 것이다.

하지만 바로 여기서 많은 이론적이며 실천적인 질문이 생겨난다. 상징계를 넘어서기 위해서는 실재를 받아들여야 한다(라깡에 따르면 실재는 상징적 질서가 궁극적으로 포착할 수 없는 잉여이며 상징적 질서를 파괴하는 것이다). 그러나 상징계를 폐기하고 '결여 없는 실재의 차원'으로 돌아가는 것만으로 충분한가? 여전히 결여는 필요한 것이 아닌가? 들뢰즈, 네그리, 푸꼬를 포함한 몇몇 프랑스 철학자들, 심지어 라깡의 사위인 밀레르, 그리고 바디우, 지젝, 핑크(Bruce Fink)와 같은 라깡주의자들(라깡 이론을 공산주의 이론과 접목시키고자 하는 목적에서 수용하는 바디우와 지젝은 라깡주의자가 아니라고 말해도 무방하다. 바디우는 자신이 라깡 이론을 수용했음에도 라깡주의자는 아니라는 것을 처음부터 분명히 밝혔으며, 지젝은 최근에 들어와서 라깡과 분명히 거리를 두기 시작했다)은 상징적 차원에서 작동하는 욕망은 (인간을 소외시키는) '나쁜 것'이고 실재인 충동(만족)은 (소외를 극복하게 해주는) '좋은 것'이라는 식으로 이분법적 관점에서 라깡 이론을 해석하고자 한다. 하지만 욕망, 즉 상징계의 차원에서 발생하는 결여를 없애고 실재의 차원으로 돌아가는 것, 즉 충동만족을 얻는 것이 소외의 극복이라고 단순하게 말할 수 있을까? 전기 라깡과 후기 라깡을 대립시키고, 후기 라깡은 욕망 개념을 비판하고 실재만을 강조했다는 식으로 라깡 이론을 해석하는 것은 타당한 해석론인가?

라깡이 후기로 갈수록 실재 개념을 중시했다는 것은 분명한 사실이지만, 문제는 라깡이 후기로 가면서 실재 개념을 강조하면서도 상징계 개념을 완전히 폄하하거나 부정하는 방향으로 나아간 것은 아니라는 점이다. 하지만 불행히도 라깡 자신이 이 문제에 대해 명확한 이론을 제시하지 않았으므로 후대에 많은 혼란을 낳은 것도 사실이다. 특히 『세미나 제23권: 증환(sinthome)』에서 제임스 조이스(James Joyce)를 해석하며 분석의 끝 이론을 더욱 철저히 발전시키지만 이를 통해 라깡은 '실재 지상주의자'로 등장한다. 종종 혼란을 야기하나 우리가 라깡의 이론을 꼼꼼히 해석한다면, 우리는 실재만으로 정신분석의 끝, 혹은 소외의 극복을 논하고자 했던 후기의 라깡이 프로이트 정신분석학으로부터 상당히 일탈했으며, 전기 라깡과 후기 라깡 사이에 상당한 이론적 충돌이 존재한다고 말할 수 있다.

| 홍준기 |

욕망(désir), 요구(demande), 욕구(besoin)

욕망은 완벽한 만족을 준다고 가정되는 어머니의 몸을 떠나 규범과 질서, 언어의 세계로 진입함으로써 생겨난다. 라깡은 어린아이가 욕망의 차원으로 진입하는 것을 주체의 탄생 순간으로 파악한다. 욕망의 세계에 들어간다는 것은 나르시시즘적 이자관계(상상계)를 벗어나 규범과 법, 즉 오이디푸스 콤플렉스의 세계로 들어간다는 것을 의미한다. 이렇듯 라깡은 욕망을 상징적 차원(상징계)에서 정의한다. 욕망은 완벽한 만족을 포기하고 결여를 받아들이는 주체의 상태를 의미하며, 따라서 상징계에 속한다. 반면 요구는 완전한 만족, 사랑의 요구로서 상상계에 속한다. 어머니와의 분리를 거부하고 이자관계 속에 머물러 있는 어린아이 혹은 신경증 환자는 요구의 차원에 놓여 있는 것이다. 욕망, 요구와는 달리 욕구는 생물학적 차원에 속하는 것으로서 생존과 본능의 만족을 위해 채워야 하는 생물학적 필요를 의미한다. 따라서 욕망, 요구와 달리 라깡 정신분석에서 그것은 부차적인 역할을 할 뿐이다.

정신병(psychose), 도착증(perversion), 신경증(névrose)

프로이트, 라깡의 정신분석에서 주체의 병리적 구조, 즉 정신병리는 정신병, 도착증, 신경증으로 구분된다. 정신병은 자폐증, 정신분열증, 망상증(편집증) 등으로 구분된다. 신경증은 히스테리와 강박증, 공포증을 포함한다. 프로이트, 라깡의 임상이론에서 핵심적인 것은 증상의 유무나 빈도가 아니라 주체의 구조에 따라 임상적실체를 구분한다는 점이다. 라깡에 따르면 정신병 성립의 메커니즘은 아버지 이름을 배척(forlusion, Verwerfung)하는 것, 즉 상징계를 거부하는 것이며, 신경증은 아버지 이름을 받아들였지만 여전히 욕망의 결여를 '억압'(répression, Verdrängung)하고 이자관계에 머무르고자 하는 주체의 구조를 의미한다. 도착증은 남근을 가진 어머니의 환상을 갖고 있는 주체이다. 프로이트에 따르면 근친상간적 욕망을 갖는 주체는 거세불안을 갖게 되는데, 이러한 거세불안을 방어하기 위해 장차 도착증자가 될 주체는 어머니에게 남근이 없다는 사실을 '부인'(déni, Verleugnung)한다. 라깡에 따르면 정신병, 도착증, 신경증의 구분은 결국 결여에 대한 거부의 정도에 따라 결정된다. 정신병자는 결여를 완전히 '배척'하고 완전한 이자관계에 머무르려고 하며, 신경증자는 3자 관계로 들어갔지만 이를 일정 정도 억압하며, 도착증자는 신경증자와 정신병자의 중간에 머무른다. 즉 도착증자는 어머니로부터 오는 거세불안을 극복하기 위해 아버지의 법을 필요로 하지만 아버지의 법을 온전히 받아들이지 못하고 나르시시즘적인 자신의 법으로 아버지의 법을 대체한다.

주이상스(jouissance, 향유)

라깡은 충동과 관련하여 주이상스라는 개념을 도입한다. 라깡은 초기에는 욕망 개념을 중시했으나 후기로 갈수록 충동·주이상스의 개념을 강조한다. 욕망이 언어와 상징계의 차원에서 정의되었다면 주이상스는 충동을 가진 인간이 육체에서 체험하는, 그러나 결코 말로 표현될 수 없는 충동만족을 의미한다. 또한 주이상스는 쾌락원리 너머에 있는 것이다. 그것은 순수한 쾌락이 아니라 고통을 동반하는 쾌락을 의미한다. 순수한 쾌락은 라깡에 따르면 상상계에 속한다. 초기 프로이트는 쾌락을 얻고자 하는 인간의 속성을 중심으로 정신분석 이론을 구성하였다면, 후기에 들어와 쾌락원리의 너머, 즉 죽음충동을 도입했다. 이는 사상적으로 프로이트가 공리주의를 철저히 극복했음을 함축하며, 임상적으로는 반복강박증, 마조히즘 등에 관한 새로운 임상적 이해를 열었음을 의미한다. 라깡의 주이상스 개념은 프로이트가 말하는 고통 속의 쾌락(Lust im Schmerz)에 대한 번역(해석)으로 특히 후기 라깡에서 중요한 역할을 한다.

루이
알뛰세르

Louis Althusser 1918~1990

12장 /

구조인과성에서
우발성으로

루이 알뛰세르는 20세기 후반 대표적인 맑스주의 철학자 중 한명이며, 현대 인문사회과학의 주요 인물인 데리다, 발리바르(Etienne Balibar), 라끌라우(Ernesto Laclau), 지젝, 바디우, 랑시에르, 버틀러(Judith Butler), 네그리 등의 작업에도 많은 영향을 끼쳤다. 또한 영미권의 분석 맑스주의와 비판적 실재론(critical realism)이 형성되는 데도 촉매 역할을 했다.

　알뛰세르는 1918년 당시 프랑스 식민지였던 알제리의 비르망드레이스(Birmendreïs)에서 태어났다. 은행원이었던 아버지를 따라 여덟살 때 마르세유(Marseille)로 옮아간 뒤, 리옹에서 고등학교를 마치고 1939년 빠리 고등사범학교에 입학했다. 하지만 학기가 시작되기 전 2차대전에 징집된 후 포로로 잡혀 전쟁이 끝날 때까지 독일에서 포로생활을 했다. 전후 고등사범학교로 돌아와 바슐라르의 지도 아래 『헤겔에서 내용의 개념』(*La notion du content chez Hegel*, 1947)이라는 논문을 쓰고 졸업했다. 1948년 고등사범학교 조교가 되었으며 동시에 프랑스 공산당에 입당했다.

고등사범학교에서 가르치면서 1960년부터 본격적으로 맑스주의 연구에 착수하여 1965년 『맑스를 위하여』(*Pour Marx*), 『자본을 읽자』(*Lire le Capital*, 에띠엔 발리바르·자끄 랑시에르·삐에르 마슈레·로제 에스따블레와 공저)를 출간함으로써 일약 국제적인 맑스주의 이론가로 부상했다. 이 두권의 저작에서 알뛰세르는 스피노자와 정신분석, 프랑스 과학철학 등의 이론적 자원을 활용하여 맑스주의를 개조하려는 작업을 수행했다. 그 핵심은 헤겔 변증법과 구별되는 맑스주의 변증법의 고유성을 밝혀내는 것이었으며, 이를 위해 인식론적 절단, 과잉결정, 구조인과성 같은 개념들을 제안했다.

하지만 이러한 이론적 쇄신의 노력은 여러가지 비판에 직면하게 된다. 가로디(Roger Garaudy)를 비롯한 프랑스 공산당 지도부는 알뛰세르의 작업이 맑스주의 인간주의에서 벗어난 편향을 범하고 있다고 비난했다. 또한 1968년 5월 혁명이 벌어진 이후, 고등사범학교 출신의 마오주의 제자들은 알뛰세르가 스딸린주의적인 프랑스 공산당과 결별하지 않고 결과적으로 공산당의 정치적 입장을 옹호하고 있다는 비판을 제기했다.

이러한 비판들에 대응해 알뛰세르는 초기 작업이 이론주의적 편향을 범했다는 자기비판을 한 뒤, 『레닌과 철학』(*Lénine et la philosophie*, 1969)에서 이론 내에서의 계급투쟁으로 철학을 재정의하려고 했다. 또한 이데올로기 국가장치 개념을 도입하고 스피노자와 라깡의 이론을 기반으로 이데올로기 개념을 쇄신함으로써 전통적인 토대-상부구조론 대신 재생산의 문제설정에 따라 맑스주의를 개조하려고 했다. 이는 자본주의의 재생산에서 이데올로기가 수행하는 역할을 해명하고 자본주의의 변혁가능성을 모색하기 위한 시도였다. 1976년 프랑스 공산당이 프롤레타리아 독재 개념을 폐기하고 유로코뮤니즘 노선을 채택한 것을 강력히 비판하면서 맑스주의의 위기가 도래했음을 선언했다.

알뛰세르는 청년시절부터 앓은 정신질환으로 평생 고통을 겪었으며, 이론적인 작업도 끊임없이 중단과 재개를 반복할 수밖에 없었다. 알뛰세르가 여러차례에 걸쳐 야심찬 이론적 계획을 세우고도 이를 제대로 실현하지 못한 데에는 정신질환이 큰 장애물로 작용했다. 급기야 1980년에는 정신착란 상태에서 고등사범학교 학생시절부터 충실한 반려자였던 아내 엘렌 리뜨망(Hélène Rytmann)을 살해하기에 이르렀다. 그뒤 재판에서 면소 판결을 받고 연금 상태에서 풀려난 알뛰세르는 여러 정신병원 및 빠리 20구의 아파트에서 요양생활을 하다가 1990년 심장마비로 사망했다. 1972년 작성한 『마끼아벨리와 우리』(*Machiavel et nous*)라는 원고와 더불어, 주로 정신병원 요양시절에 쓴 우발성의 유물론 및 마주침의 유물론에 관한 사상이 담긴 유고집이 사후에 출간되면서 커다란 반향을 불러일으킨 바 있다.

1. 맑스를 위하여, 자본을 읽자

알뛰세르는 1950년대 몇편의 글과 더불어 『몽떼스끼외: 정치와 역사』(*Montesquieu: La politique et l'histoire*, 1959)라는 단행본 저서를 내고, 포이어바흐(Ludwig Feuerbach)의 글들을 편역한 『철학 선언』(*Manifestes philosophiques*, 1960)을 펴냈지만, 그의 본격적인 이론적 활동이 시작된 것은 1960년대에 들어서였다. 맑스주의에 관한 알뛰세르의 첫번째 주요 논문은 「청년 맑스에 대하여」(Sur le jeune Marx, 1961)라는 글이었다. 이 글은 1950년대 이후 맑스주의와 국제 공산주의 운동에 닥친 위기를 배경으로 하고 있다. 1953년 스딸린이 사망하고 흐루쇼프의 스딸린 비판이 이루어지면서 국제 공산주의 운동에서는 탈스딸린주의 운동이 시작된다. 이론적으로 이는 교조주의적인 맑스 이해에서 벗어나 청년기 저작에서 맑스 사상의 본질을 파악하려는 시도로 표현되었다. 청년 맑스의 저작에는 후기 저작에서 쉽게 찾아보기 어려운 맑스 사상의 인간주의적이고 윤리적인 측면이 풍부하게 담겨 있다는 것이 그 이유였다. 그리고 그 핵심은 소외론이었다. 왜냐하면 소외론은 자본주의에서 일어나는 인간 노동력의 착취와 인간성의 상실을 파악할 수 있게 해주며, 맑스주의는 비인간적인 자본주의에 맞선 인간해방의 사상이라는 점을 납득시켜주기 때문이다. 따라서 청년 맑스의 소외론에 입각할 때 우리는 『자본』의 철학적 메시지도 올바르게 이해할 수 있다는 것이 이들의 주장이었다.

이러한 인간주의적인 맑스 이해에 맞서 알뛰세르는 맑스 사상에 대한 새로운 시기 구분을 제안한다. 그가 보기에 맑스 사상은 초기부터 후기에 이르기까지 동일한 것이 아니었으며, 연속성을 지닌 것도 아니었다. 맑스는 엥겔스(Friedrich Engels)와 공동으로 집필한 『독일 이데올로기』(*Die deutsche Ideologie*, 1846) 무렵부터 이전의 관점과 인식론적 절단(coupure épistémologique)을 이룩한 이후 비로소 자기 자신의 이론을 세울 수 있었다. 『독일 이데올로기』가 절단의 징표가 되는 이유는 이 저작에는 청년기 저작에서는 찾아볼 수 없는 맑스 자신의 고유한 개념들, 곧 생산양식이나 이데올로기 같은 개념들이 담겨 있기 때문이다. 따라서 맑스 사상의 정수는 헤겔과 포이어바흐의 문제설정에 사로잡혀 있는 청년기 저작이 아니라 『자본』을 중심으로 한 후기 저작에 담겨 있다.

하지만 알뛰세르가 인식론적 절단을 주장한다고 해서, 절단 이후의 맑스 사상이 동질적이거나 완결되어 있다고 보는 것은 아니다. 오히려 알뛰세르의 논점은 절단을 이룩한 이후에도 맑스 사상은 여전히 이데올로기적 요소들을 포함하고 있으며, 불완전하고 불균등한 상태로 남아 있다는 것이다. 그리고 이 때문에 맑스주의 내에서 스딸린주의나 인간주의 같은 여러가지 이론적 편향들이 발생하며, 다시 이는 정치적 오류 및 맑스주의 자체의 위기를 낳게 된다. 따라서 알뛰세르가 보기에 불완전한 상태로 남겨진 맑스 사상을 개조하고 좀더 완전한 상태로 발전시키는 것은 이론적이고 정치적으로 중요한 과제였다.

이러한 목적에 따라 알뛰세르는 '맑스를 위하여 자본을 읽자'라는 이론적 슬로건(이것은 두권의 책 제목에 그대로 반영되어 있다) 아래 맑스 사상을 개조하는 작업에 착수하는데, 그 핵심은 크게 세가지로 나눠볼 수 있다.

첫번째는 맑스주의 철학, 곧 변증법적 유물론을 재정의하는 것이다. 알뛰세르는 인간주의적 맑스 해석이 나타나는 이유는 철학적으로 볼 때 그것이 경험론적 입장에 사로잡혀 있기 때문이라고 주장한다. 여기서 경험론은 철학사 연구에서 흔히 말하는 영국 경험론보다 훨씬 포괄적인 관점을 가리킨다. 그것은 객관적 현실이 인식 주관 바깥에 있는 그대로 존재하고, 인식이란 관찰과 추상을 통해 이 현실의 본질을 파악하는 것이라는 입장을 뜻한다. 인간주의적 해석에 따르면 사회의 객관적 현실의 본질은 바로 생산의 주체로서의 인간이며, 자본주의에서는 이 주체가 자신의 생산물인 자본에 의해 소외되고 억압되는 일이 일어난다. 따라서 공산주의 내지 사회주의란 자본주의의 변혁을 통해 소외된 인간의 본질이 회복된 사회, 인간의 자유가 가장 온전하게 실현되는 사회를 뜻한다. 알뛰세르는 이들에 맞서 이론적 반(反)인간주의를 옹호한다. 이러한 입장에 따르면 인간은 역사의 주체가 아니라 구조적인 작용에 의해 규정되는 역사 속의 주체이며, 따라서 역사에 대한 과학적 이해는 인간이 아니라 구조와 그 모순을 설명해야 한다.

인식론적으로 이론적 반인간주의는 스피노자의 세가지 종류의 인식론을 원용한 세가지 일반성 이론으로 표현된다. 일반성 I은 인식의 소재가 되는 각종 이데올로기적 표상들을 가리킨다. 인간은 일차적으로는 이러한 이데올로기적 표상들을 접하며 그것들을 통해 사고한다. 반면 일반성 II는 과학적 개념들을 뜻한다. 역사유물론의 경우에는 맑스가 발견한 과학적 개념들, 곧 생산양식이나 잉여가치, 이데올로기 같은 개념들이 여기에 해당한다. 마지막으로 일반성 III은 일반성 II를 수단으로 하여 생산된 새로운 과학적 인식을 가리킨다. 따라서 알뛰세르에 따르면 인식은 외부 현실과 무관하게 사고과정 내부에서 수행되는 작용으로, 인식론적 절단을 통해 형성된 기초적인 과학 개념들을 수단으로 이데올로기적인 표상들을 과학적 인식으로 변화시키거나 개조하는 과정이 곧 인식이다.

알뛰세르는 이러한 인식과정을 '이론적 실천'이라고 불렀다. 이론적 실천은 비판가들이 주장하듯 현실적 실천 내지 정치적 실천을 대체하기 위해 제시된 개념이 아니라, 당 지도부의 정치적이거나 이데올로기적 명령으로부터 이론작업의 자율성을 옹호하기 위해 고안된 것이다. 알뛰세르는 이론작업의 자율성이 유지될 때 정치적 실천도 더 효력을 발휘할 수 있다고 믿었다. 그리고 그는 철학을 이론적 실천의 이론으로 재정의한다. 각각의 분과학문이 각각의 영역에서 수행되는 이론적 실천작업이라면, 철학은 이러한 이론적 실천들 전체의 역사와 구조를 다루는 이론이라는 뜻이다.

두번째 중심 작업은 헤겔의 변증법과 구별되는 맑스 변증법의 독창성을 해명하는 것이다. 알뛰세르는 프로이트에게서 용어를 빌린 과잉결정(surdétermination) 개념을 독자적으로 이론화함으로써 두 변증법의 차이를 설명하려고 시도한다. 이것은 특히 역사적 이행의 가능성을 설명하기 위해, 곧 왜 유럽에서 가장 낙후된 나라인 러시아에서만 혁명이

가능했는가라는 질문에 대해 변증법의 차원에서 설명하기 위해 고안된 것이다. 알뛰세르의 논점은 사회주의 혁명과 이행을 사고하기 위해서는 역사의 '좋은 측면'에만 의지해서는 안 되고 '나쁜 측면'을 고려할 줄 알아야 한다는 것이다. 다시 말해 생산력과 생산관계 사이의 모순 또는 자본과 임노동 사이의 모순이라는 가장 단순하고 기본적인 모순만 사고해서는 혁명에 관해서 구체적으로 사고할 수 없으며, 모순을 그것이 전개되는 상황 속에서 이해해야 한다. 그런데 모순을 상황 속에서 이해한다는 것은 모순이 전개되는 외적 조건이나 상황을 염두에 두어야 한다는 뜻이 아니다. 그것은 현실적 모순을, 상황들과 하나를 이루고 있어서 단지 이 상황들을 통해서만 그리고 이 상황들 속에서만 포착되고 식별되고 작동될 수 있는 것으로 이해하는 것을 뜻한다. 1917년 당시 유럽의 가장 '후진국'인 러시아는 자본주의적인 모순 이외에도 봉건적 착취체제의 모순, 자본주의적·제국주의적 착취의 모순, 식민지적 착취와 전쟁의 모순, 자본주의적 생산방식의 발전 정도와 농촌의 중세적 상태 사이의 모순, 지배계급 내부의 모순이 응축되어 있었으며, 이로 인해 지배계급의 세력이 약화되어 혁명이 가능했던 것이다.

따라서 알뛰세르가 말하는 과잉결정은 자본주의적인 모순은 결코 그 자체로, 단순한 모순 그대로 존재하는 것이 아니라, 그것이 존재하는 조건들 및 그러한 모순이 지배하는 각각의 심급들과 분리될 수 없고, 모순 그 자체가 그러한 심급들의 작용에 의해 규정된다는 사실을 가리키는 개념이다.

과잉결정 개념을 구성하는 핵심 요소는 '구조화된 복합적 전체'라는 개념과 '지배소를 갖는 구조'라는 개념이다. 항상 이미 주어진 구조화된 복합적 전체라는 개념은 헤겔식의 기원과 목적의 변증법과 달리 유물변증법에는 순수하고 단순한 기원이란 존재하지 않으며, 따라서 전체 역시 하나의 동질적 본질로 환원되지 않은 이질적인 요소들로 구성된 복합적 전체라는 점을 부각시킨다. 그리고 지배소를 갖는 구조라는 개념은 한걸음 더 나아가 사회적 전체는 다양한 심급들(instances) 내지는 요소들 간의 위계적 결합관계에 따라 구조화되어 있음을 뜻한다. 사회적 전체를 지배소를 갖는 구조에 따라 파악하는 것은 막연한 다원주의를 넘어서 구조를 구성하는 다양한 요소들 사이의 위계관계 또는 불균등한 접합관계를 인식 가능하게 해준다는 점에 의의가 있다. 이렇게 되면 최종 심급에서 경제의 결정이라는 관념을 새롭게 이해하는 것이 가능해진다. 왜냐하면 이제 최종 심급에서 '결정'하는 경제는 모든 생산양식에서 직접 다른 심급들을 '지배'하는 것이 아니라, 각 생산양식에서 지배소의 역할을 담당하는 심급들을 결정하는 기능만을 맡고 있기 때문이다. 따라서 자본주의에서는 경제가 지배소의 역할을 담당한다면, 다른 생산양식에서는 정치나 이데올로기, 또는 다른 심급이 지배소의 역할을 담당하게 된다.

세번째는 『자본』이 이룩한 이론적 혁명의 성격이 무엇인지, 곧 맑스주의 과학으로서 역사유물론의 특성은 어떤 것인지 밝히는 일이다. 여기에서 알뛰세르는 정신분석, 특히 라깡의 정신분석과의 이론적 동맹을 추구한다. 알뛰세르는 「프로이트와 라깡」(Freud et Lacan, 1964)에서 역사유물론과 정신분석은 진정으로 새로운 두개의 과학이며, 라깡이 자아심리학을 비롯한 사이비 정신분석으로부터 프로이트 사상의 진수를 보호하고 그것을 개조하려고 노력하는 것처럼, 각종 이데올로기적 위협으로부터 맑스주의 과학을 보호하고 그것을 개조하는 것이 맑스주의자들의 중요한 과제라고 주장한다. 하지만 유고로 출간된 이 당시의 미발표 원고들이 보여주듯이, 알뛰세르는 그와 동시에 정신분석을 역사유물론의 한 부분으로 포섭할 수 있는 이론적 길을 찾기 위해 암중모색했다.

　미완의 상태로 남겨진 역사유물론을 발전시키기 위해 알뛰세르는 특히 새로운 인과성 이론을 제안한다. 그는 인과성에는 세가지 유형이 존재한다고 말한다. 첫번째 인과성은 데까르뜨가 제안한 기계적 인과성(causalité mécanique)으로, 이는 부분들 사이의 외재적인 관계만을 설명할 뿐 부분과 전체의 관계를 설명하지는 못한다. 두번째는 라이프니츠 및 헤겔이 발전시킨 표현적 인과성(causalité expressive)으로, 이는 전자와는 반대로 각각의 부분들 속에서 전체의 표현을 발견할 뿐, 부분들 각각이 지닌 자율성을 사고하지 못한다. 세번째 인과성은 스피노자가 개념화한 구조적 인과성(causalité structurale)으로, 알뛰세르는 이러한 인과성만이 맑스가 이룩한 이론적 혁명, 곧 역사유물론의 독창성을 잘 표현해줄 수 있다고 주장한다. 구조적 인과성은 구조는 자신의 부분들 바깥에 있거나 그것을 초월하여 존재하지 않고 그 부분들에 내재해 있음을 가리키는 개념이다. 구조는 그것을 구성하는 요소들 사이의 독특한 결합과 다른 어떤 것이 아니다. 따라서 구조라는 원인은 그 효과들의 결합일 뿐 그것들과 구분되는 독자적인 실체가 아니라는 의미에서 부재하지만, 또한 그 효과들 각각에 대하여 원인으로서 작용한다는 점에서 부재하는 원인이라고 말할 수 있다.

　구조적 인과성 개념은 토대와 상부구조 사이의 직접적이고 단순화된 인과 작용에 따라 역사와 사회의 변화를 설명하고, 상부구조를 구성하는 여러 요소들(법, 이데올로기 등)의 역할을 경시하는 전통 맑스주의의 결함을 정정할 수 있게 해준다. 이러한 인과성에 의거할 경우 사회는 여러가지 상이한 요소들로 이루어진 복합적 전체로 이해되며, 각 심급들 내지 부분들은 다른 부분들에 의해 일방적으로 규정되지 않고 서로를 규정하기 때문에 역사적 변화를 좀더 현실성 있게 설명할 수 있다.

2. 자기비판과 이데올로기론

1965년 두권의 저작을 통해 일약 국제적인 명성을 얻게 된 알뛰세르와 그의 제자들은 계속 후속 작업을 시작하지만, 곧바로 다양한 비판과 장애물에 직면하게 된다. 우선 소련의 노선을 따르는 프랑스 공산당에서 알뛰세르의 작업을 편향된 것으로 비판하고 나섰다. 또한 주로 알뛰세르의 제자들로 이루어진 마오주의 좌파 운동가들은 알뛰세르가 보수적인 프랑스 공산당과 단절하지 못하고 그 노선을 추종한다고 반대쪽에서 비판을 가했다. 특히 이들은 알뛰세르의 작업은 이론주의적 편향에 빠져 있으며, 위로부터 대중들의 자발적인 운동을 통제하려는 의도를 담고 있다고 비판했다. 이들의 비판은 1968년 5월 혁명을 경험하면서 훨씬 더 거세진다. 더욱이 알뛰세르 자신은 두권의 책을 출간한 뒤 심각한 우울증이 발병하여 장기간 치료를 받게 된다.

이러한 곤경에 처하여 알뛰세르는 『맑스를 위하여』와 『자본을 읽자』에서 제시된 '이론적 실천의 이론'으로서 철학이라는 정의가 이론주의적 편향을 범했다는 점을 인정하면서 철학을 새롭게 정의한다. 이제 철학은 "이론 안에서의 계급투쟁"(『레닌과 철학』)으로 재정의된다. 이러한 새로운 정의는 우선 철학과 과학의 엄격한 구별을 함축한다. 알뛰세르가 이전에 철학을 '이론적 실천의 이론'으로 정의할 때, 철학은 과학과는 구별되지만, 어쨌든 여전히 하나의 이론으로 규정되었다. 하지만 철학에 대한 새로운 정의에서 철학은 더이상 독자적인 이론이 아니라 계급투쟁이라는 하나의 실천으로 정의된다. 이론 안에서의 계급투쟁으로서 철학의 실천의 핵심은 경계선을 긋는 데 있다. 철학이란 과학과 이데올로기 사이에 경계선을 긋는 활동일 뿐, 독자적인 대상을 갖는 이론이 아니다. 오직 과학만이 자신의 고유한 대상을 지니고 있다. 철학은 각각의 과학, 특히 맑스주의의 경우 역사유물론이라는 새로운 역사과학 내부에서 이데올로기적 표상들과 과학 개념들 사이에 경계선을 그음으로써 과학적 인식을 촉진하는 것을 소명으로 삼는다.

따라서 관념론과 유물론이란 서로 상이한 학설을 가진 두개의 철학 진영을 가리키는 명칭이 아니라, 이데올로기를 옹호하고 이를 통해 기존의 사회질서를 재생산하는 데 기여하는 철학(관념론)과 과학적 인식을 옹호하고 프롤레타리아의 입장에서 사회의 변혁을 위해 활동하는 철학(유물론)을 나타내는 표현이다. 그렇다면 철학사는 사실은 관념론과 유물론 사이의 투쟁의 역사를 나타낼 뿐, 그 자체로는 아무것도 아닌 역사, 하나의 독자적인 역사로 간주될 수 없는 역사에 불과하다. 그것은 관념론과 유물론 사이의 영구적인 선긋기의 반복의 역사다. 문제는 철학의 역사가 아니라, 철학 안에 존재하는 역사, 곧 철학 안에서 이루어지는 계급투쟁이다.

따라서 철학에 대한 새로운 정의는 알뛰세르의 이론작업의 중심이 계급투쟁의 문제로, 곧 사회구조의 재생산이냐 변혁이냐의 문제로 전위되었음을 말해준다. 이렇게 보면, 알뛰세르가 1970년대 내내 재생산의 문제 및 이데올로기의 문제에 전력을 기울인 것은 우연이 아니다.

알뛰세르의 이데올로기론이 집약돼 있는 「이데올로기와 이데올로기 국가장치들」(Ideologie et appareils idéologiques d'Eat, 1970)이라는 글은 원래 독립된 글도 완성된 논문도 아니었다. 이 글은 「상부구조에 관하여: 이데올로기, 국가, 법」이라는 미완성 원고(이 원고는 『재생산에 대하여』*Sur la reproduction*라는 제목의 유고로 출간되었다)에서 발췌된 두 부분으로 조합된 글이다. 첫번째 부분은 맑스주의 상부구조 이론의 난점을 재생산이라는 문제설정에 따라 개조하는 부분이고, 두번째 부분은 예속적 주체 형성의 문제를 해명하기 위해 이데올로기 개념을 개조하는 부분이다.

「이데올로기와 이데올로기 국가장치들」의 첫머리부터 알뛰세르는 재생산 문제설정의 필요성을 지적하고 있다. "맑스가 말했듯이, 만약 하나의 사회구성체가 생산을 함과 동시에 생산의 조건들을 재생산하지 않는다면, 그것은 1년도 존속할 수 없다는 사실은 어린아이조차 알고 있다. 그러므로 생산의 최종적인 조건은 생산조건들의 재생산이다." 생산조건들의 재생산이라는 문제는 생산양식을 구성하는 두 요소인 생산력의 재생산과 생산관계의 재생산의 문제로 구분되는데, 알뛰세르가 관심을 기울이는 것은 후자의 문제다. 그런데 생산관계는 생산력을 조직하는 기술적 관계와 더불어 착취관계로 구성되어 있기 때문에, 생산관계의 재생산이라는 문제를 고찰하기 위해서는 먼저 '사회란 무엇인가?'라는 문제를 거쳐 우회해야 하며, 이는 다시 토대와 상부구조라는 역사유물론의 고전적인 장소론(topique)에 대한 재검토가 필요하다.

토대와 상부구조라는 장소론이 갖는 의의는 역사의 변화 동력을 관념이나 정신적인 것 또는 정치나 법제의 변화에서 찾지 않고 사회경제적인 구조의 변화에서 찾는다는 점이다. 곧 역사에 대한 설명에서 유물론적인 관점을 도입한다는 데에 바로 토대-상부구조 장소론의 의의가 있다. 하지만 이러한 장소론의 한계는 상부구조의 반작용이나 상대적 자율성 같은 막연한 해명 이외에는 정치와 법, 이데올로기가 수행하는 역할을 제대로 설명하지 못한다는 점이다. 이러한 한계를 극복하기 위한 알뛰세르의 대안이 바로 (생산과) 재생산의 문제설정이다.

그는 우선 맑스주의 국가 개념을 새롭게 정의한다. 국가는 국가권력만이 아니라 국가장치로 이루어져 있으며, 더 나아가 국가장치는 억압적 국가장치만이 아니라 이데올로기적 국가장치로 이루어져 있다. 고전적인 맑스주의에서 국가장치는 억압적인 장치와 동일시되었지만, 이러한 개념만으로는 국가가 수행하는 계급지배의 메커니즘이 정확히 해명되지 않는다. 왜냐하면 국가는 계급지배를 재생산하기 위해 단지 강제와 폭력만이 아니라 이데올로기적인 헤게모니를 동원하기 때문이다. 억압적 국가장치와 구분되는 이데올로기적 국가장치에는 교육적인 장치와 가족장치, 종교적인 장치, 법적인 장치, 정치적인 장치, 노동조합 등이 포함된다.

억압적 국가장치는 이른바 '공적 영역'에 속해 있으며, 국가권력을 장악한 지배계급의 이익을 보존하기 위해 비교적 질서정연하게 조직되어 있다. 반면 이데올로기 국가장치는 이른바 '사적 영역'에 속하는 것들로, 뚜렷한 통일성을 유지하지 않은 채 때로는 서로 갈등과 모순을 빚을 수도 있다. 이처럼 사적 영역에 속하는 것들로 간주되는 여러 제도들을 국가장치라고 부르는 이유는 공적인 것과 사적인 것을 구분하는 자유주의-부르주아 이데올로기를 넘어서기 위해서다. 자유주의적인 관점에서 따르면 정치와 권력은 항상 공적인 영역에서만 작동하며, 사적인 영역은 개인들 사이의 관계가 문제되는 영역일 뿐 정치나 권력을 위한 자리는 존재하지 않으며, 또 그래야 마땅하다. 반면 알뛰세르가 이데올로기 국가장치라는 개념으로 보여주려고 하는 것은 부르주아의 계급지배는 단지 공적인 영역에서 억압적 국가장치를 장악하고 활용함으로써 안정되게 재생산될 수 없으며, 사적인 영역이라고 불리는 개인들의 생활공간까지 장악하고 지배해야 비로소 안정을 이룰 수 있다는 점이다. 따라서 문제는 권력과 무관하다고 생각하는 사적인 영역의 개인들의 삶 속에서 어떻게 계급지배가 관철되고 있고, 더 나아가 개인들의 정체성 자체가 어떻게 이데올로기 국가장치들에 의해 형성되는지 설명하는 일이다.

이것이 이데올로기론의 두번째 측면인데, 알뛰세르는 우선 이데올로기 개념을 새롭게 정의하는 데서 출발한다.

> '인간들'이 이데올로기 안에서 '표상/재현/상연'(se représentent)하는 것은 인간들의 현실적인 실존조건들, 그들의 현실세계가 아니며, 이데올로기에서 그들에게 표상/재현/상연되는(représenté) 것은 그들이 이 실존조건들과 맺고 있는 관계다. (「이데올로기와 이데올로기 국가장치들」)

이 정의에서 현실적인 실존조건이란 계급적 조건을 뜻한다. 자본주의를 비롯한 계급사회에서 모든 인간, 개인은 계급의 한 성원으로 존재하지 추상적인 개인이나 인간으로 존재하지는 않는다. 그런데 이데올로기 속에서 어떤 계급에 속한 사람은 어떤 계급의 성원으로 나타나지 않고(재벌·노동자·농민·지식인 등) 인간으로서, 개인으로서 나타난다. 곧 이데올로기 속에서 계급 성원으로서 x는 추상적인 개인 x로서, 계급적인 조건과 무관하게, 그러한 조건에 앞서 그 자체로 성립하는 개인으로서 상상적으로 표상/재현/상연된다. 이러한 상상적 표상/재현/상연은 가상적이기는 하지만 전혀 환상적이거나 공상적인 것은 아닌데, 왜냐하면 대부분의 자본주의 사회는 법적 체계를 통해 모든 사람을 법적 주체, 자유롭고 평등한 개인 주체로 규정하고 있으며, 제도적 차원에서 그렇게 전제하기 때문이다. 따라서 현실사회에서 각 개인은 계급이라는 현실적인 존재조건에 따라 규정됨에도 불구하고 이데올로기의 차원에서는 이러한 계급적 조건에 선행하는 추상적인 개인 x로 나타나며, 또한 이데올로기적 제도 속에서 그렇게 규정된다.

이렇게 이데올로기 속에서 개인들이 자신의 정체성을 얻는 메커니즘을 설명하기 위해 알뛰세르는 호명이라는 개념을 도입한다. "이데올로기는 개인들을 주체들로 호명한다."(idéologie interpelle les individus en sujets) 호명의 첫번째 논점은 우리가 이데올로기나 권력의 작용 이전에 이미 존재하는 것으로 가정하고 있는 개인들이 사실은 이데올로기의 산물이라는 점이다. 곧 호명 개념은 개인들 내지 주체들이 바로 그 개인들 내지 주체들로서 존재하는 양식이 사실은 계급지배의 메커니즘과 내재적으로 연루되어 있다는 점을 보여준다. 인간의 개인적인 실존 양식, 개인성 그 자체가 계급지배 및 권력에 대한 예속을 전제로 한다면, 맑스주의 이론은 생산양식에 대한 분석을 넘어서 이데올로기적 분석을 필수적인 요소로 포함할 수밖에 없게 된다. 근대성이라는 측면에서 보면 호명 개념은 근대 주체에 대한 근원적인 문제제기를 함축한다.

칸트 이래로 주체라는 범주는 근대철학의 핵심 개념으로 존재해왔다. 근대철학의 기본 범주로서 이해된 주체는 무엇보다 인식과 실천의 원리, 곧 인간의 모든 인식 및 도덕적 실천의 토대로 기능하며, 따라서 그보다 상위의 원리에 종속되지 않는 자율적인 존재자로 간주된다. 하지만 호명 개념에서 주체는 부르주아 계급의 지배질서를 재생산하기 위한 메커니즘의 파생물로서, 이데올로기의 산물로서 제시된다. 이렇게 되면 주체는 정의상 예속적인 주체인 셈이며, 근대철학의 가정과는 달리 본질적으로 '예속화'(assujettissement)의 산물인 셈이다. 근원적으로 자율적인 존재자로 간주되는 주체가 사실은 예속화의 산물이며 주체의 자율성 주장이 사실은 이러한 예속화의 메커니즘을 은폐하기 위한 이데올로기적 함의를 지니고 있다면, 근대성의 원칙 자체가 근원적인 도전에 직면하게 된다.

그렇다면 이러한 이데올로기적 예속화를 넘어서는 해방적인 주체는 어떻게 가능한가? 알뛰세르는 「이데올로기와 이데올로기 국가장치들」

이나 그 글의 모체를 이루는 『재생산에 대하여』에서 호명에는 항상 계급투쟁이 작용하고 있음을 지적하지만, 예속화와 구별되는 해방적인 주체화 작용에 대해서는 언급하지 않는다. 이 때문에 알뛰세르는 랑시에르나 영국의 맑스주의자들에서 지젝에 이르기까지 해방적 주체를 사고하지 못했다는 비판을 받아왔다.

하지만 알뛰세르가 이데올로기나 주체에 관해 전적으로 부정적인 관점에 사로잡혀 있었던 것은 아니다. 알뛰세르는 상상계에 관한 스피노자의 이론에 기반하여 이데올로기를 실정적인 것으로 파악했다. 이러한 관점에 따르면 이데올로기는 단순히 가상이나 기만 또는 왜곡으로 규정되지 않고 무엇보다 생활세계, 세계 그 자체로 나타난다.

사람들은 결코 의식의 한 형태로서가 아니라 자신들의 '세계'의 한 대상인 것처럼, 자신들의 '세계' 자체인 것처럼, 그렇게 자신들의 이데올로기를 '살아간다.' (「맑스주의와 인간주의」, 『맑스를 위하여』)

따라서 이데올로기의 실정성은, 이데올로기가 단순히 부정적인 것, 곧 지배하고 예속하고 기만하고 억압하는 것이 아니라, 존재론적으로 자립적인 영역이며 능동적인 정치적 활동의 장소이자 지주라는 점을 사고할 수 있게 해준다.

상상계에 의한 현실계의, 그리고 현실계에 의한 상상계의 과잉결정 안에서 이데올로기는 원칙적으로 능동적이며, 이는 이 상상적 관계 자체 내에서 인간들이 자신들의 실존조건들과 맺고 있는 관계를 강화하거나 변형한다. 이로부터 이 활동은 결코 순수하게 도구적일 수 없다는 점이 따라 나온다. (같은 글)

3. 우발성과 마주침의 유물론

알뛰세르가 아내를 살해하고 면소 판결을 받은 이후, 그의 적대자들뿐만 아니라 가까운 동료나 친구들까지도 모두 철학자 알뛰세르의 삶은 끝났다고 생각했다. 하지만 1990년 알뛰세르가 사망한 뒤 출간되기 시작한 알뛰세르의 유고들에는 그의 생전의 저작에서 찾아보기 어려운 새로운 사상의 요소들이 담겨 있었다. 유고들은 그 자체로도 의미가 있지만, 알뛰세르 사상 전체를 새로운 시각에서 파악할 수 있게 해준다는 점에서도 알뛰세르 사상의 온전한 일부로 평가받을 만한 것이다.

말년의 사상은 보통 알뛰세르 자신의 표현을 따라 우발성의 유물론 및 마주침의 유물론이라고 불린다. 이 새로운 유물론은 서양철학의 흐름에 대한 포괄적인 재평가에 기초하여 유물론의 핵심을 새롭게 정의하려고 시도한다. 정통 맑스주의에서는 의식에 대한 물질의 우선성을 유물론과 관념론을 구분하는 기준으로 제시하며, 알뛰세르 자신은 사회의 재생산에 봉사하는 이데올로기로 기능하는 철학이냐 아니면 프롤레타리아의 입장에 기초하여 이데올로기를 비판하고 과학적 인식의 발전을 옹호하느냐 여부를 관념론 철학과 맑스주의 철학의 차이로 제시한 바 있다. 반면 유고에서는 세계에 확고한 기초나 근거가 존재한다고 보는 입장과, 세계는 원자들의 우발적인 마주침을 통해 형성된다고 보는 우발성의 유물론 사이에 경계선이 그어진다. 이 새로운 구분에 따르면, 단지 플라톤이나 데까르뜨 또는 헤겔만이 아니라 맑스와 엥겔스의 사상 일부까지 포함하여 세계에 대하여 확고한 근거를 긍정하는 철학은 모두 관념론적인 철학에 포함된다. 반면 데모크리토스와 에피쿠로스 같은 고대 원자론에서 발원한 우발성의 유물론에는 마끼아벨리와 홉스(Thomas Hobbes), 스피노자만이 아니라, 하이데거, 비트겐슈타인

(Ludwig Wittgenstein), 들뢰즈, 데리다 같은 철학자들이 포함된다.

이러한 관점은 알뛰세르 생전의 철학과 확연한 대조를 이루는 것처럼 보이지만, 사실 몇가지 측면에서 연속성을 지니고 있다. 우선 우발성의 유물론은 1980년대의 유고들에서 비로소 자신의 명칭을 얻고 있지만, 이미 1960년대의 과잉결정이나 1970년대의 과소결정 개념에서도 표현된 바 있다. 또한 우발성의 유물론의 관점에 따라 마끼아벨리의 사상을 재고찰하는『마끼아벨리와 우리』는 1972년에 작성된 저작이다. 따라서 우발성의 유물론은 알뛰세르의 사상이 단순히 구조적인 맑스주의일 뿐만 아니라 또한 상황과 정세의 중요성을 강조하는 정세의 맑스주의의 성격을 띠고 있음을 알려준다.

우발성의 유물론에서 그가 고심했던 문제는, 어떤 체계 속에 존재하지만 그 체계로 환원되지 않는 요소, 그 체계의 재생산과정 속에 포함되어 있고 또 그러한 재생산을 통해서만 실존할 수 있지만, 그러나 동시에 그 재생산에 대해 이질적으로 남아 있는 요소, 따라서 그 체계의 바깥에 있는 요소를 어떻게 사고할 것인가라는 문제였다. 좀더 분명히 말한다면 이것은, 프롤레타리아 또는 프롤레타리아로 실존하는 대중(masses)은 자본주의 생산양식의 구성적인 요소로서 그 체계의 재생산 과정 속에서 실존할 수밖에 없지만, 동시에 그 체계의 재생산과정 속으로 환원될 수는 없으며, 환원되어서도 안 된다는 알뛰세르의 지속적인 이론적 입장의 표현이다.

| 진태원 |

과잉결정(surdétermination), 과소결정(sousdétermination)

프로이트에게서 용어를 빌려 알뛰세르가 이론화한 과잉결정 개념은 왜 유럽에서 가장 낙후된 나라인 러시아에서만 혁명이 가능했는가라는 질문에 답변하기 위해 고안된 것이다. 곧 자본주의 사회의 변혁을 사고하기 위해서는 생산력과 생산관계 사이의 모순, 또는 자본과 임노동 사이의 모순을 분석하는 것만으로는 부족하며, 그 모순이 다양한 요인들(이데올로기, 법, 봉건적인 잔재, 제국주의와 식민지 갈등 등)에 의해 과잉규정되는 방식을 검토해야 한다. 러시아는 여러가지 모순이 복합적으로 응축되어 있었기 때문에 지배계급의 힘이 약화되었고 이로 인해 혁명이 가능할 수 있었다. 반대로 과소결정은 변혁을 위한 객관적 조건들이 존재함에도 혁명이나 이행을 불가능하게 만드는 조건들에 의해 모순이 규정되어 있는 것을 가리킨다. 알뛰세르 자신의 표현을 따르면 이는 "그것을 넘어서지 못하면 혁명이 유산되고 혁명적 운동이 지체되거나 사라지며, 제국주의가 부패 속에서 발전하게 되는, 결정의 문턱"을 뜻한다.

인식론적 절단(coupure epistémologique)

알뛰세르는 바슐라르와 스피노자 철학에서 영감을 얻어 맑스 초기 사상과 후기 사상 사이에는 단절이 존재한다고 주장한다. '자르다'라는 프랑스어 단어 'couper'의 명사형인 'coupure', 곧 '절단'이라는 말이 표현하듯이, 이러한 단절은 매우 급격하고 확연한 것이다. 맑스의 초기 사상이 헤겔 및 포이어바흐의 이데올로기 세계 속에 존재하고 있었다면, 『독일 이데올로기』 이후로 맑스는 그와 전혀 무관한 자신의 독자적인 이론적 문제설정을 발견했다. 하지만 이는 이러한 절단이 완전하다는 것을 뜻하지 않으며, 후기 맑스 사상이 동질적인 완성체라는 것을 의미하지도 않는다. 오히려 절단 이후에도 맑스 사상에는 여전히 이데올로기적 요소들이 잔존해 있으며, 따라서 지속적인 개조 작업만이 그러한 절단의 효력을 지속시킬 수 있다.

장소론(topique)

'토픽'이라고 번역되기도 하는 장소론은, 어떤 개념을 설명하기 위해 사용되는 공간적 비유법을 가리킨다. 가령 데까르뜨가 철학을 설명하기 위해 나무라는 비유를 사용하는 것이 한 사례다. 데까르뜨는 형이상학은 나무의 뿌리에 해당하고 자연학은 줄기에 해당하고, 기계론·의학·도덕은 각각 줄기의 가지에 해당한다는 비유를 제시한다. 또한 맑스가 사회의 구조를 건물의 토대와 상부구조라는 비유로 설명한 것이나, 프로이트가 무의식·전의식·의식으로 이루어진 인간의 정신구조를 설명하기 위해『꿈의 해석』에서 제시한 공간적 비유도 장소론의 일종이다.

후기
구조
주의

제4부

들어가며

    공자가 살았던 춘추전국시대는 정치적 혼란기인 반면 온갖 사상이 만발한 백가쟁명(百家爭鳴)의 시대였다. 서양 인문학의 역사에도 그와 유사한 경이의 무대가 있었다. 기원전 4세기경의 아테네, 18세기 말에서 19세기 초에 이르는 예나, 20세기 후반의 빠리가 그랬다. 극히 짧은 시간과 제한된 장소에서 거대한 용암폭발처럼 관념들이 분출하여 이후의 사상사적 지형을 결정한 세번의 시기. 다른 시기에 태어났다면 평범한 지식인으로 그쳤을 인물도 이 시기를 살았던 덕분에 열광적인 독자를 끌어낸 저자로 거듭날 수 있었다.

    이러한 위대한 시기는 상호 자극·변형하는 세가지 구심점에 의해 구조화되는 공통점을 지닌다. 바로 시, 정치, 그리고 철학이다. 정치적 격변과 시적 상상력, 그리고 이론적 사변이 서로 영향을 주고받으면서 도시 전체가 혁명적인 관념을 생산하는 기계로 탈바꿈했다. 가령 고대 그리스 철학은 페르시아 제국과 벌인 백척간두의 해전(海戰)을 배경으로 탄생했다. 독일 낭만주의와 관념론은 프랑스 혁명의 후폭풍 속에서, 구조주의 이후의 프랑스 사상사는 68혁명의 여진 속에서 정신적 혁명의 기계로 변신한 도시의 산물이다. 이 혁명기계 속에 배치된 저자들은 밤을 지새며 과거를 다시 발견해야 했고 미래를 불러들일 언어를 찾아야 했다. 그리고 시대를 배반해야 하는 만큼 자기 자신과 먼저 작별해야 했다.

이 책 제4부에서 다루는 푸꼬, 데리다, 들뢰즈, 리오따르는 68혁명과 맞물린 경이의 시대를 대표하는 철학자들이다. 1980년대에서 1990년대에 이르기까지 전세계에 광풍처럼 몰아친 이른바 포스트모더니즘 운동은 1970년대부터 영어로 번역된 68혁명 시기 빠리의 저자들로부터 자양분을 길어올리고 있다. 그러나 리오따르나 보드리야르 같은 이들을 제외하면, 포스트모더니즘의 대부로 불리는 대부분의 저자들은 새로운 사조의 명칭과 거리를 두고자 했다. 이들에게는 근대성을 극복하는 문제보다 서양사상사 전체를 갱신하는 문제가 더 중요했고, 문화비평이나 예술비평에 응용되는 수준에 머물지 않고 고전적인 철학의 문제에 최후의 깊이를 부여하는 것이 더 절박했기 때문이다.

영미권에서는 포스트모더니즘 대신 포스트구조주의라는 용어가 사용되기도 한다. 68혁명 시기를 통과하는 철학자들은 직전의 세대를 사로잡았던 구조주의를 창조적으로 계승하거나 전복하려는 다양한 시도를 보여주고 있기 때문이다. 구조주의를 계승하는 경우 포스트구조주의는 후기구조주의로 옮길 수 있고, 전복의 시도를 강조하자면 탈구조주의가 합당한 번역어일 것이다. 어쨌든 1960년대 이후의 프랑스 철학이 동반한 내용적 풍요성은 전적으로 구조주의와 대결하는 가운데 철학의 새로운 길을 연 데서 온다. 고대 그리스 철학이 그토록 정교한 언어를 구사할 수 있었던 배후에는 찬란한 비극적 서사의 전통이 있었다.

독일 관념론이 구축한 거대 규모의 체계는 낭만주의와의 경쟁을 빼놓고는 설명할 수 없다. 마찬가지로 구조주의 이후의 철학은 구조주의와 씨름하면서 철학적 담론의 수준을 한 단계 높이는 데까지 나아갔다.

구조주의와 씨름한다는 것은 생각보다 많은 것을 의미한다. 그것은 무엇보다 먼저 철학의 관심을 구조주의에 의해 활력을 얻은 인문·사회·자연과학 및 예술의 영역으로 확장한다는 것을 말한다. 이것은 거꾸로 주변 학문에 의해 창출된 새로운 개념적 도구와 분류의 도식을 철학의 영역으로 도입한다는 것과 같다. 구조주의를 통과하는 철학은 과거에는 상상하기 어려웠던 내용상의 증폭을 경험했다. 그러나 구조주의가 철학을 자극한 것은 내용면에서라기보다는 형식면에서 더욱 컸을 것이다. 구조주의 시대에 태어난 이론적 담론들(가령 언어학적·인류학적·정신분석학적 담론 등)은 실증적인 연구에 기초하면서도 대단히 높은 수준의 사변을 펼쳐냈다. 인간·사회·역사·언어·실재·인식 등에 대한 구조주의적 담론 앞에서 기존의 철학적 담론은 해가 뜨자마자 사라지는 안개처럼 보였다. 철학보다 더 철학적인 담론을 구축하기에 이른 구조주의의 등장으로 철학은 갑자기 역할을 잃은 듯한 위기를 맞이한 것이다.

그러나 영웅은 난세에 나고, 땅은 비가 온 뒤에 더욱 단단해진다. 푸꼬, 데리다, 들뢰즈, 리오따르 같은 철학자들은 철학의 위기를 몰고 온 구조주의적 담론 앞에서 다시 철학의 존엄을 증명한 영웅들이다. 이들은 서양사상사의 첨예한 유산들을 불러모으는 가운데 구조주의적 담론을 정면으로 돌파하여 철학의 진화가 새롭게 시작될 문턱을 넘어서기에 이르렀다. 이런 과정에서 놓치지 말아야 할 것은 19세기 유럽 철학에 대한 창조적 계승 작업이다. 전후(戰後) 프랑스 실존주의 운동의 배후에 헤겔, 후설, 하이데거(이른바 3H)가 있었다면, 구조주의를 통과하는 철학적 담론의 배후에는 니체, 프로이트, 맑스가 있다. 20세기 후반기의 프랑스인들은 독일인들보다 훨씬 더 철저하게 독일 사상사의 유산을 전유하는 데 매달렸고, 이를 바탕으로 구조주의를 품어낼 만큼 정교하면서도 널찍한 철학적 담론의 장을 열어놓았다. 구조주의 시대를 통과하면서 형성된 프랑스 철학의 산맥은 기원전 4세기의 그리스 철학이나 19세기 독일 관념론에 견주어도 손색이 없는 규모를 이루었으며, 미래 사상사의 지형에 중요한 고원으로 자리매김할 것이다.

미셸
푸꼬

Michel Foucault 1926~1984

13장 /

우리 자신의
역사적·비판적 존재론

미셸 푸꼬는 1926년 프랑스 중부의 소도시 뿌아띠에에서 태어났다. 푸꼬의 아버지와 할아버지 그리고 외할아버지는 모두 지역의 저명한 외과의사·해부학자였다. 어린 시절의 푸꼬는 동시대 프랑스의 일반적인 가톨릭 교육을 받았으며, 1946년 프랑스의 수재들이 모이는 빠리의 고등사범학교에 입학한다. 그리하여 1948년에는 철학, 1949년에는 심리학 학사학위 및 헤겔에 관한 석사학위를 취득한다. 한편 푸꼬는 고등사범학교에서 자신의 첫번째 지적 스승이라 할 루이 알뛰세르를 만나 1950년 공산당에 입당하나, 1953년 탈당한다. 푸꼬의 탈당은 당시 정통적 스딸린주의에 대한 반발 및 동성애자라는 자신의 성적 정체성과 관련이 있는 것으로 보인다. 아마도 이런 문제를 비롯해 권위적인 아버지와의 불화와 관련하여 그는 고등사범학교 시절 두번의 자살 시도를 한다. 이후 그는 1951년부터 고등사범학교에서 철학을 가르치고, 1952년부터는 릴(Lille) 대학에서 심리학과 철학을 가르친다. 빠리의 심리학연구소에서 1952년 정신병리학 자격증을, 1953년 실험심리학 자격증을 취득한다.

1980년대 초 자신이 에이즈에 걸렸고 곧 사망할 것임을 알게 된 푸꼬는 '지적 유언장'이라 할 「계몽이란 무엇인가?」(Qu'est-ce que les Lumières?, 1984)를 비롯한 여러 논문 및 대담 등을 통해 일생에 걸친 작업을 정리하고자 한다. 푸꼬는 자신의 작업을 내용과 방법론의 측면에서 1960년대의 '지식의 고고학', 1970년대 중반까지의 '권력의 계보학', 1970년대 중후반 이후 1984년까지의 '윤리의 계보학'이라는 세 시기로 대별한다. 이 글에서는 푸꼬 자신의 이러한 구분을 따라 푸꼬 사유의 궤적을 따라가볼 것이다.

1. 여명의 시기(1954~1961)

공산당에서 탈당한 다음 해인 1954년 출간한 현상학적·맑스주의적 저작『정신병과 인격』부터『광기의 역사』가 발표된 1961년에 이르는 이 시기를 푸꼬는 아직 자신만의 방법론적·사상적 정체성을 확립하지 못한 '혼돈'의 시기, 혹은 이후 독자적인 문제의식으로 발전할 다양한 문제들이 혼재되어 나타나는 '여명'의 시기로 규정한다.

『정신병과 인격』(1954)

1954년 푸꼬는 여전히 당시 주된 사조였던 현상학과 실존주의, 그리고 특히 맑스주의의 영향이 짙게 드리워진 첫번째 저작『정신병과 인격』(Maladie mentale et personnalité)을 발표한다. 결론 부분에서 푸꼬는 "완전한 인간학으로서의 참다운 심리학은 인간을 소외에서 벗어나게 하는

(désaliéner) 것을 그 목적으로 삼아야 한다"고 말한다. 이 책은 여전히 역사와 무관한 '인간 자체'의 '본질'로서 이해되는 '인격'의 '소외'와 '해방'을 말하고 있다. 한편 프랑스 주류 '쁘띠부르주아 사회'에 불편함을 느끼던 푸꼬는 1954년부터 1961년경까지 스웨덴 웁살라, 폴란드 바르샤바 및 당시 서독의 함부르크 등지의 프랑스 대사관 문화참사관, 프랑스 문화원장 등의 직책을 맡으며 외국에 장기간 체류하게 된다.

『고전주의 시대의 광기의 역사』(1961)

1960년 프랑스 끌레르몽페랑(Clermont-Ferrand) 대학의 교수로 임용된 푸꼬는 빠리로 돌아와 1961년 쏘르본 대학에서 주논문으로 『광기와 비이성: 고전주의 시대의 광기의 역사』(Folie et déraison: Histoire de la folie à l'âge classique)를, 부논문으로 칸트의 『실용적 관점에서 본 인간학』 (Anthropologie in pragmatischer Hinsicht, 1798)에 대한 번역·주석 및 연구논문 『칸트 인간학의 생성과 구조』(Genèse et structure de l'anthropologie de Kant)를 제출하여 국가박사학위를 받고, 같은 해 주논문을 동명의 제목으로 출간한다. 푸꼬의 첫번째 주요 저작이라 할 『광기의 역사』는 1961년 첫 출간 당시에는 몇몇 주요한 전문가들에게서 말고는 거의 반향을 얻지 못한다. 푸꼬는 이후 1972년 초판의 서문을 뺀 새로운 판을 내면서 책의 제목을 『고전주의 시대의 광기의 역사』(Histoire de la folie à l'âge classique, 이하 『광기의 역사』)로 확정한다.

『광기의 역사』 초판 도입부에는 도스또옙스끼의 『작가일기』에서 따온 하나의 인용이 등장한다. "우리가 스스로의 건강함을 확신하는 것은 우리의 이웃을 감금함으로써가 아니다." 푸꼬는 17세기 중반 프랑스에서 포고된 조례에 의해 빠리 시민의 1퍼센트가 감금되었던 '대감금' 이래의 다양한 역사적 현상들을 언급하면서, 실제 역사적 전개는 도스또

엡스끼의 말과는 정반대의 현상이 사실이었음을 증명해준다고 말한다. 대감금은 범죄자·매춘부·광인·무신론자·마녀 등 오늘날의 상식으로는 도저히 같은 장소에 동시에 감금할 수 없는 다양한 사람들을 '로삐딸 제네랄'(l'hôpital général)이라는 수용기관에 감금한 사건이다. 이것이 나타내는 이른바 광기의 '행정적 대상화' 과정은 오늘날 우리가 '당연시'하는 광기의 인식이 '어떻게 역사적으로 구성되었는가'를 알려주는 시금석이 된다. 로삐딸 제네랄에 감금된 사람들의 공통점은 당시 프랑스 사회에 의해 '비정상'(anormal)으로 규정된 사람들이며, 푸꼬는 바로 이러한 비정상에 대한 규정이 동시적 혹은 사후적으로 '정상'(normal)의 관념을 규정한다고 말한다.

이렇게 비정상/정상을 나누는 실천은 이후 푸꼬가 말하는 '근대'(moderne) 곧 '18세기 말, 19세기 초'에 이르러 '광기에 대한 도덕적 단죄' 및 '광기의 정신의학화'로 이어진다. 18세기 말 삐넬(Philippe Pinel)과 튜크(William Tuke) 등에 의해 정신병원에서 광인들을 쇠사슬로부터 해방시킨 이른바 '계몽주의적·인도주의적인 광인의 해방'은 이제 푸꼬에 의해 '도덕적 책임 곧 윤리적 관점에서 행해지는 죄의식의 내면화 과정'으로 이해된다. 대감금 이후 광기는 이전 르네상스 시기에 누리던 '신적 축복'이라는 지위를 박탈당하고, 사회에 불필요한 존재, 문제가 있는 존재, 위험한 존재로 이해되면서, 점차 도덕적·윤리적 죄의식의 영역 안으로 편입되었다. 결국 광기는 18~19세기의 전환기, 곧 '근대' 시기에 이르러 '도덕적 죄책감을 필연적으로 수반하는 하나의 의학적 현상'으로 규정되었다. 푸꼬에 따르면, 이 모든 역사적 현상의 배후에 존재하는 것은 '정상/비정상'의 구분이 낳는 효과(effet)라는 정치적 관심이다.

19세기의 정신병리학은 (그리고 어쩌면 우리 시대의 정신병리학까지도) '자연인' 혹은 모든 질병 경험 이전의 정상인을 기준으로 하여 설정되고 평가된다. 사실 이러한 정상인이라는 개념은 창안물이고, 정상인을 위치시켜야 하는 곳은 자연의 공간이 아닌 '사회인'을 사법적 주체와 동일시하는 체계이며, 따라서 광인이 광인으로 인정되는 것은——광인이 질병으로 인해 정상 상태의 주변부로 옮겨졌기 때문이 아니라——광인이 우리(서구) 문화에 의해 수용의 사회적 명령과 권리주체의 능력을 판별하는 법률적 인식 사이의 접점에 놓여 있기 때문이다. 정신병에 관한 '실증' 과학, 그리고 광인을 인간의 반열에 올려놓은 인도주의적 진단은 일단 이러한 종합이 이뤄지고 나서야 가능했다. 이 종합은 이를테면 과학적이라고 자처하는 우리의 정신병리학 전체의 '구체적 아 프리오리(a priori)'를 구성한다.

나아가 푸꼬는 "인간이 광인일 가능성과 인간이 대상일 가능성은 18세기 말에 서로 합쳐졌고, 그러한 합류는 실증적 정신의학의 전제와 동시에 객관적 인간학의 주제를 낳았다(이 경우에 시기상의 우연한 일치는 없다)"고 주장한다. 이러한 인식은 푸꼬가 『광기의 역사』의 말미에서 라틴어로 적어 내려간 다음과 같은 명제 아래 명료한 형태로 정식화된다. "심리학적 인간은 정신이 사로잡힌 인간의 후손이다."(L'*homo psychologicus* est un descendant de l'*homo mente captus*)

한편 자신이 준거로 삼고 있던 이전의 비역사적·실존주의적 인간학 및 빠블로프의 조건반사 이론을 완전히 벗어던진 푸꼬는, 1954년 발간한 첫 저작 『정신병과 인격』을 전면 수정한 개정판 『정신병과 심리학』(*Maladie mentale et psychologie*)을 1962년에 새로이 출간한다. 특히 책의 제2부 '질병의 조건'은 완전히 새롭게 써 '광기와 문화'라는 새로운 제목을 다는데, 이 제2부는『광기의 역사』에 대한 가장 완벽한 요약이자 소개로 여겨진다.

2. 지식의 고고학(1963~1969)

가시적인 것(le visible)과 언표 가능한 것(l'énonçable)의 상관적 역사를 구성하려 했던 1963년『임상의학의 탄생』과『레몽 루셀』로부터 1966년의『말과 사물: 인간과학의 고고학』, 1969년의『지식의 고고학』에 이르는 이 시기는 '에피스테메'(épistémè)에 대한 탐구를 중심으로 이루어진다. 푸꼬에 따르면, 에피스테메란 하나의 주어진 시대와 사회(16세기 이래의 유럽) 안에서 지식이 그것을 따라 구성되는 일련의 규칙들이 이루는 인식론적 장으로 정의된다. 결국 에피스테메는 주어진 사회에 대한 (통시적 접근법을 배제하는) 공시적 접근법 곧 '구조주의적' 함축을 필연적으로 수반할 수밖에 없다. 지식의 고고학은 한마디로 '우리는 어떻게 지식의 주체로서 스스로를 구성하는가?'에 관련된 문제화의 역사를 탐구하는 작업이다.

『임상의학의 탄생』『레몽 루셀』(1963)

1963년 푸꼬는 스스로『광기의 역사』의 속편으로 간주했던『임상의학의 탄생: 의학적 시선의 고고학』(Naissance de la clinique: Une archéologie du regard médical)을 출간한다.『임상의학의 탄생』은 '언표가능성'(énonçabilité) 및 '가시성'(visibilité)이라는 '서로 환원 불가능하나 동시적·상관적인' 두 축을 따라 18세기 말 19세기 초 나타난 '근대' 해부임상의학 '탄생 조건'을 다룬다. 이를 위해 푸꼬가 탐색하는 것은 어떤 구체적이고 세부적인 지식(savoir)이나 인식(connaissance)이 아니라, 이러한 지식과 인식 자체의 형성 및 변형을 가능케 한 새로운 틀(cadrillage) 곧 지식의 새로운 '배치'(configuration)다. "변화한 것은 상호적 위치들을 결정짓는 지식의 한층 일반적인 배치, 인식하는 존재와 인식대상이 되는 존재 사이의 상호적인 놀이다. (…) 그것은 축적·심화·교정·세련된 제반 인식의 수준이 아니라, 지식 자체의 수준에 나타난 새로운 틀이다." 근대 임상의학은 이렇게 지식을 구성하는 조건으로서의 가시성과 언표가능성, 자연과 언어, 곧 말과 사물 사이의 관계, 혹은 사물의 질서, 곧 사물을 구성하는 언어의 질서 자체가 변화하면서 생겨난 하나의 가시적 결과 혹은 효과로 간주된다.

한편 푸꼬는 같은 해에 프랑스 소설가 레몽 루셀(Raymond Roussel, 1877~1933)에 대한 비평서 『레몽 루셀』을 출간한다. 이 책에는 다음과 같은 말이 나온다. "미궁이 미노타우로스를 만든 것이지, 그 반대가 아니다." 우리가 이 말에 나타나는 미노타우로스를 '주체'로, 미궁을 인식의 장(場) 혹은 '담론' 체계로 본다면, 푸꼬는 이로써 주체가 담론을 만든 것이 아니라, 역으로 주체가 담론 혹은 인식론적 장의 효과로서 발생한 것임을 말하고 있다. 이제 주체는 이전과 같은 독자적 실체가 아니라, 이러한 장이 발생시키는 하나의 효과, 곧 '주체-효과'(effet-sujet), '주체-기능'(fonction-sujet)으로 간주된다.

결국 푸꼬가 출간 시기마저 같은 일자로 조정하고자 했던 이 두 권의 쌍둥이 저작, 『임상의학의 탄생』과 『레몽 루셀』을 통해 말하고자 한 바는 이른바 물질의 영역에 속하는 자연과학 및 정신의 영역에 속하는 문학을 아우르는 인식의 공통적 틀, 이후 『말과 사물』에서 '에피스테메'라는 명칭을 부여받게 될 무엇, 그러니까 한 시대의 공시적인 공통분모로서의 '인식론적 장'이 갖는 중요성이다. 이는 또한 푸꼬가 스스로 자신만의 방법론적 스타일을 확립하지 못한 것으로 생각했던『광기의 역사』를 넘어서서 이후 '지식의 고고학'이라 지칭하게 될 새로운 시기로 진입하고 있음을 알려주는 징표로 해석될 수 있다.

『말과 사물: 인간과학의 고고학』(1966)

1966년 푸꼬는 프랑스 지성계에 엄청난 쎈세이션을 불러일으키며 쏘르본 주변에서 아침 빵처럼 팔렸다는『말과 사물: 인간과학의 고고학』(*Les mots et les choses: Une archéologie des sciences humaines*)을 출간한다. 푸꼬가 대중적으로 그리고 세계적으로 알려지기 시작하는 것은 이 책의 출간 이후다. 한편 이 시기는 푸꼬가 당대 프랑스의 중요한 문학잡지이자 지성의 산실이었던『크리띠끄』(*Critique*) 및『뗄 껠』(*Tel Quel*)의 편집위원으로 활동했던 시기로, 1960년대 중후반 푸꼬의 사유는 광의의 '인간과학'(sciences humaines) 및 '문학'에 대한 (비판적) 관심으로 특징지어진다.

『말과 사물』은 '달력도 지도도 없는 것에 대해서는 말하지 않는다'는 푸꼬 자신의 말대로, 르네상스 곧 16세기부터 이 책이 저술된 1966년까지 유럽의 '에피스테메'를 탐구한 책이다. 에피스테메, 또는 인식론적 장이란 '주어진 한 문화 혹은 사회의 모든 지식 일반에 대한 가능조건 또는 인식소(認識素)'를 의미하는 것으로, 이는 '인식 가능조건'이라는 광의의 칸트적 의미로 이해되어야 할 용어이다. 푸꼬에 따르면, 모든 시대는 '단 하나의' 에피스테메만을 가질 뿐이다. 푸꼬는 유럽은 16세기 이래 단 두차례의 인식론적 단절을 경험했을 뿐이라고 주장한다. 두번의 단절은 세개의 구분되는 시기를 낳는데, 푸꼬가 제시하는 각각의 시기와 에피스테메는 다음과 같다. 16세기에 시작되어 17세기 중반에 끝나는 르네상스(renaissance)의 에피스테메는 '유사성'(ressemblance)이며, 17세기 중반에 시작되어 18세기 중후반에 소멸되는 고전주의(classique)

시대의 에피스테메는 '재현작용'(représentation), 18세기 말 19세기 초에 시작되어 1966년 당시까지 지속되고 있는 것으로 가정되는 근대(moderne)의 에피스테메는 '역사'(histoire) 혹은 '인간'(homme)이다.

이러한 각 시대와 그에 상응하는 에피스테메의 분석을 위해 푸꼬가 선택한 세 영역은 언어·생명·노동이다. 17세기 중반 르네상스를 마감하고 고전주의를 연 것으로 적시된 세 인물은 언어의 랑슬로(Claude Lancelot, 1615~1695), 생명의 레이(John Ray, 1627~1705), 그리고 노동의 페티(Sir William Petty, 1623~1687)이다. 마찬가지로 18세기 말 19세기 초, 고전주의와 단절하고 근대를 연 것으로 제시되는 세 인물은 언어의 보프(Franz Bopp, 1791~1867), 생명의 뀌비에(Georges Cuvier, 1769~1832), 노동의 리카도(David Ricardo, 1772~1823)이다. 이러한 구분에 따르면, 오늘날 곧 '현대'(contemporain) 곧 동시대는 여전히 근대의 파장 안에 존재하고 있다. 국내에서는 푸꼬를 종종 미국식 연구 경향을 따라 '포스트모더니스트'로 부르는 경우가 있는데, 푸꼬는 '포스트모던'이란 용어를 자신의 저술에서 단 한차례도 사용하지 않았을 뿐 아니라, 근본적으로 '현대' 역시 여전히 '근대'의 자장 안에 속해 있다고 보는 푸꼬에게 이른바 '포스트모던의 문제의식'은 일종의 '사이비 문제'로 인식된다는 점에서 부적절한 명칭이라 할 수 있다.

한편 『말과 사물』의 주장이 갖는 다양한 함축들 중 하나는 우리가 일반적으로 이상의 세 영역에서 '근대 혹은 현대를 열어젖힌' 인물로 생각하는 언어의 쏘쉬르(1857~1913), 생명의 다윈(1809~1882), 노동의 맑스(1813~1883)와 같은 이들이 '근본적 단절'이 아니라 일종의 '찻잔 속의 태풍'만을 일으킨 인물들로 간주된다는 점이다. 이러한 푸꼬의 시대구분은 충분히 예상할 수 있듯이 특히 맑스주의 진영의 격렬한 반발을 불러일으켰다. 푸꼬가 이러한 논쟁적인 시기구분을 통해 말하고자 하는 바는 『광기의 역사』로부터 이어져온 자신의 근본적 주장, 곧 말과 사물의 관계가 고정불변하는 비역사적 '자연적·절대적' 실체가 아니라 주어진 사회에서 개별적 인식의 내용을 가능케 하는 '인식 가능조건 일반의 변화'에 의해 매 시대 새롭게 구성되며, 하나의 지식은 한 시대의 인식론적 배치에 의해 가능하게 되고 또 그 의미가 확정된다는 주장이다. 가령 푸꼬는 "근대는 물론 그 이전 시기의 생물학의 역사를 쓰고자 하는 사람은 그것이 불가능함을 깨닫게 되는데, 그 이유는 그가 오늘날 당연시하는 생물학 및 생명의 개념 자체가 근대 시기에 구성된 것이며, 따라서 그 이전 시기에는 처음부터 그러한 것이 존재하지도 않았음을 발견하게 되기 때문"이라고 말한다. 곧 '근대생물학'이라는 표현은 단순한 동어반복(tautologie)이다. 근대 이전에는 오늘날 우리가 사용하는 바와 같은 의미의 '생물학'(biologie) 또는 '생명'(vie)의 개념이 결코 존재한 적이 없으며, 고전주의 시대에 존재한 것은 오직 '박물학'(histoire naturelle)이었기 때문이다. 마찬가지 이유로 '고전주의적 박물학'이라는 말 역시 동어반복일 수밖에 없다.

한편 이러한 주장은 일면 쏘쉬르와 레비스트로스 등의 '구조주의적' 사유에 의해 강력히 영향받은 것으로 보이는데, 정작 푸꼬 자신은 『말과 사물』에 등장하는 '구조'라는 단어의 '언급'(mention)과 '사용'(emploi)을 구분하면서, 자신은 오직 구조라는 용어를 '언급' 곧 단순히 '인용'했을 뿐 '사용'한 것은 아니며, 따라서 자신은 결코 구조주의자가 아님을 강변한다. 이러한 주장의 적실성을 따지기 위해 『말과 사물』 시기 푸꼬의 사유와 이른바 '구조주의적' 사유 사이의 차이점과 공통점을 간략히 살펴보기로 한다. 우선 차이점은 푸꼬의 에피스테메가 구조주의에서 일반적으로 가정되는 '이항대립'의 구도를 넘어 '다양한 요소들의 전체적 배치' 곧 '인식론적 장(場)'의 개념 위에 기반하고 있음을 지적할 수 있다. 또 에피스테메가 엄격한 칸트주의적 의미의 '선험적 아 프리오리'와는 구별되는, 각 시대의 '후험적 곧 역사적 아 프리오리'(a priori historique)로 이해되는 인식 가능조건을 언급하고 있다는 사실을 들 수 있다. 한편 공통점은 다음과 같다. 푸꼬는 각각의 시대 '들'을 가로지르는 메타적 기준은 부재하지만, 각각의 시대 '내부'에는 다양한 현상들을 가로지르는 일정한 준거점이 존재한다고 본다. 또한 각 시대의 모든 인식이 결국 오직 단 하나의 에피스테메를 중심으로 구성된다는 가정에서 잘 드러나는 것처럼, 푸꼬는 모든 인식의 밑바닥에는 불변의 무의식적 상수(常數, constant)가 존재한다고 본다. 결론적으로 자신은 구조주의자가 아니라는 푸꼬 자신의 주장과는 별개로, 적어도 『말과 사물』에 나타난 푸꼬의 주장은, 비록 그것이 전통적 혹은 정통적 의미의 구조주의와는 일정한 차별성을 보인다 하더라도, 크게 보아 '구조주의적 함축'을 갖는다고 말할 수 있을 것이다.

한편 푸꼬에 따르면, 언어·생명·노동의 개별 영역에서 근대를 성립시킨 인물들은 보프·뀌비에·리카도이지만, 궁극적으로 근대적 사유를 가능케 한 것은 칸트(1724~1804)다. 푸꼬는 칸트의 '유한성의 분석론'(analytique de la finitude)을 근대적 사유의 초석으로 제시하면서, 유한성의 분석론이야말로 고전주의 시대가 보여준 무한(infini)의 사유를 파괴하고 스스로를 역사적으로 한정된(fini) 주체로 보는 '인간'(homme) 및 '인간학'(Anthropologie) 개념의 탄생 조건이라고 말한다. 이렇게 스스로를 동시에 인식의 주체/대상으로 설정하는 '초월적-경험적 이중체'(doublet empirico-transcendantal)로서의 근대적 인간(homme moderne)의 모토가 '휴머니즘'(humanisme)이다.

하지만 이러한 복잡한 논의과정을 거쳐 푸꼬가 궁극적으로 말하고자 하는 바는 근대에 성립된 에피스테메 곧 '인간'이 자신의 수명을 다했으며, 20세기 중반 프랑스, 나아가 유럽은 이른바 '반(反)인간주의'(anti-humanisme)에 기초한 새로운 에피스테메를 정립해야 한다는 것이다. 물론 이때의 반인간주의는 '인간에 반대한다'는 의미가 아니라 역사적으로 구성된 고유명사로서의 근대적 인간 개념 및 그에 기초한 모든 개념적·사회적 체제를 파기하자는 의미다. 이러한 주장은 이후 1971년 네덜란드의 한 텔레비전 방송국이 마련한 '인간본성'에 관한 푸꼬-촘스키 사이의 논쟁에서 잘 드러난다. 푸꼬의 주장은 이러한 근대적 '인간학'에 기초하여 성립된 모든 개념·제도 자체가 타도의 대상이 되어야 한다는 것으로, 이러한 논리에 따르면 기존의 '휴머니즘' 및 그에 기초한 진리·자유·정의·사회·개인·정치적 좌/우·역사 등의 개념, 곧 자유주의는 물론 맑스주의의 모든 개념 역시 예외로 설정되지 않는다.

『지식의 고고학』(1969)

푸꼬는 1966년부터 튀니지에 거주하며 튀니스(Tunis) 대학에서 강의하면서 이 시기 튀니지 학생들의 목숨을 건 민주화운동에 깊은 인상을 받은 것으로 보인다. 이러한 과정에서 푸꼬는 『말과 사물』에 대한 맑스주의 진영의 비판에 대응할 실천적 방법론을 고심하게 된다. 핵심 논점은 『말과 사물』이 이미 일어난 변화의 양상과 내적 체계만을 추적할 뿐, 변화의 이유도, 변화를 추동할 동력도, 주체도 명시적으로 밝혀주지 못한다는 사실에 놓여 있었다. 푸꼬는 1967년 이후 『말과 사물』의 문제점을 보완하는 동시에 그 방법론을 정교화하려는 의도에서 『지식의 고고학』을 저술하나, 정작 출간은 프랑스 68혁명 이후인 1969년에 이루어진다. 68혁명은 개인의 '정체성' 문제가 중요한 '정치적' 문제임이 드러난 시기로 일컬어진다. 한편 푸꼬는 1968년 프랑스로 돌아와 같은 해 창설된 뱅센 실험대학의 철학과 교수로 임용되고, 커리큘럼 및 대학제도 문제와 연관하여 학생들 편에서 정부 및 대학당국과의 격렬한 투쟁에 돌입하게 된다. 우리가 아는 '지식인 투사'로서의 푸꼬가 표면 위로 드러나는 것이다.

『지식의 고고학』에서 푸꼬는 더이상 에피스테메가 아니라 언표(énoncé) 및 담론(discours)의 개념을 활용하여 변화의 가능조건을 탐구하고자 한다. 언표는 더이상 언어학적·기호학적 함축을 갖는 것으로 이해되는 단어·문장 혹은 명제가 아니다. 담론은 '동일한 계열에 속하는 언표들의 집합'으로서 정의되는데, 한마디로 각각의 담론은 '특정한 (정치적) 효과를 발생시키는 것'이다. 담론이라는 단어 자체는 이미 오래전부터 프랑스어에 존재해왔지만, 오늘날 우리가 아는 '담론'의 개념이 처음으로 규정된 것은 다름 아닌 『지식의 고고학』에서다. 이러한 개념 도입의 결과는 언어학적·기호학적 방법론의 전면적 포기, 니체적 의미로 이해되어야 하는 정치적 배제의 메커니즘 또는 힘-관계를 담론 형성의 차원에서 분석하고자 하는 계보학의 도입이다. 푸꼬는 1970년대 후반의 한 대담에서 이제 관건은 더이상 '의미관계가 아니라, 권력관계'(non relations de sens, mais relations de pouvoir)라는 말로 표현한 바 있다. 한편 국내에서는 푸꼬를 종종 '포스트구조주의자'로 부르는 경향이 있는데, 푸꼬를 광의로라도 '포스트구조주의자'라고 지칭할 수 있는 것은 다만 푸꼬 사유의 초기에 해당하는 1969년까지이므로, 이러한 명칭은 푸꼬 사유 전반을 포괄하기에는 부적절한 용어라 할 수 있다.

3. 권력의 계보학(1970~1975)

1970년 꼴레주 드 프랑스 취임 강연 "담론의 질서"로부터 1970년대 초반 '감옥에 관한 정보 그룹'(G.I.P.) 활동, 그리고 1975년의 『감시와 처벌: 감옥의 탄생』으로 이어지는 이 시기의 푸꼬는 서구 '근대' 권력 곧 '규율권력'의 탄생조건을 '권력의 미시물리학'이라는 관점에서 새롭게 조명하고 있다. 푸꼬는 이러한 분석과정에서 권력에 대한 거시적·경제주의적·주체중심적·실체적·법중심적 관점을 벗어나 미시적·정치적·상관적·규율적 관점, 곧 '진리의 정치적 역사'라는 관점에서 권력을 새롭게 규정하고, 이를 통해 '현대의 영도(零度)'로서의 근대가 보여주는 다양한 현상을 분석한다. 권력의 계보학은 '우리는 어떻게 스스로 권력을 행사하고 타인의 그러한 지배를 감당하고 또 저항하는 존재로서 스스로를 구성하는가?'에 관련된 문제화의 역사를 탐구하는 작업이다.

『담론의 질서』(1971)

푸꼬는 꼴레주 드 프랑스의 최연소 교수로 임용되어 1970년 12월 취임강연 "담론의 질서"를 행하는데, 이 강연은 이듬해인 1971년 같은 제목의 책으로 출간된다. '담론 효과'를 둘러싼 푸꼬 주장의 근본적 전제는 "모든 사회의 담론 생산은 일련의 절차들(procédures)에 의해 통제·선별·조직·재분배된다"는 것이다. 푸꼬는 이런 담론 생산의 '절차들'을 외적 및 내적 절차, 그리고 실행이라는 세가지 범주로 다시 세분한다. 우선, 기본적으로 배제(exclusion)의 기능을 수행하는 외적 절차는 금기와 같은 금지(interdit), 광기와 이성의 대립과 같은 분할(partage) 및 거부(rejet), 참된 것과 거짓된 것의 대립(opposition du vrai et du faux) 등 세가지로 나뉜다. 한편 담론 생산의 내적 절차 역시 주석(commentaire), 저자(auteur), 분과학문(규율, discipline) 등 세가지로 세분된다. 마지막으로 실행(effectuation)의 범주는 하나의 담론이 주어진 사회에서 담론의 대상이 되기 위해 충족되어야 하는 선결조건으로서의 의식(rituels) 및 요구사항

(exigences)이다. 여기에는 모든 정치적·경제적·의학적·과학적·기술적 형식들이 포함되며, 특히 "모든 교육체계는 그 수행 주체들이 신봉하는 지식·권력 및 담론의 소유를 유지·변형시키기 위한 하나의 정치적 방식"이다. 따라서 이런 담론 생산 혹은 '한계짓기'(limitation)의 다양한 절차들에 대한 역사적·비판적 분석 작업, 곧 계보학적 분석이 요청된다.

이처럼 기존 담론에 대한 이의제기 및 투쟁을 위해 고안된 푸꼬의 계보학(généalogie)은 물론 니체의 『도덕의 계보』(Zur Genealogie der Moral, 1887)에서 연원한 것이다. 푸꼬의 1971년 논문 「니체, 계보학, 역사」 (Nietzsche, la généalogie, l'histoire)는 담론 개념의 니체적 연원을 밝힌 글로서, 이에 따르면 계보학은 역사적 이야기의 단일성(unicité) 혹은 기원 (origine)의 추구에 반대하며, 오히려 그와는 대조적으로 '모든 단조로운 목적성(finalité)'을 넘어선 '사건의 특이성'(singularité des événements)을 추구한다. 계보학은 이른바 '참된 인식'의 이름으로 모든 지식에 질서를 부여하고 위계화하며 검열하려는 단일한 이론적 심급에 반대하여, 정당화되지 못했으며 '자격을 박탈당한' 단절된 국지적 지식을 작동시키려는 시도, 모든 역사적 지식을 '탈(脫)예속화'(désassujettir)하려는 시도이다.

『감시와 처벌: 감옥의 탄생』(1975)

1960대 말 이래 푸꼬는 이른바 싸르트르를 잇는 '투사적 지식인'으로 점차 인식되는데, 1971년 2월에는 들뢰즈 등과 함께 감옥에 관한 정보 그룹(G.I.P.)을 조직한다. 한편 1972년 푸꼬는 1963년의 『임상의학의 탄생: 의학적 시선의 고고학』의 부제를 없애고 내용에도 상당한 수정을 가한 『임상의학의 탄생』 개정판을 간행한다. 1975년 푸꼬는 감옥에 관한 정보 그룹의 활동성과 등을 토대로 『감시와 처벌: 감옥의 탄생』을 출간한다. 『감시와 처벌』은 푸꼬가 이후 자신의 '첫번째 책'이라고 부를 만큼 푸꼬만의 독특한 사유가 완숙된 저작으로, 푸꼬의 가장 논쟁적이고도 가장 중요한 저작이다.

『감시와 처벌』은 1757년에 있었던 국왕 살해 미수범 다미앙(Damien)의 처형 장면, 그리고 그로부터 81년 뒤 1838년 작성된 빠리 소년감화원을 위한 규칙에 대한 묘사에서 시작한다. 산 채로 온몸을 고문·절단 당하고 결국 '네마리의 말이 끌어당겨 사지가 끊어져' 사망한 다미앙의 예와 '시간 단위로 모든 일과가 한치의 빈틈도 없이 짜인' 소년감화원의 규칙의 비교를 통해 푸꼬는, 백년이 조금 안 되는 이 두 시기 사이에 벌어진 일이 당시까지 일반적으로 받아들여지고 있던 '계몽주의적 인도주의'의 결과가 아니라, 즉 "덜 처벌하기 위한 것이 아니라, 한층 더 잘, 더 효과적으로 처벌하기 위한"(non pas moins punir, mais punir mieux) 효용성의 논리에 입각한 것임을 밝히려고 했다. 이는 18세기 말 19세기 초, 곧 근대 시기에 일어난 일로서, 이 '근대'가 오늘날 프랑스로 대표되는 서구사회 '현대'의 기본적 틀을 확정했다는 주장이다. 푸꼬는 『감시와 처벌』에서 자신이 책을 저술한 목적에 대해, "근대 영혼과 새로운 사법권력의 상관적 역사를 밝히는 것, 즉 처벌을 관장하는 권력이 근거하고 있으며 그 정당성과 법칙을 받아들이고 자신의 영향력을 확대해가면서 이 엄청난 기현상을 은폐하고 있는 과학적·사법적인 복합적 실체의 계보학을 구성하는 것"이라고 말한다. 그리고 이러한 작업이 "근대사회의 정상화(正常化, normalisation)와 권력·지식의 형성에 관한 여러 가지 연구의 역사적 배경이 될 것"이라고 전망한다.

푸꼬는 근대의 권력이 개인적·사회적 신체(corps)의 통제를 위한 수단으로서 영혼의 통제를 수행해왔으며, 플라톤 혹은 그리스도교의 주장과는 반대로, "영혼이야말로 육체의 감옥"(l'âme, prison du corps)이었음을 지적한다. 이러한 영혼 및 신체 통제(contrôle)의 기술은 『감시와 처벌』의 주된 논점인 '권력-지식'(pouvoir-savoir)의 상호 구성으로 나아간다. 권력-지식의 논점은 권력 혹은 욕망과, 지식 혹은 진리의 분리를 주장한 플라톤의 관점과는 반대로 권력과 지식은 분리 불가능한 것이며, 따라서 권력과 무관한 지식도, 지식과 무관한 권력도 없다는 주장이다. 권력-지식은 논쟁적인 철학적 개념이기 때문에 필연적으로 종종 오해를 받는다. 우선 푸꼬는 권력과 지식이 같은 것이라고 말하지 않는데, 만약 둘이 같은 것이라면 푸꼬가 그 '관계'를 논할 수 없었을 것이다. 또한 푸꼬에 대하여 '따라서 권력은 지식 혹은 진리를 억압하거나 이용·간섭하려 해서는 안 되며, 지식도 마찬가지로 권력에 영합하거나 권력의 불의에 무관심해서도 안 된다'는 결론을 도출하는 경우가 있는데, 이는 근본적으로 권력과 지식을 각각 분리된 '실체들'로 바라보는 관점으로 권력과 지식을 권력-지식의 '상관적 복합체'로 보는 푸꼬의 관점을 잘못 이해한 것이다. 푸꼬에 따르면, 이는 단적으로 싸르트르적 권력관 곧 '권력은 필요악'이라는 관점을 전제한 것이다. 싸르트르의 생각과 달리, 권력은 필요악이 아니라 그 과정을 통해 주체와 대상 그리고 인식이 모두 형성되는 상호적 관계의 망이다. 따라서 이른바 (실체로서의 대문자) '권력'은 존재하지 않는다(Il n'y a pas de Pouvoir). 푸꼬는 권력-지식 복합체라는 관점을 통해 기존의 거시적인 국가단위의 권력관에 집중하는 자유주의적 곧 공리주의적이거나 헤겔적인 권력관 및 진리와 이데올로기를 구분하는 맑스주의적 권력관 모두를 거부하고, 미시적 권력관계의 분석에 집중하는 '권력의 미시물리학'(microphysique du pouvoir)을 주장한다. 권력의 미시물리학 또는 해부학은 거시정치를 무시하거나 거부하지 않으며, 거시적 권력을 다만 무한히 다양한 복수의 미시적 '권력관계들'(relations de pouvoir)이 발생시키는 가장 가시적인 최종적 효과 혹은 결과로서만 인정한다. 푸꼬의 권력관계론이 거시정치를 무시한다는 비판은 이처럼 푸꼬의 미시적 권력관계에 대한 몰이해에 기반한 것이다. 푸꼬는 이러한 자신의 관심을 '우파도 아니면서, 맑스주의도 아닌, 새로운 좌파적 정치 실천방식의 수립'으로 요약한다.

푸꼬의 권력관계론은 근대사회 분석에 집중하는데, 그 분석대상 중 하나가 공리주의의 창시자 벤담(Jeremy Bentham)이 고안한 판옵티콘(panoptique)이다. 푸꼬는 근대 사회의 공간 배치 및 조작(opération/manipulation)의 작동원리를 보여주는 판옵티콘을, 니체를 따라, 근대적 영혼의 구성 메커니즘을 상징적으로 드러내주는 것, 곧 총체적 국가화(étatisation)와 파편화되는 개인화(individualisation)의 동시적 형성 또는 '이중구속'(double-bind)을 만들어내는 생산 장치로 바라본다. 이는 국가화의 측면에서는 근대 '내치학'(內治學, Polizeiwissenschaft, Staatswissenschaft)의 탄생으로, 개인화의 측면에서는 도덕적 죄책감의 내면화 과정의 결과로 나타나는 길들여진 근대적 개인의 탄생으로 귀결된다. 이러한 논의는 『감시와 처벌』의 주된 테제, 곧 근대 시기에 구성된 제반 인간·사회·자연과학, 특히 심리학과 광의의 정신의학이 (자신을 제외한 모든 것을 '비과학적' '비정상적인' 것으로 규정하는) 일종의 과대망상적인 심리학화(psychologisation)의 기제, 혹은 감시와 처벌이라는 '정상화'(normalisation) 기제를 통해 근대사회를 구성하는 핵심적 통제의 원리가 되었다는 푸꼬의 가설을 정당화하는 근원이 된다.

꼴레주 드 프랑스 강의록(1970~1984)

앞서 말한 것처럼, 1970년 꼴레주 드 프랑스의 교수로 임명된 푸꼬는 사망하기 직전인 1983~1984년까지, 안식년이었던 1976~1977년을 제외하고는 매년 다른 주제로 강의를 지속했다. 1970~1984년에 이르는 강의들은 푸꼬 자신의 분류를 따르면 '권력의 계보학' 및 '윤리의 계보학'의 시기에 폭넓게 걸쳐 있다. 현재 프랑스에서 거의 완간된 강의록을 차례로 열거하면 『지식의 의지에 관한 강의』『형벌의 이론과 제도』『처벌사회』『정신의학의 권력』『비정상인』『"사회를 보호해야 한다"』『안전, 영토, 인구』『생명관리정치의 탄생』『생명존재의 통치에 관하여』『주체성과 진실』『주체의 해석학』『자기의 통치와 타인의 통치 1』『자기의 통치와 타인의 통치 2: 진실의 용기』 등이다. 한국에서는 탁월한 푸꼬 연구자 심세광이 이끄는 연구모임 오트르망 등에 의해 전권 번역 중이다.

이 강의록들은 감옥을 위시한 감시와 처벌의 형벌 제도 및 실천, 정신의학적 권력, 개인의 '신체' 및 '인구'에 대한 분석으로 이루어지는 신자유주의 분석, 법·규율·안전장치 분석, 주체의 해석학, 특히 '통치성'(gouvernementalité) 분석으로 이어지는 푸꼬 지적 관심사의 변화를 잘 보여준다. 강의 주제의 변천에서도 잘 드러나는 것처럼, 1970년대 중후반 이후 푸꼬가 사망한 1980년대 초까지 그의 관심은 권력의 계보학으로부터 주체 및 윤리에 대한 관심으로 옮겨간다. 한편 푸꼬 전공자로서 시간이 갈수록 확신하게 되는 사실 중 하나는 푸꼬가 『말과 사물』이나 『감시와 처벌』의 저자로도 기억되겠지만 그보다는 오히려 통치성 분석에 주력한 꼴레주 드 프랑스 강의록의 저자로서 더 오래 기억되리라는 점이다.

4. 윤리의 계보학(1976~1984)

푸꼬는 1976년 발표된 '성의 역사' 씨리즈 제1권 『지식의 의지』(La volonté de savoir)로부터 자신이 사망한 1984년 발표된 제2·3권 『쾌락의 활용』(*L'usage des plaisirs*), 『자기배려』(*Souci de soi*)에 이르는 시기를 윤리의 계보학이라는 이름 아래 묶는다. 이때의 윤리는 '성격·품성·품행·관습' 등의 함축을 갖는 그리스어 êthos에서 기원한 용어로서의 '윤리'(éthique)이며, 더 구체적으로는 '자기와 자기의 관계'를 지칭하는 푸꼬의 독특한 용법이다. 푸꼬는 제1권에서 유럽의 근대를, 제2·3권에서 고대 그리스·로마의 다양한 텍스트를 분석하여 한 인간이 어떻게 섹슈얼리티(sexualité)의 영역에서 스스로를 윤리 혹은 도덕의 주체로 구성하는지 다룬다. 요약하면, 윤리의 계보학은 '우리는 어떻게 자기 자신과의 관계를 통해 스스로를 하나의 도덕적 주체로서 구성하는가?'에 관련된 문제화의 역사를 탐구하는 작업이다.

덧붙여두자면 이 시기 가운데 1977~1978년을 연구자의 시각에 따라 하나의 독립적 시기 곧 가령 '전투, 전쟁, 혹은 전략적 모델의 시기'로 구분하거나, 혹은 1977~1984년을 광의의 '통치성의 시기' 등으로 분류할 수 있을 것이나, 이 글에서는 푸꼬 자신의 분류를 따르기로 한다.

『지식의 의지』(1976)

1976년 푸꼬는 전해에 발표한 『감시와 처벌』과 동일한 문제의식의 연장선상에서 서구 섹슈얼리티의 역사를 계보학적으로 추적한 '성의 역사' 씨리즈의 제1권 『지식의 의지』를 출간한다. 원래 총 6권으로 예고되었던 '성의 역사' 씨리즈는 이후 방법론 및 문제의식상의 변화로 8년간의 긴 침묵을 맞게 된다. 물론 '8년간의 침묵' 동안에는 다만 저작이 발간되지 않았을 뿐, 푸꼬는 오히려 이전보다 더 다양한 사회활동, 강의·강연·저술활동을 지속한다. 1976년에 발간된 『지식의 의지』는 기본적으로 『감시와 처벌』의 권력-지식론에서 드러난 난점을 보완하는 동시에, 비슷한 문제의식을 '섹슈얼리티'의 문제로 확장하는 특징을 보인다. 푸꼬에 따르면, 근대 곧 19세기 이래, 서구는 성과 진리에 관련된 새로운 종류의 담론을 고안해내는데, 이를 푸꼬는 섹슈얼리티 장치(le dispositif de sexualité)라 부른다. 섹슈얼리티 장치는 성에 관한 담론을 특정한 종류의 진리 담론 즉 과학 담론에 연결시켜 특정한 성 담론 및 진리 담론이 생산되도록 해주는 하나의 장치이다.

방법론의 측면에서 푸꼬는, 아리스토텔레스적으로 이해되어 시간과 공간을 초월하는 본질적 '자연으로서의-성'(sexe-nature)을 다루는 성의 논리학 혹은 자연학(logique ou physique du sexe)을 명시적으로 반대하고 역사로서의-성(sexe-histoire), 의미작용으로서의-성(sexe-signifiaction), 담론으로서의-성(sexe-discours)에 대한 분석을 제안한다. 이러한 분석의 결과, 권력-지식 복합체의 효과 또는 구성물로 간주되는 섹슈얼리티 장치는 이제 새로운 인식의 체제 아래 새롭게 구성되어야 한다. 푸꼬는 이를 다음처럼 상징적인 언명으로 정리한다. "법 없는 성과 왕 없는 권력을 동시에 생각해야 한다."(Penser à la fois *le sexe sans la loi, et le pouvoir sans le roi*) 우리는 이제 부정적 금지의 기능에만 초점을 맞춘 낡은 권력 및 성의 이론을 폐기하고, 더이상 법을 표본이나 준칙으로 간주하지 않는 새로운 권력 분석학의 체계를 설립해야만 한다. 우리에게 필요한 것은 새로운 권력 모델, 즉 '전략적 모델'(le modèle stratégique)이다. 결론적으로 『지식의 의지』는 이처럼 금지·억압을 수행하는 기제로서의 법 중심주의적 권력 개념에 종속된 당시의 정신분석적-맑스주의적 욕망 개념에 대한 근본적 비판을 시도한 책이다. 하지만 푸꼬는 이러한 '전략·전쟁의 모델'을 대략 1976~1978년의 짧은 시기 동안만 유지한다.

『쾌락의 활용』『자기배려』(1984)

동성애자인 푸꼬는 대략 1970년대 중반에 에이즈에 감염된 것으로 보이는데, 생애의 말년에 다가선 푸꼬가 주력한 것은 이러한 윤리의 계보학에 대한 지적 세련화 작업과 '성의 역사'를 속간하는 일이었다. 죽음이 가까이 온 것을 안 1980년대의 푸꼬는 자신의 '지적 유언장들'이라 부를 수 있을 일련의 작업을 수행한다. 그 예로 1982년 미국 버몬트(Vermont) 대학에서 행한 '자기의 테크놀로지'에 대한 강의, 1983년 버클리(Berkeley)의 캘리포니아 대학에서 고대 그리스의 '죽음을 무릅쓰고 불편한 진실을 말하는 용기 혹은 실천'을 의미하는 '파르헤시아'(parrhesia)에 대해 행한 강연 "담론과 진리", 1984년의 논문 「계몽이란 무엇인가?」, 그리고 1984년 사망하기 직전 출간된 '성의 역사' 씨리즈의 제2·3권 『쾌락의 활용』『자기배려』 등을 들 수 있다. 이들 강연·저술을 통해 푸꼬는 자기의 테크놀로지 및 진리놀이를 통한 주체화·문제화 및 통치성의 문제를 자신의 탐구를 요약하는 중심적 개념들로 제시한다.

푸꼬는 대략 1977~1978년경 통치 및 통치성의 개념을 주축으로 하는 자기배려(souci de soi), 자기의 테크놀로지(technologie de soi), 주체화(subjectivation) 및 문제화의 개념으로 점차 이동해간다. 통치(gouvernement) 혹은 통치성(gouvernementalité) 개념은 '타인들의 통치'와 '자기에의 통치'를 이어주는 것으로, 이후 '스스로를 통치하는 기술' 혹은 '자기배려'로 이어지면서 대략 1980년 이후 푸꼬의 사망 시기인 1984년까지의 이른바 말기 푸꼬의 주요 개념 틀인 주체화 및 문제화로 이행하는 결정적 준거점이 된다. 이전의 '법이 없는 성, 왕이 없는 권력'은 이제 더 적극적이고 포괄적인 '자기를 구성하는 메커니즘'으로서 자기의 테크놀로지, 곧 윤리(éthique)에 종속된다.

이러한 관점에서 『쾌락의 활용』과 『자기배려』의 논지를 간략히 정리하면, 쾌락의 활용은 존재의 부정에 기초한 법의 금지와 억압의 메커니즘이 아닌, 스스로를 형성하고 변형시키는 실존의 미학 혹은 주체화에 종속되는 적극적·긍정적인 자기의 테크놀로지로 이해된다. 쾌락의 활용은 고대 그리스에서 욕망에 대한 이성의 우위를 증명해야 할 헬라적·남성적·시민적 미덕으로 이해되었다. 쾌락의 활용 개념은 푸꼬에 의해 자기지배와 절도의 측면 즉 능동적 절제와 수동적 무절제의 문제로 이해되는데, 이는 부정적·억압적 측면에만 집중하는 욕망 담론의 일면성을 부정하고, 그것을 포괄하고 넘어서서 지식·권력·윤리를 아우르는 존재론적·정치적·윤리적 주체화의 긍정적·생산적 관점을 드러내기 위해 선택된 하나의 장치라고 볼 수 있다. 한편 이러한 관심의 이행은 주체화·대상화·인식론화를 아우르는 좀더 포괄적인 개념인 '문제화'(problématisation) 또는 '진리놀이'(jeux de vérité)의 일부로 이해되어야 한다. 푸꼬에 따르면 이러한 문제화는 이제까지의 '행동의 역사' 혹은 '표상의 역사'에 대립하는 하나의 역사, 즉 인간 존재가 자신의 존재, 자신이 하는 것, 그리고 그가 살고 있는 순간을 문제화하는 상황을 정의하는 '사유체계의 역사'(histoire des système de pensée)가 다루어야만 할 과제이다. 푸꼬는 이러한 실천을 그리스·로마 이래 서구사회를 기본적으로 규정지었던 실천의 문제, 즉 인간이 그것을 통해 스스로 행동규칙을 정할 뿐만 아니라 스스로를 변화시키고 그들의 특이한 존재 안에서 스스로를 변형시키며, 그들의 삶을 어떤 미학적 가치를 지닌, 그리고 어떤 양식의 기준에 부합하는 하나의 작품으로 만들고자 하는 신중하고도 자발적인 실천으로 이해되는 '실존의 기술'(arts de l'existence)이라는 이름 아래 위치시킨다. 이는 고대 서구의 성적 활동과 쾌락이 어떤 '실존의 미학'(esthétique de l'existence)이라는 기준을 작동시키며, '자기의 실천'(pratiques de soi)이라는 작업을 통해 어떻게 문제화되었는지를 보여주는 작업이다.

문제화 – 우리 자신의 역사적·비판적 존재론

푸꼬는 이러한 문제화 혹은 문제설정에 대한 탐구를 필생의 과업으로 삼았고 이러한 탐구를 참다운 '철학활동'과 동일시했다. 푸꼬는 자신이 사망한 해에 발표한 논문 「계몽이란 무엇인가?」에서는 이를 '우리 자신의 역사적·비판적 존재론'(ontologie historique et critique de nous-mêmes)이라고 불렀다. 우리 자신의 변형은 우리 자신을 형성한 역사적·문화적 한계와 조건의 역사, 곧 문제화의 역사를 분명히 인식하고 비판함으로써만 성취 가능하다. '자기의 변형'(transformation de soi)은 자기 스스로가 역사적으로 어떻게 형성되었는가, 곧 자신의 '역사적 형성과정'(formation historique de soi)에 대한 명확한 이해를 통해서만 가능하다. 한계를 넘어서려는 이러한 작업의 목표는, 우리가 어떻게 그리고 어디까지 다른 사람들이나 지금의 나 자신과 다르게 생각할 수 있는가(penser autrement)를 아는 것이다. 푸꼬에게 사유의 목표란 스스로로부터 벗어나는 것(se déprendre de soi-même), 아는 자 자신으로부터의 일탈(égarement de celui qui connaît)이다. 이런 의미에서, 푸꼬의 모든 작업은 모든 형태의 '정상화에 대한 문제화 작업'이라 말할 수 있다. 말년의 푸꼬가 대담 "진리·권력·자기"(Vérité, pouvoir et soi)에서 행한 다음과 같은 발언은 그의 사유 전반을 요약하는 중요한 언명으로 기억될 필요가 있다.

나의 목표 중 하나는 사람들에게 우리가 보편적이라고 생각하는 풍경의 일부가 실제로는 어떤 매우 정확한 역사적 변화의 결과라는 점을 보여주는 것입니다. 나의 모든 분석은 인간 실존에 보편적 필연(nécessités universelles)이 있다는 관념에 대립합니다. 나의 분석은 제도의 자의성을 보여주고, 또 우리가 여전히 누릴 수 있는 자유의 공간은 무엇이며 아직도 얼마만큼의 변화가 가능한가를 보이고자 합니다.

푸꼬는 1984년 6월 25일 프랑스 빠리에서 사망한다.

| 허경 |

계보학(généalogie)

계보학은 대략 1970년 이래 푸꼬가 사용한 니체적 '힘-관계'(relations des forces)의 논리에 입각한 방법론이다. 기존의 '관념적 의미작용, 무한한 목적론의 메타역사적 전개 및 기원의 추구, 역사적 이야기의 단일성'에 반하는 계보학은 모든 것을 구체적인 시간과 공간 내에서 구성된 역사적 구성물(효과, 결과)로 간주하는 방법론이다. 따라서 계보학은 이에 관련된 기존의 정태적·실체적인 주체-대상-인식을 부단히 변화하고 있는 주체화-대상화-인식형성이라는 역사적·역동적 관점에서 파악하려는 탐구의 방법론이다.

고고학(archéologie)

푸꼬가 『말과 사물』(1966) 및 『지식의 고고학』(1969)의 주요 방법론으로 채택한 고고학은 하나의 주어진 대상이 동일한 실체성을 유지하면서 단지 역사적으로 변화해왔다는 기존의 통시적 방법론을 배격하고, 주어진 특정 시공간 내 한 대상의 존립 및 그에 대한 인식이 어떻게 가능하게 되었는가, 곧 대상의 인식 가능조건을 탐구하는 공시적 방법론을 특징으로 삼는다. 지식의 고고학에서 개별적 대상, 주체 및 인식은 더이상 세계의 개별적 실체가 아닌, 특정 에피스테메의 배치가 빚어내는 효과, 서로에 대하여 분리 불가능한 쌍둥이로 간주된다.

권력(pouvoir)

푸꼬는 권력을 소유 혹은 박탈 가능한 하나의 정합적인 '실체'로 바라보았던 기존의 경제주의적 권력관을 거부하고, 권력을 '주어진 전략적 상황이 빚어내는 전반적 효과', 곧 '권력관계들'(relations de pouvoir)로 바라본다. 이는 권력과 무관하게 형성된 순수한 중립적 지식은 존재하지 않는다는 푸꼬의 '권력-지식론'이 낳은 필연적 귀결로서, 각각의 권력-지식이 출현하게 된 복합적인 역사적 조건들을 탐구하는 권력의 계보학, 곧 권력의 미시물리학으로 이어진다.

담론(discours)

푸꼬에 따르면, 담론은 동일한 계열에 속하는 언표들의 집합으로, 특정한 효과·결과(effet)를 발생시킨다. 중립적인 것으로 가정되었던 기존 언어학의 의미작용(signification) 및 정신분석의 무의식적 의도(intention inconsciente)에 대한 분석 모두를 비판하는 담론분석은 구체적으로 주어진 특정 담론 형성의 과정에서 보이는 모든 복합적·중층적 층위에 대한 분석을 추구한다.

에피스테메(épistémè)

에피스테메는 주어진 특정 사회, 특정 시대의 인식론적 장(場)을 지칭하는 푸꼬의 용어로 특히 『말과 사물』의 핵심 개념이다. 에피스테메는 다양한 요소들의 배치(configuration)에 의해 파생되는 장이며, 한 시대의 모든 지식을 가능케 하는 것이 바로 이 에피스테메이다. 어떤 면에서는 칸트적 인식 가능조건의 '구조주의' 버전이라 할 에피스테메는 전통적 구조주의가 기반으로 삼던 이항대립의 이분법적 구조를 넘어 복수의 요소들이 자신에 속하는 개별자들에 고유한 의미와 특성을 부여하는 장 개념을 도입한 것으로, 이는 푸꼬 자신의 스승 알뛰세르가 말하는 '중층결정'의 개념에 영향을 받은 것이라 할 수 있다.

윤리(ethique)

푸꼬의 윤리 개념은 한 사회에서 개인에게 주어지는 가치론적 코드의 총체로서 '도덕'(morale)이 아니며, 오히려 스스로를 하나의 도덕적 주체로서 구성해 가는 방식, 곧 '자기와 자기의 관계'를 의미한다. 따라서 푸꼬가 말하는 '윤리의 계보학'은 이렇게 자신에게 주어진 가치론적 코드의 총합으로서의 도덕을 대하는 태도를 포함하여 한 개인이 자신과 관계되는 모든 도덕적 가치 및 코드 들을 대하는 '윤리'에 대한 계보학적 분석을 수행하는 작업이다.

지식(savoir)

푸꼬는 인식(connaissance)과 지식을 명확히 구분한다. 인식은 지식보다 좁은 개념으로 인식 주체와 무관하게 대상이 분류·동일시·합리화되는 담론의 구성을 지칭한다. 반면에 그보다 포괄적인 지식(앎)은 이러한 인식을 얻기 위하여 주체가 수행하는 작업의 과정에서 인식의 주체 스스로가 자신의 변형을 위하여 겪게 되는 모든 지적 절차를 의미한다.

질
들뢰즈

Gilles Deleuze 1925~1995

14장 /

이데아의 별들이 무너진
내재성의 평원

질 들뢰즈는 1925년 빠리의 중산층 가정에서 태어나 1995년 타계했다. 동시대 철학을 주도한 푸꼬보다 한살 많고, 데리다보다는 다섯살 많다. 후에 그가 재직하며 좌파 정치철학을 실험하던 뱅셴(Vincennes) 대학 철학과의 동료인 리오따르, 샤뜰레(François Châtelet)와는 동갑이며, 그의 주요 비판자인 후배 철학자 바디우와는 열두살 차이다. 그가 중요하게 논의하기도 하고, 직접 만나기도 했던 현대음악가 불레즈(Pierre Boulez)와도 동갑이다. 프랑스 현대철학에 큰 영향을 끼친 싸르트르의 『존재와 무』(1943)와 메를로뽕띠의 『지각의 현상학』(1945)은 각각 그의 나이 열여덟살, 스무살에 나왔다.

들뢰즈에게는 2차대전 당시 레지스땅스 활동을 하다 사망한 형이 있었고, 아버지는 엔지니어였다. 그는 영문학자와 결혼하여 훗날 영화를 만드는 딸을 얻는다. 들뢰즈의 영미문학(로렌스, 멜빌)에 대한 애정과 영화에 대한 열광은 어쩌면 우연히도, 이렇게 그의 가족 구성원의 성향과

일치한다. (들뢰즈는 영미문학에서, 멜빌의 항해자처럼 기존의 질서로부터 벗어나는 '도주선'[탈주선, ligne de fuite]을 읽어내며, 영화로부터는 '생성'을 구현한다.) 들뢰즈가 가족 및 가장 친한 친구들과 어떤 삶을 보냈는지는 그의 사진들을 모은 책 『들뢰즈, 하나의 앨범』(*Deleuze, un album*, 2005)에서 엿볼 수 있다. 이 사진첩에는 들뢰즈가 평론을 통해 중요성을 부각시키기도 했던 작가 뚜르니에가 대학생 시절 들뢰즈와 같이 하숙하던 방에서 찍은 사진도 있는데 젊은 연구자로서 들뢰즈가 세상 속에 어떻게 외화되고 있는지를 보여준다. 들뢰즈가 경탄과 더불어 숙고에 빠져들었던 스피노자의 외화된 모습인 초상화처럼, 그도 하나의 사유거리로서 자신의 철학이 외화된 앨범을 가지고 있는 것이다.

들뢰즈는 쏘르본 대학에서 공부했고, 후에 유명해진 프랑스 철학자들이 대개 그랬듯 근대철학 연구가인 이뽈리뜨(Jean Hyppolite), 알끼에(Ferdinand Alquié) 등에게서 배웠다. 오늘날 사람들이 의미있는 것으로 기억하고 들뢰즈 스스로도 인정하는 저술의 목록에는 흄(David Hume)에 관한 연구인 『경험론과 주체성』(*Empirisme et subjectivité*, 1953)이 가장 먼저 올라온다. 경험론에 대한 들뢰즈의 취향은 이후 일관되게 지속되어 이른바 합리론의 대표자 가운데 한 사람인 스피노자 역시 경험론자로 해석하려 하며, 흄의 경험론과는 거리를 두고 있긴 하지만 들뢰즈 그 자신의 독특한 형태의 경험론으로 결실을 본다(물론 '발생'의 관점을 채택한다는 점에서는 1953년의 흄 연구 또한 들뢰즈의 경험론을 준비하는 도정의 일부를 이룬다.). 이후 『니체와 철학』(*Nietzsche et la philosophie*, 1962), 『칸트의 비판 철학』(*La philosophie de Kant*, 1963), 『프루스뜨와 기호들』(*Proust et les signes*, 1964/최종증보판은 1973), 『베르그손주의』(*Le bergsonisme*, 1966), 『자허 마조크 소개』(*Présentation de Sacher Masoch*, 1967) 등을 출간한다. 이 철학자, 작가 들은 모두 들뢰즈 사상의 근간을 이루는데, 들뢰즈의 책에서 전개된, 이들의 사상에 대한 독창적인 해독은 이후 『차이와 반복』(*Différence et répétition*, 1968)에서 종합된다.

국가박사학위 주논문 『차이와 반복』과 부논문 『스피노자와 표현의 문제』(*Spinoza et le problème de l'expression*, 1968)는 들뢰즈의 인식론적·존재론적 입장을 완성하고 있는 저작이다. 여기서 들뢰즈는 스코투스(Duns Scotus), 스피노자, 라이프니츠, 니체 등을 주된 배경으로 삼아 '존재의 일의성'(univocité) 및 그를 배경으로 한 '개체화'(individuation) 문제를 다루고 있다. 좀더 구체적으로, 스코투스와 스피노자를 배경으로 존재는 실질적으로 다수로 구별되지만 이 다수는 실체적 다수성을 뜻하는 것이 아니라 하나의 존재가 갖는 형식상의 다수임을 보인다. 존재의 실체적 다수성을 지양함으로써 존재자들 사이의 위계의 성립이 부정된다. 이후 스피노자와 라이프니츠를 배경으로 다양한 개체들의 발생은 저 하나의 존재가 가진 힘의 '강도적(强度的) 크기'의 다양성으로 설명한다.

이후 『차이와 반복』의 주제들을 스토아철학 및 루이스 캐럴(Lewis Carrol)을 배경으로 펼쳐 보이는 『의미의 논리』(*Logique su sens*, 1969)를 출간하고, 1970년대부터 좌파 정신분석학자 가따리(Felix Guattari)와의 협업을 통해 현대 정치철학을 대표하는 눈부신 저작들을 내놓는다. 『안티오이디푸스』(*L'anti-Œdipe*, 1972)와 『천개의 고원』(*Mille plateaux*, 1980)이 그것이다. 『안티오이디푸스』의 핵심 기획은 정신분석학을 자본주의 체제의 학문적 요구로서 비판적으로 이해하고, 오이디푸스(부성적인 법)의 개입을 통해 스스로의 본성에서부터 분리된 욕망의 정체를 폭로한다. 이것은 학문적 차원에서는 정신분석 비판이며, 정치적 차원에서는 정신분석의 개념들에 상응하는 자본주의에 대한 비판이다. 『천개의 고원』에서는 오이디푸스적 법을 통해 정체성이 확립되지 않은 수많은 방식의 익명적 삶을 추적한다. 이 두 저작의 배경에는 부정성을 매개로 자기의 정체성을 수립하는, 데까르뜨에서 헤겔에 이르는 근대철학적 주체에 대한 비판이 자리 잡고 있다.

그밖에 위 두 저작의 주제를 카프카에게 투영한 『카프카: 소수 문학을 위하여』(*Kafka: Pour unde littérature mineure*, 1975, 가따리와 공저), 기호해독이나 감성에서의 수동적 종합 등 여러 주제를 화가 베이컨에게 투사한 미술론 『프랜시스 베이컨: 감각의 논리』(*Francis Bacon: Logique de la sensation*, 1981), 역시 자신의 철학을 투사해서 그린 푸꼬의 초상화라 할 수 있는 『푸꼬』(*Foucault*, 1986), 들뢰즈 자신의 철학의 관점에서 기존의 철학 및 주변 학문을 분석한 『철학이란 무엇인가?』(*Qu'est-ce que la philosophie?*, 가따리와 공저, 1991), 들뢰즈의 운동론과 시간론을 영화 분석에 투영한 방대한 저서 『씨네마 1: 이미지-운동』(*Cinéma1: L'image-mouvement*, 1983), 『씨네마 2: 이미지-시간』(*Cinéma2: L'image-temps*, 1985) 등이 주요 저작이다.

들뢰즈 사상의 일반적 성격은 다음과 같다. 현대철학은 칸트와 헤겔로부터 많은 창조적 영감을 길어냈다. 이와 달리 들뢰즈는 칸트의 비판철학 이전의 전통, 구체적으로 스피노자와 라이프니츠의 사상을 계승하여 철학을 꾸민다. 유럽 대륙에서 전개된 근대철학은 두개의 출발점을 가지고 있다고 해도 좋을 것이다. 개별자의 자기의식에서 출발하는 데까르뜨의 철학과 모든 개별자를 담고 있는 유일한 존재의 관념에서 출발하는 스피노자의 철학이 그것이다. 데까르뜨, 칸트, 후설로 이어지는 의식철학의 전통은 자기의식을 존재와 진리의 근거로 세운다. 반면 스피노자에서 들뢰즈로 이어지는 전통은 관념들의 필연적인 정의로부터 귀결되는 바를 논리적으로 추적하며, 자아 또는 자기의식을 원천이 아니라 이 귀결의 일부로 이해한다. 이러한 입장은 현대철학에서 '반의식철학' 내지 '반인간주의 철학'이라는 명칭으로 이해된다. 아울러 들뢰즈는, 뒤에서 더 자세히 보겠지만, 헤겔의 『정신현상학』(1807)으로부터 싸르트르의『변증법적 이성비판』(1960)에 이르기까지 핵심적인 지위를 차지하는 '부정성'의 논리 대신 스피노자적 '긍정성'에 입각해서 사유하는 것의 의의를 드러내고자 한다.

1. 들뢰즈의 진리론

들뢰즈 사상을 철학적 관심사를 나누는 일반적인 분류에 따라 인식론, 존재론, 실천철학을 중심으로 살펴보자. 들뢰즈는 인식론적 과제를 그의 '사유의 이미지'(image de la pensée) 연구의 일환으로 취급한다. 사유의 가능조건, 사유가 가능하기 위한 지평을 가리켜 들뢰즈는 사유의 이미지라고 부른다. 누구나 공유하는 것, 누구나 문제 삼지 않는 것, 그것 없이는 '보편적인 것으로서' 사유 자체가 가능하지 않은 것이 사유의 이미지다. 더이상 그 존립 근거를 질문 받지 않는 공리적인 성격을 가진다는 점에서, 비유컨대 사유의 이미지는 하나의 수학체계가 가능하기 위한 공리와 같은 성격을 가지며 또 교회공동체의 지반을 이루는 '도그마'와 같은 성격을 가지기도 한다. 또한 그것은 사유가 가능하기 위해 밑그림처럼 전제되는 것이지, 사유의 대상이 아니라는 점에서 '사유 안의 비사유'라 일컬어지기도 한다.

들뢰즈는 고전철학이 전제해온 사유의 이미지의 공리들이 임의적이라는 것을 보인 후, 임의적 전제 없이 '발생하는' 사유를 그려 보이고자 한다. 고전철학의 사유 안에 암암리에 전제되어 있는 것들을 의심에 부치고 그것들이 근거 없다는 것을 보이는 이 작업은 서양철학의 주요 논제에 대한 니체의 비판을 이어받은 것이다.

진리 찾기를 위한 자발적 의지는 임의적인 것이며 진리는 그것을 찾을 수밖에 없도록 하는 강제 때문에 탐구된다는 것(선의지의 공리에 대한 비판), 대상의 동일성의 형식은 임의적이라는 것, 마음의 능력들은 인식을 위해 서로 조화하도록 미리 짜여 있지 않고 발생적으로 조화한다는 것(재인식과 공통 감각의 공리에 대한 비판), 정해진 답이 있기보다는 사유하도록 만드는 문제만이 있다는 것(오류의 개념에 대한 비판) 등이 들뢰즈가 고전철학의 사유의 이미지의 공리들에 대한 비판으로서 제시하는 주장들이다.

그렇다면 인식은 어떻게 이루어지는가? 바로 무엇인지 그 정체가 알려지지 않음으로 해서 사유하도록 강요하는 것, 이른바 '기호'(signe)의 자극을 통해 진리 찾기는 시작된다. 기호의 자극으로부터 인식에의 도달은 들뢰즈의 독특한 스피노자 독해, 스피노자 인식이론에서 경험적 요소를 강조하는 해석을 통해 얻어진 산물이다. 스피노자에서, 사유자가 최초로 처해 있는 '경험적 조건'이라 할 수 있는 '기호'는 일종의 억견, 부적합 관념이라 불리는 것이고, 참된 인식은 '표현'(expression), 이른바 적합 관념에서 성립하는 것이다. 기호는 원인이 알려지지 않은 결과이며, 표현은 적합한 원인과 결과의 관계에서 성립한다. 기호는 상상의 대상이고 표현은 이성적인 것이다. 들뢰즈는 미지의 기호가 상상력을 자극하고, 이어서 이성이 그 기호를 여러 관계들(사물들 사이의 일치, 반대 등) 속에서 고찰함으로써 표현의 관념에 이를 수 있다고 스피노자를 해석한다. 말하자면, 인식을 위해 미리 짜인 능력들의 조화가 마련되어 있는 것이 아니라, 기호의 자극에 의한 상상력의 활동과 이에 뒤이은 이성의 활동의 발생적 일치가 있는 것이다. 이런 발생적 일치를 통한 진리 획득은 삶의 가장 구체적인 국면에서까지 발견된다.

가령 들뢰즈의 프루스뜨 독해(『프루스뜨와 기호들』)에서 보듯, 애인의 거짓말이라는 기호는 감성을 자극하고, 그 자극은 기억력을 불러와 거짓말에 대한 해석을 수행하게끔 한다. 요컨대 진리 찾기는 임의적인 의지에 의해 시작되는 것이 아니라, 진리 찾기를 강요하는 것에 의해서 시작되며, 마음의 능력들은 대상인식을 위해 미리 임의적으로 일치한 상태로 조건지어져 있는 것이 아니라, 발생적으로 일치한다. 아울러 기호로부터 강제라는 수동성은 궁극적으로 그 기호에 대한 이성의 '능동적' 해석으로 귀결되므로, 이 강제는 부정성의 지위를 갖지 않는다.

그런데 들뢰즈에게 이런 인식활동이 겨냥하는 본질은 어떤 사물의 동일성이 아니라, 바로 동일성을 지닌 사물들의 원인으로서의 '차이'다. 이 점을 가장 쉽게 드러낼 수 있는 예를 들어보자. T. S. 엘리엇(Eliot)의 장시 「황무지」 제5부 '천둥이 한 말'은 『우빠니샤드』에 나오는 일화를 바탕으로 하는데, 여기서 청자들은 '다'(Da)라는 천둥소리에 의해 자극받는다. 이 소리는 사유를 강제하는 일종의 기호인 셈이다. 이 '다'는 세 가지 '변별적인' 말로 사람들에게 들린다. 다따(주라), 다야드밤(공감하라), 담야따(자제하라)… 그렇다면 '다' 자체는 자기동일성을 가지고 있는가? 누구도 '다'라는 말 자체를 천둥의 소리로서 정체를 확인한 사람은 없다. 그것은 정체성을 부여하는 동일한 개념 형식을 취급하는 의식의 차원에 들어서 있지 않다. 즉 무의식적인 것이다. 그것 자체는 정체성이 있는 것이 아니라, 오로지 다따, 다야드밤, 담야따라는 세 단어의 변별적인 자기동일성을 출현시키는 요소이다. 물론 이 요소는 '변별적인(차이 나는)' 세 개의 동일성을 산출하므로 '차이 자체'라 불려 마땅하다. 이렇게 각각의 동일성이 산출된 후 단어들은 유사한 두음을 가진 단어들로 서로 유사관계에 들어선다. 즉 항들 간의 유사성이 선행하는 것이 아니라 차이 때문에 유사성이 산출된다. 플라톤 이래 대상을 규정하는 근본 개념은 동일성(가령 이데아의 자기동일성)과 유사성(그 이데아와 이를 분유分有 받은 대상의 유사성)이었으나, 이제 들뢰즈의 인식론을 통해 차이가 근본 개념이며, 동일성과 유사성은 그 결과물임이 드러나는 것이다.

이런 인식, 배움(apprentissage)은 데까르뜨 이래의 의식철학에서 볼 수 있는 것과 같은 주관과 객관이 분리되고 그 분리된 관계를 근대철학의 표상이나 현상학의 지향성을 통해 파악하는 구도 속에서 이해되어서는 안 된다. 가령 들뢰즈는 라이프니츠가 말한 유명한, 수영을 배우는 사람의 예를 들며, 배움을 "자연과 정신 사이의 어떤 깊은 공모관계"로 이해한다. 자연의 측면에서 보면 파도를 형성하는 물방울들이 있다. 다수의 물방울들이 있다는 것은 그 다수를 만들어내는 차이가 있다는 것이다. 다른 한편에는 그 물방울들의 관계(그리고 그 관계를 산출하는 차이)와 병행하는 정신의 지각이 있다. 수영을 배우는 사람이 물방울의 움직임에 그때그때 대응해 몸을 움직이지만 의식하지 못하고서 그러는 데서 알 수 있듯, 물방울들의 관계에 대응하는 지각은 '무의식적인 미세지각'이다. 물방울들이 모여 마침내 동일성의 형식을 갖춘 파도가 출현하고, 이와 동시적으로 파도에 대한 의식적 지각 역시 출현한다. 결국 지각과 그 지각에 병행적인 자연 모두는 '공통의 하나의' 이념, 즉 '차이의 이념'을 근거로 나란히 형성된다. 아울러 의식되지 않는 미세지각을 근거로 의식적 차원에서 동일성의 형식을 갖춘 대상이 결과로서 주어진다면, 들뢰즈에게서 '배움은 무의식을 경유한다'라고 할 수 있을 것이다.

2. 전통 존재론에 대한 비판

이제 들뢰즈가 어떻게 전통적인 존재론을 비판적으로 이해하고 새로운 존재론적 입장을 수립하는지 살펴보자. 일의성·내재성·긍정성이라는 존재론의 세가지 개념은 주저 『차이와 반복』에서 들뢰즈의 철학을 특징짓는다. 이 개념들은 서양 존재론의 또다른 개념들인 다의성·탁월성·부정성·유비 등을 적수로 삼는다.

들뢰즈가 적대적 구도 속에 배치하고 있는 존재론적 입장을 이해하기 위해 다의성에서 출발해보자. 일의성은 존재란 한가지 의미로만 말해진다는 뜻인 반면, 다의성은 여러가지 의미를 지닌다는 뜻이다. 가령 창조자라는 존재와 피조물이라는 존재를 보자. 두 존재는 같은 의미로 서술될 수 있을까? 그렇지 않을 것이다. 신 존재는 인간 존재보다 탁월하다. 어떻게 탁월한가? 신을 묘사하기 위해 모든 술어들을 동원해보자. 지혜롭다, 덕스럽다 등등. 그런데 우리가 아는 모든 지혜보다도, 모든 덕보다도 신은 더 탁월한 것 같다. 즉 신 존재는 우리가 알고 있는 지혜나 덕 정도에 멈추지 않는다. 그렇다면 이런 지혜나 덕 이상의 탁월함은 도대체 무엇인가? 그것은 "베일에 싸인 탁월성"이다. 신 존재는 악은 물론 아니요, 덕도 아니고, 그 이상 탁월한 것이지만, 무엇인지 모른다는 것이다. 요컨대 신 존재는 "~이 아니라는 부정으로만 정의될 수 있다." 이 술어도 아니고 저 술어도 아니며, 모든 술어가 신의 탁월함을 기술하기에는 모자라다. 이것이 '부정성'의 의미다.

다른 한편에서는 신 존재가 피조물보다 탁월하지만, 그 본성을 알 수 없는 것이 아니라, 비례적으로 알 수 있다고 말한다. 즉 인간과 신 존재는 모두 지혜롭지만 신은 탁월하게 지혜롭다. 인간 존재가 지혜롭다는 말과 신 존재가 지혜롭다는 말은 서로 다르나(다의성), 이 두 존재의 지혜 사이에는 비례관계가 있다. 마치 기념품점에서 산 에펠탑과 빠리의 에펠탑이 서로 다르지만 비례관계인 것처럼 말이다. 이것이 '유비'의 의미다. 창조자라는 존재와 피조물이라는 존재는 서로 의미는 달라도 유비적인 관계에 있다는 것이다. 정리하면 대체로 서양존재론은 존재의 의미의 '다의성'에서 출발해, 한 존재가 다른 존재보다 '탁월'하다는 개넘을 도입하고, 그런 다음 '부정성'으로 나아가거나 '유비'로 나아간다.

이 질서는 서로 상관적인 두가지를 함축한다. 하나는 니체가 서양철학의 고질적인 습성으로 지적했듯 위계상 열등한 이 차안(此岸)의 세계를 참된 삶이 아닌 것으로 부정하고, 피안(彼岸)에서 참된 것을 찾아 헤맨다는 것. 소크라테스가 죽음을 맞이하며 이데아 곁으로 간다고 행복해한 데서 볼 수 있듯 이는 삶을 부정하고 죽음을 사랑하는 것이다. 다른 하나는 스피노자가 말하듯 현세적 존재의 원인인 탁월한 피안의 것의 내용을 우리는 인식하기보다는 '상상적으로' 채워넣는 일밖에 못한다는 것. 가령 햇볕은 우리 피조물을 따뜻하게 해주기 위해 만들어졌으며, 그것을 만든 이는 "왕자나 지고한 입법자" 같은 이라는 공상에서 보듯이 말이다.

이 두가지는 모두 우리 삶의 운명을 공상으로 꾸며진 피안에 맡긴 채 삶을 피안의 탁월한 것에 대해 열등한 것으로 비하하는 일이다. 나아가 만일 어떤 특정 인종이 피안의 탁월한 왕자와 자기 인종이 가장 닮았으므로 나머지 인종은 자기들보다 열등하다고 말한다면, 이는 인종주의가 암암리에 피안의 초월적인 것을 동경하는 존재론의 후원을 받고 탄생할 수 있다는 위험을 말해주는 것이리라. 가령『천개의 고원』의 일곱번째 글에 나오는, 그리스도를 서른세살 '백인' 남자의 얼굴에 투영하고서 이를 기준 삼아 인종적 열등성의 편차를 꾸미는 서구 종교의 사고방식에서 볼 수 있듯이 말이다.

3. 존재의 일의성

들뢰즈는 위와 같은 사고방식으로부터 서양 존재론을 구출해 '존재의 일의성'이라는 광활한 대지에서 먹여 살린다. 존재는 여러가지 의미가 아니라 단 한가지 의미로만 말해진다(일의성). 존재는 항상 하나의 동일한 의미로 말해진다는 주장의 뜻을 쉽게 설명하기 위해서 들뢰즈는 뜻과 지시체를 구별하기 위해 흔히 사용되는 '샛별-저녁별'의 예를 든다. 샛별과 저녁별은 의미상 서로 다르지만 그 두가지는 동일한 존재, 동일한 하나의 별을 가리킨다. 즉 샛별도 '존재하고' 저녁별도 '존재한다'고 말할 때 여기서 '존재'라는 말은 동일한 의미를 가지는 것이다. '야곱-이스라엘'의 예도 마찬가지다. 성서 속의 이 인물은 그의 형 에사오와의 관계 속에서는 야곱이라 불리지만 족장으로서는 이스라엘이라 불린다. 여기서 분명 야곱과 이스라엘은 그 의미가 서로 다르다. 그러나 야곱이 '존재하고' 이스라엘이 '존재한다'고 할 때 그 '존재함'이란 오로지 동일한 한 인물의 존재만을 의미한다. 그러므로 일의성은, 존재는 늘 한가지 의미이며, 그 존재가 말해지는 대상(야곱, 이스라엘 등)은 '다의적'이라고 요약할 수 있다. 철학사에서는 이 일의성을 구현한 자가 스피노자이다. 스피노자 철학에서 '연장(延長)'과 '사유'는 서로 다른 의미이지만, 동일한 한 존재의 형식들이다.

존재는 늘 한가지 의미이고, 오로지 그 이름들(또는 형식들)만이 다의적이라면, 존재는 이 형식들의 '차이'를 통해서만 언명된다고 할 수 있다. 즉 '차이'가 존재를 규정하는 근본 개념이 된다. 이를 쉽게 이해하기 위해 밤하늘의 번개를 예로 들어보자. 플라톤이라면 현상 가운데 번개가 나타나기 위해서는 먼저 번개의 정체성(동일성)에 관한 개념(이데아)이 있어야 한다고 말할 것이다. 그리고 그것은 현상세계 너머에 탁월한 형태로 있으며, 그 이데아를 분유받고 있는 현상계의 번개는 이데아보다 열등할 것이다. 이와 달리 들뢰즈에게서는 번개의 동일성(이데아)보다 '차이'가 먼저 온다. 번개는 어떻게 생기는가? 바로 빛과 어둠 사이의 '차이'에서 생긴다. 빛과 어둠의 차이에서 그 결과물로 하나의 정체성을 지닌 조형물(번개)이 출현하는 것이지, 하나의 조형물의 정체성을 결정하는 탁월한 것(이데아)이 먼저 있는 게 아니다. 그리고 앞서 들뢰즈의 인식론적 작업에서, 인식이 겨냥하는 본질이 '차이'라고 했을 때는 바로 이러한, 사물들의 성립의 근거로서 차이를 말하는 것이었다.

4. 부정성에 맞서서

존재 자체는 여러 의미를 지니지 않고 한가지 의미만 지닌다. 그리고 사물들의 정체성에 대한 청사진(이데아) 없이도 '차이'가 이 존재로부터 다양한 사물들을 출현시킨다. "차이는 모든 사물들의 배후에 있다. 그러나 차이의 배후에는 아무것도 없다"는 말이 잘 나타내주듯, 사물의 발생에서 "차이는 궁극적 단위"이다.

그러므로 차안의 사물들의 원인이라고 사람들이 믿었던 탁월한 피안의 세계는 어떤 자리도 차지하지 못한다. '내재성'이란 바로 이런 부가적인 초월적 세계를 가지지 않는다는 뜻이다. 또한 이 내재성의 세계에는 '부정'이 끼어들 수가 없다. 탁월한 피안이 없으므로, '차안이 아니다'라는 방식으로 피안을 생각할 수 있게끔 해주는 부정성이 사라져버리고 만다. 다음으로 '차이'만이 존재를 규정하므로 내재성의 세계 내적인 운동원리로서 부정성(헤겔의 부정성) 역시 거부된다.

들뢰즈의 차이 개념은 특별히 이 두번째 부정성, 헤겔의 부정성과 경쟁관계를 가지고 있다. 차이는 헤겔이 말하는 부정성, 즉 모순이나 대립이 아니다. 헤겔은 세계가 스스로 운동하는 까닭을 "개념의 자기 운동"에서 설명하려고 했다. 스스로 운동하는 이 개념이 바로 부정성이다.

『정신현상학』에서 헤겔은 말한다. "매개란 자기 동일적인 것이 스스로 운동하는 것이며, 자기와 맞서 있는 자아가 이를 자각하는 가운데 자체 내로 복귀하는 순수한 부정성으로서, 이 운동을 순수하게 추상화해본다면 이는 단순한 생성의 운동이다."

변증법의 핵심을 표현하는 이 말을 가능한 한 쉽게 설명해보자. 사람들 모두는 자기 동일적인 한 인간이다. 그들의 활동은 언제 시작되는가? 바로 자신에게 불만을 가질 때다. 거울을 들여다보고 자신을 혐오하면서, 거울 안의 자기에게 말한다. 이렇게 능력 발휘를 못하다니! 너는 내가 극복해야 할 장애야. 이때 자신과 거울 안에 대상화된 모습 사이를 매개해주는 것이 무엇인가? 바로 받아들일 수 없는 것에 대한 불만, 혐오의 감정으로 표현되는 부정성이다. 나 자신의 것으로 받아들일 수 없는 것이기에 논리상으로 이 매개 관계의 진면목은 '모순'이다. 이 모순이 거울 속에 비친 자신의 모습을 하나의 장애로 여기고 극복하는 운동을 시작하게 한다. 그래서 나의 존재는 더 나은 결과들을 낳는 생성의 운동 속으로 들어간다.

'차이'란 바로 이런 부정성이 아니며, 오히려 '비관계'를 뜻한다. 빛과 어둠이 병행적으로 있다는 사실에서 번개가 생겨나듯 차이는 부정성이라는 대립('나'와 '극복해야 할 나 자신'의 모순)의 운동 없이 사물을 출현시킨다. 부정성과 달리 "차이는 본질적으로 긍정의 대상, 긍정 자체이다." 차이는 서로 차이 나는 항들을 그 자체로 긍정하지, 극복의 대상(부정의 대상)으로 삼지 않는다. 이런 차이 내지, 차이 나는 항들로부터 개별자의 발생을 기술하는 것이 들뢰즈의 개체화 이론이다.

5. 개체화 이론

들뢰즈는 『스피노자와 표현의 문제』에서 스피노자를 해석하면서 자연 안의 힘들(사유하고자 하는 힘과 존재하고자 하는 힘)의 강도(intensité)의 크기를 개별자(유한 양태)의 다양한 '본질'(essence)의 출현으로 이해한다. 스피노자에게서 자연의 힘의 역학적 측면(강도)을 개체 발생의 원인으로 제시하는 해석은, 스피노자가 채택한 '기하학적 방법'이 절대자의 (생산하는) 자기 운동을 설명할 수 없다는(이럴 경우 스피노자의 절대자는 운동 없는 죽은 신이 된다) 헤겔의 스피노자 해석에 대한 반박으로서 의의를 지닌다. 유한 양태의 발생에 관한 이러한 설명은 『차이와 반복』에서 개체의 발생 이론의 밑그림을 이룬다. "강도적 크기의 본질적 과정은 개체화에 있다. 강도는 개체화하고 강도적 크기는 어떤 개체화 요인들이다." 힘의 정도에 따라 다양한 개체의 '본질'이 발생한다고 했을 때, 힘의 '정도들'을 가능하게 하는 것은 힘 안에 내재하는 '차이'다(당연히 힘 안에 내재적 차이라는 요소가 있으니, 그 차이를 원인으로 힘의 다양한 정도가 가능하다). 따라서 결론적으로 '차이가 개체 발생의 원인이다.'

지금껏 철학에서 지배적인 설명으로 행사해온 개체화 원인은 아리스토텔레스와 아퀴나스를 통해 널리 알려진 '질료인'이었다. 형상이라는 일반적 것에 질료가 개입해 개별자를 출현시킨다는 것이다. 이는 경험 안에 결과로서 출현한 개체를 보고서 그것의 요소 중 질료를 개체화의 원인으로서 '상상'한 것이다. 달리 말하면, 결과를 모방해 그 결과의 원인을 제시하는 것이다. 원인이 결과를 닮았다는 것이며, 원인이 결과를 닮는 일은 상상에 입각한 추측 이상이 될 수 없다. 결국 질료인은 상상적이다.

개체의 본질을 발생하게 하는 원인인 차이는 그런 상상적 원인, 결과로서의 개체를 보고 상상해낸 원인이 아니다. 그것은 이성의 질서에 입각한 사유의 산물이다. 가령 '허기'라는 하나의 개체를 보자. 이는 몸안에 영양분이 양적인 차원에서 결핍되다가 그 양이 일정한 도(강도)에 이르면 발생하는 '질적으로 독특한 하나의 본질'이다. 이런 식의, 강도에 입각한 개체의 발생에 대한 이론은, 철학사적으로는 들뢰즈가 영향을 받았던 스코투스에게서 그 스케치를 발견할 수 있다. 질송(Etienne Gilson)의 연구가 잘 부각시키고 있듯, 스코투스는 하나의 존재로부터 다양한 개체가 출현하는 것을 하얀빛으로부터 강도적 차이에 따라 다양한 색이 출현하는 것에 비유한다. (참고로 들뢰즈가 일의성의 철학의 계보 위에 스코투스를 위치시킬 때, 그의 스코투스 이해는 1952년 『요하네스 둔스 스코투스: 그의 근본 입장에 관한 개괄』로 대표되는 질송의 해석방식에 영향을 입고 있는 것으로 보인다.)

그런데 중요한 것은 강도적 크기는 개체의 '본질'(essence)을 출현시키지만, 이 본질에 대응하는 '실존'(existence)의 형성은 또다른 문제라는 것이다. 강도적 크기에 의한 개체의 본질의 출현을 '미분화'(différentiation)라 일컫고 이 본질에 상응하는 실존의 출현을 '분화'(différenciation)라 일컫는다. 본질에 대응하는 실존은 외연적 부분들의 합성을 통해 얻어지므로, 실존이란 본질을 표현하는 외연적 부분들의 관계라고 할 수 있다. 가령 외연적 부분에 해당하는 어떤 물질(영양분)은 역시 외연적 부분에 해당하는 한 물질(사람의 혈액)과 결합하기에 적합할 수 있다. 이 물질들의 결합의 원인은 인간의 본질이 아니며, 각각의 물질이 지닌 성격이다. 그러나 이 두 외연적 부분의 합성은 인간의 본질을 표현하기에 적합하다. 요컨대 실존하는 물질들을 주관하는 법칙은 그에 대응하는, 강도적 크기로서의 개체의 본질과는 별도의 성격으로 이루어진다.

6. 변증법에 맞선 '반복'

헤겔식 변증법에서는 부정성이 항들을 관계 맺어서 종합된 새로운 항으로 발전하게 해준다. (가령 다음과 같다. 의식은 하나다 → 경험은 다수다 → 의식은 다양한 경험의 종합이다) 반면 차이의 세계에서는 차이 나는 것들이 부정되지 않고, 계속 그 자체로 '반복'되면서 사물들을 생산한다. "차이는 반복에 거주한다." 반복은 무엇보다도 시간적 개념, 즉 '되풀이되는 시간'이며, 주어진 상태들의 긍정을 조건으로 한다. 주어진 상태들을 긍정하지 않는다면, 그것은 부정의 대상, 즉 지양의 대상이 될 것이고 따라서 다시 되돌아오는 일, 곧 반복은 없을 것이다. 생활 속에서 반복을 통한 생성의 예를 찾아보자. 아마도 반복을 통해 완성되는 음악·무용·시의 선율이나 후렴구는 반복이 사물의 생산에 관여한다는 것을 가장 잘 보여주는 예일 것이다.

또다른 예로 프로이트가 말하는 '트라우마(외상, 外傷)'의 경우가 반복을 통한 생성을 보여준다. 그가 분석했던 일종의 '대인공포증'을 앓는 환자 엠마의 경우, 사춘기 이전에 있었던 성추행 사건(상점 주인이 옷 위로 몸을 만진 사건)은 그 자체만으로는 아무 증상으로도 연결되지 않는다. 두 번째 사건(옷가게 점원이 웃은 사건) 안에서 요소들(상점, 옷 등)이 반복되자 비로소 트라우마가 발생한다. 즉 "두개의 인자가 모여 한 병인(病因)을 완성시킨다"는 프로이트의 말은, 들뢰즈식으로 하면 '반복이 하나의 대상을 출현시킨다'가 된다. 이렇게 『차이와 반복』에서 프로이트는 반복의 중요한 사례로 제시되지만, 후에 1970년대 정치철학적 작업 속에서는 오이디푸스의 보수성과 관련하여 비판의 대상으로 떠오른다.

반복은 또한 기쁨과 성숙의 문제이기도 하다. 반복을 통한 구원은 프루스뜨의 소설 『잃어버린 시간을 찾아서』의 근본 주제를 이룬다. 어려서 맛보았던 차와 마들렌의 맛을 다시 반복했을 때의 기쁨을 탐구하는 것이 이 긴 이야기의 처음이며 끝이라 할 수 있다. 여기서 과거 시간에 뒤늦게(사후적으로) 의미를 부여해주는 것이 바로 반복인 것이다.

7. 정치철학적 과제

이제 들뢰즈의 실천철학적 면모를 살펴보자. 1970년대 들뢰즈는 정신분석학자 가따리와 함께 유명한 작품 『안티오이디푸스』(1972)를 세상에 내놓는다. 정치철학서이자 정신분석을 비판하는 이 작품은 17세기 스피노자가 『신학정치론』(1670)에서 제기했던 물음을 당대의 정치적 환경 속에서 이어받고 있다. "인민은 왜 자신의 예속을 영예로 여기는가? 왜 인간은, 예속이 자신들의 자유가 되기라도 하듯 그것을 '위해' 투쟁하는가?" 물리적 억압을 동원하는 제도적인 장치들은 개개인의 내면에서 자발적으로 이루어지는 예속 없이는 결코 성공적으로 기능할 수 없다. 결국 그것들이 인간본성에 위배된다는 것이 드러나면서 와해될 것이기 때문이다. 따라서 제도적 억압의 성공은 그 요인을 개개 인간 내면에서 물어야 한다. 왜 사람들은 예속을 원하는가? 스피노자 시대에는 여러 형태의 교회가 사람들의 영혼을 가두는 감옥이었다면, 들뢰즈 시대 유럽에서는 정신분석학이 그 역할을 했다. 오이디푸스에 반대한다는 뜻의 책 제목 '안티오이디푸스'가 알려주듯, 내면적 예속은 부성적(父性的) 법에 의해 우리 마음이 '부정적으로' 매개되는 데서 이루어진다. (오이디푸스란, 부성적 법의 금지를 통해 죄의식과 함께 어머니에 대한 욕망을 발생시킨다는 함축을 지닌다.)

문제는 이런 오이디푸스의 작동이 단지 개개 가족에 머무는 것이 아니라, 세계사 속에 펼쳐지고 있다는 것이다. 역사 속에서 오이디푸스의 역할을 담당한 것을 찾자면 이른바 '위대한 인간'이 있다(가령 독재자들). 프로이트는 『인간 모세와 유일신교』(1939)에서 사람들은 '자연적으로' 위대한 인간에게 예속되기를 원한다고 말한다. "우리는 (아버지 역할을 하는) 위대한 인간이 왜 그렇게 중요한 것이냐고 질문을 할 만큼 어리석지는 않다. 우리는 인간의 집단이면 어디에든 권위에 대한 강렬한 희구가 있다는 것을 알고 있다. 말하자면 사람들은 존경을 보내고, 그 앞에서 고개를 숙이고, 지배를 받든 학대를 받든 강력한 권위자를 필요로 한다는 것이다." 『안티오이디푸스』는 바로 이런 견해에 맞서 싸운다. 위대한 인간이라는 갑각류 동물과 여기에 열광하여 예속을 영예로 여기는 대중이라는 미친 무척추동물을 세계사에 내쫓고자 하는 것이다.

상황은 앞서 살펴본 존재론에서와 유사하다. 존재론에서는 탁월한, 초월적인 원리가 피안으로부터 차안의 존재를 규정했다. 이 초월적인 원리는 기독교 시대에서는 신이었고, 현대에 와서는 오이디푸스가 된다. "아버지의 문제는 신의 문제와 같다." "오이디푸스는 신과 같다. 아버지는 신과 같다." 바로 이 아버지가 앞서 살펴본 부정성이 기능하도록 만든다. 즉 오이디푸스 때문에 나 자신은 긍정되어야 할 대상이 아니라 지양되어야 할 것, '가책'의 대상으로 만들어지는 것이다. (이와 같이 가책의 발생을 추적하는 책이라는 점에서 보면 『안티오이디푸스』는 동일한 주제를 탐구하는 니체의 『도덕의 계보학』으로부터 영감을 얻고 있다.) 이렇게 정신분석학은 외부적인 사회적·정치적·경제적 억압에 호응하여 개개인을 내면에서 옭아매는 학문이라는 것이 들뢰즈의 생각이다. 내 욕망이 아버지 아래서 억압과 금지를 통해 가책의 고통에 시달려야 하는 것이 당연한 일이라면, 마찬가지로 노동자(아이)로서 나는 영원히 자본주의 체제(아버지) 아래에서 각종 억압과 금지를 통해 가책을 겪어야만 하는 숙명이다. 이런 식의 억압적인 오이디푸스, 부성적 법, 초월적 지배자로부터 차안의 욕망을 해방시키고자 하는 것이 『안티오이디푸스』의 과제이며, 그 해방의 결과는 부성적 법 앞에 가책을 느끼는 인격화된 욕망이 아니라, 정체성을 지정받지 않는 다수의 익명적 욕망의 자유라는 형태로 나타난다. 이 익명적 욕망은 이 글의 초두에서 언급했던, 들뢰즈의 반인간주의의 구체적인 형태이기도 하다. 욕망은 초월적인 법 내지 부성적 법이 인격의 형태 속에서 제어할 수 없는 힘으로 드러나는 것이다. 초월적 원리에 지배받지 않고 유목민처럼 '탈주(도주)'하는 이 욕망의 긍정성을 한층 다양한 측면에서 조명하는 작업은 『안티오이디푸스』의 후속편인 『천개의 고원』이 떠맡게 된다.

이렇게 들뢰즈 철학은 존재론에서 정치철학에 이르기까지 삶을 부정하는 길을 차단하고, 삶을 제물처럼 바치기를 원하는 초월적 원리들과 싸우는 데 전념하고 있다. 삶은 단지 살라고 주어진 것이지 가책과 죄의식과 부정을 통해서 단죄하기 위함이 아니며, 저편 어딘가에 있는 최종적인 완성 단계를 목적으로 삼아 훈육받으며 머물고 있는 열등한 중간기착지 같은 것도 아니다.

| 서동욱 |

강도(intensité)

들뢰즈 존재론의 주요 주제 가운데 하나는 스코투스와 스피노자의 영향 아래 '개체화' 이론을 구성하는 것이다. 이 개체화 이론은 아리스토텔레스와 아퀴나스의 개체화 이론, 즉 개체화의 원인은 질료라는 학설에 맞서고 있다. '외연적 크기'(extensive Größen)와 달리 '강도적 크기'(intensive Größe)는 동질적 힘의 양의 변화에 따라 '질적으로 다른 개별적인 것'의 출현을 설명한다. 이런 이론을 배경으로 들뢰즈는 자연 안의 두 힘, 생각하는 힘과 존재하는 힘이 어떻게 수많은 다양한 개체를 출현시키는지 설명한다. '천개의 고원들'(Mille plateaux)이라는 들뢰즈 저작을 대표하는 표현은 바로 이 강도적 크기에 따라 출현하는 수많은 개체들을 나타낸다.

반복(répétition)

반복은 존재자를 주관하는 법칙의 지위를 갖는 것으로서, 변증법과 맞서는 개념이다. 키르케고르, 니체, 하이데거 등이 헤겔적 변증법에 맞서 반복을 사유한 철학자들인데, 들뢰즈 역시 이러한 계보를 잇는다. 헤겔에게서 최초로 주어진 어떤 것은 '부정성'에 의해 매개되지 않는 한 불완전한 것이다. 반대로 들뢰즈는 부정성에 매개되지 않는, 원초적으로 주어진 것이 계속되는 상태를 '반복'이라고 일컫는다. 반복 속에서 서로 '비관계'인(즉 서로 차이 나는) 원초적인 것들은 부정성을 통해 종합되지 않고, '공명'(résonance)을 통해 종합된다. 공명은 칸트의 과제인 '종합'을 들뢰즈가 부정성 개념 없이 기술하는 방식이다.

사유의 이미지(image de la pensée)

사유의 가능조건, 사유가 가능하기 위한 지평을 가리켜 사유의 이미지라 한다. 누구나 공유하는 것, 누구나 문제 삼지 않는 것, 그것 없이는 '보편적인 것으로서' 사유 자체가 가능하지 않은 것이 사유의 이미지다. 또한 그것은 사유가 가능하기 위해 밑그림처럼 전제되는 것이지, 사유의 대상이 아니라는 점에서 '사유 안의 비사유'라 일컬어지기도 한다. 들뢰즈의 주요 과제 가운데 하나는 고전

철학이 공리처럼 전제해온 사유의 이미지의 내용들이 임의적이라는 것을 비판한 후 임의적 전제 없이 '발생하는' 사유를 그려 보이는 것이다.

안티오이디푸스(anti-Œdipe)

들뢰즈의 사회철학 내지 정치철학을 대표하는 표현이 '안티오이디푸스'다. 오이디푸스는 거칠게 요약하자면 아버지라는 법의 금지를 통해 자아의 정체성이 형성된다는 정신분석학의 이론을 가리킨다. 그런데 이 오이디푸스에 대한 '안티(反)'를 주장한다고 해서 들뢰즈의 '안티오이디푸스'를 정신분석학이라는 한 학문에 대한 비판에 국한된 것으로 이해해서는 안 된다. 들뢰즈는 오이디푸스가 '가족적인 것'이 아니라 '역사적인 것'이라고 말한다. 이 말은 역사적인 한 생산체제, 즉 자본주의가 오이디푸스를 가져왔고 정신분석학은 그것에 학문적 형태를 부여했다는 것을 함축한다. 그러므로 '안티오이디푸스'는 정신분석학적 개념들에 대한 비판을 통해 자본주의 전체를 비판하려는 철학적 기획이다. 이 비판은 비판에만 그치지 않고 생산적 통찰로 이어진다. 바로 오이디푸스라는 법에 매개되지 않은, 그런 의미에서 금지를 통해 죄의식을 지닌 형태의 자아를 형성하지 않는, 비인격적이고 익명적인 n개의 욕망의 '분열증'(schizophrénie)이 수행하는 바의 긍정성에 대한 통찰이다.

차이(différence)

플라톤적 전통을 이어받은 서양철학은 차이를 부차적인 개념으로 여겼으나, 들뢰즈에게서 차이는 존재자들의 발생을 가능케 해주는 근본 개념의 지위를 지닌다. 플라톤적 전통에서 근본적 지위를 가지는 대표적인 개념은 '동일성'과 '유사성'이다. 개별자는 이데아의 동일성을 전제로 그 이데아와의 유사성을 통해 성립한다. 반면 들뢰즈에서는 차이가 개별자를 출현시키는 근본 개념이다. 가령 밤하늘의 번개는 어둠과 빛의 차이를 통해 출현하지, 번개의 이데아와 같은 조형성에 의존하지 않는다.

장프랑수아
리오따르

Jean-François Lyotard 1924~1998

15장 /

분쟁의
수호자

리오따르는 들뢰즈, 데리다 등과 함께 포스트모더니즘을 대표하는 철학자다. 그는 예술, 문학 그리고 철학 분야에서 1980년대를 풍미한 포스트모더니즘에 관한 논쟁에 심대한 영향을 끼친 인물이다. 포스트모더니즘은 오늘날 철학뿐만 아니라 인접 학문인 미학, 문화비판 등에, 그리고 현대인의 삶 속에 깊숙이 침투해 있다. 또한 그가 정보화사회라 일컬어지는 포스트모던적 사회에서 우리가 피할 수 없는 비인간주의에 직면해 있다는 것을 환기시키면서 이에 저항할 것을 촉구한 것은 미래에도 기술과 인간의 운명에 대한 반성에 지속적인 영향력을 끼칠 것이다.

리오따르는 1950년부터 1952년까지 알제리에 체류하며 르포르와 까스또리아디스(Cornelius Castoriadis)가 이끄는 극좌적인 사회주의 잡지 『사회주의인가 야만인가』(*Socialisme ou barbarisme*)를 자신에게 소개해준 쑤이리(Pierre Souyri)를 만난다. 이를 계기로 알제리 해방운동에 적극적으로 가담한다. 그는 1954년에 이 잡지의 편집위원이 되어 1955년부터

1966년까지 자신의 모든 에너지를 정치적 활동에 바치며, 이 무렵 알제리 전쟁에 헌정하는 13편의 논문을 작성한다. 1964년에는 사회주의 잡지 『노동자권력』(*Pouvoir ouvrier*)의 편집위원이 되기 위해 점차 반(反)맑스주의적이 되어가는 까스또리아디스 그룹을 떠나지만, 2년 후에는 '노동자권력'도 떠나면서 12년간의 이론적이고 실천적인 활동을 마감하고 오랜 정신적 위기의 시기를 맞게 된다. 1960년대까지 그는 소련의 스딸린식 맑스주의를 거부하고 맑스 사상의 재발견을 시도한 점에서 맑스의 비판자가 아니라 여전히 옹호자의 입장을 취했다. 하지만 15년 동안 자신이 가담하여 활동했던 이 그룹운동이 헝가리 사건으로 깨지면서 자본주의뿐만 아니라 사회주의도 역시 전체주의라는 인식을 하기에 이르고, 결국 맑스주의에 등을 돌리게 된다.

이로부터 그는 1950~60년대의 극좌적인 입장을 취했던 맑스주의 시대에서 미학이론을 구축하는 방향으로 선회하며, 1970년대의 철학의 미학적·언어적 전환 시기로 이행한다. 특히 1968년 5월 혁명은 위기에 빠진 리오따르에게 새로운 지적 탈출구를 열어준다. 낭떼르(Nanterre) 대학의 전임강사가 된 후, 그는 1971년에 예술을 리비도적 장치로 보면서 프로이트의 미학적 담론들을 차용하여 리비도 미학을 전개하는 『담론, 형상』(*Discours, figure*)을, 3년 후에는 이 세계가 모두 욕망이라는 리비도적 에너지의 체계임을 기술하는 『리비도 경제학』(*Economie libidinale*)을 박사논문으로 간행했다. 이 두권의 책은 맑스주의적 입장을 떠나면서 새로운 철학적 노선이 시작되고 있음을 보여주고 있다. 맑스주의와의 단절은 1980년대의 포스트모더니즘 철학에서 더욱 잘 드러난다. 리오따르는 1980년대에 들어서면서부터 포스트모더니스트로서 특히 후기 비트겐슈타인의 언어게임이론을 방법론으로 채택하여 전체주의, 단원사상을 해체하는 작업을 가속화한다.

리오따르의 저서로는『담론, 형상』(1971),『포스트모던적 조건』(*La condition postmoderne*, 1979),『분쟁』(*Le différend*, 1983), 『비인간적인 것』(*L'inhumain*, 1988) 등이 있다.

1. 거대 이야기의 파산과 철학의 미학적 전환

1930년대 이래 현대의 프랑스 철학자들, 이를테면 싸르트르, 까뮈, 메를로뽕띠, 레비나스와 마찬가지로 리오따르는 어떤 특정한 철학체계를 구축하는 데 관심을 갖기보다는 시대사적인 문제에 관심이 있었다. 따라서 그에게 사유의 텍스트는 역사적 현실이었다. 아우슈비츠, 굴라크 수용소 사건, 1·2차대전 등 20세기의 주요한 역사적 비극에 맞닥뜨려 리오따르는 그 근본적 원인을 추적하고, 그것이 다름 아닌 전체주의임을 폭로하였다. 그에 의하면, '전체'라는 이름은 근대인들에게 저항할 수 없는, 그리고 복종할 수밖에 없는 절대적 '권위'의 이름이었다. '전체를 위하여'에 거부나 불복종은 허용될 수 없으며, 따라서 전체의 이익에 걸림돌이 되는 소수에 대한 테러가 용인되고 정당화되었던 것이다. 이러한 전체주의에 반감을 품은 리오따르의 철학적 사유는 사회적 약자, 소수자, 열외자 등의 권리와 인권을 되찾기 위해 모든 전체주의의 테러를 근절하는 것을 목표로 한다.

리오따르가 전체주의에 반감을 갖게 된 좀더 직접적인 이유는 당대의 역사적 사건, 즉 1960년대 말 프랑스와 동구 유럽에서 발생한 두 사건에 대한 경험 때문이었다. 먼저 동구 유럽에서 발생한 사건, 즉 1968년 체코슬로바키아의 둡체크(Alexander Dubček)에 의해 시발된 자유화 운동이 소련의 강제 진압으로 무참히 짓밟힌 사건은 리오따르로 하여금 사회주의 체제에 대한 믿음을 더이상 유지할 수 없게 했다. 다음으로 68혁명은 사실상 일부 좌파 지식인들, 예를 들면 들뢰즈와 가따리, 푸꼬 등과 마찬가지로 리오따르에게 전체주의의 근본적인 뿌리를 추적하고, 그것을 전복할 수 있는 대안을 찾도록 자극했다. 그는 68혁명에 직접 참여하며, 다른 좌파 지식인들과 마찬가지로, 전통적인 맑스주의자들의 폐쇄적이고 완고한 태도에 직면했다. 이것이 바로 리오따르가 좌파적 지식인임에도 불구하고, 맑스주의에 비판적 시각을 갖게 된 이유로 작용한다.

리오따르는 1970년대 초반에 맑스주의에 대한 이러한 비판을 구체화하는 저술들을 내놓는다. 가령 『맑스와 프로이트로부터의 표류』(*Dérive à partir de Marx et Freud*)와 『리비도 경제학』 그리고 『충동적 장치들』(*Des dispositifs pulsionnels*) 등이 있다. 리오따르는 좌파 정권의 권력기관, 관료주의적인 사회구조 등 어느 곳에서나 특정한 형태의 권력욕이 나타나고, 그 속에서 인간은 노예로 전락할 뿐만 아니라 심지어 노예상태를 즐기는 것이 현실임을 지적한다. 그에 의하면, 이러한 사회주의의 현실은 사회주의 이념이 더이상 믿을 만하지 않다는 것을 보여주며, 또한 경제적인 하부구조가 정치·철학 등의 상부구조(이데올로기)를 결정한다는 경제결정론 대신 그 속에서 지배받고자 하는 무의식적인 충동, 즉 리비도로부터 노예근성을 가진 인간이 해방되어야 함을 말해야 옳다는 것을 보여준다. 이것은 처음부터 자본주의의 대안으로서 기대를 걸었던 동유럽의 사회주의에 대한 기대가 송두리째 흔들렸음을 시사한다.

게다가 지난 50년간의 정치와 경제에 대한 분석으로부터 리오따르는 『아이에게 설명된 포스트모더니즘』(*Le postmoderne expliqué aux enfants*)이라는 책에서 후기산업사회에서 전체주의를 지지하고 정당화해주었던 거대 이야기의 파산이 마무리되었음을 선언하기에 이른다. "프롤레타리아적인 것은 모두 공산주의적이고 공산주의적인 것은 모두 프롤레타리 아적이다. '1953년 베를린, 1956년 부다페스트, 1968년 체코슬로바키아, 1980년 폴란드' (…) 등은 역사적 유물론을 반박한다. 노동자들은 당에 대립한다. 민주적인 것은 모두 국민에 의한, 국민을 위한 것이다. 역으로 '1968년 5월'은 의회자유주의의 이론을 반박한다. 사회적 일상이 대의적 제도의 와해를 고한다…" 리오따르에 의하면, 이러한 사건들은 근본적으로 인간의 해방을 추구하는 거대 이야기(grand reçit)의 정당성이 상실되었다는 것을 여실히 보여준다는 것이다. 이로부터 리오따르는 전체주의와 전체주의를 이론적으로 정당화하는 '거대 이야기', 이를테면 기독교적 이야기, 계몽의 이야기, 공산주의적 이야기, 자본주의적 이야기 등의 종언을 선언하기에 이른다. 한걸음 더 나아가 리오따르는 이거대 이야기를 근거지어주는 것은 근대의 보편적이고 계몽적인 이성이었음을 폭로하면서 총체화하는 이성의 폭력성을 인식하고 전체주의적 주체를 거부할 것을 주장한다.

이러한 이유로 리오따르의 사유는 이론적 담론의 청산에 축을 두는데, 이는 전체주의의 테러가 모든 담론을 진리를 목적으로 삼는 이론적 담론으로 환원하는 것에서 비롯되기 때문이다. 리오따르는 당대의 철학 안에서 이러한 요소를 발견한다. 즉 그는 구조주의와 현상학 안에 근대철학에서 상속받은 이러한 사변적 요소들이 숨겨져 있음을 주목한다. 먼저 구조주의에 대해서 리오따르는, 한편으로 정신이 세계 전체를 규정하고 따라서 세계 자체가 곧 정신이라고 보는 헤겔의 사변적 담론과 비교할 때 오히려 인간이 언어의 구조나 무의식 등에 의해 구성된 존재라고 보는 점에서 상이하지만, 다른 한편으로 헤겔의 논리학과 모든 외면성을 관계들의 체계의 내면성으로 바꾸는 동일한 경향을 공유한다는 점에서는 다르지 않다고 평가한다. 또한 현상학은 '사물들 그 자체로 돌아가라'(Zu den Sachen selbst)는 슬로건을 내걸면서 실재에 관한 지식의 근거를 세우기 위해 실재에 주목했는데, 이 실재는 의식의 외부에 존재하는 대상이 아니라 의식에 의해 구성된 대상이다. 따라서 리오따르는 현상학이 자신에게 자신의 물질적 실재를 되돌려주기를 거부하고 의미의 원천을 객관적인 것과 주관적인 것 사이에 유지하면서, 모든 대상을 의식내재적 대상으로 환원한다는 점에서 사변철학과 공모하고 있다고 지적한다. 이때 현상학은 객관적인 것이 이미 부정과 초월로써 주관적인 것을 담고 있다는 것과 물질 그 자체가 의미임을 알지 못함으로써 의미와 지시대상의 저 너머, 즉 언어 밖의 지점에는 닫히게 된다. 이것은 현상학이 구조주의와 마찬가지로 전체주의의 위험에 노출되어 있음을 시사한다. 구조주의적 체계의 공간이 모든 것을 하나의 체계로 환원한다면, 현상학적 담론의 공간은 모든 것을 하나의 이론적 담론으로 환원하려는 경향을 갖기 때문이다. 즉 체계나 담론으로 환원되지 않는 것은 추방당하고 배제되는 것이다.

따라서 구조주의와 현상학을 뛰어넘기 위해 리오따르는 『담론, 형상』에서 언어 밖에 사유의 지점을 열어주는 것으로 보이는 정신분석학과 예술의 공간으로 나아간다. 그는 구조주의적 체계의 공간과 현상학적 담론의 공간으로부터 정신분석학과 예술의 욕망의 공간을 구별하면서, 언어와 담론의 가장 깊은 곳에 지식과 욕망이 근원적인 관계를 맺고 있음을 폭로한다. 정확히 말하면, 언어를 가능하게 하는 '근원적이고 전(前)언어적인 분열' 속에 지식과 욕망의 통일, 그로부터 주체와 대상, 현실과 상상, 과학과 예술 사이의 양극화가 파생되는 담론과 회화(繪畵)의 통일이 있다는 것이다. 그러므로 리오따르에 의하면, 모든 사변적인 전체화를 거절하는 철학에서는 말하지 않은 것이 말하는 것 속에 '숨겨져 있으며' 인식의 모든 과정의 기원에는 '욕망'이 있음을 내건다. 따라서 전체주의의 테러를 극복하기 위한 리오따르의 사유는 다양한 것들의 통제에도 언어의 규약에도 예속되지 않으며, 지울 수 없는 예술의 측면이 있음을 언급하는 것으로 시작한다.

리오따르에 의하면, 예술과 정신분석학은 언어 이전의 영역을 대상으로 한다는 점에서 유사점을 갖는다. 하지만 쾌락의 원리와 관계가 있는 정신분석학과는 달리, 예술은 죽음의 충동과 관계가 있다. 이러한 이유로 정신분석학은 이른바 2차 과정(processus secondaire, 의식의 개입에 의해 욕망을 언어로 가공하는 과정)에 대한 이론화가 가능하지만, 죽음의 충동과 관계가 있는 예술은 이론적 담론으로 환원하는 것이 가능하지 않다는 것이다. 전체주의의 테러로부터 예술이 자유로운 것은 이처럼 담론의 질서로 환원될 수 없다는 데에 있다. 이론적 담론이 이성의 보편성과 통일성을 요구하는 반면에, 예술의 영역은 이론적 담론을 구성하는 번역으로도 환원으로도 이루어지지 않는 전혀 새로운 영역이기 때문이다.

『담론, 형상』에 일관되게 흐르고 있는 '이론적 마조히즘'에 대한 비판적인 태도를 근본화하기 위해 리오따르는 『리비도 경제학』을 저술한다. 이 책의 과제는 이론적 담론의 한계들을 정하는 것이 아니라 '다른' 담론의 장르, 즉 예술의 욕망의 공간 속에서 그것을 아예 뛰어넘는 것이다. 그러나 그는 『리비도 경제학』에서 욕망의 철학 안에 플라톤의 원죄를 지속시키는 사변적 형이상학이 흐르고 있음을 포착한다. 이 '원죄'는 테러의 전체주의적인 유혹에 사유를 노출시키면서, 존재로부터 당위를, 서술적인 것으로부터 규범적인 것을 파생시키는 것으로 이루어진다. 이러한 관찰은 리오따르를 출구 없는 궁지 속에 빠뜨리는데, 이는 『리비도 경제학』이 궁극적으로 욕망의 '긍정적인' 윤리학에 의해 나타난 곤경을 벗어나기 위한 어떠한 시도조차도 거부하는 것처럼 보이기 때문이다.

결국 언어 밖의 존재에 대한 주장은 리오따르의 회화적 미학과 리비도적 이교도주의를 궁지에 내몰며 그를 이른바 '20세기의 전환'이라는 '언어적 전환'으로 나아가게 한다. 이로부터 그의 이교도적 시기와는 정반대로, 그는 언어의 밖이 존재하지 않는다는 주장을 하기에 이른다. 따라서 철학의 미학화를 추구하던 리오따르는 예술의 공간인 언어 밖의 존재를 인정하는 것이 모순임을 깨닫고, 『포스트모던적 조건』에서 그것을 단념하고 비트겐슈타인의 언어게임이론과 J. L. 오스틴(Austin)의 화용론(話用論)에 힘입어 언어적 전환에 의해 이 궁지로부터 빠져나가고자 한다.

2. 포스트모던적 기획

리오따르는 1960년대 이래로 북아메리카 대륙의 문학비평 분야에서 주된 관심의 대상이었던 '포스트모던'(postmoderne)이라는 개념이 점차로 건축·음악·연극·무용·사회학 등의 분야로 확산되고 있음을 목도하면서, 철학의 영역 안에 이 개념을 끌어들여 모던에 대한 비판적 토론의 장을 열었다. 1979년에 출판한 『포스트모던적 조건』은 철학계에 포스트모던에 관한 열띤 논쟁을 야기한 대표적 저서이다. 원래 캐나다 퀘벡 정부의 요청으로 쓰인 이 책의 과제는 선진화된 산업자본주의 시대에서 지식은 어떤 특성을 갖고 있는가라는 문제를 해명하는 것이었다. 간단히 말한다면, 이 책은 '선진 사회의 지식에 관한 보고서'인 셈이다. 따라서 이 책의 주제는 모던적·계몽적 사회에서 정립된 지식 개념이 포스트모던적 사회에서는 어떻게 변형되고 있고, 또 어떻게 이해되어야 하는지를 탐색하는 것이다.

리오따르는 '포스트모던적' 사회 또는 '선진' 사회에서의 지식의 조건을 규명하기 위해 먼저 모던 시대의 지식 개념을 정립하는 것으로부터 시작한다. 그는 이 책의 서두에서 '모던'과 '포스트모던'이라는 용어에 대한 구분과 정의를 제시하는데, 이것들은 지식의 특정한 형태를 나타내는 개념들이다. '모던'이라는 용어는 지식을 정당화하기 위해 메타담론(métadiscours)들에 의지하는 것을 가리키기 위해 사용된다면, '포스트모던'이라는 용어는 "19세기 말부터 과학, 문학 및 예술의 게임규칙에 영향을 끼친 변형들 이후의 문화상태"를 지칭하는 개념으로 사용된다. 그는 이러한 변화들을 이야기의 위기와 관련하여 설정하는데, 모던 사회에서 이론과 실천을 정당화해주었던 메타담론이나 거대 이야기에 대한 불신이 바로 포스트모던적 사회의 특징이라는 것이다.

따라서 리오따르에 의하면, 거대 이야기 또는 메타담론에 의거하는 과학적 연구의 정당성도 위기에 처하게 된다. 과학적 연구를 정당화하는 담론은 크게 두가지로 나타나는데, 하나는 인간해방의 이야기요, 다른 하나는 철학적 체계를 통한 모든 지식의 사변적 통일이라는 이야기이다. 전자는 18세기 말의 계몽사상과 프랑스 대혁명의 전통이며, 이 전통에서 철학은 이미 정치적 성격을 띠고 있는데, 68혁명의 유산을 상속한 리오따르는 바로 이 전통 속에 뿌리를 박고 있다. 후자는 독일의 헤겔적 전통이며, 이것은 헤겔 이전에 존재하던 메타 이야기들을 자유의 원리라는 거대 이야기로 통합하며 현실적 참여보다는 전체성의 가치를 중심으로 조직되는 관념적 전통으로서, 하버마스(Jürgen Habermas)가 지지하고 있는 전통이다. 리오따르는 포스트모던적 시대에 이 두 이야기가 신화일 뿐이라고 언급하는데, 이는 두 유형의 이론적·실천적 정당화 담론이 허구에 불과하며, 그 이야기들이 약속하는 해방과 자유가 실현될 수 없다는 것도 역사가 보여주었기 때문이라는 것이다.

리오따르는 이런 현상을 '포스트모던적 생활양식'이라고 부른다. 이는 1950년대 이래 고도로 발달한 산업사회에서 나타나는데, 우선 기술의 혁신으로 지식은 그 전통적인 특성, 즉 사용가치를 상실하고, 지식의 정보화 현상으로 교환가치라는 성격을 띠게 되었다. 또한 정보 기계가 양적으로 팽창하고, 현대적인 정보체계, 컴퓨터, 자료은행 등이 발달함으로써 정보망을 통해 누구나 지식에 접근할 수 있게 되고, 또 지식 자체는 어느 누구도 독점할 수 없게 되었다. 정보화사회에서 지식은 정보체계에 맞게 번역될 때에만 비로소 소비될 수 있기 때문에, 지식을 생산하는 사람들이나 소비하는 사람들은 정보언어로 번역된 지식과 관계한다. 그러므로 정보화된 사회에서는 지식이 인격도야를 추구한다는 종래의 입장은 종식되고, 지식은 하나의 상품으로서 다른 상품과 마찬가지로 팔리기 위해서 생산되며 또한 새로운 생산에서 더 높은 가치를 부여받기 위해서 소비된다.

그러므로 지식이 상품화된 포스트모던적 시대에 문제가 되는 것은 지식이 어떤 거대 이야기에 예속되어 있는지의 여부가 아니라 한 지식이 특정한 상황 속에서 어떻게 소비되느냐 하는 것이다. 또한 모던적 사회에서는 어떤 지식이 참이냐가 문제가 되었다면, 포스트모던적 사회에서는 어떤 지식이 우리에게 무슨 이익을 가져다주느냐가 문제가 된다. 뿐만 아니라 지식을 이야기할 때는 진리와 윤리의 측면을 함께 고려하던 모던과는 달리, 포스트모던적 사회에서는 우리가 알아야 할 것을 누가 결정하며, 어떤 결정이 내려져야 하는가에 대해서 누가 알고 있는가가 문제가 된다. 이처럼 비인간적인, 윤리가 전혀 문제가 되지 않는, 자동화된 정보에만 얽매이는 생활양식이 포스트모던적 사회의 조건이라면, 이 사회는 그야말로 비인간화를 초래할 수밖에 없지 않을까?

그러나 지식의 탈윤리화 현상에 직면하여, 리오따르는 포스트모던적 문화에 대한 부정적이고 회의적인 입장을 취하는 것이 아니라, 오히려 비트겐슈타인의 언어게임이론을 통해 긍정적인 입장을 피력한다. 리오따르가 비트겐슈타인의 언어게임이론을 빌려온 이유는 그것이 고도로 발전된 산업사회에서 지식이 유통되는 양상을 잘 구현해주기 때문이다. 정보화사회에서는 언어가 존재와는 비교할 수 없을 정도로 중요한 역할을 하는데, 이는 고도로 발달된 산업사회에서 언어는 정보망을 통하여 의사교환을 가능하게 해주는 기능을 담당하기 때문이다. 포스트 모던적 지식의 경우에는 지식이 정보화된 언어의 형태로만 유통될 수 있다는 점에서, 지식과 언어가 동일하다고 할 수 있다. 바로 이것이 리오따르가 메타담론에 의존하는 모던과 대조되는, 포스트모던이라는 정보화된 사회의 정보언어 그리고 이와 밀접한 관계가 있는 언어게임을 언급하고 있는 이유이다. 포스트모던적 언어는 메타담론을 위해 쓰이는 단 하나의 언어가 아니라 다양한 언어놀이에 쓰이는 다양한 언어들이다. 따라서 포스트모던적 지식은 다양한 언어게임을 무리하게 하나의 언어게임으로 환원하는 시도에 저항하면서 차이에 대한 우리의 감수성을 세련되게 하며 공약불가능성(incommensurabilité)에 대한 우리의 인내력을 강화시킨다. 리오따르에 의하면, 이런 지식은 합의가 아니라 차이나 불일치에 의해 정당화된다. 따라서 그에게 가장 중요한 언어게임의 효과는 규칙의 채택을 타당하게 하는 것, 즉 불일치의 탐구이다.

리오따르가 후기 비트겐슈타인의 언어게임 개념을 따라 언어란 그것이 사용되는 상황과 맥락에 따라 동일한 기표의 의미조차 달라진다고 하면서, 어떤 구조나 보편적 체계를 전제하는 것이 더이상 불가능하게 되었다고 선언하는 것 역시 이러한 맥락에서 이해될 수 있다. 이러한 이유로 리오따르는 각 부분들이 갖는 고유성과 이질성을 어떤 보편적인 규칙이나 구조, 규범으로 환원하기를 거부하며, 반대로 그것들에 의해 표현되지 못하게 된 것들을 드러냄으로써 보편적인 규칙이나 규범에 대해 '분쟁'을 벌일 것을 주장한다.

따라서 리오따르의 포스트모던적 기획은 보편적 이성 대신 특수 이성을, 동일성 대신 차이를, 언어게임들 간의 공약성 대신 공약불가능성을, 이론적 담론 대신 예술적 담론을 내세움으로써 전체를 위한 소수에 대한 테러의 가능성 자체를 이론적으로뿐만 아니라 실제적으로도 차단하는 것을 겨냥하고 있다.

3. 분쟁의 실행

리오따르는 한층 사회학적 저작인 『포스트모던적 조건』에서 다룬 내용을 더욱 심도있게 논의하기 위해 철학적 토대를 구축할 필요성을 절감하고, 1983년에 자신이 가장 중요한 철학서라고 고백하는 『분쟁』을 간행한다. 『포스트모던적 조건』에서 얻은 통찰, 즉 지배적인 논증 및 타당화 규칙에 어긋나는 입장은 제시될 수 없다는 인식하에, 그는 이 책에서 분쟁의 실행만이 다양하고 이질적인 것들 사이의 갈등의 유일한 해결책임을 제시하고자 한다. 그러므로 이 책의 과제는 갈등하고 있는 두 당사자 간의 불일치를 탐구하는 것이고, 이는 궁극적으로 분쟁의 존재를 확인하는 것이다.

리오따르는 『분쟁』의 서두에서 포스트모던적 조건인 공약불가능성의 원리에서 한걸음 더 나아가 대립적인 것들의 갈등을 두가지 종류로 예리하게 구분하는데, 변호인이 논증하고 증명할 수 있는 경우를 가리키는 소송(litige)과 변호인이 논증할 수단이 박탈된 경우 따라서 희생자인 경우를 가리키는 분쟁(différend)이 그것이다. 상호간의 갈등에 동일한 규칙을 적용할 수 있는 소송의 경우는 조정과 화해가 가능하지만, 분쟁의 경우에는 그것을 적용할 수가 없기 때문에 조정이나 화해의 대상으로 삼을 수가 없다. 예컨대 "경제적이고 사회적인 법은 경제적이고 사회적인 파트너들 사이의 소송을 조정할 수 있지만, 노동력과 자본 사이의 분쟁은 조정하지 못"하며, "나치, 히틀러 아우슈비츠, 아이히만과 관계가 있는 분쟁은 소송으로 변화될 수 없고 판결에 의해 조정될 수 없다"는 것이다. 아우슈비츠에서 겪은 손실의 실재는 협상이나 합의에 의해서 접근될 수 없기 때문이다. 그러므로 리오따르는 분쟁을 소송으로 환원하는 것에 대해 강력히 반대하는데, 이는 부당할 뿐만 아니라 심지어 약자에 대한 강자의 테러가 동반될 수 있기 때문이다. 누군가가 어떤 부정(injustice)의 희생자인지 아닌지의 문제는 인지적 문장으로 환원될 수 없는데, 이는 희생자로서 그 또는 그녀는 분쟁의 주체이기 때문이다. 분쟁의 존재는 인지적 용어로는 표현될 수 없는 부정의 기호이기 때문에 인지적으로 규명될 수 없다는 것이다.

이러한 맥락에서 리오따르는 포스트모던적 사회에서 역사·정치·언어·예술·사회 등에 접근하는 방법이 더이상 보편적일 수 없고 오직 국지적으로만 가능함을 역설한다. 『분쟁』에서 그는 '역사의 기호'에 대해 논하면서, 『판단력비판』에 나오는 칸트의 숭고 개념에 비추어 역사적 사건을 해석할 것을 제안한다. 리오따르에 의하면 숭고의 미학에서 본질적인 것은 "말해질 수 없는 것 또는 표현될 수 없는 것을 암시하는 것"이다. 말하자면 숭고는 "일어나고 있다는 것의 의미"가 아니라, "일어나고 있다는 것 자체", 즉 "발생 자체"와 마찬가지로 지성으로는 파악할 수도 표현될 수도 없는 것의 기호이다. 그렇기 때문에 숭고는 하나의 순수한 기호인 것으로 이해되는 분쟁의 기호가 된다. 이제 철학자의 임무는 이러한 분쟁의 기호들을 찾아내는 것이다. 어떤 보편도 실재 대상과 상응할 수 없기 때문에, 보편과 실재 대상을 결합하려는 시도는 오로지 전체주의와 그에 따른 타자의 배제를 초래할 수 있을 뿐이다. 진정한 역사적 사건은 어떤 기존의 담론 장르에 의해서도 표현될 수 없다. 다시 말해 역사적 사건은 분쟁의 한 실례다. 이와 같이 보편 관념과 구체적인 실재 사례 사이의 일치가 불가능함을 조명하는 능력이 바로 리오따르의 논증이 지닌 힘이다. 따라서 리오따르가 『분쟁』에서 일관되게 보여주고자 한 것은 분쟁만이 모든 것을 하나의 단일한 장르로 환원하고, 분쟁의 숨을 죽이는 전체주의적 착란에 대한 해독제라는 것이다.

따라서 여러 특수 이성이 존재하며 자기 고유의 규칙체계를 따르는 다양한 담론이 존재한다는 것을 보여주기 위해, 리오따르는 칸트의 '능력 비판'과 비트겐슈타인의 '언어 비판'을 차용한다. 칸트가 능력들의 분리와 능력들 간의 갈등을 드러내고 비트겐슈타인이 언어게임을 해체한 것이 리오따르의 포스트모더니즘에서 주장하는 담론 장르들 또는 이성들 간의 불일치, 분쟁의 사유방식과 일치하기 때문이다. 따라서 리오따르는 『포스트모던적 조건』에서 방법론으로 채택한 언어게임들 대신 『분쟁』에서는 다양하고 이질적인 '문장들의 체계'와 '담론 장르들'에 대한 이야기를 『포스트모던적 조건』에서 제시한 불일치와 탈정당화의 원리의 실천 방안으로 하여 분쟁을 구체화한다. 이와 같이 리오따르의 분쟁의 관점은 언어게임들 사이의 공약불가능성과 번역불가능성을 강조하며, 이른바 보편성 아래에 질식된 경우들로부터 이질성을 탐지하고 그것을 증언하는 것으로 이루어진다.

사실 『분쟁』의 시작부터 리오따르는 『포스트모던적 조건』에서 영감을 주었던 것보다 훨씬 더 근본적인 관점에서 언어문제와 대결하려는 의지를 내비쳤다. 20세기의 새로운 언어적 전환은 언어를 현대적 반성의 중심부에 놓는 일대 코페르니쿠스적 혁명이었다. 『분쟁』과 함께 이

전환은 언어의 외부에 있는 비언어적 '바깥', '객관적인' 실재 그리고 경험적이거나 초월적인, 개인적이거나 상호주관적인 주체에서 모든 지 시대상이 정화된 언어에 절대적 가치를 부여하며 그 '혁명'을 가장 완벽하게 성취했다. 리오따르에 의하면, 이전의 저작들에서 언어의 문제는 여전히 언어 밖의 환상과 '신인동형동설적인 환상'에 의해 오염되어 있다는 것이다. 말하자면 언어게임이론들은 그것에 따라 표현의 의미가 그 용법에 의해 결정된다는 원칙의 지배를 받고 있었다. 리오따르는 한편으로 『분쟁』에서 언어적 '실천'의 철학이 관념론의 속박으로부터 언어적 실재들의 복수성을 해방시켰다는 장점을 인정하지만, 다른 한편으로 언어게임이론이 아직도 인간학적 환원의 위험, 언어의 '주인'이자 '사용자'이고 싶어 하는 준-초월적인 신인동형동설적인 주체의 선입견에 의한 통일의 위험에 노출되어 있다는 것도 간과해서는 안 된다고 지적한다. 요컨대 언어를 자유로이 사용할 상태에 있는 주체가 없기 때문에 의미가 사용에 의해서 결정된다는 주장은 잘못되었다는 것이다.

이와 같이 리오따르는 비트겐슈타인의 전기 입장, 즉 말할 수 없는 것에 대해 침묵하는, 그러나 '표현할 수 없고 신비적인 언어 밖'의 모든 실재를 보존하는 『논리 철학 논고』의 언어논리로부터 그의 후기 입장, 즉 말할 수 없는 것에 대해 말하라는 『철학적 탐구』의 언어이론으로 이행한다. 그에 의하면, '절대적인 밖'에 접근하는 것처럼 보이는 미학적이고 윤리적인 경험들은 언어의 그릇된 사용에 의해서 산출된 환상들일 뿐이다. 달리 말하면, 언어는 '밖이 없다'는 것이다. 이러한 점에서 리오따르는 한편으로 소피스트로서, 실재의 '의미'는 전적으로 밖이 없는 언어에 의해서 결정된다고 보고, 다른 한편으로 철학자로서 그는 사유의 과제가 '말할 수 없는 것'을 말하는 것이라고 주장한다.

4. 비인간적인 것에 저항하기

리오따르는『포스트모던적 조건』에서 선진 산업사회에서의 지식의 위상에 대한 연구를 통해 '거대 이야기' '메타담론'에 대한 불신과 회의주의에 근거해서 새로운 문화적 패러다임의 출현을 공표했었다. 즉 정보화사회는 거대 이야기 대신 무수한 '작은 이야기'를 추구할 기회를 가지며, 이에 따라 정치권력은 개인에게 되돌려지고 권위주의적인 국가의 권력 기반은 위협받으며, 거대 이야기, 즉 이데올로기적 예속으로부터 자유로운 시대를 예고했었다.

그런데『포스트모던적 조건』의 출현 이후 10년도 채 안 되어 출간된『비인간적인 것』에서는 자유로운 사회에 대한 낙관적 전망은 흔들리고 훨씬 더 어두운 색조가 드리워진다. 이 책에서 리오따르는 인류가 지난날의 거대 이야기를 대체하는 새로운 적들을 만나게 되었다고 주장한다. 요컨대 그는『비인간적인 것』에서 태양의 열사망 이후 '생명'을 연장시키려는 목적으로 컴퓨터가 인간을 대신하게끔 프로그램화되리라는 두려움을 피력한다. 인간이 기술을 통제하는 시대에서 이제 기술이 인간을 만드는 시대로 변모했음을 뜻하는 것이다. 그러나 그때 살아남는 것은 인간의 생명이 아닐 것이며, 따라서 그는 인간성과 그 가치를 희생시키면서 기술의 영역을 확장하려는 '기술-과학'(techo-science) 세력의 후원을 받아 이루어지는 그런 '비인간적인' 해결책으로 전환하는 것에 철저히 반대한다. 왜냐하면 "효율성이 지배하는 세계에서 도덕성은 사라지며, 이러한 현상은 인간성의 영역에서도 마찬가지이기" 때문이다. 이에 대해 리오따르는 "비인간적인 것에 저항하는 이외에 다른 무엇이 '정치'로서 남아 있는가?"라고 하면서 발달된 기술에 의해 계획되고 있는 인간 소멸에 대항해서 자신과 함께 투쟁할 것을 촉구한다. 리오따르는 철학자로서의 자신의 과제가 바로 이런 과정을 증언함으로써 기술-과학적 세력이 은밀하게 추진하는 계획이 실현되지 못하게 하는 것임을 분명히 한다.

기술-과학을 비난할 때, 리오따르가 특히 지목하는 것은 인공지능인 데, 이것은 지구와 지구의 자원에 대한 지배를 놓고 인간과 겨룰 또 다른 진보된 생명 형태라고 할 수 있기 때문이다. 오늘날처럼 비인간적인 것과 함께 산다는 것과 비인간적인 것의 의지에 예속된다는 것은 전혀 다른 문제이다. 만약 '비인간에 고유한 것'과 '인간에 고유한 것' 사이에 충돌이 일어난다면, 비인간적인 것의 본성은 모든 인간에게 '심각한' 문제가 될 것이다. 이것이 바로 리오따르가 자신의 포스트인간주의적 경향에도 불구하고 포스트인간주의(post-humanism)의 한 형태인 '비인간주의'(inhumanism)를 몹시 염려하고, 그래서 후기 작업에서 되풀이해서 우리의 경계심을 일깨우는 이유이다. 컴퓨터가 더 효율적이 될수록 그리고 우리가 일상적인 삶을 영위하기 위해 컴퓨터 작용에 의존하게 될수록, 우리는 컴퓨터의 지배자가 아니라 컴퓨터에 더욱더 종속된다는 것은 부인할 수 없다. 말하자면 2000년부터 발생한 '밀레니엄 버그'라고도 일컬어진 'y2k' 문제가 그 대표적인 사례. 그렇다면 과연 기계가 인간을 지배하는 현상이 확장되는 것을 어디까지 내버려둘 것인가? 이 문제는 오늘날의 도덕적 딜레마임에 틀림없다.

이러한 비인간주의의 위협을 극복하기 위한 대안으로 리오따르는 그의 후기 저작에서 새로운 형태의 인간주의를 제안한다. 그에게 있어서 새로운 인간주의는 자연세계를 지배함으로써 자기실현을 이루려는 전통적인 인간주의의 특성이 거의 사라진 것이다. 이는 전통적인 인간주의는 공인된 문화규범에의 일치 여부가 관건이지만, 이 일치 여부는 오히려 인간적인 것을 축소시키는 결과를 수반하기 때문이다. 그래서 그의 새로운 인간주의는 비인간성을 향한 완고한 경향에 저항하는 소극적인 측면과 관련된다. 그가 제시하고 있는 비인간주의에 저항하는 방법은 다음 두가지 불가피한 물음으로 특징지어진다. 첫째로 만약 인간 존재가 인간주의가 주장하는 대로 비인간화되는 과정에 있거나 그런 과정으로 들어가도록 강요당한다면 어떻게 될까? 그리고 둘째로 인간에게 '고유한' 것이 비인간적인 것으로 가득 채워진다면 어떻게 될까? 이와 같이 리오따르는 비인간적인 것을 두가지 형태, 즉 겉으로 보기에 팽창과 기술혁신을 끝없이 욕망하는 선진자본주의라는 형태와, 전력을 다해 발전해가야 하는 인공지능과 인공생명이라는 형태로 놓고 본다. 그에 의하면, 발전은 그 자체가 목적이 되었고, 따라서 항상 이미 달성한 것보다 더 높은 수준으로 계속해서 상승하려는 경향이 있기 때문에 자체의 의지에 인간을 굴복시키면서 비인간적 원리에 기반을 두는 문화를 불러올 것이다. 이러한 이유로 리오따르는 발전의 음모에 집단적으로 저항하자고 호소하는데, 이러한 저항은 생산체계의 효율성보다는 사건들에 대한 인간의 성찰과 반응을 바탕으로 한다.

이와 같이 리오따르는, 포스트모던적 사회가 문제는 낳지만 그 해결책은 내놓을 수 없는 한계 구조를 가지고 있으며, 갈등 당사자 간의 양립불가능성으로 말미암아 어떤 구제의 출구가 없음을 인정하는 태도를 취한다. 이것은 리오따르의 후반기 사유의 주요한 특징을 이루는 멜랑콜리의 편린이다.

| 이철우 |

거대 이야기(grand reçit)

외부의 도움 없이 자기 스스로 정당성을 가지며, 다른 모든 작은 이야기의 정당성의 근거가 되는, 말하자면 자충족적 근거를 갖는 이야기이다.

문장(phrase)

문장은 항상 '하나의' 문장, '이' 문장, 단일한 사건이나 발생이다. 따라서 각각의 문장은 단일하고 이질적이어서 다른 문장으로 환원할 수 없다.

분쟁(différend)

두 논증에 공통적으로 적용할 수 있는 판단 규칙의 부재로 말미암아 공평하게 해결될 수 없는 적어도 두 편 사이의 갈등이다. 쌍방 간의 갈등에 동일한 규칙을 적용할 수 있는 소송의 경우는 조정과 화해가 가능하지만, 분쟁의 경우에는 그것을 적용할 수 없기 때문에 조정이나 화해의 대상이 될 수 없다.

비인간주의(inhumanism)

인간적인 것이 기술적인 것에 의해 무시되거나 기술적인 것에 예속되는 것으로 간주되는 모든 경우를 망라하는 개념이다.

화용론(pragmatisme)

리오따르는 언어의 사실들과 이 사실들 속에서 그것들의 화용론적 측면을 강조하고, 주요한 세 자리의 구별로써 이 화용론을 발전시킨다. 즉 발신자, 수신자, 그리고 지시대상은 모든 담론의 공통된 특징을 이루기 때문에 한 담론의 의미는 수신자에 의해서 또는 지시대상에 의해서 결정되는 것이 아니라 오직 이 세 자리가 맺는 관계에서 나오는 것이라고 한다.

자끄
데리다

Jacques Derrida 1930~2004

16장 /

해체론의
기초 개념들

자끄 데리다는 1930년 프랑스령 알제리에서 출생, 고등학교를 마칠 때까지 그곳에서 성장했다. 어머니가 토착 유대인이기 때문에 2차대전 중 인종차별을 겪기도 했다. 빠리 고등사범학교를 거쳐 1957년 교수자격시험을 통과하고, 같은 해 번역 중이던 후설의 『기하학의 기원』을 근거로 하버드 대학의 장학금을 받아 미국에 체류했다. 빠리 쏘르본 대학 강사를 거쳐 1964년부터 1984년까지 빠리 고등사범학교 철학사 담당 전임강사로 재직하며 미국의 여러 대학(존스 홉킨스·예일·어번 캘리포니아·코넬·뉴욕 시립)의 방문교수로 활동했다.

데리다는 1967년 세권의 저작, 『목소리와 현상』(*La voix et le phénomène*), 『그라마똘로지』(*De la grammatologie*), 『글쓰기와 차이』(*L'écriture et la différence*)를 출간하여 철학자로서 확고한 입지를 굳혔고, 1972년 다시 세권의 저작 『입장들』(*Positions*), 『산종』(*La dissémination*), 『철학의 여백』(*Marges de la philosophie*)을 발표하면서 세계적인 명성을 얻었다. 1981년 프

라하에서 체코의 저항지식인들과 모임을 가진 후 체포되었다가 프랑스 정부의 개입으로 풀려났고, 1982년에는 프랑스 정부의 제안으로 국제 철학학교를 리오따르와 함께 창립했으며, 1983년부터 빠리의 사회과학 고등연구원 교수로 자리를 옮겨 2004년 췌장암으로 사망할 때까지 강의했다.

데리다의 초기 저작은 전통 형이상학과 관련된 언어·의미·실재 등의 문제와 씨름한다. 반면 후기 저작은 주로 윤리·정치·종교 등과 관련된 실천의 문제를 탐구하고 있다. 다양한 수준과 문맥에서 문제를 구성해 가는 데리다의 윤리학은 산종적(散種的)인 성격을 띠므로 간략한 문장으로 정리하기 어렵다. 사실 해체론은 언제나 여러 유형의 저자들을 끊임없이 바꾸어 읽어가는 가운데 경우마다 형태를 바꾸는 어떤 해체불가능자를 논증한다. 그러므로 유사한 문제를 다루더라도 해결의 위치에 오는 개념은 서로 다른 명칭, 서로 다른 발산의 선들을 거느린다.

칸트, 레비나스, 데리다

해체론적 윤리학의 특징을 거칠게나마 개괄하자면, 데리다가 주석을 붙이는 수많은 저자 중에서 칸트와 레비나스를 가장 중요한 좌표로 삼아야 할 것이다. 이들과 마찬가지로 데리다는 윤리를 정치와도 종교와도 분리하지 않는다. 이들에게서 윤리·정치·종교는 서로의 둘레를 맴도는 관계에 있다. 그러므로 데리다의 윤리학은 선(善)을 정의하거나 개인의 도덕적 역량에 초점을 두는 덕의 윤리학으로 분류할 수 없다. 도덕적 규칙의 보편성이나 정당성을 묻는 규범적 윤리학이라 할 수도 없다. 하물며 어떤 정치-신학을 꿈꾸는 것도 아니다. 해체론적 윤리학의 중심에는 책임(응답)의 개념이 있지만, 최후의 문제는 서양의 실천적 세계 전체를 구조화하는 어떤 역사적 선험성이다.

칸트는 비판철학의 핵심을 "믿음에 자리를 내주기 위해 앎을 지양한다"는 말로 집약했다. 이와 유사하게 데리다는 이론적 사유를 철저하게 해체하여 실천의 고유한 지평을 여는 어떤 결정불가능자를 논증코자 한다. 해체론적 윤리학은 결정불가능자가 역설적으로 책임있는 결정을 요구하는 정의(正義)의 위치에 오를 때 시작된다. 그러나 칸트의 윤리학이 보편적 법칙에 대한 책임에 매달린다면, 데리다의 윤리학에서 책임의 대상으로 설정되는 결정불가능성은 상황마다 달라지는 어떤 독특한 타자에서 온다.

타자의 윤리학을 처음 가르친 것은 레비나스다. 레비나스는 동일성의 사유를 깨뜨리는 초월적 타자의 얼굴에서, 그 얼굴에 응답하는 무조건적 환대에서 윤리적 개방성의 지평을 찾았다. 그리고 이 지평을 존재론적 개방성에 선행하는 것으로 간주했다. 해체론적 윤리학은 이 점을 받아들이면서 출발한다. 그러나 데리다는 레비나스처럼 자아와 타자의 관계를 비대칭적 위계관계에 두지 않고 오히려 대칭적 문제제기의 관계에 둔다. 게다가 초월적 타자에 대한 책임 못지않게 여타의 타자 일반(타자의 타자들)에 대한 책임을 중시한다. 데리다가 가리키는 윤리적 상황은 이론적 계산의 저편에서 이 두가지 책임이 초래하는 어떤 결정불가능성에 봉착할 때, 그 결정불가능성에도 불구하고 어떤 위급하고 긴박한 결단을 내려야 하는 제3의 책임과 마주칠 때 성립한다.

데리다는 윤리적 상황을 초래하는 결정불가능자를 유령이라 부르는데, 이 말은 해체론의 기초 용어인 차연과 글-쓰기를 실천학의 문맥으로 옮기는 이름이다. 그러므로 일단 차연의 개념에서부터 시작해보자.

1. 차연의 철학

데리다의 해체론은 무엇보다 차이의 철학, 더 정확히는 차연(差延, différance)의 철학으로 명명할 수 있다. 차연의 철학이 등장하는 사상사적 배경으로 두가지를 꼽을 수 있다. 하나는 현상학이며 다른 하나는 구조주의다.

현상학과 해체론

후설에서 시작된 현상학은 하이데거의 존재사유와 레비나스의 윤리학을 거치면서 심화, 변형되는 국면을 맞이한다. 후설의 현상학이 인식의 차원에서 개방성(나타남)의 기원을 집요하게 묻는다면, 하이데거는 인식론적 개방성에 선행하는 존재론적 개방성의 물음을, 레비나스는 존재론적 개방성에 앞서는 윤리적 개방성의 물음을 제기했다. 해체론은 이런 현상학의 발전적인 흐름을 계승, 변형, 혹은 완성하는 위치에 있다. 해체론은 1960년대에는 문자학(grammatologie)의 형태를, 1990년대 이후에는 유령학(hantologie)의 형태를 띠는데, 문자학과 유령학은 모두 현상학이 변형되는 마지막 지점들을 표시한다.

데리다는 후설과 씨름하여 한편으로는 서양의 언어이해를 지배하는 현전적 존재이해와 음성중심주의를 첨예하게 부각시킨다. 다른 한편으로는 의미현상의 기원에 개입하는 원초적 글-쓰기의 개념에 도달한다. 해체론적 문자학의 출발점은 여기에 있다. 하이데거의 존재사유가 데리다에게 제기한 가장 중요한 문제는 철학의 종언 혹은 형이상학의 극복에 있다. 서양사상사 전체에 작별을 고하고 새로운 천년의 사상사를 준비하는 문제인 것이다. 해체론은 이런 문제의 마지막 귀결점으로 향해 가고, 그런 한에서 기본적으로 철학사-해체론이다.

후설의 현상학과 하이데거의 존재사유를 동일성의 사유로 낙인찍는 레비나스의 윤리적 사유에 대해 데리다는 처음에 비판적인 태도를 보였다. 하지만 실천의 문제를 천착하는 데리다의 후기 저작에서 레비나스의 메시아주의는 해체론의 새로운 안내자로 자리를 잡아간다. 여기서 메시아적 약속과 응답은 차연의 다른 이름으로 등장하여 문자학과 유령학을 재편하는 구심점이 된다. 메시아성은 문자학적 의미화에 앞서는 선행의 조건, 유령학적 개방성을 구조화하는 선험적 조건, 역사적 미래의 도래가능성 자체로 천명된다. 그리고 이런 천명과 더불어 어떤 윤리적 전회가 일어난다. 메시아적 약속과 응답은 정의·책임·결단·환대·용서 등과 같은 데리다 윤리학의 주요 개념들에 일관성을 부여하는 기본 요소가 된다.

구조주의와 해체론

해체론의 사상사적 배경으로 꼽아야 하는 또 하나의 중요한 사조는 구조주의다. 데리다는 구조주의의 전성기에, 구조주의에 적극 개입하면서 세상에 처음 이름을 떨쳤다. 그러나 구조주의를 따라가고 넘어서려는 모든 철학은 과거의 허물을 벗고 새로운 형태로 다시 태어나야 했다. 데리다의 해체론뿐만 아니라 구조주의 시대를 살아남은 모든 철학은 적어도 두가지 점에서 변형을 겪게 되는데, 먼저는 내용의 측면이다. 구조주의 이후의 철학은 비약적인 발전을 거듭하며 만개하던 당대의 언어학·인류학·정신분석·문학비평이론 등의 성과를 흡수해야 했다. 엄청난 파고를 일으키는 지식의 바다에 뛰어들어야 했고, 그 결과 언어·인간·인식·사회·역사·실천 등과 같은 전통적인 문제를 철학 외부적인 시각에서 바라보아야 했다. 말하자면 사변적으로 접근하는 길을 버리고 실증적인 연구에 밀착하여 접근하게 된 것이다. 특히 언어학·정신분석·인류학·현대문학 등에 대해 정통한 이해를 가진 데리다는 철학이 인접 학문과 교감하며 새로운 내용을 획득하는 전형을 보여준다.

　구조주의를 통과하면서 철학은 내용에서만이 아니라 사변의 수준에서도 상전벽해(桑田碧海)의 변화를 겪어야 했다. 구조주의는 실체적 사유를 관계적 사유로, 동일성의 사유를 차이의 사유로 뒤바꾸는 혁명적 전회를 가져왔다. 실증과학의 차원에서 실체·본질·동일성의 범주를 상관적 차이의 효과로 전락시킨 것이 구조주의다. 구조주의를 통과하면서 차이가 동일성에 앞선다는 것, 관계는 실체나 주체에 앞선다는 것은 누구도 거부하기 힘든 과학적 사실이 되었다. 이제 본질주의나 실체론은 더이상 땅에 발붙일 수 없게 된 것이다. 이런 기본적인 발견에서 출발하므로 구조주의 이후의 철학은 당연히 차이의 철학이라는 공통의 형태를 취하게 된다. 데리다가 세상에 처음 이름을 알린 것도 구조주의적 전회를 더욱 과격화했기 때문인데, 이 점을 대변하는 용어가 차연이다.

차연의 선물

　차이의 철학은 모든 종합이 차이에 의해 이루어짐을 외친다. 기독교에 따르면 이 세상에 주어진 모든 것은 신의 선물이다. 차이의 철학은 신의 자리에 차이를 놓는다. 우리에게 나타나는 모든 분절된 단위는 차이에서 온 것이 아닌가? 이것이 차이의 철학 일반의 공통된 물음이다. 차이의 철학에서 차이는 선물하는 차이, 증여하는 차이, 따라서 감사기도의 대상이다. 차연은 그런 증여적인 차이에 대한 새로운 이름이다. 그렇다면 차연이란 무엇인가?

　단순한 차이가 정태적 구별에 불과하다면, 차연은 사물들 사이에서 어떤 구별(규정)이 성립하는 역동적 과정을 가리킨다. 차연과 짝을 이루는 동사 différer는 두가지 의미를 지닌다. 지연, 연기한다는 뜻과 다르다, 같지 않다는 뜻이 그것이다. 차연은 이 두가지 뜻의 차이내기, 시간적 차이내기(시간-화)와 공간적 차이내기(사이-화)를 하나로 얽는 단어다. 차연은 단순히 능동적인 사태도, 단순히 수동적인 사태도 아니다. 차연에는 시공간적 차이가 함께 얽혀 들어가듯 능동과 수동이 구별될 수 없다. 단위·규정·정체성·질서 등이 모두 차연이 가져다주는 선물이라면, 그 증여는 어떤 박탈과 혼동된다. 차연은 선물을 준 것인가 빼앗긴 것인가? 그 선물과 더불어 차연은 다가온 것인가 물러선 것인가?

이런 비결정성은 음성과 문자의 혼동으로 이어진다. 원어로 돌아가 볼 때 차이(différence)와 차연(différance) 사이에는 발음상의 차이가 거의 없다. 신조어인 차연은 순수 음성언어(자연)에 속하는 것도 순수 문자언어(인공)에 속하는 것도 아니다. 차연의 a는 음성 속에 출몰하는 문자의 유령 혹은 자연 속에 깃드는 인공의 자취와 같다. 차연이란 단어는 그 자체로 자연과 인공, 안과 바깥 등의 모든 대립적 이항 사이에 숨어 있는 궁극적 결정불가능성을 표기하고 있다. 이 점에서 차연은 다른 종류의 증여적인 차이, 가령 쏘쉬르의 언어학적 차이, 헤겔의 변증법적 차이, 그리고 하이데거의 존재론적 차이 등과 구별된다.

『그라마똘로지』(이하 G, 1967)에서 읽을 수 있는 것처럼 차연은 쏘쉬르의 테제에 대한 주석에서 처음 모습을 드러냈다. 먼저 중요한 것은 자의성의 테제다. 쏘쉬르에 따르면, 상징의 경우 기표(가령 비둘기)는 기의(평화)에 의해 동기화되어 있고, 따라서 양자의 관계는 필연적인 데가 있다. 반면 기호의 경우 기표는 기의에 의해 전혀 동기화되지 않고, 따라서 양자의 관계는 자의적이다. 이런 자의성의 테제는 차이의 테제로 발전한다. 이것은 기의의 유래가 기표들 사이의 상관적 차이(대조·대립·구별)에 있음을 말한다. "언어에는 차이밖에 없다"는 차이의 테제는 "언어에는 관계밖에 없다"는 말로 번역될 수 있다. 그것은 기호나 의미작용 일반이 본질이나 실체적 단위의 항을 전혀 전제하지 않고 설명될 수 있음을 언명한다. 차이의 테제에 따르면, 언어의 세계에서는 "사물 자체마저 어떤 기호다." 의미나 가치 등은 차이관계의 효과나 매듭에 불과하다. 음소(音素)를 비롯하여 언어의 세계에 속하는 모든 것은 차이의 선물이다. 그런 차이의 선물 가운데는 또한 개념이 있다. 개념은 "그것은 무엇인가?"라는 물음에 대한 최종의 답이다. 플라톤에서 시작된 서양 형이상학에서 이런 물음과 답은 어떤 불변의 실재(본질)를 전제한다. 개념적 진리는 자기 동일적인 의미(초월적 기의)의 현전가능성에 기초한다. 그러나 쏘쉬르의 테제에 충실하면, 개념화 가능성 자체는 차이의 유희가 낳은 파생적 효과에 불과하다.

비—현전의 원리

차연은 종합과 형성 혹은 분화의 원리, 모든 구조화된 나타남의 원리다. 그러나 차연 자체는 현전의 양태로 나타나지 않는다. 다만 현전과 부재의 중간인 흔적의 양태로만 나타나고, 따라서 개념화에 끝내 저항한다. "그것은 무엇인가?"라는 물음을 넘어서는 차연은 개념적 사유를 가능케 하는 동시에 탈구시킨다. 구성하면서 무너뜨리고 조이면서 푸는 차연, 그것은 정의 불가능한 사태다. 데리다가 볼 때, 차연을 암시하던 언어학적 차이는 다시 형이상학적 차이 혹은 개념적 차이로 퇴행했다. 이는 쏘쉬르가 언어학의 대상을 음성언어로 한정한다든지, 기표와 기의의 통일성을 전제한다든지, 언어학적 차이가 이항대립적인 차이로 고착된다든지 할 때 일어나는 퇴행이다. 이런 퇴행은 언어학을 과학의 반열에 올려놓으려는 노력의 필연적 귀결이다. 하이데거가 설파한 것처럼 이론화는 형이상학의 탄생 내력 자체에 해당한다. 형이상학은 감성적인 세계와 초-감성적인 세계를 나누고, 이를 기초로 이분법적 질서를 구축한다. 진위, 선악, 미추, 내면/외면, 필연/우연, 하나/여럿, 순수/혼잡, 자연/인공, 남녀, 좌우 등등. 이론적 사유는 이렇게 무한히 이어지는 이분법적 구도 안에서 성립한다. 여기서 존재는 현전(présence)으로, 무(無)는 부재로 이해된다. 존재자는 시선(육안이나 정신의 눈) 앞에 지속적으로 출석하는 어떤 것이다.

데리다는 쏘쉬르의 언어학에 나타나는 음성중심주의를 강조한다. 음성언어를 참되고 본래적인 언어로, 반면 문자를 일탈적이고 불완전한 언어로 간주하는 것이 음성중심주의다. 여기서 음성은 어떤 충만한 의미현전의 사건이자 의식의 자기현전을 유발하는 사건으로 간주된다. 이런 음성중심적인 언어관은 현전적 존재이해와 동전의 양면을 이룬다. 데리다는 쏘쉬르의 언어학적 차이뿐만 아니라 헤겔의 변증법적 차이와 하이데거의 존재론적 차이도 음성중심주의에 휘말리고 있음을 밝힌다. 사실 헤겔은 설형문자나 상형문자를 불완전한 문자로, 표음문자를 완전하고 정신적인 문자로 분류한다. 하이데거는 존재에 부합하는 원초적 단어, 원초적 목소리를 갈망한다. 이런 것은 모두 목소리에서 충만하고 궁극적인 의미현전의 사건을 기다리는 음성중심주의에서 비롯된다.

2. 해체론적 문자학과 글-쓰기의 역설

데리다의 초기 저작에서 음성중심주의에 대한 반대는 문자의 환원 불가능한 위상에 대한 강조와 병행한다. 초기의 해체론이 문자학의 형태를 띠는 것은 이런 문맥에서 이해되어야 한다. 해체론적 문자학에서 차연을 대신하는 용어는 글-쓰기(écriture)다. 여기서 글-쓰기는 경험적 차원의 단위, 구별(차이)을 선물하되 박탈해가는 배후의 형식적 유희를 가리킨다. 그것은 현상의 나타남의 배후에 있는 궁극의 유사-선험적인 유희이고, 그런 한에서 원초적 글-쓰기(혹은 기입)라 불린다. 그렇다면 글-쓰기에 이런 특권적 의미가 실리는 이유는 무엇일까?

음성중심주의

서양 형이상학의 본성이 존재를 현전으로 이해하는 데 있다면, 이것을 설명하는 근대적 사례는 데까르뜨의 코기토에 있다. 코기토가 함축하는 주체의 자기관계(자기의식)는 자족적이면서도 극단적인 현전의 경험을 약속한다. 여기서는 동일한 자아가 동시에 자극의 주체이자 대상이기 때문이다. 코기토 속에서 일어나는 자기자극은 흥분의 강도를 배가해가는 현전의 함량운동이다. 즉 외면성·매개성·애매성 등이 불순물처럼 빠져나가고 내면성·직접성·명료성 등이 순도를 높여가는 함량운동이다. 그 속에서 주체는 자연 속에서는 결코 경험할 수 없는 이상적인 현전의 상태를 스스로 생산한다.

데리다가 루소의 『고백록』에서 마스터베이션이 언급되는 대목에 주목하는 이유는 여기에 있다. 루소는 자위행위가 자연적인 성관계를 대신하는 사악한 행위임을 고백한다. 하지만 다른 한편 그 위험한 보충행위 속에서 최고의 성적 쾌감을 누릴 수 있음을 말한다. 어떠한 외부의 간섭이나 방해도 없이 욕구불만에서 벗어날 뿐만 아니라 완전한 만족감에 이르는 길이 자위행위에 있다는 것이다. 데리다는 루소의 이런 고백 속에서 어떤 도덕적 징후가 아니라 존재론적 증상을 읽는다. 자기감응 속에서 가장 탁월한 현전의 상태를 찾으려는 서양 근대 형이상학의 근본적인 경향이 자위행위의 찬양으로 드러난다는 것이다.

서양철학사에서 마스터베이션보다 훨씬 더 일반적인 자기감응의 사례는 목소리에 있다. 가수가 자기 노래에 스스로 빠져들기 위해 눈을 감는 경우를 생각해보라. 거꾸로 자기도취에 빠진 사람은 목소리를 높이거나 노래를 흥얼거리게 된다. 이는 바깥으로 표출되는 목소리가 안으로 되돌아와 다시 영혼을 자극하기 때문이다. 공기의 파동인 목소리는 영혼의 울림으로 이어진다. 자기감응을 수반하는 한에서 목소리는 물질화되는 정신, 정신화되는 물질처럼 현상한다. 그런 이유에서 서양 철학자들은 보통 음성언어를 자연적이고 살아 있는 언어로 여기고, 반면에 문자언어는 인위적이고 죽어 있는 언어로 간주해왔다. 음성언어는 의미의 생생한 자기현전을 실현할 수 있는 특권적인 매체라는 것이다.

1960년대 말과 70년대 초의 저작에서 데리다는 플라톤에서 구조주의 시대에 이르는 수많은 문헌들을 분석하면서 이런 음성 위주의 언어관이 드러나는 극적인 장면을 연출하곤 했다. 루소, 헤겔, 쏘쉬르, 레비스트로스, 후설, 하이데거 등을 거쳐가는 다양한 사례 분석을 통해 장구한 전통의 음성중심주의적인 언어관이 현전의 형이상학과 분리될 수 없는 관계에 있음을 보여주었다. 그러나 데리다의 의도는 현전의 형이상학을 음성중심주의로 재구성하는 데 있다기보다 그런 재구성 과정에서 음성보다 더 오래된 문자의 흔적을 드러내는 데 있다. 목소리보다 더 오래된 문자. 그것이 데리다가 말하는 어떤 원초적인 글-쓰기다. 그러나 목소리보다 더 오래된 글이라니? 보통 우리는 말을 배우고서야 글을 배우지 않는가. 상식적 의미의 문자는 음성을 재현·대리·보충하기 위해 있는 것이고 그래서 당연히 음성언어가 있고 난 다음에 생기는 어떤 것이 아닌가?

파르마콘과 보충

이런 물음을 위해서는 데리다가 현전의 형이상학을 음성중심주의로서 재구성하는 3단계 절차를 구분할 필요가 있다.

첫번째 단계는 음성과 문자가 첨예하게 대립하는 장면의 주위에서 펼쳐진다. 이 단계의 과제는 그런 대립의 장면 속에 여타의 모든 형이상학적 이항대립 체계(정신/물질, 자연/인공, 생명/죽음, 기원/파생 등등)가 회집되고 있음을 밝히는 데 있다. 즉 음성과 문자는 각기 형이상학적인 것과 형이하학적인 것 전체를 압축, 표현하는 대표자가 된다. 이런 대립의 장면 속에서 문자는 단순히 음성언어를 보완하는 외적인 보조수단(보존·전달·재생 장치)으로 폄하될 뿐만 아니라 음성언어의 자연적 순수성을 해치는 독으로 심판되기에 이른다.

두번째 단계는 음성중심주의의 자기모순으로 향한다. 그 모순은 서양철학자들이 음성과 문자를 대립시킴에도 불구하고 의식적으로든 무의식적으로든 문자의 필요성을 인정한다는 데에 있다. 음성은 오래 보존(기억)되거나 멀리 전달될 수 없다. 음성중심주의는 음성언어가 문자언어에 의해 보충될 때만 자신의 완전성을 발휘할 수 있음을 고백한다. 이때 문자는 음성에 건강과 수명을 가져다주는 약으로 간주된다. 플라톤이 문자를 독과 약을 동시에 의미하는 파르마콘(pharmakon)으로 부른 이유는 여기에 있다. 이런 파르마콘의 논리 속에 드러나는 자기모순은 형이상학이 추구하는 순수한 현전이 끊임없이 지연, 보류되어야 하는 상태, 따라서 끝내 불가능한 상태임을 함축한다. 왜냐하면 보충한다는 것은 순수성을 훼손한다는 것과 같기 때문이다. 음성과 문자가 어떤 환원 불가능한 보충관계에 있다면, 이는 음성으로 대변되는 순수 자연이나 순수 생명, 혹은 순수 기원 등이 문자로 대변되는 반대 항(인공·죽음·모사 등)에 의해 끊임없이 불순해지고 있음을 말한다.

세번째 단계에서 해체론의 과제는 보충·오염·지연, 다시 말해서 차연을 유사 선험적인 원리로 끌어올리는 데 있다. 음성중심주의를 해체한다는 것은 결코 문자중심주의를 옹호한다는 것을 말하지 않는다. 그 것은 오히려 음성중심주의가 대변하는 모든 형이상학적 이항대립 자체의 불가능조건을 드러내는 것이자 그 불가능조건인 차연 자체 속에서 다시 형이상학적 이항대립의 유래와 가능조건을 찾는 것이다. 이런 작업은 차연이 형이상학적 차이(플라톤)나 언어학적 차이(쏘쉬르)보다 더 오래된 차이, 나아가 변증법적 차이(헤겔)나 존재론적 차이(하이데거)보다 먼저 태어난 차이임을 언명하는 데까지 나아간다. 이런 언명의 끝에서 모든 것이 하나로 꿰어진다. 이 세상에 나타나는 모든 차이와 구별은 차연의 이중적 자기운동, 다시 말해서 자기를 실현하되 동시에 차폐(遮蔽)하는 자기관계적인 차이의 산물로 그려지는 것이다.

글-쓰기

그렇다면 모든 차이와 구별 혹은 질서에 선행하는 차연을 왜 굳이 글-쓰기라 불러야 하는가? 이는 경험적 차원에서 글이 보여주는 성격과 관련된 문제이다. 글의 성격은 다음과 같이 세가지로 정리될 수 있다.

먼저 글은 지시대상(사실)을 대신한다. 글 속에는 실재가 직접 현전하지 않는다. 다른 한편 글의 수취인과 발신자는 서로 떨어져 있다. 두 사람은 서로에 대해 부재한다. 마지막으로 글은 제3자의 손에 들어갔을 때에도 읽힐 수 있다. 이는 글이 원래의 문맥에서 벗어나더라도 여전히 기능할 수 있음을 말한다. 데리다는 글에서 찾을 수 있는 이런 세가지 특징을 의미작용 일반, 나아가 의사소통 일반의 구조적 특징으로 간주한다. 구조적 특징이라는 것은 가능조건이라는 것과 같다. 즉 시각적이든 청각적이든 모든 종류의 기호는 사실·주체·문맥과 분리되어 독자적인 전개의 논리(반복가능성)를 획득할 때야 비로소 어떤 의미를 가리키거나 전달할 수 있다. 그 삼중의 분리가 의미작용과 의사전달 일반의 가능조건이다. 데리다는 다양한 경로를 통해 이 점을 증명한다.

먼저 글(기표)이 사실(기의)과 분리되어 기능할 수 있다는 점, 다시 말해서 기표의 자율성과 관련된 논변은 쏘쉬르의 두 테제, 즉 자의성의 테제와 차이의 테제에서 출발한다. 데리다는 이 두 테제를 이용하여 기의의 발생이 기표들 사이의 차연에 의존함을 증명한다. 차연의 테제는 두 가지 극단적인 유형의 글쓰기, 즉 철학자가 추구하는 영도의 글-쓰기와 문학이 꿈꾸는 절대의 글-쓰기에 모두 불가능 선고를 내리는 위치에 있다. 영도의 글-쓰기에서 기표는 기의의 도래를 위해 등장했다 사라져야 할 휘발성 매체가 되어야 한다. 반면에 절대의 글쓰기(말라르메, 아르또, 바따유 등)는 재현의 논리와 반복의 논리를 철저하게 거부한다. 그 결과 자기 이외의 어떤 것도 가리키지 않는, 오로지 자기 자신만을 가리키면서 앞으로 나아가는 언어가 되고자 한다. 차연의 테제는 절대적 언어가 철학적 언어와 마찬가지로 불가피하게 재현과 반복 가능성의 논리에 의해 지연, 보충되고 있음을 보여준다. 이는 반복이 모든 의미화의 환원 불가능한 조건임을 말한다.

다른 한편 주체에 대한 직관이 의미전달의 필수조건이 될 수 없다는 것은 정신분석과 구조주의에서는 이미 진부한 이야기다. 정신분석에서 주체는 무의식에 의해 자기 자신과 분리되어 있다. 구조주의에서 주체는 구조가 만드는 어떤 기능적 위치로 소외되어 있다. 이것은 현대문학에서도 마찬가지이다. 가령 이인성의 소설에서 말은 주체에 대한 직관과 무한히 분리되고 있다. 데리다는 이런 종류의 근거들 이외에 후설 현상학에 대한 분석을 통해서도 글과 주체의 분리가능성이 의미작용과 의사전달 자체의 가능조건임을 입증한다. 하지만 이 점은 말과 문맥의 분리가능성에 대한 논변 속에서 훨씬 더 명료해진다.

반복가능성

문맥의 문제는 데리다와 수행적 언어의 분석으로 유명한 미국의 언어철학자 존 썰(John Searle) 사이의 논쟁 속에서 상세히 개진된다. 썰에 따르면, 문학적 언어는 참된 언어의 세계에서 배제되어야 하는 어떤 사이비 언어, 무책임한 언어다. 왜냐하면 사실적 문맥을 무시하고 제멋대로 자신을 펼쳐가기 때문이다. 이런 주장에 맞서 데리다는 다시 한번 문학적 글-쓰기와 철학적 글-쓰기 사이의 경계를 해체한다. 이런 논쟁적인 해체작업에서 어떤 박차처럼 등장하는 용어가 있는데, 그것이 '반복가능성'(itérabilité)이다. 이 용어는 인용문처럼 말이 원래의 문맥에서 분리되어 다른 문맥 속에서 반복되는 능력, 반복되면서 달라지는 가능성을 가리킨다(iter는 원래 다르다는 의미의 페르시아 말에서 왔다). 그것은 데리다의 해체론에서 '인용 가능성' '접목' '산종' 등과 유사한 의미를 지니는 단어다. 데리다에 따르면 차이나는 반복이나 인용가능성은 문학적 언어에만 고유한 특성도, 문학에 의해 언어에 외재적으로 덧붙여지는 특성도 아니다. 그것은 오히려 모든 기호나 단어가 정상적으로 기능하기 위해 자체 안에 가지고 있어야 하는 어떤 내재적 특성이다. 반복가능성은 기호나 단어의 최소 가능조건으로 머물지 않는다. 그것은 또한 개념의 최소 가능조건이기도 하다. 개념의 가능조건이라는 것은 이때 어떤 합리적 질서의 가능조건이라는 것과 같다.

경험적 차원의 글에 두드러지게 나타나는 삼중의 분리가능성(사실·주체·문맥과의 분리가능성)이 기호와 개념 나아가 나타남(경험적 현상) 일반의 가능조건 자체임이 밝혀질 때, 글-쓰기는 그 유사 선험적 조건 자체의 작동방식에 대한 이름으로 승격된다. 이것이 원초적 글-쓰기라는 용어의 탄생 배경이다. 그러나 데리다의 원초적 글-쓰기(archi-écriture)는 형이상학이 추구하던 어떤 순수 기원이나 뿌리(arche) 혹은 원본의 회귀와는 거리가 멀다. 그것은 오히려 순수 기원·뿌리·중심·현전·원본 속에서 일어나는 폭력의 경제를, 그 경제에서 비롯하는 지연과 타협을, 그 타협에서 비롯하는 시공간적 사이-내기를 가리킨다.

글−쓰기와 도덕의 기원

기원·중심·뿌리에서 일어나는 어떤 자기관계적 차이, 그것이 글-쓰기다. 해체론적 문자학은 이런 글-쓰기를 이미 (비)도덕의 기원에 해당하는 사건으로 언명했다. "원초적 글-쓰기는 도덕성과 비도덕성의 기원이다. 윤리학을 열어놓는 비-윤리적 개방. 폭력적 개방."(G, 202면) 그렇다면 글-쓰기는 어떻게 도덕과 비도덕, 윤리와 비-윤리의 공통된 기원일 수 있는가? 이 점은 만년의 데리다가 레비나스의 윤리학에 주석을 붙일 때 구체적으로 드러난다.

데리다가 재구성하는 레비나스의 윤리학에서 타자는 이원적이다. 먼저 얼굴로서 대변되는 절대적 타자가 있다. 무한한 책임, 무조건적 환대를 요구하는 무제약적 타자. 그 앞에서 주체는 순수 수동성의 상태, 인질의 위치로 떨어지면서 윤리적 주체로 태어난다. 다른 한편 제3자에 해당하는 타자가 있다. 그것은 직접적 대면관계(얼굴 대 얼굴의 관계)에 놓인 무제약적 타자 이외의 다른 모든 타자, 타자의 타자들을 가리킨다. 그런 타자 일반이 요구하는 것은 어떤 합법칙성, 공정한 분배를 위한 소통과 계산 가능성, 정치적 합리성 등이다.

해체론적 문자학의 논리를 따를 때 순수 타자에 대한 도덕적 대면관계와 제3자에 대한 정치-법률적 관계는 언제나 함께, 동시에 성립할 수밖에 없다. 그것은 글-쓰기가 처음부터 타자에 대한 이중의 관계, 혹은 이중의 타자에 대한 관계를 가리키기 때문이다. 먼저 글-쓰기는 문맥에 상관없이 책임있는 응답을 명령하는 초월적 타자에 대한 관계다. 여기서 존중되어야 하는 것은 타자의 독특성·단독성·일회성이다. 다른 한 편 글-쓰기는 이런 초월적 타자와 관계하되 그것을 일반적 타자의 요구 안에 기-입하기 위해 관계한다. 이 점을 강조하는 데리다의 반복구가 "모든 타자는 전적으로 다르다"(tout autre est tout autre)이다. 이는 모든 타자 일반이 단독적인 타자 못지않게 똑같이 존중되어야 함을 의미한다. 일반적 타자 앞에서 존중해야 하는 가치는 (가변적) 반복가능성이다.

모든 차이의 철학은 한 목소리로 말한다. 무제약적 타자의 독특성을 간과하는 판단은 결코 윤리적일 수 없음을. 도덕적 책임의 핵심은 타자에 대한 무조건적인 환대에 있다. 그러나 데리다는 이 지점에서 레비나스와 거리를 둔다. 즉 절대 타자와의 순수 대면관계에 머무는 판단은 실현 불가능한 영웅주의, 악으로 변질될 수 있는 아름다운 영혼의 순수주의로 그칠 수 있다. 현실 속에서 유효하고 따라서 반복 가능한 윤리적 판단은 초월적 타자의 무제한적인 요구를 일반적 타자의 수용가능성 안에서 제한할 때만 성립할 수 있다. 설득력 있는 윤리적 판단의 기원에는 초월적 타자에 대한 수직적 관계와 일반적 타자에 대한 수평적 관계가 교차하는 사건이 있다.

데리다는 그 교차의 사건을 때로는 차연이나 글-쓰기로, 때로는 용서·타협·창조 등으로 부른다. 해체론은 용서의 윤리학이자 타협의 윤리학 혹은 창조의 윤리학으로 불릴 수 있다. 그러나 이 모든 용어는 어떤 숨 막히는 결단의 사건을 대체, 설명하는 위치에 있다. 어떠한 형태를 취하든 해체론적 윤리학은 도덕적 판단의 기원과 조건을 묻는 결단의 윤리학으로 귀결된다. 왜냐하면 글-쓰기가 어떤 교차의 사건이라면, 그것은 무엇보다 아포리아를 초래하는 어떤 결정불가능자가 출현하는 사건이기 때문이다. 이때 결정 불가능하다는 것은 어떠한 규칙이나 논리도 무력해진다는 것을 말한다. 그것은 이론적 판단, 학문적 지식이 마지막 한계를 드러내는 사건이다. 해체론적 의미의 윤리적 상황은 정확히 어떤 결정불가능자가 위급하고 긴박한 결정을 요구하는 정의로서, 다시 말해서 도덕적 책임의 기원으로서 경험될 때 성립한다. 데리다는 도덕적 책임을 불러일으키는 문제의 결정불가능자를 유령이라 부른다. 유령은 이론적 인식의 저편에서 순수 실천의 차원을 개방하는 이념, 다시 말해서 정의에 대한 이름이다.

3. 해체론적 유령학과 윤리적 개방성의 기원

해체론은 1990년대 초부터 문자학 대신 유령학의 형태를 취한다. 이 무렵 데리다는 법과 정의의 관계를 묻는 『법의 힘』(*Force de loi*, 이하 FL, 1992)을 계기로 본격적으로 실천의 문제와 씨름하기 시작했다. 『맑스의 유령들』(*Spectres de Marx*, 이하 SM, 1993)에서 가장 상세히 개진되는 해체론적 유령학은 동구 공산권의 몰락과 더불어 역사의 뒤안길로 사라진 듯한 맑스의 정신을 어떻게 계승할 것인가라는 물음 속에서 탄생했다. 구천을 떠도는 맑스의 유령을 어떻게 애도할 것인가?

결정불가능성

유령학은 문자학과 유사한 전략적 위치에 있다. 문자학은 형이상학이 적대시했던 글-쓰기를 역설적으로 (탈)형이상학의 기원에 해당하는 사태로 전도시켰다. 유령도 글-쓰기 못지않게 형이상학이 혐오하는 어떤 것이다. 형이상학에 기초한 서양의 이론적 사유에서 유령은 신비한 환상, 망상의 영역에 속하는 것으로 간주된다. 유령과 관련된 담론은 기껏해야 문학이라는 특정 영역에서만 허용된다. 유령은 실재의 바깥에 있는 가상, 따라서 참된 앎의 바깥에 속하는 거짓 믿음의 대상이다.

따라서 학자는 결코 유령을 믿지 않으며, 과학성을 추구한 맑스는 이를 더더욱 믿지 않았다. 학문적 사고는 실재와 비-실재를 첨예하게 대립시키는 형이상학적 이분법의 논리를 따르기 때문이다. "학자로서 실재와 비-실재, 현실과 비-현실, 생명과 비-생명, 존재와 비-존재 사이의 날카로운 구별을 믿지 않은 사람은 결코 없었다."(SM, 33면) 그러나 데리다는 유령이 글-쓰기와 마찬가지로 (탈)형이상학의 기원에 출몰하는 어떤 해체 불가능한 사태, 다시 말해서 차연을 번역할 수 있는 용어임을 입증하고자 한다.

이 과정에서 데리다는 네가지 중요한 논점을 제시한다. 첫째, 유령은 형이상학적 이분법을 초과하며, 따라서 형이상학이 결코 공정하게 사유할 수 없는 어떤 것이다. 둘째, 유령은 실재의 바깥 어디에 속하는 국지적 사태가 아니라 실재의 현상(혹은 경험)을 구성하는 일반적 사태다. 셋째, 유령은 나타남의 비밀이기 이전에 믿음 일반의 가능조건에 해당한다. 그런 한에서 유령은 미래로부터 올 타자에 대한 메시아적 약속의 가능조건이다. 이는 새로운 역사적 개방성의 가능조건이라는 것과 같다. 넷째, 유령은 법률 속에서 자라나는 법률 초과적인 잉여, 다시 말해서 정의의 얼굴이다. 이 논점들 각각을 차례로 상론해보자.

1) 유령은 존재와 무, 생명과 죽음, 현실과 잠재 등의 이분법을 초과한다. 없으면서 있고, 죽었는가 하면 살아 있으며, 가상적인 것이면서 현실적인 것이기 때문이다. 햄릿의 물음 "to be or not to be?"는 "왜 없지 않고 있는가?"라는 전통적인 존재론의 물음을 반복한다. 유령은 이런 물음의 배후에 있는 존재이해, 존재를 현전으로 가정하는 존재이해를 위기에 빠뜨린다. 유령은 형이상학적 이분법의 논리에서는 어떤 결정불가능자에 해당한다.

현상학에서 유령학으로

유령은 산 것인지 죽은 것인지 결정 불가능한 것일 뿐만 아니라 반복 가능한 어떤 것이다. 예측 불가능한 리듬에 따라 오고 또 오고 다시 출몰하는 어떤 것, 그것이 유령이다. 반복 가능하다는 것은 어떤 질서를 열어놓는다는 것, 어떤 전달 가능한 의미의 기원이 된다는 것과 같다. 결정 불가능하되 반복 가능한 사태인 유령은 형이상학적 판단의 근본 전제를 처음부터 다시 검토할 것을 요구한다. 또한 자신에 부응하는 새로운 논리를 고안하도록 호소한다. 데리다는 그것을 유령학이라 부른다. "이것을 유령학이라 부르자. 이 유령출몰의 논리는 단지 존재론이나 존재사유보다 훨씬 더 폭넓고 위력적인 것만이 아니다. (…) 유령학은 종말론과 목적론마저 자기 범위 안에 포용하되 그것들을 어떤 국지화된 장소들로서 또는 어떤 특수한 효과들로서 포용한다."(SM, 31면)

2) 유령학은 존재론과 존재사유, 종말론과 목적론을 하위의 계기로 거느릴 뿐만 아니라 현상학까지 하위의 효과로 거느린다. 반복적인 유령출몰은 어떤 재-출현이되 "결코 나타남도 아니고 사라짐도 될 수 없는, 결코 현상도 아니고 그 반대도 될 수 없는 어떤 출현의 재-출현"(SM, 84면)이라는 점에서 현상학을 초과한다. 초과한다는 것은 배반하되 동시에 정초한다는 것과 같다. 유령출몰은 현상학적 나타남의 기원이고, 따라서 현상학은 유령학의 하위영역이다. 현상학은 유령출몰의 논리 안에서 일어나는 어떤 자기제한의 효과다.

그렇다면 유령성은 어떤 의미에서 나타남의 마지막 비밀인가? 그것은 나타남이 현재 속에 과거와 미래가 개입하는 역동적인 사태이기 때문이다. 현재에 개입하는 과거와 미래. 그것은 비-현전, 부재의 차원에 속하되 현재 속에 잠입하고 있는 것, 따라서 유령적인 어떤 것이다. 현상은 반복 가능한 유령적 효과에 의해 구조화되어 있고, 그런 한에서만 비로소 특정한 질서에 따라 역동적으로 나타날 수 있다. 그러므로 유령성은 실재의 바깥도, 문학과 같은 특정 영역에서만 허용되는 국지적 담론의 대상도 아니다. 현상 일반은 유령적 효과에 의해 비로소 살아 있는 현상으로서 나타나거나 소멸할 수 있다. 이런 의미에서 유령성은 현상의 세계 전체에 편재한다.

3) 유령성은 단지 현상의 세계 전체에 편재할 뿐만 아니라 세계 자체를 초과한다. 어디로 초과하는가? 믿음·신념·신앙의 세계로 초과한다. 신념의 상관항은 실재도 비-실재도 아닌 것, 현전도 부재도 아닌 것, 유령적인 어떤 것이다. 우리는 유령을 부인하자마자 믿음의 가능성 자체를 부정하기에 이르고, 따라서 실재에 대한 신념 자체마저 버려야 한다. 모든 믿음은 어떤 유령적 효과에 의해 구조화되고, 특히 미래에 대한 신념의 지반은 유령성에 있다.

이렇게 말할 때 데리다가 강조하는 것은 유령성이 가리키는 신념의 지반이 현상의 지반, 나타남의 최후 조건 자체라는 점이다. 미래(혹은 과거)에서부터 도래하며 현재를 긍정하는 타자에 대한 믿음, 현재에 말을 거는 타자에 대한 (재)긍정 없이 어떠한 의미, 어떠한 실재도 현상으로서 나타날 수 없다. 유령적인 타자에 대한 신뢰와 긍정, 다시 말해서 약속의 '예'(yes)는 나타남의 최후 조건이다. 모든 관계의 마지막 조건, 따라서 공동체의 최소 조건도 여기에 있다. 그러나 조이스의 작품을 마무리하는 문장이 말하는 것처럼, '예'는 언제나 '예, 예'다. 당신은 '예, 예'라 하지 않으면서 '예'라 할 수 없다. 긍정은 타인의 긍정에 대한 긍정이자 반복가능성에 의해 구조화된 (재)긍정이다. 이런 반복가능성이 미래에 대한 약속과 신념을 불러들인다.

결단의 사건

미래에 대한 약속과 신념이 사라진 자리에는 오로지 예정된 프로그램, 계산 가능한 시간표만 남는다. 프로그램과 시간표가 장악한 시간, 그 기계적인 시간에는 역사가 있을 수 없다. 프로그램에 따라 고정된 시간의 빗장이 어떤 유령적 효과에 의해 풀릴 때, 시간표의 순서가 어떤 결정불가능자의 출몰에 의해 탈구될 때, 그때야 비로소 역사적인 시간이 요동치게 된다. 역사적 시간은 어떤 계산불가능자의 도래와 더불어 일어나는 희망과 약속의 시간, 메시아적 약속의 시간이다.

형이상학은 역사의 흐름에 어떤 확정된 목적론적 의미를 부여하고자 했다. 그리고 목적론적 의미가 실현되는 종말의 계기를 구하고자 했다. 이런 목적론적 합리화와 종말론적 정당화는 유령을 푸닥거리하는 절차와 같다. 가령 헤겔이 논리-개념화한 역사는 유령성이 완전히 말소된 시간이다. 거기에서는 더이상 메시아적 희망과 약속을 언명할 수 없다. 그러나 해체론의 논리에 따르면 그런 헤겔식 말소는 유령 자신이 하는 일로 번역될 수 있다. 목적론과 종말론은 존재론과 마찬가지로 유령의 자기후퇴와 양보에서 성립하는 파생적 효과다. 시간의 빗장을 푸는 것도 유령이지만, 빗장을 거는 것 또한 유령이다.

4) 메시아적 희망과 약속의 가능조건인 유령은 신속한 결단의 책임을 불러일으킨다. 이 점에서 유령은 윤리적 판단을 지도하는 최후의 이념이자 도덕적 의무의 마지막 상관항인 정의(正義) 자체다. 데리다의 해체론은 믿음에 자리를 내주기 위해 앎을 지양한다는 칸트적 계획의 연장선상에 있다. 해체론은 이론적 사유를 해체하되 오로지 해체 불가능한 것을 구하기 위해 해체한다. 이때 해체 불가능하다는 것은 역설적이고 따라서 결정 불가능하다는 것을 말한다. 그러나 헤겔의 논리학에서 모순이 개념의 함정이되 새로운 개념의 원천인 것처럼, 데리다의 해체

론에서 결정 불가능한 것은 판단의 무덤이되 자궁이다.

이론적 판단의 무덤이자 실천적 판단의 자궁. 여기서 이론적 판단은 모든 형체를 잃어버리고 순수 실천적인 수행사의 형태로 다시 태어나야 하는 위기의 상황을 맞이한다. 그것은 차라리 광기의 상황이다. 계산할 수 없는 것을 계산해야 하고 결정할 수 없는 것을 결정해야 하기 때문이다. 결정불가능자는 판단의 유보·정지·휴식을 허락하지 않는다. 오히려 햄릿의 유령처럼 간절하게 응답해줄 것을 호소한다. 해체론이 재발견하는 도덕적 책임의 기원은 결정불가능자가 요구하는 다급한 결정의 의무에 있다. 위급하고 긴박한 결정의 의무. 그것이 또한 해체론적 의미의 글-쓰기의 의무에 해당한다. 결단의 글-쓰기는 결정할 수 없는 것을 화급히 결정하기 위해, 책임질 수 없는 것을 책임지기 위해 광기와 오만, 전율을 통과한다. 그리고 모든 합리성과 계산적 추론의 저편으로 도약하여 순수 실천의 차원을 맞이한다.

법과 정의

칸트는 적법성과 도덕성을 구별한 바 있다. 법에 부합한다 해도 법칙 자체를 위한 (도덕적) 판단이 아닐 수 있기 때문이다. 데리다는 법을 따르는 판단과 정의를 따르는 판단을 구별한다. 이때 법은 현전의 질서에 속하는 것, 현실적인 것, 이론적으로 계산 가능한 것, 따라서 해체 가능한 어떤 것이다. 반면 정의는 반복 가능하되 논리적으로 결정 불가능한 것, 계산 불가능한 것, 따라서 결코 해체할 수 없는 어떤 것이다. 데리다는 도덕적 판단을 정의를 따르는 판단에 국한하고, 법을 따르는 판단은 정치적 판단으로 분류한다.

이런 분류에 따르면, 정의는 현전의 시간 속에서는 결코 마주칠 수 없는 어떤 것이 된다. 정의가 충만하게 실현되는 어떤 현실적 계기는 없다. 그 누구도 자신이 정의롭다고 말할 수 없다. 정의는 무한히 다가갈 수 있되 결코 도달할 수 없는 이념이다. 닫힌 시간의 빗장을 풀며 다가오는 이념은 결코 현재화될 수 없지만, 바로 그렇기 때문에 실천적 판단의 배후에 자리한 유사 선험적 조건이 될 수 있다. 왜냐하면 처음부터 예측 가능한 결론, 기계적 추론의 결과로서 주어질 수 있는 것은 도덕적 책임과 결단의 대상일 수 없기 때문이다. 칸트의 윤리학에서 도덕적 판단이 보편성 검사를 통과해야 한다면, 데리다의 윤리학에서 통과해야 하는 것은 "결정불가능성의 시련"이다. "결정불가능성의 시련을 거치지 않은 결정은 자유로운 결정이라 할 수 없다. 그것은 기껏해야 어떤 계산 가능한 절차를 프로그램에 따라 적용하거나 연속적으로 펼쳐가는 것에 불과하다. 그런 판단은 합법적일 수 있을지언정 정의롭지는 못할 것이다."(FL, 53면)

법은 현실적이되 본성상 자기 자신을 합법적으로 정초하거나 정당화할 수 없다. 합법성은 이미 법이 수립되었을 때만 성립한다. 벤야민이 지적한 것처럼, 법을 수립하고 정초하는 것은 법이 아니라 어떤 폭력이다. 법률 정초적인 폭력은 합법적이지 않지만, 불법적이지도 않다. 합법-불법의 이분법은 법이 수립된 이후의 일이다. 이분법의 논리에 따르는 법은 자신의 기원에 있는 어떤 개방적인 폭력을 사유할 수 없다. 합법성에 얽매인 판단은 특정 법체계의 기원에 있는 창조적인 계기를 망각하기 쉽다. 기계적인 규칙 적용으로, 타성적인 환원으로 전락하기 쉽다.

칸트는 규정적 판단과 반성적 판단을 구별했다. 규정적 판단은 규칙 이행적인 판단이고 반성적 판단은 규칙 창조적인 판단이다. 칸트는 도덕적 판단을 규정적 판단의 하위 유형으로 간주했다. 반면 데리다에게 도덕적 판단은 마치 감성적 이념에 부딪힌 심미적 판단처럼 반성적 판단의 형태를 취해야 한다. 왜냐하면 정의는 기존의 법칙을 근본적으로 다시 해석하고 새로운 법칙을 수립하도록 요구하기 때문이다. 정의는 기존의 법칙을 초과하되 그 법칙의 전제에 대해, 그 법칙에 따른 추론과 결론에 대해 처음부터 다시 생각하도록 주문하는 어떤 이의제기의 원천이다. 책임있는 응답과 결정을 명령하는 어떤 물음의 원천. 우리는 그 앞에서 새로운 법칙의 창조로 나아가야 한다.

그렇다고 정의를 단순히 법의 바깥, 외부로 간주할 수는 없다. 법을 무시하고 위반하는 것은 이미 정의로운 것이 아니기 때문이다. 정의롭기 위해서는 먼저 적법성부터 갖추어야 한다. 하지만 적법성은 정의의 충분조건이 될 수 없다. 정의는 법에 따른 추론 끝에 찾아오는 것도, 법정판결을 알리는 방망이 소리와 더불어 실현되는 것도 아니다. 정의가 법의 한계를 표시한다면, 그것은 법이 자신의 가능한 논리를 모두 펼친 이후 부딪히는 한계다. 정의는 최선의 법률적 계산이 이율배반에 빠질 때, 따라서 그 법률 초과적인 사태에 부응하는 고심에 찬 결단, 근본으로 돌아가는 창조적 판단을 요구하면서 온다.

타협, 위증, 무책임의 책임

해체론적 의미의 결정(글-쓰기)이 창조적이어야 한다면, 데리다가 말하는 창조(invention)는 여러가지 점에서 특이한 의미를 지닌다. 우리는 그것을 다음과 같이 네가지 측면에서 정리할 수 있다.

1) 먼저 창조적 결정은 기억과 전통에 대한 계승을 전제한다. 해체론적 유령학에서 "유산은 결코 어떤 주어진 소여가 아니다. 그것은 언제나 어떤 과제다. (…) 존재한다는 것, 그것은 상속한다는 것을 의미한다. 존재를 둘러싼 모든 물음, 또는 무엇이 있어야 하는가(혹은 있지 말아야 하는가)를 둘러싼 모든 물음은 유산상속의 물음이다."(SM, 54면) 존재는 언제나 상속된 존재이고, 상속은 과거의 비밀로 돌아가는 재해석·회상·

애도 속에서 이루어진다. 정의가 무조건적인 책임(선물)을 요구하며 출몰하는 타자의 유령에 있다면, 타자의 유령은 애도(용서)의 작업 속에서 출현하며, 이와 더불어 우리의 존재가 규정된다.

2) 애도가 유령을 불러들이는 작업인 것처럼, 창조는 "타자를 오게끔 만드는 결단"이다. 여기서 창조의 어원적 의미 자체가 오게 한다는 것 (in-venire), 안으로 불러들인다는 것에 있음을 주목하자. 해체론적 의미의 창조는 전적으로 다른 타자를 초대, 환대한다는 것과 같다. 따라서 창조적 판단은 수동적인 형식의 판단이다. 창조는 타자의 도래를, 결정은 "타자의 결정"을 의미하기 때문이다. 모든 것은 "타자 앞에 응답하기"로 귀결된다. 그러나 그 응답은 결정불가능성의 시련을 통과해야 한다. 광기와 오만, 전율과 도약의 상황을 지나야 하므로 자아는 자기의식이 분열하고 정체성이 허물어지는 국면을 맞이한다. 창조적 결단은 오직 그런 통제 불가능한 분열의 순간에 일어난다.

3) 이런 광기와 분열의 상황은 어떤 폭력의 도가니다. 두 종류의 폭력이 들끓는 도가니이며, 거기에는 먼저 무조건적인 환대를 요구하는 절대적 타자의 폭력, 윤리적 폭력이 있다. 가령 타자의 얼굴과 직접적인 대면관계에 놓인 레비나스적 주체는 어떤 성스러운 광기에 빠진다. 자발적으로 인질의 위치로 내려가서, 때로는 자신의 죽음으로 타자와 관계하고자 한다. 이는 "선과 악, 사랑과 미움, 주기와 취하기, 삶의 욕망과 죽음충동, 열렬한 환대와 자기중심적이거나 나르키소스적인 자폐 사이를 식별하기 불가능한"(『아듀 에마뉘엘 레비나스』*Adieu à Emmanuel Levinas*, 1997, 65~66면) 국면이다. 다른 한편 레비나스가 제3자라 부르는 타자의 타자들(유한한 타자들)에서 오는 정치-법률적 폭력이 있다. 이것은 사회와 국가의 공공적 질서를 위해 행사되는 폭력이다. 공존을 위한 비교, 계산·숙고·심문·소통·분배의 차원을 여는 정치-법률적 폭력은

주체를 "윤리적 폭력의 현기증"으로부터 보호·방어해준다.

데리다가 말하는 창조적 결단의 책임은 무한한 타자 앞의 책임(절대적 책임)도, 유한한 타자들 앞의 책임(일반적 책임)도 아니다. 그것은 서로 상반되는 두가지 책임을 그때그때 상황마다 매번 서로 다르게 조율하고 타협시켜야 하는 책임이다. 그런 조율과 타협이 없다면 정의는 도착적이거나 악의적인 계산에 이용당할 수 있다. 타협과 계산을 회피할 때 윤리적 주체는 현실에 손을 더럽히지 않으려다 무력하거나 무책임한 주체로 전락할 수 있다. 순수를 지키기 위해 실천에 나서는 대신 오직 타인의 행동에서 낯선 비판의 빌미만을 찾는 아름다운 영혼으로 전락할 수도 있다. 해체론적 의미의 판단이나 결단은 폭력의 경제를 배경으로 하는 어떤 타협이다. 그것이 창조적이라 불리는 것은 상반된 두 가지 폭력의 논리를 하나로 엮는 작업이기 때문이다.

4) 두 종류의 책임 사이에 타협점을 찾는 창조의 책임. 이 제3의 책임 앞에서 선행의 두가지 책임은 부분적으로나마 어떤 훼손과 배반의 대상이 될 수밖에 없다. 절대적 책임과 일반적 책임에 동시에 부응하기 위해 윤리적 판단은 필연적으로 어떤 위증·무책임을 범해야한다. 이런 역설을 극적으로 연출하는 장면은 가족을 속인 채 모리아 산에 올라 이삭을 칼로 베려는 순간의 아브라함이다. 신에 대한 절대적 책임을 위해 아브라함은 아버지로서, 남편으로서, 공동체의 지도자로서 떠맡아야 하는 사회적 책임 일반에 눈을 감아야 했다. 거꾸로 사회적 책임을 다하기 위해서라면 아브라함은 신의 무조건적인 명령 앞에 무책임해져야 한다.

4. 윤리와 종교의 관계

데리다에게 이 장면은 두가지 의미를 지닌다. 먼저 그것은 3대 메시
아주의 종교(유대교·기독교·이슬람교)가 뿌리를 내리는 첫번째 장면이다.
다른 한편 그것은 절대적 책임과 일반적 책임 사이의 모순을 설명하는
어떤 극단적인, 그러나 모든 윤리적 판단의 구조를 반영하는 범례적인
사례에 해당한다. 가령 나는 한 사람을 연인으로 선택할 때 그 외의 다
른 모든 사람에게 무관심해질 수밖에 없다. 내가 연인으로서 책임을 다
할수록 다른 사람들에게는 무책임해진다. 무책임화는 책임의 논리와
배타적인 것이 아니라 책임의 논리 자체를 구성하는 일부다. 이것은 충
실한 번역이나 창조적 계승이 배반이나 위증의 계기를 피할 수 없는 것
과 같다.

근본악 혹은 자기면역의 논리

종교의 문제를 천착하는 『신앙과 지식』(*Foi et savoir*, 이하 FS, 1996)에서
데리다는 이런 무책임화의 역설과 유사한 모순을 신앙과 지식, 종교와
이성 사이에서 다시 발견한다. 그리고 종교의 비종교화를 초래하는 그
모순을 근본악이라 부른다. "근본악의 가능성이 종교성을 파괴하는 동
시에 일으켜세운다."(FS, 86면) 이때 근본악은 종교를 지속적으로 위협
하는 이성도, 그것에 기초한 과학이나 첨단기술도 아니다. 그것은 종교
와 이성, 신앙과 지식을 하나로 묶는 자기면역의 논리다. 정확히 말해서
무사(無邪) 혹은 성결(聖潔)의 자기면역 논리다. 이때 성결(l'indemne)은
종교가 지키려는 성스러움·거룩함·안녕·온전함 등을 가리킨다. 데리
다에게 그것은 절대적 타자의 충만한 현전의 가능성을 말한다.

새로운 면역성을 얻기 위해서는 기존의 면역체계와 자기방어체계를

파괴해야 한다. 그런 조건에서만 유기체는 비로소 죽음의 위협에서 구제될 수 있다. 데리다가 말하는 자기면역의 논리는 자기를 스스로 훼손하여 자신을 보존하는 논리, 스스로 더럽혀 자신의 순수성을 지키는 논리, 스스로 탈을 내어 무탈한 삶의 길을 가는 논리다. 거꾸로 보면 이것은 살아남기 위해서는 먼저 죽어야 한다는 논리다. 그러나 죽었다 살아난 생명, 죽음을 통과하고 극복한 생명은 때로 생명 이상의 생명이 된다. 생물학적인 생명이 넘볼 수 없는 숭고한 생명, 가령 정신적 생명도 자기면역의 논리에 의해 태어난다.

역사적으로 볼 때 계몽주의 시대에 종교는 이성에 의해 사라진 것처럼 보인다. 그러나 동시에 이성에 의해, 이성 안에서 다른 형태로 부활하게 되었다. 가령 칸트의 『이성의 한계 안에서의 종교』(1793)가 이 점을 대변한다. 여기서 칸트는 예식의 종교와 도덕적 종교, 반성적 신앙과 독단적 신앙을 구별했다. 도덕적 종교 혹은 반성적 신앙에서 신의 계시와 예식(기도)의 관계는 도덕법칙과 실천이성의 관계로 대체된다. 그런데 칸트는 기독교를 세상에서 유일한 도덕적 종교이자 이성적 종교, 법칙의 인식에 따른 순수 종교로 간주했다. 이것은 종교가 자신을 위기에 빠뜨리는 적대자에 의해 새로운 진화의 기회를 얻는 사례라 할 수 있다. 우리는 여기서 기독교가 신이 없는 종교로, 순수 도덕으로 다시 태어나는 것을 본다. 데리다가 레비나스의 윤리학에 적극 개입하는 것도 그것이 칸트 이후 유대-기독교(믿음)의 전통이 자기면역의 논리에 따라 그리스적 이성(앎)의 전통에 의해 다시 한번 극단적으로 추상화, 보편화되는 사례이기 때문일 것이다. 사실 레비나스에게서 얼굴과 제3자, 절대적 책임과 일반적 책임, 다윗의 도시와 시저의 도시는 성결의 자기면역 논리에 의해 상호 교차-보충되는 두 항, 다시 말해서 믿음과 앎을 대신하는 위치에 있다.

이런 치명적인 자기면역의 논리는 오늘날 종교와 첨단과학기술 사이에서 반복되고 있다. 데리다는 도처에서 발견되는 이런 역설의 논리를 통해 종교와 이성, 신앙과 지식, 계시와 추상이 원천적으로 분리 불가능한 관계에 있다는 사실을 끌어낸다. "종교와 이성은 공통의 원천에서 나와 함께 전개된다. (⋯) 단일한 공통의 원천이 스스로 자신을 기계적으로, 자동적으로 나누고 반동적으로 자기 자신과 대립한다. 이런 반동은 자기희생적인 보상과 회복의 절차로서, 그 자신이 위협하는 성결(l'indemne, heilig)을 복원하고자 한다."(FS, 41면)

종교성 혹은 메시아성

종교와 이성의 공통 원천은 서양의 실천적 역사의 세계를 구조화하는 어떤 유사 선험적 조건이다. 데리다는 그것을 종교성이라 부른다. 역사 속에 등장했던 모든 종교보다 더 오래된 종교성. 모든 실정 종교에 선행할 뿐만 아니라 믿음과 지식의 공통 원천인 종교성. 그것이 데리다가 말하는 메시아주의 없는 메시아성이다. 모든 약속·믿음·희망·미래·역사가 성립하기 위해 먼저 있어야 하는 메시아성. 그러므로 그것은 언어와 경험 그리고 지식 자체 속에, 나아가 공동체 속에 이것들의 가능조건으로 기입되어 있는 메시아성이다.

해체론적 의미의 메시아성은 계산가능성을 초과하는, 그러나 정의로서 도래하는 타자에 대한 열림과 응답을 말한다. 정확히 말해서 그것은 결정불가능성의 시험을 통과하는 응답이거나 그 시험 속에서 어쩔 줄 몰라 멈칫하고 뒷걸음치는 존경을 가리킨다. "이런 존경은 여전히 종교성(religio)다. 주저와 망설임 혹은 억제(⋯)로서의 종교성. 그것은 모든 종교의 문턱에서부터, 모든 사회적이거나 공동체적인 끈에서부터 오는, 자기관계적인 반복의 끈에 해당하는 종교성이다. 태초의 말씀 이전

과 이후에, 성례(聖禮)의 이전과 이후에, 성경의 이전과 이후에 오는 종교성이다."(FS, 33~34면)

따라서 종교성의 진면목은 다른 데 있는 것이 아니다. 그것은 성경이나 종교적인 의례에 있는 것이 아니라 도덕적 판단 안에 있다. 결정 불가능한 것을 결정하는 전율과 도약의 순간은 종교보다 더 종교적일 수 있는 계기다. 그런 숭고한 계기를 통과할 때만 도덕적 판단이 유효할 수 있음을 강조하는 데리다는 칸트와 레비나스를 이어 다시 한번 종교를 윤리적으로 환원, 추상화하고 있는 셈이다. 그러나 그때 윤리는 종교처럼 비밀스러워지고 성스러워지며 두터운 침묵의 무게를 거느리게 된다는 사실도 놓치지 말아야 할 것이다.

| 김상환 |

문자학(grammatologie)

형이상학은 존재를 현전으로 이해하기 때문에 음성언어를 충만한 의미의 현전을 보장하는 언어로 옹호하는 반면 문자언어를 억압하는 음성중심주의로 나타난다. 데리다는 음성언어를 비롯한 모든 분절화된 질서의 기원에는 유사-선험적 도형과 문자(글-쓰기)가 개입한다는 것을 증명하고, 그것에 대한 연구를 해체론적 문자학이라 부른다.

유령학(hantologie)

현전의 존재론을 상대화하는 말이자 모든 프로그램화된 역사 개념에 맞서 역사의 개방성과 타자에 대한 환영을 옹호하는 담론. 데리다는 현재 속에 이론적 계산의 가능성을 뛰어넘어 구원의 약속과 도덕적 정의를 환기하면서 새로운 결단의 시간을 불러일으키는 유사-선험적 조건을 유령이라 부르고, 그에 대한 담론을 해체론적 유령학이라 부른다.

차연(différance)

차이와 지연을 동시에 의미하는 말로서 모든 의미작용의 배후에 있는 차이의 유희를 가리킨다. 차연은 의미작용을 유발하지만, 그 의미작용은 유한한 기표들 간의 무한한 대체로 그치므로 결코 현전의 실재나 중심에 이르지 못한다. 데리다는 여기서 쏘쉬르의 기호학적 차이뿐만 아니라 하이데거의 존재론적 차이보다 오래된 차이를 본다.

해체(déconstruction)

구성의 논리 자체를 파괴의 논리로 전환한다는 함축을 지닌다. 서양 형이상학의 논리-역사적인 한계를 표시하되 형이상학의 내재적 진화의 논리 자체와 그 유산 속에서 형이상학의 울타리와 바깥을 그려낼 수단을 찾는 작업을 가리킨다. 니체, 하이데거, 레비나스 등에 의해 주제화된 서양 형이상학의 극복이라는 과제와 맞물린 용어.

후기
구조주의
이후의
프랑스
철학

제5부

들어가며

후기구조주의 이후의 프랑스 철학으로 분류된 제5부에서는 바디우와 랑시에르를 소개한다. 두 철학자를 일차적으로 특징짓는 것은 '현재성'(actualité)이다. 이 현재성은 단지 두 철학자 모두 생존하고 여전히 왕성하게 활동하고 있다는 점만을 의미하지 않는다. 오히려 그것은 그들이 현재 전세계적으로 가장 많이 읽히고 논의되는 철학자라는 점에 있다. 요컨대 그들은 오늘날 현대 프랑스 철학의 무대를 점유하고 있는 대표적인 철학자라고 할 수 있다.

두 철학자는 하나의 철학적 전통을 공유한다. 바로 맑스주의 전통이다. 특별히 1960~70년대 프랑스에서 이 전통을 대표하고 있었던 알뛰세르는 이들에게 공통의 유산이자 동시에 비판과 극복의 대상이었다. 한마디로 이 두 철학자의 공통 출발점은 어떤 의미에서 '알뛰세르', 더 정확하게는 맑스주의의 과학적 개조 노력뿐만 아니라 맑스주의에 대한 자기비판의 시도 속에서 알뛰세르가 미제로 남겨두어야만 했던 문제다. 더욱이 이 문제는 프랑스 현대철학을 추동하고 이끌었던 구조주의와 후기구조주의 전통에서도 제기되었으나 궁극적으로 사유될 수 없었던 문제이기도 하다. 그것은 곧 '주체'의 문제다. 바디우와 랑시에르는 누군가에 의해서는 폐기되고, 누군가에 의해서는 사유될 수 없었던 주체 개념을 재정립하는 것을 가장 중요한 철학적 과제로 제시한다.

그러나 두 철학자가 주체를 사유하고 정립하는 길은 서로 달랐다. 우선 바디우는 존재론의 혁신을 통해서 새로운 주체 개념에 이른다. 주저인 『존재와 사건』에서 그는 수학의 집합론을 통해 존재의 '다수성', 그로부터 불가피하게 나타나는 '사건', 그리고 '충실성'이라 명명된 작용에 의한 진리의 주체적 구성 등을 설명한다. 이를 통해 그는 현대철학에서 의심에 부쳐졌던 대표적인 두 개념, 진리와 주체를 동시에 사유할 수 있는 길을 열어놓는다.

바디우에게 진리가 생산되는 영역은 넷, 즉 과학·예술·정치·사랑이다. 철학은 진리를 생산하지 않는다. 바디우에 따르면 철학은 이렇게 네 영역에서 생산된 진리들의 의미 효과를 밝히면서 그것들을 긍정하고 옹호하는 작업이다. 생산된 진리들에 그 원리와 토대를 제공해 그것들을 설명하는 작업은 아니다. 이 점에서 철학은 '과학의 과학'이 아니라 '과학에 대한 개입'이라고 할 수 있다.

철학에 대한 랑시에르의 입장 또한 바디우와 크게 다르지 않다. 스스로 밝히듯이 랑시에르는 자신의 철학을 '이론'이 아니라 '개입'으로 이해한다. 요컨대 그의 철학은 우리가 어떤 것을 사유하기 위해 출발해야 할 어떤 원리를 제공하는 것을 목표로 삼지 않는다. 오히려 그의 철학은 문제적 상황, 특히 특정한 담론적 상황에 대한 개입으로 규정된다. 그런데 이 개입은 두가지 특징을 갖는다. 첫째, 특정한 담론이 은폐하고 있으나 함축하고 있는 정치적인 성격을 가시화하고 있다는 점에서 '논쟁적'이고, 둘째, 그 가시화의 방식이 논리적 담론의 구성이 아니라 역사적 무대의 재구성을 통해 이루어지고 있다는 점에서 '역사적'이다.

이러한 논쟁적이고 역사적인 작업에서 가장 핵심적인 개념으로 등장하는 것이 '평등'이다. 자꼬또(Joseph Jacotot)의 교육적 모험에 대한 성찰로부터 랑시에르가 이끌어내는 평등은, 정치적 주체화를 설명할 수 있는 개념으로 제시된다. 평등은 정치의 목표가 아니라 출발점이기 때문이다. 이러한 성찰은 그에게, 한편으로 자신의 스승인 알뛰세르를 비롯해서 많은 비판적 사상가들이 빠져 있었던 분할과 불평등의 논리를 극복하고, 다른 한편으로 그가 현대철학의 지배적인 경향으로 파악하고 있는 '윤리적 전회'와 분리의 선을 그을 수 있게 해주었다.

이러한 철학적 '스타일'의 차이는 두 철학자가 준거하고 있고, 그들의 사상 형성에 주요한 역할을 한 이론적 환경의 차이로도 나타난다. 바디우가 스스로를 플라톤, 라깡, 싸르트르 등의 후계자로 천명하며 그들을 소환할 때, 랑시에르는 19세기 익명의 프랑스 노동자, 자꼬또 같은 교육자, 플로베르 같은 소설가를 무대에 올린다. 이 점에서 바디우의 철학하는 방식은, 준거하는 철학자가 거의 겹치지 않음에도 들뢰즈의 방식과 닮아 있다. 반면에 랑시에르의 철학적 스타일은 스스로도 인정하듯이 역사가이자 철학자인 푸꼬의 것에 가깝다.

알랭
바디우

Alain Badiou 1937~

17장 /

진리와
주체의 철학

알랭 바디우는 모로코의 라바(Rabat)에서 태어난 프랑스인으로, 그의 아버지는 레지스땅스에 참여한 이력이 있고, 전쟁 후에는 남프랑스 도시 뚤루즈(Toulouse)의 시장을 지내기도 했다. 바디우는 젊은 시절에 싸르트르의 영향을 받아 실존주의에 심취했다. 그는 빠리 고등사범학교에서 알뛰세르에게 배웠으며, 이후 같은 학교의 교수로 재직하며 알뛰세르가 조직한 "과학자를 위한 철학강의"에 참여하기도 했다.

  1968년 5월 혁명 이후 바디우는 알뛰세르의 이론주의를 강하게 비판하면서 열혈 마오주의자가 된다. 1970년대 내내 마오주의 운동에 매진했던 바디우는 맑스주의가 쇠락하고 문화대혁명이 실패로 끝나자 맑스주의에서 벗어나 다른 대안을 모색하게 된다. 그 결실로 나타난 것이 바

* 이 글은 2011년 11월 『철학논집』 제27집(서강대학교 철학연구소)에 실린 서용순 「바디우 철학에서의 존재, 진리, 주체: 『존재와 사건』을 중심으로」의 핵심 내용을 축약·수정한 것이다.

로『존재와 사건』(*L'être et l'événement*, 1988)이다. 이 저작에서 그는 현대 집합론에 근거하여 독창적인 수학적 존재론을 정립하고, 그것을 바탕으로 새로운 사유로 나아간다. 이 저작은 철학사에 한 획을 그을만한 문제작으로 간주될 수 있다. 그후 바디우는 독창적인 철학적 저작들을 속속 내놓는다. 『윤리학』(*L'éthique*, 1993), 『사도 바울』(*Saint Paul*, 1997), 『세기』(*Le siècle*, 2005), 『싸르꼬지는 무엇의 이름인가?』(*De quoi Sarkozy est-il le nom?*, 2007) 등은 모두 프랑스 철학계에 일대 충격을 안겨준 문제작들이다. 그런 활발한 저작활동을 통하여 그는 영미권에서도 주목받기 시작한다. 오늘날 바디우의 저서는 출간과 동시에 영어로 번역되고 있고, 세계적으로 막강한 영향력을 행사한다. 그는 네그리, 랑시에르, 지젝, 아감벤 등과 더불어 오늘의 세계에 대한 가장 근본적인 비판을 가하는 철학자로 간주되고 있다.

바디우의 진리 철학은 철저하게 시대의 결과물이다. 그가 자신의 주저인 『존재와 사건』을 집필하던 1980년대 당시 프랑스의 지적 분위기는 회의주의의 지배 아래에 놓여 있었다. 합리적 이성에 대한 회의와 진리 범주의 포기, 전통적인 주체 개념에 대한 근본적인 비판은 철학의 불가능성을 논하기에 충분한 것처럼 보였다. 진리는 폭압적이었다. 보편적 진리는 자신을 보편으로 삼음으로써 모든 비-진리를 억압했고 진리의 타자를 배제했다. 철학은 진리를 절대화하여 텍스트의 의미를 고정시킴으로써 다른 해석의 가능성을 닫아버렸고, 결국 진리의 전제로 나아갔다. 이러한 비판은 상당히 설득력을 갖는 것이었다. 결국 하이데거에서 출발한 현대성(modernité)에 대한 비판, 그리고 철학사 전체에 대한 근본적인 비판은 마침내 완전히 승리한 것처럼 보였다. 바디우의 철학은 이런 맥락에 대한 개입으로 등장한다. 종말을 맞이한 것처럼 보였던 철학을 다시 일으키는 일을 기꺼이 떠맡은 철학자가 바로 바디우인 것이다.

철학을 구하기 위해 현대성에 대한 비판을 회피하는 것은 올바른 길이 아니다. 바디우는 그 비판을 무의미한 것이라고 말하지 않는다. 이른바 전제적 이성에 대한 비판은 상당한 설득력과 파급력을 지닌다. 니체와 하이데거의 철학에서부터 시작한 합리성과 대상성에 대한 비판은 철학에 일대 전환의 계기를 마련했고, 철학에서 배제되거나 부차적인 지위만을 갖고 있던 예술을 철학이 다시금 사유하는 계기를 마련해준 것이 사실이다. 합리주의 철학의 전통이 진리의 독단으로 이어졌던 것은 부정하기 힘들다. 그 비판은 과장이나 상상이 결코 아니다.

바디우가 『윤리학』에서 잘 지적하듯이 진리는 악이 되기도 한다. 진리의 힘에 대한 과신은 진리를 전능한 것으로 간주하게 되어, 결국 진리는 악으로 나아간다는 점을 잊어서는 안 된다. 맑스주의의 도그마를 진리로 간주한 현실 사회주의 국가들의 실천은 이에 대한 아주 좋은 예증이다. 결국 현대성에 대한 비판은 옳다. 그러나 바디우는 그러한 비판을 통해 철학을 포기하거나, 진리를 부인하고 주체를 지워버리려는 시도에 반대한다.

바디우의 시도는 그러한 비판을 통해 새로운 철학의 윤곽을 드러내는 데 있다. 그에게 중요한 것은 현대성에 대한 비판을 인정함으로써 그 비판 너머로 나아가는 것, 다시 말해 그 비판을 거울삼아 철학의 또다른 가능성을 모색하는 일이다. 바디우는 그러한 사유의 핵심을 이루는 진리에 대한 비판을 통해 진리의 범주를 혁신하고자 한다. 진리의 범주는 포기될 수 없다. 이는 철학을 철학이게끔 하는 가장 중심적인 요소이기 때문이다. 그러하기에 현대성에 대한 비판은 결국 진리에 집중된다. 이는 사실상 철학의 심장부에 대한 공격이다. 이 비판이 강력했던 까닭에 철학은 마비 상태에 빠진 것이다. 문제는 이러한 진리의 테마를 전통 철학과는 전혀 다른 방식으로 다루는 데 있다. 이렇게 바디우의 진리는 레테(Lethe)를 건넌다.

물론 철학에 대한 새로운 사유가 오로지 바디우에게만 있는 것은 아니다. 우리는 데리다와 들뢰즈를 비롯한 여러 프랑스 철학자들에게서 역시 그러한 사유의 새로운 윤곽을 발견할 수 있다. 그럼에도 불구하고 바디우의 철학이 독창성을 갖는 이유는, 그가 이전과는 전혀 다른 철학적 체계를 구축했다는 데 있다. 예컨대 그는 존재의 문제를 사유하면서 존재를 일자가 아닌 다수로 파악하는 한편, 철학이 더이상 진리를 욕망해서는 안 된다는 비판에 마주하여 진리를 복권시키면서, 철학의 존재 근거를 방어한다. 주체에 대해서는 실체로서의 주체라는 전통적 개념을 부정하는 동시에 주체를 진리의 효과로서 사유한다. 그는 이렇게 존재, 진리, 주체의 개념을 유지하면서 개작하는 것이다. 간단히 말해, 바디우의 철학은 현대성 비판의 사유와 닮아 있으면서도, 그것과의 거리를 유지한다. 현대성 비판의 문제의식을 수용하는 가운데, 전통 철학과는 전혀 다른 방식으로 철학을 재구성하고자 하는 것이 바디우의 야심이라고 할 수 있다.

1. 존재의 다수성과 공백

바디우는 존재론에서 출발한다. 그는 오늘날 존재에 대한 참된 규정은 일자(l'Un)와 다수(Multiple) 중 다수를 택하는 것에서 출발한다고 말한다. 다시 말해, 바디우는 일자의 존재를 기각하고 존재의 다수성을 받아들이는 것이다. 존재는 일자가 아니다. 있는 것은 오로지 다수뿐이다. 일자는 그저 존재의 질서에 통일성을 부여하기 위한 작용에 불과하다.

하나로-셈하기(compte-pour-un)라는 구조의 작용은 다수를 일자로 셈할 뿐, 다수로서의 존재를 일자로 환원시킬 수 없다. 좀더 정확히 말해 존재 자체는 일자로 수렴되는 것이 아니라 다수로서의 존재를 셈함으로써 사후적으로 일자로 드러나는 것이다. 결국 존재는 다수이지만, 이 다수는 구조화된 상황 속에서 항상 규정된 일자로 현시된다. 그렇기 때문에 우리는 그 다수를 무엇이라 지칭할 수 있고, 그 존재가 이러저러하다고 말할 수 있다. 존재하는 다수는 항상 일자화의 법칙에 따라 어떤 특정한 술어로 규정되는 것이다. 결국 상황을 구성하는 다수는 있는 그대로의 순수한 다수가 아니라 이미 상황의 통일성 속에 포섭된 다수, 특정한 셈을 통해 규정된 다수이다. 예를 들어 누군가를 '노동자'라는 존재로 만드는 것은 자본주의적 생산체계 속에 놓여 있는 그의 위치다. 그렇게 자본주의 사회를 지배하는 법칙성이 그를 '노동자'로 지칭할 수 있게 한다. 그러나 그것은 그를 특정한 존재로 규정하는 셈의 결과일 뿐, 있는 그대로의 그의 존재를 드러내는 것은 아니다. 그렇게 다수는 상황에 현시되는 순간 일자화의 법칙을 따르지만, 그 자체로 일자는 아니다. 존재는 기본적으로 다수이며, 비일관적이고 불안정하다. 다수성은 사라지는 것이 아니라, 일자화의 작용을 통해 억압되고 탈각될 뿐이다.

바디우의 존재론은 일자화된(일관적인) 존재보다 있는 그대로의(비일관적인) 존재, 순수 다수로서의 존재를 향한다. 모든 다수의 술어들이 일자화 작용을 통과한 질적 규정이라고 할 때, 이것은 비존재론적인 영역에 속한다. 존재론이 존재로서의 존재를 다루는 과학이라면, 마땅히 존재론의 대상은 모든 경험과 질적인 규정이 배제된 비일관적 다수여야 한다. 그러나 여기에는 근원적인 난점이 존재한다. 존재의 비일관적 다수성은 설명되거나 정당화되기 힘들 수밖에 없다. 존재가 비일관적이라는 사실을 설명할 수 있는 언어란 없다. 언어로 이를 표현한다고 할 때, 그것은 특정 술어를 통해 다수를 명명한다는 것인데, 이는 존재의 비일관성을 파괴하는 명명이 될 수밖에 없다. 그것은 비일관적인 다수를 일관적인 방식으로 말하기 위한 시도이기 때문이다. 그렇게 설명된 존재는 다수가 아닌 일자이다. 그렇게 모든 질적 규정성을 벗어난 존재를 설명하고 규정하는 문제는 분명히 언어라는 한계 속에서 불가능한 것처럼 보인다. 이 때 비일관적 다수성은 존재하지 않는 것으로 간주될 수 있다. 비일관적 다수성의 실존을 사유하는 문제는 이렇게 난관에 봉착한다. 이러한 문제를 해결하기 위해 바디우가 철학의 무대에 다시 등장시키는 것이 바로 수학이다.

존재의 과학으로서의 집합론은 존재의 질적인 차이를 제거하고, 가장 근원적인 존재를 향해 접근한다. 그것은 바디우가 존재의 본래 모습으로 간주하는 비일관적인 다수성을 정확하게 드러낸다. 이는 수학만이 가질 수 있는 장점이다. 언어의 형식으로 규정할 수 없는 존재의 비일관성은 집합론에 의해 정확하게 표현된다. 그것은 다름 아닌 공집합($\varnothing$)이다. '공집합이 존재한다'는 공리적 단언은 존재의 출발점을 단언하는 것과 동일한 맥락에 있다. 알다시피 이 집합은 모든 집합의 부분으로서 모든 상황에 포함된 것이지만, 결코 하나로 셈해지지 않는 집합이다. 그것은 모든 집합의 부분집합으로 존재하지만, 원소를 하나로 셈하는 구조화 작용 속에서 누락된다. 공집합은 하나로-셈하기라는 현시의 법칙에서 벗어나는 비일관적 다수성의 이름인 것이다. 그것이 구조화의 작용을 벗어나는 것은 확실하다. 공집합은 장소를 가질 수 없지만 모든 장소에 있고, 현시 속에서 현시 불가능한 것을 표현한다. 이 집합의 현시 불가능한 성격은 우리로 하여금 그것을 비일관적 다수성으로 간주할 수 있게 한다. 존재로서의 존재가 갖는 비일관성은 확실히 하나로-셈하기라는 구조화 작용의 외부에 있다. 그리고 그것을 잘 보여주는 것은 바로 '공백(또는 무無)'으로서의 공집합이다.

바디우에 따르면 상황 속에 존재하는 다수로서의 존재는 집합으로 간주될 수 있다. 모든 집합은 다수의 현시(présentation)이다. 집합으로서의 상황은 항상 구조화를 받아들이는데, 이런 구조화를 통하여 다수로 이루어진 상황은 항상 조절되고 통합된다. 말하자면 상황은 통일성의 유지를 위해 '일자'의 구조화를 받아들이고 그 구조화를 통하여 일자로 간주된다. 이것이 바로 작용으로서의 하나로-셈하기다. 그러나 이러한 구조화는 상황을 충분히 일관적인 것으로 만들지 못한다. 모든 집합은 공집합을 포함하고 있기 때문이다. 상황의 구조화 작용인 하나로-셈하기는 단지 집합의 원소들을 셈하기 때문에 원소가 아닌 공집합은 구조화에서 누락된다. 이러한 공백(공집합)의 위협은 상황의 부분집합들을 셈하는 재구조화를 요구한다. 그래야만 비로소 공백을 고정할 수 있기 때문이다. 이러한 부분집합의 셈으로 이루어진 집합(멱집합)은 '상황상태'(l'état de la situation)를 만든다. 이때 비로소 공집합은 불안정하게나마 셈의 작용 속에 포섭된다. 우리는 여기서 상황상태라는 재구조화의 결과물이 국가(l'Etat)와의 유비관계에 있다는 점에 주목해야 한다. 이는 상황과 연결되어 있으면서 분리된 특수한 기제로서의 국가를 포함하는 개념이다. 국가는 개인(원소)을 특정한 부분으로 환원하는 것이다. 바디우가 지적하듯 국가는 부분, 또는 부분집합에만 관계한다. 국가가 심지어 외관상 개인을 상대할 때조차 국가는 이 개인의 구체적인 무한성에 관계하지 않고, 셈을 통해 환원된 '일자'에만 관계한다.

모든 존재는 상황 속에 현시되는 동시에 상황상태에 의해 재현된다. 이는 존재의 법칙이다. 이러한 이중의 구조화가 존재를 지배하고 있는 것이다. 우리는 언제나 개인이지만 항상 특정한 개인으로 재현된다. 넓게는 대한민국의 국민이고, 좁게는 한 집안의 아버지, 어머니 또는 아들, 딸인 것이다. 그러나 이러한 현시와 재현이 항상 일치하는 것은 아니다. 바디우는 현시(présentation)와 재현(représentation)이라는 이중의 관계망을 통해 존재를 세가지 유형으로 나눈다. 정상성, 특이성, 돌출이 그 유형들이다. 상황에 현시되지만 상황상태에 의해 상황에 재현되지 않는 항목은 '독특성'(singularité)의 항목이다. 이것은 사건에 관계하는 존재의 유형이라고 볼 수 있다. 상황에 현시되면서 동시에 상황상태에 의해 상황에 재현되는 항목은 '정상성'(normalité)의 항목이다. 이러한 다수는 일반적인 다수로, 특히 자연적인 다수는 모두 정상성에 속한다. 상황에 현시되지는 않지만 상황상태에 의해 상황에 재현되는 항목을 '돌출'(excroissance)의 항목이라고 부른다. 돌출에 해당하는 것은 국가이다. 실제로 국가는 현시하지 않는다. 국가는 특정한 다수의 현시로 환원되지 않고 단지 재현으로만 가능하기 때문에 이는 돌출에 해당한다.

'사건'은 독특한 항목들로만 이루어진 다수인 '사건의 자리'(le site événementiel)에서만 일어난다. 이 사건의 자리를 이루고 있는 원소들은 현시하지만 재현되지는 않기 때문에 상황에 존재하지 않는 것으로 파악된다. 즉 그 원소들은 공집합의 구조를 지니고 있는 것이다. 사건은 바로 이러한 지점에서 '돌발'한다. 어떤 다수의 모든 항목들이 상황에는 현시하지만 상황상태에 의해 재현되지 못하고 없는 것으로 간주될 때, 우리는 이러한 다수를 사건의 자리라고 칭한다. 다시 말해 이 다수의 모든 항목들은 공백의 구조를 갖는 것이다. 사건은 그런 점에서 비일관적 다수인 '공백의 출현'이다. 이러한 사태는 상황을 혼란 속으로 빠뜨린다. 공백의 출현이란 일찍이 겪어보지 못한, 그래서 그것을 무엇이라고 규정할 수 없는 사태를 가리키기 때문이다.

2. 사건과 충실성

모든 사건은 이러한 사건의 자리에서 발생할 수 있다. 물론 사건의 자리가 존재한다고 해서, 사건이 필연적으로 일어나는 것은 아니다. 사건의 발생은 '우연적'이며, 어떤 법칙성에도 따르지 않는다. 여기서 우리는 바디우 철학의 가장 핵심적인 지점으로 접근해 들어간다. 그것은 바로 사건을 개념화하는 지점이다. 사건은 사건의 자리의 원소들과 사건 자신으로 이루어지는 다수이다. 집합론의 형식으로 표현하면 사건은 ex = {x / x ∈ X, ex}라고 표기될 수 있다. 다시 말해, X라는 자리에서의 사건 ex는 사건의 자리 X의 원소들인 x와 사건 자신인 ex로 이루어진다. 바디우가 '사건의 수학소'라고 지칭하는 이 형식은 사건이 존재의 질서 바깥에 있음을 말해준다. 존재의 질서를 표시하는 집합론의 기본 원칙인 자기귀속의 금지를 위반하고 있기 때문이다. 그러나 사건이 사건 자신을 포함하는 것은 경험적으로 보면 틀린 말이 아니다. 사건은 사건의 자리의 원소들과 더불어 사건 그 자체를 반드시 요구한다. 사건의 이름이 유포되고 통용될 때, 우리는 무엇인가가 일어났음을, 어떠한 비정상적인 것의 출현이 가시화되었음을 알 수 있다. 예를 들어 프랑스 대혁명이라는 사건은 사건의 자리에 속하는 여러 원소들(마르세유 의용군, 쌍 퀼로뜨, 자꼬뱅, 삼부회 등등)과 더불어 '대혁명'이라는 항목, 즉 사건 자신을 필요로 한다. 사건의 자리의 원소들이 배열되는 것만으로는 사건이 성립하지 않기 때문이다. 그렇게 사건은 사건 자신을 항상 원소로 갖는다.

이러한 사건의 자기귀속은 사건을 결정 불가능한 것으로 만든다. 사건이 일어난 그 상황에 사건 자신이 속해 있는가는 결정 불가능한 문제이다. 사건의 수학소가 그 사실을 잘 말해준다. ex = {x / x ∈ X, ex}라고 했을 때 사건의 자리 X는 공백의 가장자리에 있다. 그것은 상황 안에 현시한다. 그러나 그 원소들인 x는 상황 속에서 없는 것으로 간주된다. 있는 것은 오로지 사건의 자리 X뿐이다. 일단 사건을 구성하는 한 축인 x는 상황 속에 없다. 그렇게 x를 제외했을 때 남는 것은 ex밖에 없다. 다시 말해, 남는 것은 사건 자신뿐이다. 결국 우리는 사건의 존재를 검증하기 위해 다시 사건 자신을 만나는 난관에 부딪힌다. 사건의 존재 확인은 순환적으로 다시 사건을 부르는 것이다. 결국 우리는 사건이 상황에 속한다고도, 속하지 않는다고도 단언할 수 없다. 검증은 순환 속에 빠지고 있기 때문이다. 사건과 상황의 관계는 결정 불가능한 것으로 남는다.

이러한 사건의 결정불가능성은 사건의 존재를 결단하는 '개입'(intervention)의 필요성을 불러일으킨다. 사건은 어떻게 알려지는가? 분명 사건은 상황에 귀속되지 않는 것일 수 있기 때문에(그것의 귀속은 결정 불가능한 것이기 때문에), 사건은 알려지지 않을 수 있다. 사건의 자리의 존재가 반드시 사건을 불러일으키는 것이 아니듯, 사건 역시 일어나더라도 알려지지 않을 수 있는 것이다. 결정 불가능한 사건은 상황이 행하는 모든 셈의 법칙에서 벗어나 있기 때문에, 사건을 판단하고 사유하기 위해서는 상황의 법칙에 의존하지 않는 외적인 작용이 필연적으로 요구된다. 사건의 결정불가능성이라는 난점은 이러한 '개입'으로만 해결 가능하다. 개입이란 결정 불가능한 것을 결정하는 것으로, 상황에 대한 사건의 결정불가능성을 취소하고 사건이 상황에 속해 있다고 말하는 것이다. 그런 결정, 즉 상황의 법칙에 부합하지 않는 사건의 존재를 상황에 속하는 것으로 결정하는 것은 불법적인 선택이다. 모든 합법성은 상황의 구조에만 의존하기 때문에, 도박으로서의 개입은 합법적인 선택이 결코 될 수 없다. 그러나 사건이 '있는 것'으로 인정받기 위해서 이 선택은 필수적이다.

구체적인 수준에서, 이러한 개입의 과정은 '명명'(nomination)으로 드러난다. 개입의 첫번째 작용은 사건을 형언하기 위해 사건의 자리를 구성하는 현시되지 않은 원소의 이름을 만드는 것이다. 선택되는 것은 결국 사건을 대표하는 '이름', 재현의 법칙에서 벗어난 익명적이며 불법적인 이름이다. 현시와 재현의 구조 속에서 그 이름은 낯선 동시에 불법적이다. 이는 또한 사건이 공백의 분출이라는 것을 통해서도 설명된다. 우리가 살펴본 바와 같이 사건의 자리의 항목들이 공백의 구조를 지니고 있다면, 그 원소들에 관계하는 그 이름 역시 상황의 셈에서 벗어나는 공백으로부터 나온 것이 된다. 따라서 우리는 사건의 이름이 무엇인지 알 수 없다. 1871년 프랑스 빠리 꼬뮌의 예를 들어보자. 빠리의 노동자들은 보불 전쟁의 패배라는 상황 속에서 봉기하였다. 그들의 봉기는 노동자를 중심으로 하는 대중 봉기였고, 그것은 일찍이 알려진 적이 없는 것이었다. 당시 노동자 대중은 그저 하나의 불명확한 집단으로만 존재했을 뿐 그 개개인들은 정치적으로 전혀 가치 있는 존재들이 아니었기 때문이다. 그들은 자신들의 봉기를 '빠리 꼬뮌'이라고 이름 붙였다. 그러나 이 이름은 알려질 수 없는 것의 이름이었다. '빠리 꼬뮌'이란 상황의 법칙성으로 설명될 수 없는 이름이었던 것이다.

개입 이후에 오는 것이 바로 '충실성'(fidélité)이다. 이 충실성은 최초의 개입에 이어지는 연속적인 개입의 과정이라고 할 수 있다. 충실성은 사건에 의존하고 있는 다수를 분리시키고 식별해내는 과정으로 이해된다. 다시 말해, 개입을 통하여 한 상황 속에서 사건의 이름이 통용된 이후, 이 사건의 이름과 상황 속의 다수들이 접속되어 있는지, 그렇지 않은지를 식별하는 절차가 바로 충실성인 것이다. 결국 충실성이란 전체 다수 속에서 사건에 의존하는 다수를 분리하는 기제로서, 개입의 연장선상에 있는 것이다. 개입이 사건을 상황에 속하는 것으로 결정하는 작용이라면, 충실성은 이 결정을 상황 속의 다수들로 확장시키는 작용이다. 충실성은 최초 사건의 명명에서 출발하는 실천이다. 그래서 충실성은 최초의 사건에 충실한 실천으로밖에는 드러날 수 없다. 사건과 그에 이어지는 과정 속에서 충실성은 최초 사건에 대한 충실성이고, 사라지는 사건이 스스로를 지탱하는 방식이다. 진리는 바로 이러한 충실성의 과정 속에서 구성될 것이다.

중요한 것은 충실성이 사건과 다수의 접속(connexion)을 문제 삼는다는 사실이다. 바디우는 그 과정을 '탐색'(enquête)이라고 부른다. 이것은 사건 이후에 상황의 다수들을 하나하나 검토함으로써 그 다수들이 사건과 접속되어 있는 다수인지, 그렇지 않은지를 판단하는 과정이다. 예를 들어 2000년대의 촛불집회 또는 희망버스가 1980년 5월 광주라는 사건에 접속되어 있는가를 검토하는 과정은 탐색의 과정이라고 볼 수 있다. 이러한 탐색의 과정은 충실성에 있어서 필수적인 것이다. 탐색을 통해 다수를 식별해냄으로써 사건에 대한 어떤 다수의 위치를 구분해낼 수 있다. 탐색은 기본적으로 유한하다. 그것은 특정한 다수를 대상으로 하는 탐색이고, 상황의 구체적인 다수들을 하나하나 검토함으로써 충실성을 드러내는 것이기 때문에 유한할 수밖에 없다. 그래서 탐색은 충실성 과정의 주어진 상태인 것이다. 반면에 충실성은 탐색이 끝없이 이어지는 것을 요구한다. 유한한 탐색의 연속은 충실성이 끝없는 과정으로 이어진다는 것을 함축한다. 충실성이란 결국 탐색을 계속하는 무한한 과정이다. 이러한 과정 속에서 충실성의 절차는 상황상태의 작용(부분집합의 셈)과 동일한 작용을 실행한다. 탐색을 통해 사건에 의존하는 것으로 파악된 상황의 원소들은 새로운 부분집합, 다시 말해 사건을 통해 성립한 새로운 부분집합을 구성하고, 이 새로운 부분집합이 바로 진리의 존재를 이루어낸다. 다시 말해, 진리는 상황에 새롭게 등장한 무한한 부분집합들이며, 그 부분집합은 사건에 의존하는 다수의 항목들로 이루어진 것과 다름없다. 결국 충실성은 사건을 통해 발생한 상황의 '새로운 부분'들을 셈하는 작용인 것이다.

3. 진리와 주체

우리는 이제 새로운 부분집합으로서의 진리에 대해 말할 수 있다. 이러한 입론은 코언(Paul Cohen)의 '유적인(générique) 집합'에 대한 이론에 준거하고 있다. 간단히 유적인 다수로서의 진리의 특성을 살펴보기로 하자. 탐색을 통해 분리된 사건에 의존하는 다수는 새로운 부분집합으로 셈해진다. 이 부분집합은 충실성을 통해 성립하는 다수이고, 바로 그것이 바디우가 말하는 진리이다. 바디우는 이러한 부분집합이 상황에서 식별 불가능한 것이라고 말한다. 상황의 부분집합을 하나로 셈하는 상태/국가의 셈에서 벗어나 있기 때문에, 이 부분은 '유적인' 부분, 비일관적인 부분으로 남을 수밖에 없다. 또한 이 부분집합은 사건이라는 결정 불가능한 다수와 연결되어 있기 때문에, 상태/국가에 의해 상황 외적인 것, 상황에 존재하지 않는 것, 어떤 의미작용에서도 벗어나 있는 것으로 간주된다. 그런 연유로 그 부분은 무엇이라고 말해질 수도, 일관적인 방식으로 설명될 수도 없다. 그 부분집합을 기다리는 상황의 언어는 부정의 언어, 즉 불법·폭도·사태·추문·일탈 등이다. 그것은 상황을 관리하는 상황상태 또는 국가가 진리에 대한 자신의 무능함을 드러내는 것이나 다름없다. 상황의 입장에서 진리는 존재하는 것이 아니다. 왜냐하면 그것은 하나로-셈하기의 작용을 벗어나 있기 때문이다.

중요한 것은 이 유적인 부분집합이 영원히 확장 가능한 무한한 부분집합이라는 점이다. 진리(참, le vrai)는 무한하다는 점에서 지식(옳음, le véridique)과 구분된다. 진리는 지속적으로 분류의 가능성을 피해간다. 지식의 규정과 제한을 무너뜨리는 진리, 무한히 열려 있는 것으로서의 진리는 탐색을 통해 새로운 항목의 추가를 항상 허용한다. 그렇지 않다면 진리는 유한한 것이 되고, 유한한 것은 지식의 분류와 식별 체계를 피해갈 수 없을 것이다. 진리가 무한하다면, 진리가 '무한을 향해 열려 있는 것'이라면, 이 유적인 부분집합은 영원히 확장가능한 채로 남아 있어야 한다. 이 집합은 그 자체로 완결적이지 않기 때문에, 상황의 모든 부분집합을 규정하는 식별체계에서 벗어나 있고, 결과적으로 기존 상황의 모든 부분집합의 원소들을 자신의 원소로 받아들일 수 있다. 결국 어떠한 동일성(identité)도 이 집합을 정의할 수 없고, 오히려 이 집합 속에서는 모든 동일성이 무효화된다. 결국 이 집합은 존재로서의-존재가 갖는 비일관성을 그대로 보여주는 다수가 된다.

유적인 부분집합으로서의 진리와 지식의 식별·분류 체계는 분명히 대립한다. 그러나 진리와 지식의 대립이 어느 하나가 완전히 무효화되는 것으로 해소되지는 않는다. 진리가 지식을 완전히 대체하거나, 진리가 관철되지 않고 그대로 소진되는 일은 일어나지 않는다. 그 진리에 충실한 실천들이 존재하는 한, 진리는 사라지지 않는다. 또한, 진리가 그대로 남는다 하더라도 그것이 과거의 법칙성의 체계인 지식을 완전히 대체하는 일은 사실상 일어나지 않는다. 우리는 이러한 지식의 완전한 대체를 혁명적인 변화라고 가정할 수 있다. 그러나 혁명은 과연 모든 것을 바꾸는가? 과거의 지식체계 전체가 진리에 의해 틀린 것으로 간주되어 옳음(le véridique)의 체계 밖으로 추방되는 일은 사실상 없다. 유적인 부분집합을 통해 확장된 상황, 즉 변화된 새로운 상황은 항상 이전의 다수가 유지되는 가운데 진리를 받아들이기 때문에, 그 변화는 부분적이다. 그렇게, 진리는 상황의 일부를 바꾸어놓을 뿐이다. 상황에 주어지는 모든 변화는 부분적인 변화로부터 출발하여 그 영역을 조금씩 넓혀나가는 변화일 것이다. 그리고 그 변화는 그 자체로 커다란 변화이다.

그러한 변화, 실제적으로 벌어지는 혁명적 변화의 동력은 진리이다. 이미 설명한 것처럼 식별 불가능한 다수, 유적인 부분집합으로서의 진리는 상황의 법칙에서 벗어나 있는 비일관적이고 명명 불가능한 다수다. 그것은 지식체계에 구멍을 내고 그 법칙성을 무효화시키는 그 무엇이고, 마침내 드러난 가치 없던 것의 가치이다. 다시 말해, 진리란 미증유의 것, 완전히 새로운 것이다. 이러한 알려지지 않은 다수로서의 진리는 그 자체로 지식의 체계를 변화시키고, 그것을 좀더 풍부하게 만들 것이다. 만약 새로운 것으로서의 진리가 지식에 의해 옳은 것으로 인정받는다면, 지식은 새롭게 다시 성립될 수 있고, 그로 인해 이전에 옳은 것으로 간주되어왔던 것들 중 진리와 대립적인 것들은 '그른 것'(érroné)이 되어 지식의 체계에서 제외될 것이다. 그렇게 상황은 진리를 통해 변화한다. 결국 진리는 상황을 변화시키는 동력으로 기능한다고 말하는 것이 가능하다.

그러나 역시 그 과정은 간단하지 않다. 지식의 체계는 복잡한 동시에 견고하다. 진리의 존재는 지식의 변화를 필연적으로 상정하지 않는다. 이러한 변화를 위해서 필요한 것이 바로 실천이다. 우리가 앞서 언급한 개입과 탐색은 그러한 주체적 실천의 영역들이다. '개입'은 최초의 주체적 실천으로서, 사건에 최초의 이름을 부여함으로써 사건이 상황에 속해 있는 것임을 공언한다. 이것은 단순히 지적인 시도가 아니라, 진리가 동반하는 투사적인 절차를 개시하는 '결정'이다. 사건을 상황 내적인 것으로 결정함으로써 개입은 사건에 대한 믿음과 충실성을 유발하고 '무엇을 할 것인가'의 문제, 사건을 이어가기 위한 실천적 문제를 제기함으로써 새로운 실천의 지평을 열어놓는다. '탐색'은 직접적인 실천의 이름이다. 그것은 기존 상황의 법칙 밖에서 사건과 접속된 다수를 식별함으로써 상황의 원소들을 사건 쪽으로 탈취한다. 상황의 분류법칙에 따라 정돈되어 있던 부분집합의 원소들은 이러한 탐색의 과정을 통하여 사건적인 부분집합의 원소가 된다. 이러한 실천을 통해 진리라는 다수는 상황의 법칙성인 지식과 대립하면서 기존 지식의 분류방식을 무력화시키고 진리를 상황에 지속적으로 부과한다. 그리고 중단 없는 충실성으로 탐색은 끝없이 이어질 것이다. 그런 이유로 탐색을 통해 성립하는 유적인 부분집합으로서의 진리는 역시 무한하다. 충실성은 끝나지 않는 지속을 요구하기 때문이다. 결국 진리 그 자체는 결코 완전히 드러나지 않으며, 계속되는 탐색을 통해 지속되고, 이 지속은 진리를 통해 상황을 변화시키는 가장 큰 동력이다.

이러한 실천적 과정은 한마디로 '강제'(forçage)의 과정이라고 할 수 있다. 강제란 진리에 충실한 유적 절차의 전개 전체를 아우르는 과정이다. 바디우에 따르면 "진리는 자신을 상황 속에 배치하도록 상황을 강제한다." 그 결과 "이 진리는 마침내 상황의 내적인 항목으로 인정받는다." 강제란 탐색의 실천을 통해 이어지는 충실성의 절차를 통해 진리가 상황 속에서 '정상적인 항목'으로 자리 잡았음을 의미한다. 귀속과 포함의 일치는 진리가 마침내 온전히 상황 속에 존재하는 것으로 인정받는다는 것을 함축한다. 그런 과정을 통해 진리는 상황을 변화시킨다. 강제의 실천을 통해 진리를 위한 장소가 상황 속에 구축되는 것이다. 바디우는 이것을 전미래 시제로 설명한다. 지식이 진리를 옳은 것으로 인정하는 도래할 상황에서 보면, 상황의 진리는 (그 이전에 이미) 원소로 현시되었을 것이다. 결국 우리는 진리가 언제 상황에 관철될지 미리 알 수 없다. 그것은 항상 소급적으로만, 미래에서 바라본 과거의 어느 불특정한 시점(불확정의 미래)에서 관철되었다고 확인될 뿐이다. 결국 강제를 확인하기 위해 필요한 것은 끊임없는 주체적 실천이다.

우리는 마침내 '주체'(sujet)의 문제에 도달했다. 지금까지 논의한 바디우의 존재론과 진리이론의 연장선상에서 볼 때, 바디우의 주체는 사건을 통해 성립하는 충실성의 주체이다. 주체는 사건에 충실하고, 진리를 이루는 유적인 집합들을 탐색하며, 진리를 상황에 강제하는 모든 주체적 실천을 이어간다. 문제가 되는 것은 역시 강제의 과정이다. 분명히 주체는 진리의 실행 주체이지만, 진리와 등치될 수는 없다. 바디우에 따르면 진리는 무한하지만, 주체는 유한하다. 주체는 상황 안에 있기 때문에 그가 진리에 관계한다고 해도, 그는 지식으로 한정된 상황 속에서만 움직일 뿐이다. 따라서 그는 상황을 확장된 상황으로 강제할 수단을 갖지 않는다. 그가 만나는 것은 상황 속에서 현시된 항목들 또는 다수들이지, 상황에 현시되지 않는 부분으로서의 진리가 아니다. 주체는 진리가 무엇인지 모른다. 주체는 다만 진리에 대한 확신을 가질 뿐이다.

진리에 대한 실천을 가능하게 하는 것은 바로 그러한 확신이다. 주체는 확신을 통해 명명을 감행한다. 사도 바울이 말하는 믿음·희생·구원 그리고 레닌의 당·혁명·정치 등은 모두 상황 안에서 통용되는 말이다. 그러나 주체가 활용하는 말은 상황의 언어와는 달리 상황 속에서 그 준거물을 갖지 않는 말이다. 이 말들은 현재 상황에서 존재하는 항목이 아닌, 새로운 상황에서 전미래적으로 현시될 항목들을 지칭한다. 이러한 말들은 전미래의 어느 시점에서만 그 준거물을 가질 수 있는 말이고, 그것이 확인되는 것은 미래의 변화된 상황 속에서이다. 결국, 중요한 것은 주체적 실천의 지속이다. '끝없이 계속하라. 그러면 진리는 어느새 인정되어 있을 것이다.' 이미 말했듯, 주체는 진리에 대한 확신만을 가지고 있을 뿐이다. 이러한 확신은 증명되지 않는 확신, 객관적인 어떤 대상에도 근거하지 않는 확신이다. 객관적인 것과는 거리가 한참 먼 주체의 확신은 거의 도박에 가깝다. 그렇게 주체는 객관적인 대상에 기대지 않는 '순-주체적 주체'이다.

주체는 진리를 드러낼 수 있는 사실상 유일한 통로다. 진리에 충실한 주체가 없다면 진리란 없다. 만약 바디우의 진리가 갖는 힘이 있다면, 그것은 주체의 충실성을 통해서만 주어지는 힘일 것이다. 충실성 없이 진리란 있을 수 없으며, 주체의 충실한 실천 없이 상황은 변하지 않을 것이다. 그렇게 볼 때, 미리 결정되어 있는 것은 아무것도 없다. 무한한 부분으로서의 진리의 구성은 그것을 근사적으로 상황에 부과하는 충실성의 무한한 실천을 통해서만 가능하다. 그래서 진리는 실천을 통해 자신을 지탱할 주체를 반드시 요구한다. 사건을 통해서만 성립한다는 점에서 이 주체는 미리 가정되지 않은 주체, 존재와 등치되는 주체가 아닌 출현하는 주체, 후(後)-사건적인 주체이다. 바디우가 말하는 주체는 어쩌면 충실성 그 자체일 것이다. 더 엄밀히 말해 주체는 충실성의 작용이며, 사건이 일어난 상황 속에서 충실성을 전개시키는 일련의 활동들을 가리킨다. 그래서 바디우는 '주체'를 "사건과 충실성의 절차 사이의 연결(liaison) 과정 자체"라고 부른다. 따라서 개념적인 수준에서 파악된 주체는 '충실성의 자기전개'와 같은 것이라고 말할 수 있다. 그런 점에서 바디우의 주체는 주체적 실천의 작인(作因)이라고 말할 수 있다.

우리가 이미 다양한 경로로 설명한 주체의 윤곽들, 즉 후-사건적 주체, 대상을 통해 성립하지 않는 대상 없는 주체, 진리의 유한한 파편 또는 국지적인 윤곽으로서의 주체, 진리를 상황에 강제하는 실천적 주체 등의 윤곽들은 그동안 철학이 주장하던 전통적인 의미의 주체와는 아주 다른 것이다. 바디우는 대상성과 주체를 분리함으로써 주체와 대상의 일치를 기각하고, 주체와 존재를 분리하면서 주체를 변전의 질서 속으로 끌고 들어간다.

그러나 더 중요한 것은 바디우 철학의 전체 맥락 속에서 주체가 차지하는 위치다. 바디우의 철학에서 주체는 존재와 사건을 매개한다. 존재와 사건은 확실히 대립적이다. 바디우는 『존재와 사건』을 통해 존재론의 구조를 해명하고, 존재론(집합론)의 위반으로서의 사건을 개념화해낸다. 결국 이것은 '존재'와 '사건' 사이에는 넘을 수 없는 심연이 있음을 보여주는 것이다. 그러나 거기서 끝나는 것이 아니다. 바디우는 사건이 어떻게 존재 속으로 스며들어가는지 보여준다. 그 지점에서 필요한 것이 바로 주체다. 주체는 사건이 생산하는 진리의 국지적 윤곽인 동시에 후-사건적 실천의 작인으로 상정된다. 그리고 주체의 실천은 진리를 상황에 강제하는 동력이 된다. 그러나 주체는 역시 존재 속에서 나온다. 모든 존재들이 주체가 되기는 힘들지만, 적어도 주체가 될 수 있는 가능성은 모든 존재들에게 주어져 있다. 그리고 주체는 그 존재의 질서를 혁명적으로 변화시키기 위해 다시 존재의 질서로 향한다. 사건과 진리는 주체를 매개로 하여 존재를 변혁한다. 사건에 의한 존재의 변혁은 상황의 항목이었던 주체에서 출발하여 전체 상황으로 확산되어 마침내 새로운 상황의 도래로 이어진다. 결국 『존재와 사건』은 그 둘의 심연이 어떻게 극복되는가의 문제를 다룬 저작이라고 말해도 무방할 것이다.

4. 진리에 대한 사유로서의 철학

바디우는 진리와 주체의 범주를 고수하면서도, 이전과는 전혀 다른 방향으로 그 범주들을 개작함으로써 철학에 진리의 사유라는 임무를 부여한다. 그에게 철학이란 철학 밖에서 생산된 진리를 사유하는 활동이다. 여기서 특징적인 것이 바로 진리의 복수성이다. 진리란 단일한 영역에서 생산되는 것이 아니라, 정치·과학·예술·사랑이라는 상이한 절차들이 벌이는 실천 속에서 생산되는 것이다.

가령 정치는 기존의 규범적 질서와는 다른 질서를 제시하고, 다른 질서를 추구하는 실천의 과정에서 자신의 진리를 생산하며, 예술은 이전의 예술적 상황의 법칙에서 벗어나는 일련의 예술작품들을 생산함으로써 예술에서의 진리를 구성해낸다. 각 절차의 실천은 서로 전혀 다른 층위에 있지만, 그 실천들은 모두 과거의 질서에서 벗어나는 방식으로 무언가 새로운 진리들을 만들어내는 것이다. 그러나 이 절차들 사이에 위계란 존재하지 않으며, 그 활동을 통해 생산되는 각각의 진리는 그 절차에 고유한 실천의 결과물이다. 그 절차들은 서로 연결되어 있지 않기 때문에 오로지 진리를 생산한다는 점만을 공통점으로 가질 뿐이다. 이러한 진리에 대한 사유, 각각의 진리를 명명하고 각각의 진리가 갖는 독자적인 범위를 밝혀내는 것이 바로 철학의 몫이다. 그렇게 철학은 진리의 지평을 사유하는 가운데 자신의 생명을 이어나간다.

진리를 사유하는 철학은 필연적으로 '세계의 전환'을 고민할 수밖에 없다. 세계는 변화해왔고, 앞으로도 변화할 것이다. 그리고 그 변화는 인류가 진보라고 불렀던 자유의 진전과 해방의 역사를 구성한다. 자유와 해방으로 나아가는 길목에 어둠이 깔려 있더라도, 철학은 멀리서 빛나는 새벽의 미광을 향해 자신의 시선을 집중시킨다. 그러한 '밤의 파수꾼'이라는 자리를 기꺼이 받아들이는 것이야말로 철학의 가장 중요한 책무라고 할 수 있다. 바디우는 철학자를 초병에 비유한다. 이슬에 젖은 침상을 두고 밤을 지새우는 존재가 바로 철학자다. 그는 누구보다 먼저 아침을 알림으로써 기쁨을 얻을 것이다. 때로는 꿈을 통해 사건을 반추하겠지만, 철학자는 무엇보다 새벽의 미광을 알아보는 지혜를 통해 자신의 책무를 다한다. 새벽을 기다리는 밤의 사유. 그것이야말로 진리를 사유하는 철학자가 어떤 고난 속에서도 이행해야 하는 책무인 것이다.

| 서용순 |

사건(événement)

사건은 상황에 내재적인 공백의 우연한 출현을 지칭한다. 사건은 기존의 법칙성을 중단시키고, 예외적인 것의 돌발적인 출현을 현실화함으로써 일시적으로 기존의 질서를 마비시킨다. 그러나 이러한 돌발은 오래 지속되지 않고, 일정한 씨퀀스가 끝나면 소진된다. 그러나 사건은 사라지지 않고, 사건을 믿는 주체를 성립시킴으로써 사건 이후의 상황을 변화시키는 계기가 된다.

주체(sujet)

바디우의 주체는 진리의 국지적인 윤곽이라고 할 수 있다. 어떤 대상에도 의존하지 않는다. 어떤 실체도 아니고 인격으로 환원될 수도 없는 주체는 충실성의 작용으로서, 사건이 일어난 상황 속에서 충실성을 전개시키는 일련의 활동들을 가리킨다. 철저히 사건에 의존하는 주체는 존재와 등치되지 않고, 대상과 연결되지도 않는다는 점에서 전통적인 주체 개념과 확연히 다르다.

진리(verite)

진리는 사건에 충실한 실천을 통하여 상황의 다수 속에서 사건과 연결된 다수를 분리해냄으로써 성립하는 새로운 부분집합이다. 진리는 기본적으로 기존의 상황의 법칙성을 파괴함으로써 상황을 변화시키는 동력이다. 진리는 영원히 확장 가능한 것으로 남아 있기 때문에 상황의 언어로 완전히 표현될 수 없고, 언제나 다시 활성화될 수 있는 무한한 집합, 항상 열려 있는 집합으로 간주된다.

충실성(fidélité)

충실성은 사건 이후에 사건을 이어가는 것을 가능하게 하는 절차이다. 바디우는 "한 상황 속에서 그 실존이 사건적 다수의 통용에 의존하고 있는 다수를 식별해내는 절차 전체"를 충실성이라고 부른다. 이는 사건과 상황의 다수를 연결시켜, 기존 상황에 포섭되지 않는 새로운 부분을 만들어내는 과정을 지배하는 주체적 작용이라고 볼 수 있다.

탐색(enquête)

사건과 다수의 접속을 검토하는 구체적인 실천이 바로 탐색이다. 이는 사건 이후에 상황의 다수들을 하나하나 검토함으로써 그 다수들이 사건과 접속되어 있는 다수인지, 그렇지 않은지를 판단하는 과정이라 할 수 있다. 이 탐색은 충실성을 상황의 구체적인 다수들을 통해 임시적으로 드러내는 것이기 때문에 유한할 수밖에 없다. 그래서 탐색은 충실성 과정의 주어진 상태라고 할 수 있다.

자끄
랑시에르

Jacques Rancière 1940~

18장 /

평등의
정치와 미학

자끄 랑시에르는 알뛰세르, 라깡, 푸꼬, 들뢰즈, 데리다, 바디우, 발리바르 등과 더불어 이른바 프랑스적인 지적 생산의 시대를 이끌고 있는 철학자다. 18세기 말부터 19세기 초의 독일과 비견될 만한 이 창조적 사유의 시대에는 어떤 공통의 시대정신이 존재하는 것처럼 보인다. 차이·타자·외부·아포리아·다수성 등은 각각 고유한 방식으로 이 시대정신을 표현하고 구성하고 있는 개념들이다. 상이한 철학들은 이 각각의 개념적 지표를 중심으로 고유한 철학적 영토를 형성하고 있다. 랑시에르를 다른 동시대의 철학자들과 구별짓는 개념적 지표는 '평등'이다. 그의 철학 전체를 구성하고 있는 정치철학과 미학에서 평등은 실현해야 할 목표나 이상이 아니라 출발점이다. 이 사고의 전환을 통해서 그는 정치와 예술, 그리고 이 둘의 관계에 대한 새롭고 흥미로운 관점을 제시하고 있다.

랑시에르는 1940년 알제리의 수도 알제(Alger)에서 태어났다. 같은 해에 아버지를 잃고 편모슬하에서 자랐다. 두 살 되던 해에 알제리를 떠나 프랑스로 이주해 마르세유에서 잠시 머물다가 1945년 이후 줄곧 빠리에서 성장했다. 스무 살이 되기 전까지 그가 관심을 두고 읽은 것은 싸르트르와 릴케(Rainer Maria Rilke)였고, 그의 문화적 지평은 누보로망(nouveau roman), 누벨바그(nouvelle vague) 등의 아방가르드적인 흐름들이었다.

1960년 빠리 고등사범학교에 입학한 랑시에르는 그곳에서 자신의 지적 여정에 중요한 역할을 하게 될 알뛰세르를 만난다. 랑시에르는 맑스주의의 과학적 혁신과 진정한 맑스의 재발견이라는 알뛰세르의 기획에 곧바로 매료되어, 1964년부터 1965년까지 알뛰세르가 이끈 『자본』 세미나에 참여하게 된다. 이 세미나의 결과는 『자본 읽기』라는 제목으로 출간되었다. 초기에 그의 관심은 '청년 맑스'에서 철학이 구체적인 삶과 맺고 있는 관계를 해명하는 데 쏠려 있었다. 그러나 알뛰세르의 영향을 받아 『자본』에서 실현되고 있는 '인식론적 단절'을 입증하는 것으로 바뀌게 된다.

그러나 이후 랑시에르는 스승 알뛰세르와 다른 길을 걷는다. 이 결별은 한편으로 자신이 배우고 가르친 맑스주의와 현실운동 사이의 간격을 보여주는 68혁명의 경험과, 다른 한편으로 새로 신설된 빠리 8대학 철학과 교육 프로그램을 둘러싼 이론주의적 편향의 다른 알뛰세르주의자들과의 갈등이 계기가 되었다. 이 예고된 결별은 1974년 『알뛰세르의 교훈』(La leçon d'Althusser)에서 격렬하고 단호한 어조로 선언된다. 여기에서 그는 과학과 이데올로기 사이의 대립이라는 논제를 통해 알뛰세르주의가 분할과 불평등의 논리, 즉 생산하지만 스스로 사유하지 못하는 대중과 그 대중이 사유할 수 없는 것에 대해 진리를 말하는, 사유를 자신의 고유한 과제로 삼는 지식인 사이의 분할을 생산하고 있다고 주장한다.

랑시에르에게 고유한 철학적 문제의식과 방법은 바로 이 결별에서부터 출발한다. 이제 그의 관심은 대중을 한갓 교육의 대상으로 만들고 있는 분할의 논리로부터 벗어나서 해방의 정치를 재사유하는 것이 된다. 그리고 이를 위해 맑스주의적 이론화 속에서 탈각되고 변형된 해방운동의 현실을 파헤치는 작업에 착수하게 된다. 푸꼬와 유사하게 랑시에르는 '철학'이라는 순수 이론적 공간에서 빠져나와 1830~40년대의 프랑스 노동운동의 문서고를 탐구하는 작업에 몰두하게 된다. 이 외롭고 긴 작업의 결과가 바로 그의 박사학위 논문을 책으로 펴낸 『프롤레타리아의 밤』(*La nuit des prolétaires*, 1981)이다. 여기서 제시되는 논점은 크게 두가지로 요약할 수 있다. 첫째, 노동자들의 해방운동은 '감성적 혁명' (aesthetic revolution), 즉 생산관계 그리고 더 나아가 모든 사회적 관계를 근원적으로 규정짓고 있는 시공간적 분할을 재분할하고자 하는 시도이다. 둘째, 이 정치는 분할의 논리가 전제하고 있는 능력들 사이의 불평등을 부정하고 노동자들이 실천을 통해 스스로를 사유하는 자와 말하는 자임을 보여줌으로써 이루어진다.

랑시에르는 이 정치적이고 역사적 탐구의 과정에서 우연히 19세기 초에 독특한 교육적 모험을 시도했던 자꼬또라는 인물을 만나게 된다. 『무지한 스승』(*Le maître ignorant*, 1987)은 이 모험을 무대화함으로써 그것이 함축하고 있는 교육학적·정치적·철학적 귀결들을 이끌어내고 있다. 랑시에르는 이 책에서 지배와 예속은 근원적으로 지능의 불평등이라는 논리에 기초해 재생산되고 있으며, 지적 해방과 정치적 해방은 오직 지적 평등을 전제하는 한에서만 사유 가능함을 주장한다.

『프롤레타리아의 밤』과 『무지한 스승』이 특정한 역사적 사건이나 장면을 무대화하는 역사적 탐구의 성격을 갖는다면, 그의 정치철학의 주요 내용을 담고 있는『불화』(La mésentente, 1995)와『정치적인 것의 가장자리에서』(Aux bords du politique, 1990)는 앞선 역사적 탐구에서 드러난 주요 개념들과 논제들 사이의 관계를 체계적으로 제시하고 있는 이론적 작업이라고 할 수 있다. 특히 이 작업은 현재의 정치적 지평에 대한 직접적인 논쟁적 개입이라는 성격을 갖는다. 여기에서 랑시에르는 사회주의 체제의 붕괴와 더불어 선언되었던 합의민주주의의 승리가 궁극적으로 의미하는 것은 민주주의와 정치에 대한 부정이나 다름없음을 주장한다.

정치철학적 작업에 몰두하던 랑시에르는 2000년대에 접어들면서 주로 미학에 관련된 저술들을 발표하고 있다. 그러나 이러한 이행은 갑작스러운 것이 아니다. 이 이행의 필연성은 첫째, 랑시에르에게서 정치가 감성적 차원을 갖는 한에서, 동일하게 감성적 분할에 관여하고 있는 예술적 실천은 정치에 대한 사유의 연장선상에 놓여 있다는 점, 둘째, 이미 오랜 논쟁적 역사를 가진 예술과 정치의 관계가, 유토피아 시대의 종말이라는 이름으로 의문에 부쳐지는 시대에 새롭게 정초되고 이해될 필요성이 그 어느 때보다 중요한 미학적 과제로 등장하고 있다는 점에서 주어진다. 랑시에르는『감성의 분할』(Le partage du sensible, 2000)이라는 소책자에서 '미학'을 예술을 대상으로 삼는 분과학문으로서가 아니라 18세기라는 특정한 역사적 시점에서 형성된, 예술적 실천을 다른 것들과 구별하고 규정하는 특정한 사유체제로 정의한다.

랑시에르의 미학적 탐구는 다양한 예술 장르들을 포괄한다. 문학을 다루는『말의 살』(La chair des mots, 1998),『침묵의 말』(La parole muette, 1998),『문학의 정치』(Politique de la littérature, 2007)가 있고, 영화와 관련해서는『영화 우화』(La fable cinématographique, 2001),『영화의 간격』(Les écarts du cinéma, 2011) 등이 있다. 미학적 예술체제의 주요 장면들을 다루는『아이

스테시스』(*Aisthesis*, 2012)에서는 문학·영화·연극·회화·조각·무용·사진 등의 영역에서 발생한 미학적 사건들이 다루어진다.

1. 평등의 방법

『무지한 스승』에서 랑시에르는 전통적인 교육방법을 '설명'의 논리로 규정하고 있다. 설명은 원리로부터 귀결을, 원인으로부터 결과를 체계적으로 제시하는 것이다. 이렇게 설명의 논리는 앎을 획득할 수 있는 올바른 방법을 전제한다. 스승의 인도로 이 올바른 길을 따라 가지 않을 경우, 학생은 길을 잃고 잘못된 길로 빠지거나 시간을 낭비하게 된다. 오랫동안 철학자들은 참된 앎에 이르기 위해 우리의 지성이 따라야 하는 절대적 절차로서의 방법을 가르쳐왔다. 랑시에르가 보기에 여기에는 서로 밀접하게 연관된 두가지 전제가 놓여 있다. 텍스트의 언어 배후에 놓인 또다른 언어, 즉 텍스트의 진리를 구성하고 설명해줄 수 있는 메타언어가 존재한다는 전제가 그 하나이며, 이 메타언어는 표면의 배후에 놓여 있어서 누구나 접근 가능한 것이 아니라는 관점이 다른 하나다. 요컨대 본질과 현상, 표면과 깊이 등의 존재론적 구별은 우리의 언어와 지성의 차원에서 올바른 방법과 그렇지 않은 것, 정확한 인식과 그렇지 않은 것, 의미있는 말과 쓸데없는 말, 궁극적으로 우월한 지능과 그렇지 않은 지능의 구별을 낳는다.

그러나 스승의 가르침이나 인도 없이도 스스로 앎을 터득할 수 있다는 것을 보여주었던 자꼬또의 실험은 지능의 평등을 입증한다. 랑시에르는 이로부터 설명의 논리가 아닌 평등의 방법을 이끌어내고 있다. 평등의 방법은 원리에서 출발하지 않는다. 오히려 그것은 특정한 상황, 많은 경우 절망적이라고 부를 수 있는 상황으로부터 출발한다. 실제로 자꼬또의 실험은 네덜란드어를 알지 못하는 스승이 네덜란드 학생들에게 프랑스어를 가르쳐야만 하는 절망적인 상황에서 시도된 것이다. 이러한 상황이 우연히 주어진 것인 한에서 평등의 방법은 '우연의 길'이며, 스승의 가르침 없이 스스로의 힘으로 깨우쳐야 하는 절망적인 상황에서 촉발된 것이라는 의미에서 '절망적 경험주의'라고 불릴 수도 있다.

모든 지능의 동등성을 긍정하는 평등의 방법은 올바른 길과 그렇지 않은 길을 구별하지 않는다. 모든 길은 열려 있다. 물론 모든 길과 모든 지능의 표현이 다 동일한 것은 아니다. 거기에는 차이가 존재한다. 그러나 그 차이는 더이상 옳음과 거짓의 차이가 아니라, 새로운 관계들을 발견하는 정도에 따른 차이일 뿐이다. 모든 지능의 동등성, 그 각각이 탐험하는 길이 그 자체로 정당하다는 논제에는, 인식되어야 할 사물 혹은 텍스트는 닫혀 있는 총체성으로 이해될 수 없다는 존재론적 전제가 놓여 있다. 오히려 그것은 랑시에르에게 '불가능한 총체성'(totalité impossible), '열려 있는 전체'(tout ouvert)로서 이해된다. 이 전체는 끊임없는 탐험들을 통해 구성되는 전체이며, 따라서 그것은 점근적으로만 구성될 수 있는 통일체이다.

랑시에르에게 지능의 고유한 작업인 이해는 번역과 같은 것이다. 그것은 텍스트의 배후에 숨어 있는 어떤 이유 혹은 원리를 찾아내는 작업이 아니라, 쓰인 문장을 자신이 이해하고 있는 것과 관련시키고, 그리고 이를 매개로 텍스트의 한 문장이나 한 문단을 다른 문장이나 문단에 특정한 방식으로 관련시키면서 텍스트에 상응하는 어떤 것, 텍스트가 산출할 수 있는 하나의 의미효과를 산출하는 일이기 때문이다. 이러한 의미에서 지능의 작업은 제작 혹은 구성의 작업이라고 할 수 있다. 즉 지능은 이미 주어져 있는 진리를 발견하는 것이 아니라, 주어진 텍스트에 상응하는 또 다른 텍스트를 구성하는 것이기 때문이다.

랑시에르의 철학적 작업 자체는 자꼬또에게서 발견한 이 평등의 방법에 충실하게 따르고 있다. 이러한 맥락에서 그는 자신의 철학을 무엇에 대한 이론이 아니라 상황에 대한 개입 혹은 논쟁적 개입으로 규정한다. 이때 '논쟁적'이라는 것은 특정한 입장에서 대립되는 입장을 비판하는 개입을 의미하지 않는다. 오히려 중립적으로 보이는 상황이 실제로는 논쟁적이고 정치적 상황이라는 점을 가시화하고 드러낸다는 의미에서 논쟁적이다. 자꼬또가 설명의 논리가 인간을 두 부류로 분할함으로써 지배와 예속의 관계를 지속적으로 재생산하고 있는 불평등의 논리라는 것을 드러내는 논쟁적 무대를 구성했듯이, 랑시에르는 민주주의를 특정한 절차나 제도로서 이해하는 관점이나 미학을 예술에 관한 학문으로 바라보는 관점이 결코 중립적이지 않으며 그것 자체가 하나의 정치적 입장임을 드러낸다.

요컨대 랑시에르의 철학은, 분할의 논리를 담고 있는 언어적 상황에 대한 개입이다. 이 개입은 특별히 무대의 구성(staging a scene)이라는 고유한 성격을 갖는다. 랑시에르는 분할의 언어들에 그것들을 가시화하고 문제화하는 또다른 언어를 대립시킴으로써 하나의 논쟁적 무대를 구성한다. 이러한 논쟁적인 말의 무대를 랑시에르는 특별히 '불화'라는 이름으로 부른다. 이 무대의 구성은 절대적인 진리로 주장되는 것들이 실제로는 우연의 산물일 뿐이라는 것을 보여주고, 거기서 새로운 가능성들을 모색하고 실험하게 하는 정치적 무대이다.

랑시에르의 철학적 작업이 갖는 또다른 특수성은, 이 무대구성의 작업이 '논리적'이라기보다는 '역사적' 성격을 갖는다는 점이다. 분할의 논리를 표현하고 있는 정치적·미학적 담론들의 상황에 개입하기 위해 그는 잊혀진 역사적 사건이나 장면을 무대화한다. 실제로 랑시에르는 해방의 정치를 재사유하기 위해 자꼬또와 19세기 노동자들의 지적 모험을 무대화하고, 예술의 정치성을 재정립하기 위해서 칸트와 실러(Friedrich Schiller)라는 이름과 더불어 탄생한 '미학'을 재무대화하였다. 그는 이러한 역사적 사건들 속에서 현재의 담론들을 비판적으로 평가할 수 있는 이해가능성의 조건을 발견하고 있다. 요컨대 현재 상황에 대한 그의 논쟁적 개입은 어떤 원리로부터 출발하는 이론구성에 기초해서 이루어지는 것이 아니라, 역사적으로 존재한 사건들을 무대화하고, 그것을 통해 그것들의 개념적 효과를 현재의 담론들에 대립시킴으로써 이루어진다. 랑시에르 철학을 규정짓는 고유성 가운데 하나는 바로 여기에서 발견할 수 있다.

2. 정치의 감성학

문제적 상황

앞에서 언급했듯이, 랑시에르의 철학은 문제적 상황에서 출발한다. 따라서 그의 철학에 대한 이해는 그가 문제로서 지각하고 있는 것이 무엇인지를 파악하는 것으로부터 출발해야 한다. 그에게 현재의 정치적 상황은 한마디로 '정치의 소멸'로 요약될 수 있다. 그가 보기에 오늘날 정치는 상이한 담론적 맥락 속에서 부정되고 왜곡되고 있다.

랑시에르의 정치적 사유를 이끄는 것은 해방의 문제설정이다. 해방으로서의 정치라는 개념은 근대 계몽주의의 산물이다. 맑스주의는 이 해방의 이념을 자신의 근본적인 문제설정으로 삼은 전통이다. 그러나 맑스주의적 기획은 현실과 이론에서 실패와 위기를 경험하게 된다. 특별히 현실 사회주의 체제의 붕괴는, 정치적 혁명을 경제적 혁명으로 대체하고자 한 맑스주의적 기획이 실패했음을 알리는 것이었다. 사람들은 이로부터 상이한 이론적 귀결들을 이끌어냈다. 맑스주의 전통이 기획한 해방으로서의 정치는 유토피아주의와 전체주의로 비판되었다. 1970년대 이후 프랑스에서 '신철학자들'이라고 불리던 사람들은 이러한 비판적 관점을 일찍부터 제시하였다. 또한 서구 민주주의 이론가들은 '역사의 종언'을 알리며 유토피아 시대가 막을 내렸음을 자축하였다. 다른 한편, 맑스주의적 실험의 실패는 경제로 환원되지 않는 정치의 고유성에 대한 사유 필요성을 제기하였다. 그러나 이 정치로의 회귀는 현실에서는 정치의 소멸, 엘리트 집단에 의한 관리와 행정으로서의 정치를 의미했다. 요컨대 이 비판적 담론과 현실 속에서 해방으로서의 정치는 더이상 불가능한 것으로 영원히 낙인찍히게 된다. 여기에서 인권·민주주의·폭력·이주노동자(혹은 배제된 자)·젠더·소수자·민족 혹은 인종 등은 정치적 개념들과 문제들로서가 아니라 법적·행정적 관리와 조정의 문제로, 혹은 윤리적이고 인도주의적인 고려의 문제로 전락하게 된다.

맑스주의의 위기 속에서도 해방의 정치라는 문제설정을 밀고 나간 사람들이 존재한다. 랑시에르의 스승 알뛰세르가 그 대표적인 인물이다. 그러나 앞에서도 언급했듯이, 랑시에르는 알뛰세르주의가 분할과 불평등의 논리를 함축하고 있고, 따라서 해방적 실천을 사유할 수 있는 토대를 갖고 있지 않다고 평가했다. 바로 이러한 이유에서 알뛰세르주의는 맑스주의의 혁신을 기획했지만, 여전히 현실 해방운동과의 괴리를 보여주고 있었다.

따라서 랑시에르의 정치철학은 이중의 전선을 가지고 있었다. 한편으로는, 해방의 정치 자체를 과거의 것으로 돌리면서 그것을 부정하는 담론들이 있었고, 다른 한편으로는 맑스주의 전통 내에 여전히 존속하고 있는 한계, 즉 민중의 정치적 운동을 사유할 수 없는 한계가 있었다. 랑시에르는 이 이중의 이론적 전선 속에서 해방의 정치를 재사유하기 위한 작업에 착수하게 된다.

평등과 민주주의

랑시에르에게 정치에 대한 재사유는 민주주의 개념에 대한 재사유를 통해 이루어진다. 여기에는 이유가 있다. 탈정치화는 '민주주의에 대한 증오' 현상을 동반하고 있기 때문이다. 민주주의를 형식적 절차와 제도로 이해하는 사람들에게, 민주주의는 한편으로는 개인들의 무제한적 욕망이 무절제하게 표출되도록 허용하는 것이었고, 다른 한편으로는 현실의 모순을 은폐하는 가상에 불과한 것이었다. 따라서 민주주의를 이러한 비판으로부터 재전유하는 과제는 랑시에르에게 이러한 담론들 속에서 봉합되었던 정치를 재긍정하는 것과 동일한 의미를 지니게 된다.

랑시에르는 탈정치화에 대한 비판적 이해를 위해 플라톤이라는 역사적 원천으로 거슬러올라간다. 플라톤은 민주주의에 대한 비판의 원형을 보여주고 있을 뿐만 아니라, 현대의 비판들은 그의 반복이기 때문이다. 플라톤에게 민주주의는 무엇보다도 '말의 과잉'에 기초한다. 이때 과잉으로서의 말은 필요없는 말, 자격을 갖추지 못한 사람이 하는 말을 의미한다. 그에게 정치는 사유할 수 있는 권리를 가진 자, 따라서 말할 수 있는 자격을 가진 자만이 갖는 고유의 권리다. 민주주의는 그러한 자격과 권리를 갖지 못한 민중이 정치에 참여하게 되는 부당함에 기초해 있는 것이다.

랑시에르는 민주주의에 대한 플라톤의 이러한 기술이 민주주의의 본질을 설명해주고 있다고 생각한다. 실제로 민주주의는 부당함에 기초해 있다. 귀족정과 과두정에서 귀족과 부유한 자들은 출신성분의 고귀함이나 소유한 재산의 자격으로 정치에 참여할 권리를 얻는다. 그러나 민주정의 통치주체인 민중(demos)은 어떤 자격도 갖고 있지 않은 자격(자유)으로 정치에 참여한다. 또한 민중의 자유는 오직 그들에게만 고유한 것이 아니라 모두가 갖고 있는 자격이라는 점에서, 민주주의는 부분을 전체와 동일시하는 또다른 부당함을 지닌다. 이렇게 민주주의가 이중적 부당함에 기초해 있는 것이라면, 어떤 부당함도 존재하지 않는 공동체를 구성하고자 했던 플라톤의 철학은 정치 자체를 봉쇄하고자 한 시도로서 이해되어야 한다.

그러나 민주주의에 내재하는 이 부당함은 특정한 관점 아래서만 그러한 것이다. 즉 그것은 정당함(justice)에 대한 특정한 규정 속에서 판단되는 부당함이다. 플라톤에게 정의는 분할(partage)에 기초한다. 생산자와 사유하는 자의 분할, 각각의 생산자에게 부과되는 장소와 시간의 분할이 존재하며, 바로 이 분할 속에 조화로운 정치공동체의 가능성이 놓여 있다. 이 분할의 논리를 철학적으로 정초하고 있는 것이 그의 이데아론이며, 모방자라는 이름으로 가해지는 소피스트들에 대한 공격은 바로 이 분할의 선을 무너뜨리는 자들에 대한 정치적 비판이다.

정치철학의 정초자인 플라톤과 아리스토텔레스가 공동체의 구성원리로 제시하고 있는 분할의 선들, 즉 보이는 것과 보이지 않는 것, 말과 소음, 중요한 것과 그렇지 않은 것, 정확한 말과 의미없는 말, 말할 자격이 있는 자와 그렇지 않은 자 등의 경계는 사회적 계층들 사이의 분할을 반영하고 있다는 점에서 사회학적으로 정당화되는 분할이며, 이 분할이 자연의 질서에 대한 특정한 존재론적 전제로부터 궁극적으로 논증된다는 점에서 존재론적 분할이다.

민주주의는 자신의 사실적 존재 자체에 의해 이 모든 존재론적·사회학적 전제들을 무너뜨린다. 민주주의는 스스로를 어떤 존재론적 원리로써 정당화하지 않는다. 그것의 정당화는 오직 그것이 현실적으로 존재하고 있다는 사실을 통해서만 이루어진다. 이론적으로 구성된 플라톤 철학의 관점에서 부당함으로 나타나는 민주주의는 자신의 존재 자체를 통해 자신의 정당성을 입증하고 있는 것이다.

이렇게 입증된 민주주의는, 플라톤과는 반대로, 공동체가 실현해야 할 원리란 존재하지 않음을 보여준다. 민주주의, 그리고 이것의 동의어인 정치의 본질은 원리의 부재에 있다. 랑시에르는 이것을 평등 개념을 통해 설명한다. 랑시에르가 보기에 평등은 매우 역설적으로 모든 위계적 불평등의 질서가 전제하고 있는 것이다. 위계적 정치 질서가 존속되기 위해서는 지배자의 명령이 피지배자에 의해 이해되어야 한다. 그렇지 않다면, 피지배자는 자신이 받은 명령을 수행하지 않을 것이고, 그런 한에서 질서는 유지될 수 없기 때문이다. 그런데 피지배자가 통치자의 말을 이해할 수 있다는 것은 둘 사이의 동등성, 즉 지적 능력의 동등성을 함축한다.

이러한 사실은 일차적으로 모든 위계적 질서가 우연의 산물이라는 점을 보여준다. 통치자들은 불평등한 관계를 필연적이고 절대적인 것으로 주장하지만, 그 관계의 토대가 평등에 있다는 점은 위계적 질서의 절대적 존재 권리를 박탈한다. 민주주의는 이 근원적 평등이 자신의 존재를 드러내고 무대화하는 실천이며 실험이다. 평등은 어떤 원리로도 증명될 수 없다. 그것은 오직 자신을 드러내고(manifester) 실험하는(expérimenter) 것으로 스스로를 증명할 수 있다. 이러한 실험이 곧 민주주의이고 정치다.

따라서 평등은 정치의 원리 아닌 원리이다. 그것은 정치의 가능성의 조건으로서 원리이지만, 실현할 목표로서의 원리는 아니다. 랑시에르는 이 평등을 특별히 '아무개와 아무개의 평등'(l'égalité de n'importe qui avec n'importe qui)이라는 이름으로 부른다. 이때, '아무개'란 모든 사회적·문화적·인종적·종교적 등등의 정체성이 탈각된, 탈정체화된 개체를 가리킨다. 요컨대 아무개는 비어 있는 존재, 모든 개념적 및 규범적 규정으로부터 분리된 존재, 한마디로 '자유'의 존재를 지시한다. 따라서 아무개와 아무개 사이의 평등은 특정한 성질이나 규정의 관점에서 주어지는 평등이 아닌, 무조적인 평등을 지시한다. 이러한 관점에서 정치의 원리로서의 아무개와 아무개의 평등은 자유와 평등이라는 근대적 정치 이념에 대한 랑시에르적인 해석이라고 할 수 있다.

정치의 논점으로서의 감성의 분할

랑시에르에게 정치는 로고스(말)의 일이다. 아리스토텔레스가 인간을 정치적 동물로서 이해했다면, 그것은 인간이 로고스를 가지고 있기 때문이다. 요컨대 로고스는 정치공동체의 구성원리였다. 그런데 문제는, 아리스토텔레스에게는 이 로고스의 절대화가 존재한다는 점이다.

아리스토텔레스에게 로고스의 고유한 역할은 분할의 선들을 긋는 것이다. 그런데 이 분할은 기본적으로 '감성의 분할'이라는 성격을 갖는다. 랑시에르는 이러한 관점에서 감성의 분할을 다음과 같이 규정한다. "공통적인 어떤 것의 존재와, 거기에서 각자가 갖는 지위와 몫을 규정하는 경계설정들을 동시에 보여주는 감성적 명증성들의 체계"(『감성의 분할』 13면). 우선 감성의 분할은 공통적인 것과 그렇지 않은 것의 분할을 의미한다. 여기에서 공통적인 것이란 정치공동체 전체에 속하는 것을 가리킨다. 이러한 의미에서 분할은 공적인 것과 사적인 것의 분할, 정치에 속하는 것과 그렇지 않은 것의 분할을 전제한다. 이 분할은 그 자체로 정치적 논점을 형성한다. 예를 들면, 노동시간 단축이나 노동조건 개선 등을 고용자와 피고용자 사이의 사적인 문제로 간주하는 관점과 그것들을 공동체 전체의 일로서 이해하는 관점 사이의 갈등은 그 자체로 정치를 구성하는 중요한 논제를 구성한다.

분할이 나눔의 의미를 동시에 갖게 되는 것은 이 공통적인 것의 전제가 있기 때문이다. 이 공통적인 것, 즉 공동체 안에서 각자는 자신의 자리와 몫을 부여받는다. 그런데 이 분할에서 가장 근원적인 것은 시공간의 분할이다. 칸트가 『순수이성비판』의 감성론에서 말하는 시공간이 사물들이 지각되는 가장 일차적인 형식이듯이, 공동체를 구성하는 분할의 선들은 일차적으로 이 시공간의 분할이다. 이것은 물론 이 감성적 분할이 사회경제적 구조나 질서를 산출한다거나 결정한다는 것을 의미하지는 않는다. 거기에는 어떤 인과적 관계가 존재하지 않는다. 오히려 그것은 사회경제적 관계에서 본질적으로 문제가 되는 것은 감성적 차원의 분할이라는 것을 지시할 뿐이다. 그 자리와 위치에 따라 보이는 것과 보이지 않는 것이 구별되고, 말하는 자와 소음을 내는 자가 분할된다. 또한 시간의 분할은 각 존재의 존재방식과 생활방식 등을 근원적으로 규정한다. 랑시에르는 이 감성적 분할을 '신체들의 상징적 배치'라고 부른다. 그것이 상징적인 이유는, 실제로 보이고 들리고 말을 하고 있지만, 실제로는 계산되지 않고, 존재하지 않는 것으로 간주되거나 단지 소음과 같은 것으로 간주되기 때문이다.

랑시에르는 신체들의 감성적이고 상징적인 배치를 '치안'(police)이라는 이름으로 부르고 있다. 감성적 분할의 질서로서 치안은 칸트에게서와는 다르게 선험적이지 않다. 그것은 역사적인 구성물이다. 따라서 그것은 해체되고 전화될 수 있는 우연적인 것이다. 존재하는 분할의 질서를 중단시키고, 새로운 분할을 그것에 대립시키는 것이 곧 정치다. 19세기 프랑스 노동자들의 정치적 실천은 정치의 이 감성적 차원을 잘 보여준다. 당시의 자본주의 체제는 노동자들에게 특정한 시간의 분할을 강제했다. 일을 해야 하는 낮 시간과, 소비된 노동력을 회복해야 하는 휴식의 밤 시간으로 분할한 것이다. 이 시간적 분할은 동시에 존재적 분할이기도 했다. 사유할 능력과 시간이 없고 오직 생산하는 자로서 규정되는 노동자와, 경영이나 정치라는 공동체 전체의 일을 사유하는 자본가 사이의 분할이 이 시간적 분할에 함축되어 있다. 정치는 이 시간적 분할에 대한 재분할의 시도 속에서 존재한다. 노동자들이 휴식을 강요받는 밤 시간에 독서와 토론을 하고, 신문을 발간하기 위해 글을 쓰기 시작했을 때, 그들은 시간을 재분할함으로써 스스로를 사유하는 존재로, 다른 사람들과 동등한 능력을 가진 존재로 긍정하고 있었다. 정치는 어떤 정치적 선전이나 파업에서가 아니라 바로 이 시간의 재분할에서 이미 시작되고 있었다고 봐야 한다. 이렇게 감성의 분할은 정치의 장소이자 논점을 구성한다.

정치에 고유한 합리성

앞서 보듯이, 랑시에르에게 정치는 존재하는 감성적 분할의 질서에 대한 재분할의 시도로 이해되고 있다. 그런데 감성적 분할은 로고스(말)에 의해서 이루어진다. 말 가운데 오직 진정한 말로서 스스로를 특권화하는 로고스에 의해 그 분할의 질서는 정립된다. 그런데 이 분할의 질서를 해체하고 그것을 재분할하려는 시도 또한 말에 의해 이루어진다. 따라서 정치는 말과 말 사이의 거리, 로고스와 말 사이의 거리로부터 성립한다고 할 수 있다.

이러한 관점에서 랑시에르는 정치를 '말의 상황'이라고 본다. 그것은 이질적인 두 세계가 소통 불가능한 소통을 하는 말의 상황이다. 이 말의 상황을 랑시에르는 '불화'라는 이름으로 개념화한다. 불화는 비합리성으로 환원되지 않는다. 무엇보다도 그것은 명증한 이성의 빛과 재현 불가능한 감각의 암흑 사이에 존재하는 분쟁의 상황과는 전적으로 다르다. 불화는 이질적인 두 언어의 단순한 대립과 소통불가능성만을 지시하지 않는다. 불화로서의 정치는 무엇보다도 공통의 무대 구성이다. 나의 언어가 소음이 아니라 당신의 언어와 마찬가지로 하나의 또다른 언어임을 보게 하는 무대의 구성이다. 그리고 이 불화의 무대는 내가 당신처럼 말할 자격이 있는 존재라는 것을 수행으로써 증명한다. 정치는 재현 불가능한 것에 대한 윤리적 책임과 연대 속에 있는 것이 아니라, 스스로를 말하는 자로 입증하는 불화의 무대의 구성에 있다. 이러한 의미에서 랑시에르에게 정치는 여전히 로고스의 일이며, 불화는 정치에 고유한 합리성을 갖는다.

이러한 합리성은 다른 한편으로 하버마스의 합리성과도 다르다. 불화의 무대에서 정치적 논점이 되는 것은, 이 무대 위에서 말하고 있는 자가 말할 자격이 있는지, 그의 말이 소음이 아니라 하나의 정당한 말로서 인정될 수 있는지, 그가 제기하는 논제가 논의할 만한 주제인지 하는 것이다. 그러나 하버마스의 의사소통적 합리성은 이 논점들을 이미 해결된 것으로 전제한다. 즉 대화 상대자들은 이미 서로를 대화 상대자로서 인정하고, 공통의 대화 주제도 인정하는 것으로 전제된다. 따라서 여기에 불화의 합리성은 존재하지 않는다.

랑시에르에게 정치는 언어와 언어 사이의 거리를 드러내는 무대를 형성하는 것이다. 이러한 의미에서 그에게 정치는 언어의 정치다. 이 정치는 언어를 통한 무대의 구성이며, 존재하는 언어에 이질적인 또다른 언어를 대립시키는 무대의 구성이다. 따라서 랑시에르에게 엄밀한 의미에서의 정치철학은 존재하지 않는다. 오히려 그가 보여주는 것은 일종의 '극작법'(dramaturgie)이라고 할 수 있다.

3. 미학의 정치

문제적 상황

랑시에르가 보기에 현대의 미학적 담론들이 제시하는 것은 정치적 담론들과 크게 다르지 않다. 여기에서도 여전히 문제가 되는 것은 예술의 '정치성'이다. 랑시에르가 무엇보다도 주목하는 것은 종언의 담론들이며, 그것이 함축하고 있는 분할의 선들이다.

예술이 도래할 새로운 삶의 형식의 감성적 선취이어야 한다는 믿음이 존재하던 시대가 있었다. 해방으로서의 정치라는 근대적 이념을 감성적 혁명을 통해서 실현하고자 했던 이 시도는 독일 낭만주의적 기획으로부터 러시아 구축주의에 이르는 전통을 구성했다. 그러나 이 전통은 맑스주의 전통의 쇠퇴와 더불어 유토피아적이라는 비판을 받게 된다. 이렇게 유토피아 시대의 종언은 미학적 담론에서도 지배적인 관점으로 등장한다.

이 비판을 이끈 담론이 포스트모더니즘이다. '거대 서사 시대의 종언'이라는 이름으로, 그것은 이른바 모더니티와의 단절을 선언했다. 대신에 모더니티의 전통이 잊고 억압하던 절대적 타자, 이질적이고 재현 불가능한 것을 사유의 대상으로 제시했다. 포스트모더니즘의 주창자들이 예술의 정치성을 재긍정한다면, 그때 정치는 이 절대적 타자를 증거하는 연대와 책임으로서의 정치다. 재현 불가능한 순수 감각으로서의 숭고를 예술의 주요 논점으로 삼은 리오따르는 이 전통의 대표적인 철학자라고 할 수 있다. 그에 따르면, 예술과 정치에서의 근대적 기획은 감성을 이념에 종속시킴으로써 감각의 원초적 이질성을 억압하고 배제시켰다는 점에서 전체주의적 귀결에 이를 수밖에 없었다.

랑시에르의 논쟁적 개입은 바로 이러한 담론적 상황으로부터 출발한다. 즉 한편에는 해방으로서의 정치라는 근대적 이념 속에서 예술의 정치성을 주장한 전통이 갖는 난점이 있었다. 그 난점은 예술적 형식을 삶의 형식에 일치시킴으로써 예술의 자율성을 삭제하는 것이었다. 다른 한편에는 미학적 모더니티와의 단절을 선언한 포스트모더니즘이 해방으로서의 정치를 폐기하고 예술을 타자에 대한 애도가로 간주함으로써 정치를 윤리로 전화시키고 있다. 예술의 정치성, 혹은 예술과 정치의 관계에 대한 재사유라는 미학적 과제는 이와 같은 이중의 문제 속에서 제기된다.

이 과제에 답하기 위해 무엇보다도 랑시에르가 주목하는 것은 '미학'이라는 개념이다. 여기에는 두 가지 이유가 있다. 첫째, 앞서 살펴본 바와 같이 현재의 담론적 상황에서 문제가 되는 것은 미학적 모더니티이기 때문이다. 무엇보다도 종언의 담론들이 설정하고 있는 시대 분할과 단절이 재사유될 필요가 있다. 둘째, 현대의 다양한 미학적 담론들은 '미학' 안에서 어떤 불편함을 발견하고 있기 때문이다. 그 불편함은 '미학적 혼동'(confusion esthétique)으로부터 발생한다. 무관심적 취미판단이 어떻게 사회적 계급들의 분열을 은폐하고 있는지를 고발하는 부르디외(Piérré Bourdieu), 시적 혹은 예술적 사유가 정치적 사유 나아가 사유 그 자체와 혼동되고 있다고 보고 낭만주의적 유산을 비판하는 바디우, 절대적 타자를 증거하는 예술작품과 상품문화의 생산물을 분리할 것을 요구하는 리오따르의 숭고의 미학, 분석철학의 전통에 입각해서 독일 낭만주의와 관념론의 사변적 미학에 미적 태도들의 분석을 대립시키는 셰퍼(Jéan-Marié Schaéffér), 그리고 순수예술이나 참여예술의 환영 배후에 놓여 있는 정치적·경제적·이데올로기적 조건들을 분석하는 예술문화사 혹은 예술사회사의 작업들, 이들은 모두 각기 다른 방식으로 예술작품과 예술적 행위가 어떻게 미학이라는 이름하에서 전체주의적이고 유토피아적으로 윤색되고 해석되었는지를 고발하고 있다(『미학 안의 불편함』*Malaise dans l'esthétique*, 2004, 9~12면). 여기에서 이들은 미학을 예술작품과 취미판단의 의미를 자신의 구미에 맞게 전용하는 철학적 담론으로 규정하면서 그것이 갖는 이론적 폭력성을 문제 삼고 있다. 이 반미학의 흐름은 랑시에르로 하여금 '미학'이라는 개념을 재사유하게 했다.

랑시에르의 미학적 작업은 바로 이 '미학' 개념을 재전유하는 것에 있다. 이러한 반미학적 운동으로부터 미학을 옹호하는 일은 그러한 담론들 속에서 탈각되고 있는 예술의 정치성을 옹호하는 것을 의미한다. 정치철학적 작업에서와 마찬가지로 랑시에르의 논쟁적 개입은 역사적 무대의 구성이라는 과정을 통해 이루어진다. 그것은 '미학'이 처음으로 자신의 탄생을 알렸던 역사적 장면으로 되돌아가 그 사건의 의미를 개념화하고 무대화하는 것으로 나타난다.

미학적 자유와 평등

랑시에르에게 'l'esthétique'는 두가지 의미로 사용된다. 하나는 '감성학'의 의미이고, 다른 하나는 칸트와 실러에 의해서 정초되었던 미적 판단과 체험에 관한 이론으로서의 '미학'이다. 어느 경우든 랑시에르는 미학을 예술을 대상으로 삼는 분과학문으로 이해하지 않는다. 이 일반적 이해는 반미학 운동에 참여하는 사람들이 전제하고 있는 관점이기도 하다. 랑시에르는 이 일반적 이해와는 다르게, 미학을 근대라는 역사적 시기에 등장한 어떤 사건에 붙여진 이름으로 이해한다.

랑시에르는 예술이 예술로서 존재하기 위해서는 그것을 예술로서 식별하고 규정하는 특정한 사유와 시선이 필요하다고 주장한다. 이는 예술적 실천이나 미적 태도를 특정한 이론 속에 전유하여 왜곡하는 이론적 폭력과는 거리가 멀다. 예술이나 미적 체험을 다른 것들과 식별하는 사유 없이 예술은 존재하지 않는다. 랑시에르는 이 사유를 '예술체제'라는 이름으로 부르고 있다.

미학 혹은 미학적 예술체제(régime esthétique des arts)는 근대라는 역사적 시기에 형성된 예술체제를 가리킨다. 이 미학체제는 아리스토텔레스가 이론화한 재현적 예술체제(régime représentative des arts)와의 단절을 통해 형성되었다. 이 미학체제의 주요 이론가는 칸트와 실러다. 칸트는 미적 경험의 고유성이 어디에 있는지를 밝힘으로써 예술에 대한 사유를 제시했다. 그는 미적 판단의 고유성을 '유희' 개념을 통해서 해명했다. 유희는 일차적으로 단절과 분리를 지시한다. 미적 경험은 모든 개념적 규정성, 도덕적 규범성, 자연적 성향이 중지되는 분리의 경험이다. 미학적 자유는 이 분리에 함축되어 있다.

미적 경험이 함축하는 이 자유는 예술을 특정한 재현적 규범 속에서 규정하던 사유체제와의 단절을 의미한다. 아리스토텔레스가 체계화해 제시한 재현적 예술체제에서 예술은 특정한 재현의 논리 속에서 정의된다. 그런데 이 재현의 논리는 분할의 논리와 다름없다. 그것은 재현의 대상이 되는 것과 그렇지 않은 것, 중요한 것과 그렇지 않은 것을 구별한다. 재현 대상들의 차이에 따라 장르가 구별되고, 각각의 장르에는 그것에 상응하는 고유한 재현의 규칙이 존재하게 된다.

미학체제는 이러한 재현의 논리와의 단절을 보여준다. 모든 것은 재현의 대상이 될 수 있다. 중요한 것과 사소한 것, 큰 것과 작은 것, 의미 있는 것과 그렇지 않은 것의 분할이 파괴되고 모든 것은 재현의 대상이 된다. 성서의 이야기나 군주와 귀족의 초상만이 아니라 이제 '죽은 자연(과일·신발·악기·꽃·생선 등)', 거지 아이들, 민중의 일상적 삶이 회화적 재현의 대상이 된다. 교회탑 종소리, 물레방아, 방안의 골동품 등은 근대 소설에서 인물과 사건을 소묘하는 부차적 요소들이 아니라 오히려 그 인물과 사건의 구성적 요소들로 등장하게 된다. 이러한 변화는 예술에 대한 근본적인 관점의 변화를 고려하지 않고서는 이해될 수 없다.

미학적 분리와 자유가 분할의 논리의 중지를 의미하는 한에서, 그것은 이렇게 미학적 평등을 필연적으로 함축하게 된다. 모든 것은 예술적 재현의 대상이 될 수 있다. 나아가 그 재현의 방식은 그 자체로 정당성을 획득한다. 이러한 의미에서 플로베르는 문체(style)가 사물들을 이해하는 절대적 방식이라고 말하고 있다. 여기서 절대적이라 함은 재현방식의 옳고 그름을 구별해줄 어떤 기준이나 규범의 부재를 의미한다. 각각의 문체는 어떤 다른 원리나 기준에 의해 평가될 수 없는, 그 자체로 절대적인 것이다. 이 문체의 절대성은 예술의 독특성과 자율성을 규정한다.

요컨대 미학체제를 정초하고 있는 유희 개념은 미학적 분리를 의미하며, 그리고 이 분리는 미학적 자유와 평등을 함축한다. 미학체제에서 예술은 이 자유와 평등에 기초해서 사유되고 규정된다. 랑시에르는 이 미학적 분리를 특별히 '감각적 불일치'(dissensus)라는 개념으로 정의한다. 그런데 이 불일치는 단순한 분리만을 함축하지 않는다. 그것은 분리로부터 구성되는 자유와 평등의 공간이며, 다양한 감성적 사유의 가능성들이 실험되는 정치의 무대이기도 하다.

예술의 정치성

미학적 자유와 평등은 유희 개념이 함축하고 있는 한 측면, 즉 예술의 자율성을 설명해준다. 그러나 유희는 동시에 예술의 타율성(혹은 정치성) 즉 예술이 삶과 맺고 있는 관계를 또한 함축하고 있다. 이 함축은 칸트의 유희 개념을 이어받아 발전시킨 실러에게서 한층 분명하게 드러난다. 실러는 실패한 프랑스 혁명의 대안으로 미적 교육을 통한 새로운 인간성의 구성을 기획한다. 이 기획은, 미적 경험이 한편으로는 어떤 삶의 규범이나 목적으로부터 분리된 자유로운 상태를 의미하지만, 동시에 우리 자신과 우리의 삶을 변화시키는 것이라는 인식에 기초한다. 새로운 인간성의 형성은 존재하는 규범과 질서로부터의 분리에서 구성되는 자유로운 유희의 공간에서 가능해지기 때문이다. 예술은 이러한 공간 즉 자유와 평등의 공간을 제공하며, 여기에서 인간은 다양한 존재방식의 가능성을 실험한다. 예술은 이렇게 역설적으로 바로 이 자율성을 통해서 삶과 연계된다. 다시 말하면, 예술의 정치성은 예술의 자율성 속에서, 일상적 삶을 지배하는 논리로부터의 분리에서 그 가능성을 발견한다. 미학체제의 예술이 갖는 정치성의 고유성은 바로 여기에 있다.

반면에 재현적 체제에서는 예술의 정치성이 예술적 의도와 그것의 귀결 사이에 연속성을 통해 사유된다. 이 연속성은 재현이라는 고유한 메커니즘에 의해 확보된다. 예술가는 특정한 의도를 갖고 특정한 재현의 규범에 따라 예술작품을 만든다. 그리고 감상자들은 이 예술작품을 체험하며 특정한 인식에 이르고, 이 인식을 통해 특정한 행위로 인도된다. 또한 이 인식을 통해 그들은 스스로를 새롭게 구성하고, 새로운 공동체를 형성한다. 여기에서 설정되고 있는 것은 원인과 결과 사이의 연속성이고, 예술과 삶의 근본적 동일성이다. 이때 미학체제에서 보이는 예술의 자율성은 존재하지 않는다. 예술적 의도와 재현, 체험과 인식, 그것이 삶에 만들어내는 결과 사이의 연속성이 이 과정을 지배하는 통일적 원리로서 로고스에 의해 확보되고 있기 때문이다.

미학체제는 예술의 정치성에 대한 이러한 고전적 도식을 전복시킨다. 앞서 보았듯이, 이 전복은 예술의 자율성을 통한 정치성의 정립으로 나타난다. 미학체제의 본성은 바로 예술의 자율성과 타율성의 역설적 동일성에 의해 규정된다. 랑시에르는 이를 '상반적인 것들의 근본적 동일성'으로 정식화한다. 무목적적 합목적성(칸트), 비의도와 의도의 동일성(칸트, 플로베르), 무지와 앎의 동일성(천재 개념), 무의식과 의식의 동일성(셸링) 등은 미학체제를 규정하고 있는 모순, 즉 상반적인 것들의 동일성을 표현하고 있다.

미학체제에 고유한 예술의 정치성은 이와 같은 내재적 모순성과 긴장 속에서 비로소 이해될 수 있다. 예술은 자율적인 한에서만 정치적이다. 여기에서 예술을 위한 예술과 참여예술 사이의 대립은 해소된다. 따라서 미학적 모더니티와의 단절을 주장하는 모든 이론적 시도는 미학체제에 고유한 예술의 정치성을 부정하는 것과 같다. 그와 반대로, '미학'이라는 이름을 옹호하고 있는 랑시에르의 작업은 예술의 정치성을 재정립하려는 논쟁적 개입으로 이해할 수 있다.

4. 결론

현대 프랑스 철학의 지형에서 랑시에르의 철학이 갖는 고유성은 다음 몇가지 특징을 통해 드러난다.

첫째, 랑시에르의 철학은 현대철학에서 지배적인 담론을 구성하는 '타자'의 철학에 명시적으로 대립한다. 재현 불가능한 것으로서의 타자 개념은 정치를 한갓 윤리로 전환시키고 있다고 보기 때문이다. 그에게 정치는 말의 상황이다. 지배적인 언어에 스스로를 동일한 자격을 갖는 또다른 언어, 또 하나의 로고스임을 주장하는 논쟁적 말의 무대의 구성이 바로 정치이다. 따라서 랑시에르는 로고스 즉 말의 너머에 있는 무엇에 호소하는 타자의 철학을 정치에 대한 봉쇄로 간주한다.

둘째, 랑시에르의 철학적 작업은 논리적이기보다는 역사적 성격을 갖는다. 이 점에서 그는 푸꼬를 따른다. 그는 현재를 재사유하기 위해 과거로, 역사적 사건들로 되돌아간다. 해방의 정치를 기획한 맑스주의가 실패와 곤경에 빠졌을 때 그것을 재사유하기 위해 그는 1830~40년대 프랑스 노동운동의 역사를 탐구했다. 예술의 정치성이 의문에 부쳐진 시대에 그것을 재정립하기 위해 그는 칸트와 실러가 이룬 근대적 미학을 재탐구했다. 역사적 무대의 재구성, 이것이 그의 고유한 철학적 작업방식이다. 이러한 의미에서 그는 자신의 철학을 이론이 아니라 개입으로 규정하고 있다.

셋째, 랑시에르의 철학적 작업이 갖는 또다른 특징은 학문적 분할의 해체다. 일반적으로 학문 분야의 구별은 각각에 고유한 언어의 차별성에 의해 이뤄진다. 과학 언어와 문학 언어의 구별, 역사와 소설 혹은 시의 구별, 정치적 언어와 과학적 언어의 구별을 들 수 있다. 그런데 랑시에르가 보기에 이 구별은 결코 중립적인 것이 아니라 그 자체로 문제적이고 논쟁적이다. 그는 여러 저작에서 다양한 방식으로 이러한 구별을 문제 삼으며, 모든 언어가 동등한 자격을 가진다는 점을 강조한다. 시적 서술은 과학적 언어 못지않게 하나의 앎이며, 따라서 그만큼 증명의 힘을 갖고 있다는 것이다. 반대로 우리가 과학으로 부르는 언어는 그 자체로 객관적이거나 중립적이지 않고 어떤 의미에서 항상 논쟁적이며, 정치적인 성격을 함축하고 있다. 따라서 언어와 탐구 방법의 분할에 의한 학문 분야의 구별은 정당성을 잃게 된다. 그리고 이 구별의 해체는 이제까지 각 학문 분야에 부여되었던 정체성을 파괴한다. 이른바 '학문적 융합'은 이러한 정체성의 파괴와 해체를 통해서만 이룰 수 있을 것이다.

랑시에르 철학의 효과가 무엇이 될지는 완전히 알 수 없다. 그의 철학은 진행형이기 때문이다. 그가 여전히 왕성하게 활동하고 있기도 하거

니와 무엇보다도 그의 철학이 본격적으로 연구되기 시작한 지가 오래
되지 않았다. 그럼에도 현대 프랑스 철학의 지형에서 내고 있는 랑시에
르의 고유한 목소리는 이미 의미있는 울림을 만들어내고 있다.

| 박기순 |

감성의 분할(partage du sensible)

랑시에르는 '감성의 분할'이 정치의 장소와 논점을 구성한다고 주장한다. 왜 그런가? 그것은 감성의 분할이 사물들을 규정하는 가장 근원적이고 일차적인 차원이기 때문이다. 다시 말하면 우리의 삶을 규정하는 가장 근원적인 형식은 시공간의 분할이기 때문이다. 여기에서 랑시에르의 개념화는 시공간의 감성형식을 사물들이 지각되는 일차적인 인식론적 차원으로 삼고 있는 칸트에 준거한다.

감성의 분할은, 랑시에르가 명시적으로 밝히고 있듯이 '공통의 것'과 '분리'를 동시에 함축한다. 랑시에르의 정의는 다음과 같다. "공통적인 어떤 것의 존재와, 거기에서 각자가 갖는 지위와 몫을 규정하는 경계설정들을 동시에 보여주는 감성적 명증성들의 체계"(『감성의 분할』). 요컨대 공동체 안에서 각각의 자리와 거기에 부여되는 윤리적·정치적 규범은 일차적으로 감성적 분할의 형식 속에서 주어진다. 따라서 랑시에르적 의미의 정치는 이 감성의 분할을 중지하고 그것에 새로운 분할을 대립시키는 데 있게 된다.

랑시에르에게서 감성의 분할은 정치와 미학을 연결하는 핵심고리 역할을 하기도 한다. 앞서 설명한 것처럼 감성의 분할이 정치의 논점을 구성하는 한에서 정치가 감성학의 성격을 갖는다면, 감성의 분할을 표현하는 예술적 실천은 삶과 분리될 수 없다(예술의 정치성). 따라서 이질적 감각구조의 구성으로서 미학적 실천은 그 자체로 정치적일 수밖에 없다.

불화(mésentente)

랑시에르는 정치를 불화로 규정한다. 그런데 불화는 그에게 말의 상황, 특별히 논쟁적인 말의 상황이다. 그런데 이 논쟁적 상황은 매우 특별하다. 그것은 서로 소통할 수 없는 이질적인 두 언어의 단순한 대립, 암흑과 빛과 같은 대립(리오타르의 '분쟁'처럼)도 아니고, 상호 인정한 대화 상대자들 사이에 합의된 논의 주제를 전제하고 전개되는 합리적인 담론 상황(하버마스의 '의사소통적 합리성'처럼)도 아니다. 그것은 대화 상대자가 동등하게 말할 자격을 가지고 있는

지 자체와 제기된 논의 주제가 논의할 만한 주제인지, 그리고 주장되는 말 자체가 동등한 하나의 말로서 인정될 수 있는지 여부가 논점을 구성하는 특별한 논쟁적 상황이다. 바로 이러한 이유에서 이 말의 상황은 단순히 차이의 대립만이 현시되는 상황이 아니라, 동등성과 차이가 논점을 구성하는 차이의 무대다. 달리 말하면, 동등성 혹은 평등의 현시를 통해서 구성되는 차이의 무대다.

| 참고문헌 |

제1부 인식론과 과학철학

1장 앙리 베르그손: 진정한 시간의 회복과 실증적 형이상학의 기획

앙리 베르그손(1982)『사유와 운동』, 이광래 옮김, 종로서적.
____(2001)『의식에 직접 주어진 것들에 관한 시론』, 최화 옮김, 대우학술총서,
아카넷.
____(2005)『창조적 진화』, 황수영 옮김, 대우학술총서, 아카넷.
____(2006)『물질과 기억』, 박종원 옮김, 대우학술총서, 아카넷.
____(근간)『도덕과 종교의 두 원천』, 박종원 옮김, 대우학술총서, 아카넷.
Bergson, Henri (1972) *Mélanges*, P.U.F.
____(2007) *Essai sur les données immédiates de la conscience* (1889), P.U.F.
____(2007) *Matière et mémoire* (1896), P.U.F.
____(2007) *L'évolution créatrice* (1907), P.U.F., première édition critique de
Bergson sous la direction de Frédéric Worms.
____(2009) *L'énergie spirituelle* (1919), P.U.F.

480

_____(2009) *Les deux sources de la morale et de la religion* (1932), P.U.F.

_____(2009) *La pensée et le mouvant* (1934), P.U.F.

황수영(2003)『베르그손: 지속과 생명의 형이상학』, 이룸.

_____(2006)『물질과 기억, 시간의 지층을 탐험하는 이미지와 기억의 미학』, 그린비.

_____(2014)『베르그손, 생성으로 생명을 사유하기: 깡길렘, 시몽동, 들뢰즈와의 대화』, 갈무리.

Deleuze, G. (1966) *Le bergsonisme*, P.U.F.

Jankélévitch, V. (1931) *Bergson*, P.U.F.

2장 가스똥 바슐라르: '열린 합리주의'를 위한 인식론

가스통 바슐라르(1980)『물과 꿈: 물질적 상상력에 관한 시론』, 이하림 옮김, 문예출판사.

_____(1990)『새로운 과학정신』, 김용선 옮김, 인간사랑.

_____(1991)『부정의 철학』, 김용선 옮김, 인간사랑.

Bachelard, Gaston (1934) *Le nouvel esprit scientifique*, P.U.F.

_____(1938) *La formation de l'esprit scientifique: Contribution à une psychanalyse de la connaissance objective*, Vrin.

_____(1940) *La philosophie du non*, P.U.F.

_____(1942) *L'eau et les rêves: Essai sur l'imagination de la matière*, José Corti.

_____(1949) *Le rationalisme appliquée*, P.U.F.

_____(1953) *Le matérialisme rationnel*, P.U.F.

곽광수(1995)『바슐라르』, 민음사.

이지훈(2004)『예술과 연금술: 바슐라르에 관한 깊고 느린 몽상』, 창비.

3장 조르주 깡길렘: 현대 프랑스 생명과학철학과 의철학

조르주 깡귀엠(2010) 『생명과학의 역사에 나타난 이데올로기와 합리성』, 여인석 옮김, 아카넷.

조르쥬 깡길렘(1996) 『정상적인 것과 병리적인 것』, 여인석 옮김, 인간사랑.

Canguilhem, Georges (1952) *La connaissance de la vie*, Vrin.

____(1955) *La Formation du concept de réflexe aux XVIIe et XVIIIe siècles*, P.U.F.

____(1966) *Le normal et le pathologique*, P.U.F.

____(1968) *Études d'histoire et de philosophie des sciences concernant les vivants et la vie*, Vrin.

____(1977) *Idéologie et rationalité dans l'histoire des sciences de la vie*, Vrin.

____(2002) *Écrits sur la médecine*, Seuil.

____(2011) *Œuvres complètes, tome I: Écrits philosophiques et politiques (1926-1939)*, Vrin.

Balibar, Etienne *et al.* (1993) *Georges Canguilhem: Philosophe, historien des sciences*, Albin Michel.

Bing, François *et al.* (1998) *Actualité de Georges Canguilhem: Le normal et la pathologique*, Synthélabo.

Braunstein, Jean-François *et al.* (2007) *Canguilhem: histoire des sciences et politique du vivant*, P.U.F.

Dagognet, François (1997) *Georges Canguilhem: Philosophie de la vie*, Synthélabo.

Debru, Claude (2004) *Georges Canguilhem: science et non-science*, Éd. Rue d'Ulm.

Han, Hee-Jin *et al.* (2008) *Annales de l'Institut de philosophie de 'Université de Bruxelles: L'envers de la raison. Alentour de Canguilhem*, Vrin.

____(2008) *Philosophie et médecine: En hommage à Georges Canguilhem*, Vrin.

Le Blanc, Guillaume (2010) *Canguilhem et la vie humaine*, P.U.F.

4장 질베르 시몽동: 개체화와 기술

질베르 시몽동(2011) 『기술적 대상들의 존재 양식에 대하여』, 김재희 옮김, 그린비.

Simondon, Gilbert (1964) *L'Individu et sa genèse physico-biologique*, P.U.F.

____(1989) *L'Individuation psychique et collective*, Aubier.

____(2004) *Deux Lecons sur l'animal et l'homme (1963-1964)*, Ellipses.

____(2005) *L'Invention dans les techniques: Cours et conferences (1968-1976)*, Seuil.

____(2005·2013) *L'Individuation à la lumière des notions de forme et d'information(1958)*, Millon.

____(2010) *Communication et information: Cours et conferences (1960-1976)*, La Transparence.

____(2012) *Du Mode d'existence des objets techniques*, Aubier, 1958·1969·1989·2001.

____(2013) *Cours sur la perception (1964-1965)*, P.U.F.

____(2014) *Imagination et invention (1965-1966)*, P.U.F.

____(2014) *Sur la Technique (1953-1983)*, P.U.F.

____(2015) *Sur la Psychologie (1956-1967)*, P.U.F.

Barthélémy, Jean-Hugues (2005) *Penser l'individuation. Simondon et la philosophie de la nature*, L'Harmattan.

Bibliothèque du Collège international de philosophie (1994) *Gilbert Simondon, Une pensée de l'individuation et de la technique*, Albin Michel (Edited and translated by Arne De Boever, Alex Murray, Jon Roffe, Ashley Woodward, *Gilbert Simondon: Being and Technology*, Edinburgh University Press, 2013).

Chabot, Pascal (2003) *La philosophie de Simondon*, Vrin (Translated by Graeme Kirkpatrick, Aliza Krefetz, *The Philosophy of Simondon: Between technology and individuation*, Bloomsbury Academic, 2013).

Chateau, Jean-Yves (2008) *Le vocabulaire de Gilbert Simondon*, Ellipses.

Combes, Muriel (2012) *Gilbert Simondon and the Philosophy of the Transindividual*, translated by Thomas LaMarre, MIT Press.

Guchet, Xavie (2012) *Pour un humanisme technologique*, P.U.F.

Cahiers Simondon, L'Harmattan. (2009년 제1집 출간 이후 2015년 제6집 출간)

제2부 현상학과 실존주의, 해석학

5장 장뽈 싸르트르: 인간 존재 이해를 위한 대장정

장 폴 사르트르(2008), 『실존주의는 휴머니즘이다』, 박정태 옮김, 이학사.

Sartre, Jean-Paul (1940) *L'imaginaire*, Gallimard.

____(1943) *L'être et le néant*, Gallimard.

____(1946) *L'existentialisme est un humanisme*, Gallimard.

____(1960·1985) *Critique de la raison dialectique, I-II*, Gallimard.

강충권 외 6인 공저(2012) 『실존과 참여: 사르트르 한국 수용사 연구 1948-2007』, 문학과지성사.

베르나르 앙리 레비(2009) 『사르트르 평전』, 변광배 옮김, 을유문화사.

변광배(2005) 『『존재와 무』: 자유를 향한 실존적 탐색』, e시대의 절대사상 8, 살림.

신오현(1980) 『자유와 비극: 사르트르의 인간존재론』, 문학과지성사.

안니 코엔 솔랄(1993) 『사르트르』 3권, 우종길 옮김, 도서출판 창.

조광제(2013) 『존재의 충만 간극의 현존: 장 폴 사르트르의 『존재와 무』 강해』 2권, 그린비.

한국사르트르학회 편(1999) 『사르트르와 20세기』, 현대의 지성 105, 문학과지성사.

6장 모리스 메를로뽕띠: 현상학의 현상학

모리스 메를로 퐁티(2002) 『지각의 현상학』, 류의근 옮김, 문학과지성사.

____(2005) 『간접적인 언어와 침묵의 목소리』 김화자 옮김, 책세상.

____(2008) 『행동의 구조』, 김웅권 옮김, 동문선.

Merleau-Ponty, Maurice (1942) *La Structure du comportement*, P.U.F.

____(2010) *Oeuvres*, édition établie et préfacée par Claude Lefort, Gallimard.

____(2011) *Le monde sensible et le monde de l'expression: cours au Collège de France: notes, 1953*, Métis Presses.

_____(2013) *Recherches sur l'usage littéraire du langage: cours au Collège de France: notes, 1953*, Métis Presses.

김화자(2014) 「모리스 메를로-퐁티, 상호세계의 현상학」, 『프랑스철학의 위대한 시절』, 반비.
송석랑(2003) 『언어와 합리성의 새 차원, 하이데거와 메를로-퐁티』, 충남대학교출판부.
피에르 테브나즈(1982) 『현상학이란 무엇인가?』, 심민화 옮김, 문학과지성사.

7장 에마뉘엘 레비나스: 타자의 사유

에마누엘 레비나스(2003) 『모리스 블랑쇼에 대하여』(1975), 박규현 옮김, 동문선.
에마뉘엘 레비나스(2014) 『후설 현상학에서의 직관 이론』(1930), 김동규 옮김, 그린비.
_____(2003) 『존재에서 존재자로』(1947), 서동욱 옮김, 민음사.
_____(2013) 『신, 죽음 그리고 시간』(1993), 김도형·문성원·손영창 옮김, 그린비.
엠마누엘 레비나스(1996) 『시간과 타자』(1947), 강영안 옮김, 문예출판사.
_____(2000) 『윤리와 무한』(1982), 양명수 옮김, 다산글방.
_____(2010) 『존재와 다르게』(1974), 김연숙·박한표 옮김, 인간사랑.
_____(2012) 『탈출에 관해서』(1935), 김동규 옮김, 지만지.
Levinas, Emmanuel (1961) *Totalité et infin*i. *Essai sur l'exteriorité*, Martinus Nijhoff.
_____(1974) *Autrement que'être ou au delà de l'essence*, Martinus Nijhoff.

강영안(2005) 『타인의 얼굴: 레비나스의 철학』, 문학과지성사.
마리 안느 레스쿠레(2006) 『레비나스 평전』, 변광배·김모세 옮김, 살림.
문성원(2012) 『해체와 윤리』, 그린비.
서동욱(2000) 『차이와 타자』, 문학과지성사.
윤대선(2009) 『레비나스의 타자철학: 소통과 초월의 윤리를 찾아서』, 문예출판사.

콜린 데이비스(2014)『처음 읽는 레비나스』, 주완식 옮김, 동녘.

8장 뽈 리꾀르: 현상학과 해석학

폴 리쾨르(1995)『악의 상징』, 양명수 옮김, 문학과지성사.
____(1999)『시간과 이야기 1: 줄거리와 역사 이야기』, 김한식·이경래 옮김, 문
학과지성사.
____(2000)『시간과 이야기 2: 허구이야기에서의 형상화』, 김한식·이경래 옮
김, 문학과지성사.
____(2001)『해석의 갈등』, 양명수 옮김, 아카넷,
____(2002)『텍스트에서 행동으로』, 박병수·남기영 편역, 아카넷.
____(2004)『시간과 이야기 3: 이야기된 시간』, 김한식 옮김, 문학과지성사.
____(2006)『번역론: 번역에 관한 철학적 성찰』, 윤성우··이향 옮김, 철학과현
실사.
____(2006)『타자로서 자기 자신』, 김웅권 옮김, 동문선.
____(2013)『해석에 대하여: 프로이트에 관한 시론』, 김동규·박준영 옮김, 인간
사랑.
____(2013)『비판과 확신』, 변광배·전종윤 옮김, 그린비.
Ricoeur, Paul (1950) *Philosophie de la volonté 1: Le volontaire et l'involontaire*,
Aubier-Montaigne.
____(1995) *Le Juste*, Esprit.
____(2000) *La mémoire, l'histoire, l'oubli*, Seuil.
____(2005) *Parcours de la Reconnaissance*, Folio.

윤성우(2006)『해석의 갈등: 인간 실존과 의미의 낙원』, 살림.
____(2004)『폴 리쾨르의 철학』, 철학과현실사.
프랑스와 도스(2005)『폴 리쾨르: 삶의 의미들』, 이봉지·한택수·선미라·김지혜
옮김, 동문선.
하버트 스피겔버그(1997)『현상학적 운동』I·II, 이론과실천.
Stévéns, Bérnard (1991) *L'Apprentissage des Signes: Lecture de Paul Ricœur*, Kluver
Academic Publishers.

제3부 구조주의

9장 페르디낭 드 쏘쉬르: 언어이론의 기호학적 토대

페르디낭 드 소쉬르(2006) 『일반언어학강의』, 최승언 옮김, 민음사.
_____(2007) 『일반언어학 노트』, 최용호·김현권 옮김, 인간사랑.
_____(근간) 『제3차 일반언어학강의』, 김성도 옮김, 민음사.
Constantin, E. (2006) "Linguistique générale. Cours de M.le professeur de Saussure 1910-1911" établissement du texte par Daniele Gambarara et Claudia Mejía Quijano, *Cahiers F. de Saussure*, N.58.
Saussure, F. de (1967), *Cours de linguistique générale*, édition critique par Rudolf Engler, Otto Harrassowitz, Tome I.
_____(1972) *Cours de linguistique générale*, Payot.
_____(1984) *Recueil des publications scientifiques*, édité par Charles Bally et Léopold Gautier, Slatkine, Reprints (Genève-Heidelberg: Ed. Sonor-K, Winter, 1922).
_____(2002) *Écrits de linguistique générale*, établis et édités par Simon Bouquet et Rudolf Engler, avec la collaboration d'Antoinette Weil, Gallimard.

김성도(1999) 『로고스에서 뮈토스까지』, 한길사.
김방한(1998) 『소쉬르』, 민음사.
Arrivé, M. (2007) *À la recherche de F. de Saussure*, P.U.F.
Fehr, J. (2000) *Saussure entre linguistique et sémiologie*, P.U.F.

10장 끌로드 레비스트로스: 구조적 무의식에 대한 인류학적 탐험

레비-스트로스(2005) 『날것과 익힌 것』, 임봉길 옮김, 한길사.
_____(2008) 『꿀에서 재까지』, 임봉길 옮김, 한길사.
Lévi-Strauss, Claude (1962) *La Pensée Sauvage* (PS), Plon.
_____(1964) *Mythologique I, Le Cru et Le Cuit* (CC), Plon.,
_____(1966) *Les Structures Elémentaires de la Parenté* (SEP), P.U.F.

_____(1966) *Mythologique II, Du Miel aux Cendres* (MC), Plon.

_____(1968) *Mythologique III, L'Origine Des Manières de Table* (MT), Plon.

_____(1971) *Mythologique IV, L'Homme Nu*, Plon.

_____(1973) *Anthropologie Structurale II* (AS II), Plon.

_____(1974) *Anthropologie Structurale* (AS), Plon.

_____(1978) "Introduction à l'Oeuvre de Marcel Mauss" in *Sociologie et Anthropologie* (*MM*), P.U.F.

_____(1978) *Tristes Tropiques* (TT), Plon.

임봉길 외(1996)『구조주의 혁명』, 서울대학교출판부.

Martinet, André (1980) *Elément de Linguistique Générale*, Colin.

Ricoeur, Paul (1964) "Le Symbolisme et l'Explication Structurale," *Cahiers Internationaux du Symbolisme*, n°4, Roma.

Saussure, Ferdinand de (1980) *Cours de Linguistiques Générale*, Payot.

Troubetzkoy, N. S. (1957) *Principes de Phonologie* (Traduction J. Cantineau), Klinchsiek.

11장 자끄 라깡: '프로이트로의 복귀'는 얼마나 성공적이었는가?

Lacan, J. (1966) *Écrits*, Seuil.

조엘 도르(2009)『라깡 세미나, 에크리 독해 I』, 홍준기 옮김, 아난케.

페터 비트머(1999)『욕망의 전복: 자크 라캉 또는 제2의 정신분석혁명』, 홍준기·이승미 옮김, 한울.

홍준기(2002)「자끄 라깡: 프로이트로의 복귀 ── 이론과 임상」, 김상환·홍준기 공편『라깡의 재탄생』, 창작과비평사.

_____(2005)『오이디푸스 콤플렉스, 남자의 성, 여자의 성』, 아난케.

_____〈프로이트, 라깡 정신분석입문 강좌, I·II·III·IV〉, 프로이트 라깡 정신분석 연구소, www.freud-lacan.co.kr

12장 루이 알뛰세르: 구조인과성에서 우발성으로

루이 알뛰세르(1997)『맑스를 위하여』, 이종영 옮김, 백의, 1997
루이 알뛰세르(1991)『입장들』, 김동수 옮김, 솔.
_____(1995)『철학과 맑스주의』, 서관모·백승욱 옮김, 새길.
_____(2007)『재생산에 대하여』, 김웅권 옮김, 동문선.
_____(2009)『미래는 오래 지속된다』, 권은미 옮김, 이매진.
_____ 외(2013)『자본을 읽자』, 진태원 외 옮김, 그린비.
Althusser, Louis (1965) *Lire le Capital*, François Maspero.
_____(1965) *Pour Marx*, François Maspero.
_____(1976) *Positions*, Éditions sociales.
_____(1992) *L'avenir dure lontemps*, Stock/IMEC.
_____(1994) *Écrits philosphiques et politiques*, vol. 1~2, Stock/IMEC.
_____(1995) *Sur la reproduction*, P.U.F.

그레고리 엘리어트(1992)『루이 알뛰세르: 이론의 우회』, 이경숙·이진경 옮김, 새길.
윤소영 엮음(1995)『알뛰세르와 라캉』, 공감.
진태원 엮음(2011)『알뛰세르 효과』, 그린비.
Balibar, Étienne (1991) *Écrits pour Althusser*, La Découverte.
Callari, Antonio & Ruccio, David F., eds. (1996) *Postmodern Materialism and the Future of Marxist Theory: Essays in the Althusserian Tradition*, University Press of New England.
Kaplan, E. Ann & Sprinker, Michael, eds. (1993) *The Althusserian Legacy*, Verso.
Lahtinen, Mikko (2009) *Politics and Theory: Niccolò Machiavelli and Louis Althusser's Aleatory Materialism*, Brill.
Montag, Warren (2012) *Althusser and His Contemporaries: Philosophy's Perpetual War*, Duke University Press.

제4부 후기구조주의

13장 미셸 푸꼬: 우리 자신의 역사적·비판적 존재론

미셸 푸코(1992/2000), 『지식의 고고학』, 이정우 옮김, 민음사.

_____(2002) 『정신병과 심리학』, 박혜영 옮김, 문학동네.

_____(2003) 『감시와 처벌: 감옥의 역사』, 오생근 옮김, 나남출판.

_____(2003) 『광기의 역사』, 이규현 옮김, 나남출판.

_____(2004) 『성(性)의 역사 2: 쾌락의 활용』, 문경자·신은영 옮김, 나남.

_____(2004) 『성(性)의 역사 3: 자기 배려』, 이혜숙·이영목 옮김, 나남.

_____(2006) 『임상의학의 탄생: 의학적 시선의 고고학』, 홍성민 옮김, 이매진.

_____(2010) 『성(性)의 역사 1: 지식의 의지』, 이규현 옮김, 나남출판.

_____(2012) 『담론의 질서』, 이정우 옮김, 중원문화.

_____(2012) 『말과 사물』, 이규현 옮김, 민음사.

Foucault, Michel (1962) *Maladie mentale et la psychologie*, P.U.F.

_____(1963) *Naissance de la Clinique. Une Archéologie du Regard Médical* (1963/1972), P.U.F.

_____(1966) *Les Mots et les choses: Une Archéologie des Sciences Humaines*, Gallimard.

_____(1969) *L'Archéologie du Savoir*, Gallimard.

_____(1971) *L'Ordre du Discours*, Gallimard.

_____(1972) *Histoire de la Folie à l'Age Classique* (1961), "Collection TEL," Gallimard.

_____(1975) *Surveiller et Punir: Naissance de la Prison*, Gallimard.

_____(1976) *Histoire de la Sexualité 1: La Volonté de Savoir*, Gallimard.

_____(1984) *Histoire de la Sexualité 2: L'Usage des Plaisirs*, Gallimard.

_____(1984) *Histoire de la Sexualité 3: Le Souci de Soi*, Gallimard.

디디에 에리봉(2012) 『미셸 푸코, 1926~1984』, 박정자 옮김, 그린비.

질 들뢰즈(2014) 『푸코』, 허경 옮김, 그린비.

폴 벤느(2009) 『푸코, 사유와 인간』, 이상길 옮김, 산책자.

허경(2013) 「미셸 푸코」, 『처음 읽는 프랑스현대철학』, 동녘.

____(2014)「미셸 푸코」,『철학, 책』, 알라딘.

14장 질 들뢰즈: 이데아의 별들이 무너진 내재성의 평원

질 들뢰즈(1994)『대담 1972-1990』, 김종호 옮김, 솔.
____(1995/2008 개정판)『감각의 논리』, 하태환 옮김, 민음사.
____(1995)『철학이란 무엇인가』, 이정임·윤정임 옮김, 현대미학사.
____(1995/2006 개정판)『칸트의 비판철학』, 서동욱 옮김, 민음사.
____(1996)『매저키즘』, 이강훈 옮김, 인간사랑.
____(1996)『베르그송주의』, 김재인 옮김, 문학과지성사.
____(1997/2004 개정판)『프루스트와 기호들』, 서동욱·이충민 옮김, 민음사.
____(1999)『스피노자의 철학』, 박기순 옮김, 민음사.
____(1999)『의미의 논리』, 이정우 옮김, 한길사.
____(2000)『비평과 진단』, 김현수 옮김, 인간사랑.
____(2001)『니체와 철학』, 이경신 옮김, 민음사.
____(2001)『천개의 고원』, 김재인 옮김, 새물결.
____(2001)『카프카: 소수적인 문학을 위하여』, 이진경 옮김, 동문선.
____(2002)『시네마 1: 운동-이미지』, 유진상 옮김, 시각과언어.
____(2003)『스피노자와 표현의 문제』, 권순모·이진경 옮김, 인간사랑.
____(2003)『푸코』, 허경 옮김, 동문선.
____(2004)『주름, 라이프니츠와 바로크』, 이찬웅 옮김, 문학과지성사.
____(2004)『차이와 반복』, 김상환 옮김, 민음사.
____(2005)『디알로그』, 허희정 옮김, 동문선.
____(2005)『시네마 2: 시간-이미지』, 이정하 옮김, 시각과언어.
____(2005)『중첩』, 허희정 옮김, 동문선.
____(2007)『들뢰즈가 만든 철학사』, 박정태 옮김, 이학사.
____(2007)『들뢰즈의 니체』, 박찬국 옮김, 철학과현실사.
____(2012)『경험주의와 주체성: 흄에 따른 인간 본성에 관한 시론』, 한정헌·정유경 옮김, 난장.
____(2013)『소진된 인간』, 이정하 옮김, 문학과지성사.
____(2014)『안티 오이디푸스』, 김재인 옮김, 민음사.

Deleuze, Gilles (1953) *Empiricisme et subjectivité*, P.U.F.

____(1962) *Nietzsche et la philosophie*, P.U.F.

____(1963) *La philosophie de Kant*, P.U.F.

____(1964, éd. augmentée 1973) *Proust et les signes*, P.U.F.

____(1965) *Nietzsche*, P.U.F.

____(1966) *Le bergsonisme*, P.U.F.

____(1967) *Présentation de Sacher Masoch*, Éd. de minuit.

____(1968) *Spinoza et le problème de l'expression*, Éd. de Minuit.

____(1968) *Différence et répétition*, P.U.F.

____(1969) *Logique su sens*, Éd. de minuit.

____(1972) *L'anti-Œdipe: Capitalisme et schizophrnie* (& F. Guattari), t. 1, Éd. de Minuit.

____(1975) *Kafka: Pour unde littérature mineure*, Éd. de Minuit.

____(1977) *Dialogues* (& C. Parnet), Éd. Flammarion

____(1980) *Mille Plateaux: Capitalisme et schizophrnie* (& F. Guattari), t. 2, Éd. de Minuit.

____(1981) *Francis Bacon: Logique de la sensation*, t.I, Éd. de la différence.

____(1981) *Spinoza: Philosophie pratique*, Éd. de Minuit.

____(1983) *Cinéma 1: L'image-mouvement*, Éd. de Minuit.

____(1985) *Cinéma 2: L'image-temps*, Éd. de Minuit.

____(1986) *Foucault*, Éd. de Minuit.

____(1988) *Le pli: Leibniz et le Baroque*, Éd. de minuit.

____(1990) *Pourparlers*, Éd. de Minuit.

____(1991) *Qu'est-ce que la philosophie?* (& F. Guattari), Éd. de Minuit.

____(1993) *Critique et clinique*, Éd. de Minuit.

____(1995) "L'immanence: une vie," *Philosophie*, no. 47, Éd. de Minuit.

____(2002) *L'Île déserte et autre textes: Text et entretiens 1953-1974*, Éd. de Minuit.

____(2003) *Deux régimes de fous. Text et entretiens 1975-1995*, Éd. de Minuit.

서동욱(2000)『차이와 타자: 현대 철학과 비표상적 사유의 모험』, 문학과지성사.

____(2002)『들뢰즈의 철학: 사상과 그 원천』, 민음사.

아르노 빌라니·로베르 싸소 편(2012)『들뢰즈 개념어 사전』, 신지영 옮김, 갈무리.

알랭 바디우(2001) 『들뢰즈: 존재의 함성』, 박정태 옮김, 이학사.

윤성우(2004) 『들뢰즈: 재현의 문제와 다른 철학자들』, 철학과현실사.

15장 장프랑수아 리오따르: 분쟁의 수호자

장 프랑소아 료타르(2000) 『칸트의 숭고미에 대하여』, 김광명 옮김, 현대미학사.

장-프랑수아 리오타르(1992) 『포스트모던적 조건』, 이현복 옮김, 서광사.

_____(1993) 『지식인의 종언』, 이현복 편역, 문예출판사.

J. F. 리오타르(1988) 『현상학이란 무엇인가』, 김연숙·김관오 공역, 까치.

Lyotard, Jean-François (1974) *Economie libidinale*, Minuit.

_____(1979) *La Condition postmoderne*, Minuit.

_____(1983) *Le Différend, Minuit*, Paris.

_____(1984) *Tombeau de l'intellectuel et autres papiers*, Galilée.

_____(1985) *Discours, figure*, Paris: Ed. Klincksieck.

_____(1986) *L'Enthousiasme. La critique kantienne de l'histoire*, Galilée.

_____(1986) *Le Postmoderne expliqué aux enfants*, Galilée.

_____(1988) *L'Inhumain*, Galilée.

_____(1994) *Dérive à partir de Marx et Freud*, Galilée.

_____(1994) *Des dispositifs pulsionnels*, Galilée.

_____(1995) *La phénoménologie*, Presses Universitaires de France, Paris.

구드룬 클라트(1992) 「모던과 포스트모던에 관한 논쟁: 쟝-프랑수아 리요타르
    와 위르겐 하버마스」, 『포스트모던의 도전』, 안드라스 게도 외 지음, 김경연·
    윤종석 편역, 다민.

더글라스 켈너(1994) 「리오따르의 포스트모던 게임」, 『반철학으로서의 철학』,
    허경 옮김, 지성의 샘.

스튜어트 심(2003) 『리오따르와 비인간』, 조현진 옮김, 이제이북스.

양운덕(1994) 「리오타르의 포스트모던 철학」, 『헤겔에서 리오타르까지』, 표재
    명 외 지음, 지성의 샘.

이철우(2009) 「리요따르의 근대성 비판과 포스트모던의 조건」, 『해석학연구』

제24집.

이현복(1999) 「리오타르: 차이의 철학과 해방의 미학」, 『현대철학특강』, 엄정식
　외 지음, 철학과현실사.

존 레흐트(1997) 『문화연구를 위한 현대 사상가 50』, 김시무·곽동훈 옮김, 현실
　문화연구.

Bennington, Geoffrey (1988) *Lyotard: Writing the Event*, Manchester University.

Readings (1991) *Introduction Lyotard*, Routledge.

16장 자끄 데리다: 해체론의 기초 개념들

자크 데리다(2004) 『법의 힘』, 진태원 옮김, 문학과지성사.

＿＿(2010) 『그라마톨로지』, 김성도 옮김, 민음사.

＿＿(2014) 『마르크스의 유령들』, 진태원 옮김, 그린비.

Derrida, Jacques (1967) *De la grammatologie*, Minuit.

＿＿(1967) *L'écriture et la différence*, Seuil.

＿＿(1993) *Spectres de Marx*, Galilée.

＿＿(1994) *Force de loi*, Galilée.

＿＿(1996) *Foi et savoir*, Seuil.

＿＿(1997) *Adieu à Emmanuel Lévinas*, Galilée.

김상환(1996) 『해체론 시대의 철학』, 문학과지성사.

김형효(1993) 『데리다의 해체철학』, 민음사.

제5부 후기구조주의 이후의 프랑스 철학

17장 알랭 바디우: 진리와 주체의 철학

Badiou, Alain (1988) *L'Etre et l'événement*, Seuil.

＿＿(1989) *Manifeste pour la philosophie*, Seuil.

＿＿(1992) *Conditions*, Seuil.

____(1993) *L'éthique*, Hatier.

____(1997) *Saint Paul: fondation de l'universalisme*, P.U.F.

____(1998) *Abrégé de métapolitique*, Seuil.

____(1998) *Court Traité d'ontologie transitoire*, Seuil.

____(1998) *Petit manuel d'inesthétique*, Seuil.

____(2005) *Le Siècle*, Seuil.

____(2006) *Logiques des mondes*, Seuil.

____(2012) *La relation énigmatique entre politique et philosophie*, Germina.

____(2012) *La République de Platon*, Fayard.

18장 자끄 랑시에르: 평등의 정치와 미학

자크 랑시에르(2008)『무지한 스승』, 양창렬 옮김, 궁리.

____(2008)『미학 안의 불편함』, 주형일 옮김, 인간사랑.

____(2008)『정치적인 것의 가장자리에서』, 양창렬 옮김, 길.

____(2011)『문학의 정치』, 유재홍 옮김, 인간사랑.

____(2011)『민주주의는 왜 증오의 대상인가』, 허경 옮김, 인간사랑.

____(2011)『역사의 이름들』, 안준범 옮김, 울력.

Rancière, Jacques (1981) *La nuit des prolétaires. Archives du rêve ouvrier*, Fayard.

____(1983) *Le philosophe et ses pauvres*, Fayard (Flammarion, 2007).

____(1987) *Le maître ignorant: Cinq leçons sur l'émancipation intellectuelle*, Fayard.

____(1990) *Aux bords du politique*, Osiris (La Fabrique, 1998).

____(1992) *Les noms de l'histoire: Essai de poétique du savoir*, Seuil.

____(1995) *La mésentente: politique et philosophie*, Galilée.

____(2004) *Malaise dans l'esthétique*, Galilée.

____(2005) *La haine de la démocratie*, Fabrique.

____(2007) *Politique de la littérature*, Galilée.

____(2011) *Aisthesis: Scènes du régime esthétique de l'art*, Galilée.

____(2012) *La méthode de l'égalité. Entretien avec Laurent Jeanpierre et Dork Zabunyan*, Bayard Jeunesse.

한국프랑스철학회

프랑스 철학에 관심이 있는 국내 연구자들을 중심으로 2005년 5월 창립했다. 프랑스 철학이 한국에 본격적으로 소개된 이래 연구가 상당히 두텁게 쌓이면서, 연구자들은 그 성과를 정리해 확산할 필요를 느꼈다. 현재 정기적인 학술대회와 저술 활동을 통해 프랑스 철학의 국내 연구기반을 다지는 작업을 지속적으로 추진하고 있다. 『현대 프랑스 철학사』는 『프랑스 철학과 문학비평』(문학과지성사 2008)에 이어 기획한 두번째 책이다.

강영안	서강대학교 철학과 명예교수
김상환	서울대학교 철학과 교수
김성도	고려대학교 언어학과 교수
김재희	이화여자대학교 이화인문과학원 HK연구교수
박기순	충북대학교 철학과 교수
변광배	한국외국어대학교 미네르바 교양대학 교수
서동욱	서강대학교 철학과 교수
서용순	영남대학교 인문과학연구소 학술연구교수
신인섭	강남대학교 철학과 교수
윤성우	한국외국어대학교 철학과 교수
이지훈	인문학연구소 필로아트랩 대표
이철우	한남대학교 철학과 강의전담교수
임봉길	강원대학교 문화인류학과 명예교수
진태원	고려대학교 민족문화연구원 HK연구교수
한희진	고려대학교 의과대학 의인문학교실 교수
허 경	대안연구공동체 파이데이아 교수
홍준기	프로이트-라캉 정신분석연구소 소장
황수영	세종대학교 교양학부 초빙교수

현대 프랑스 철학사

초판 1쇄 발행/2015년 7월 1일
초판 6쇄 발행/2023년 12월 20일

엮은이/한국프랑스철학회
펴낸이/염종선
편집/부수영 김유경
펴낸곳/(주)창비
등록/1986년 8월 5일 제85호
주소/10881 경기도 파주시 회동길 184
전화/031-955-3333
팩시밀리/영업 031-955-3399 편집 031-955-3400
홈페이지/www.changbi.com
전자우편/human@changbi.com